SAÚDE FINANCEIRA PARA MÉDICOS

Carlos Eurico Pereira
Paulo Araújo

CONQUISTE AS LIBERDADES SOCIAL, PESSOAL, FINANCEIRA, DE TEMPO E GEOGRÁFICA

SAÚDE FINANCEIRA PARA MÉDICOS

Guia definitivo para as **melhores decisões**

ALTA BOOKS
GRUPO EDITORIAL
Rio de Janeiro, 2025

Saúde Financeira para Médicos

ISBN:978-85-508-2520-5

Impresso no Brasil — 1ª Edição, 2025 — Edição revisada conforme o Acordo Ortográfico da Língua Portuguesa de 2009.

Dados Internacionais de Catalogação na Publicação (CIP)
(BENITEZ Catalogação Ass. Editorial, MS, Brasil)

P436s
1.ed. Pereira, Carlos Eurico
Saúde financeira para médicos : guia definitivo para as melhores decisões / Carlos Eurico Pereira, Paulo Araújo. – 1.ed. – Rio de Janeiro : Alta Books, 2025.
336 p.; 15,7 x 23 cm.

ISBN 978-85-508-2520-5

1. Aposentadoria – Planejamento. 2. Educação financeira. 3. Finanças pessoais. 4. Investimentos – Gestão. 5. Médicos – Aspectos econômicos. 6. Patrimônio – Administração. I. Título.

02-2025/21 CDD 338.1

Índice para catálogo sistemático:
1. Médicos : Planejamento financeiro : Economia 338.1
Aline Graziele Benitez – Bibliotecária – CRB-1/3129

Grupo Editorial Alta Books

Produção Editorial: Grupo Editorial Alta Books
Diretor Editorial: Anderson Vieira
Editor da Obra: J. A. Ruggeri
Vendas Governamentais: Cristiane Mutüs
Gerência Comercial: Claudio Lima

Produtora Editorial: Ana Clara Tambasco
Revisão: Alessandro Thomé e Leandro Menegaz
Diagramação: Rita Motta
Capa: Karma Brandão

ALTA BOOKS
GRUPO EDITORIAL

Rua Viúva Cláudio, 291 — Bairro Industrial do Jacaré
CEP: 20.970-031 — Rio de Janeiro (RJ)
Tels.: (21) 3278-8069 / 3278-8419
www.altabooks.com.br — altabooks@altabooks.com.br
Ouvidoria: ouvidoria@altabooks.com.br

Editora **afiliada à:**
ASSOCIADO

SUMÁRIO

INTRODUÇÃO

VAMOS **MUDAR** NOSSA FORMA DE **PENSAR**?

À primeira vista, a amizade entre Paulo Araújo e Carlos Eurico Pereira parece improvável devido às suas rotinas profissionais distintas. No entanto, ambos compartilham uma visão comum sobre a importância do empreendedorismo e do conhecimento em finanças para o sucesso profissional dos médicos, revelando uma forte convergência de ideias.

Quando Paulo nasceu, em Belém do Pará, Carlos Eurico já havia terminado o primeiro ano na faculdade de Medicina, em Santa Maria, no Rio Grande do Sul. Em 2009 — ano em que Paulo foi aprovado no vestibular da Universidade Federal do Pará —, Carlos Eurico estava prestes a completar dez anos como CEO de sua Clínica Respirare, no município gaúcho de Santa Cruz do Sul. Carlos Eurico veio a este mundo em São Gabriel, no Rio Grande do Sul, na fronteira com o Uruguai. A distância entre essa cidade e Belém é de 4.350 quilômetros — maior do que o trecho de oceano que separa o Brasil da África.

Aos 52 anos, Carlos Eurico está casado, é pai de dois filhos adolescentes e divide seu tempo entre a clínica — realizando atendimentos como pneumologista —, dando palestras e atuando como sócio e investidor em healthtechs. Solteiro, com 32 anos de idade, Paulo, até recentemente, trabalhava a maior parte de seu tempo dando plantões como clínico, e agora realiza teleconsultoria e treinamentos online sobre educação financeira e investimentos para médicos em sua plataforma e em seus perfis nas redes sociais, chamados Dr. Invest. No momento, vem percorrendo as capitais brasileiras, ainda decidindo onde criará suas raízes — se é que ele pretende algum dia ter um endereço definitivo.

Feita essa apresentação — em que estão expostos idades, histórias de vida e backgrounds tão diversos —, o que nós, Carlos Eurico e Paulo, temos em comum é o nosso *mindset*. O jeito de pensar que compartilhamos é constituído por uma atitude empreendedora; pela convicção de que o sucesso da trajetória de nós, médicos, passa obrigatoriamente por um bom planejamento financeiro; e por saber que é possível fazer o dinheiro trabalhar para nós — por meio de investimentos. Alinhavando tudo isso, comungamos o desejo de dividir com os colegas o conhecimento que adquirimos sobre como conquistar a independência e a liberdade financeiras.

Encontrar livros que se proponham a falar de finanças para médicos de maneira acessível é raro. Mais raro ainda é que os autores desses livros sejam, eles mesmos, médicos e tenham comprovado no seu dia a dia a eficácia das estratégias financeiras que propõem. Entretanto, estamos convictos de que nossos colegas serão capazes de escapar — como estamos sendo capazes de fazê-lo — daquela cruel e interminável roda-viva na qual os médicos trocam o seu tempo por dinheiro, correndo de um plantão para outro e atendendo a dezenas de consultas de convênio todos os dias. Como resultado disso, não conseguem acompanhar o crescimento dos filhos, assistem, sem ter como resistir, ao casamento indo para o vinagre e, no final, se veem exaustos e sem tempo para aproveitar minimamente a vida.

Nós, médicos, parecemos ser vítimas de uma maldição como as que lemos nos contos de fadas. Se nossa profissão é mais bem remunerada do que a maioria das outras atividades — poucos médicos podem se queixar de ter uma renda mensal abaixo de R$10 mil —, por outro lado, dificilmente conseguimos usufruir do que recebemos pelo nosso trabalho, já que a rotina massacrante que nos é imposta consome quase todo nosso tempo.

O castigo se completa quando decidimos levar um estilo de vida esbanjador, sem qualquer planejamento de consumo e cuidado com nosso futuro. Como consequência, quando ficamos mais velhos, somos surpreendidos ao constatar que não construímos quase nada de patrimônio durante aqueles muitos anos de trabalho duro. Assim, ao já não termos mais a mesma força e disposição da juventude, nos vemos obrigados a continuar em um ritmo acelerado de trabalho — sem poder de escolha —, girando naquela roda-viva. E ela se movimenta tão rapidamente, que já não é mais possível encontrar a saída.

Temendo ser também vítimas dessa armadilha — a qual tem aprisionado tantos de nossos colegas médicos —, despertamos para a necessidade de enxergar com outros olhos a maneira de gerenciar nossa vida profissional e financeira. No Capítulo 1, daremos os primeiros passos no processo de transformação de sua mentalidade de carreira e financeira: veremos que aprender a investir seu dinheiro é um caminho que vale muito a pena para você construir um futuro financeiro sólido e tranquilo. Apresentaremos, ainda, o método TAR para construção de patrimônio. Por fim, explicaremos o significado e as diferenças de independência financeira e liberdade financeira.

É amplamente reconhecido que o tempo é um fator de suprema importância na formação do patrimônio. Quanto mais cedo pensarmos em acumular capital — seja na forma de investimentos em imóveis, participações em empresas ou direcionando parte de nossa remuneração para aplicações que rendam juros e dividendos —, maior será o patrimônio que teremos à nossa disposição no futuro para nos proporcionar tranquilidade financeira. Isso se dá sobretudo nos investimentos financeiros, nos quais a multiplicação oferecida pelos juros compostos gera um sólido crescimento exponencial do patrimônio. No Capítulo 2, explicaremos a essência do que é ser um bom investidor, falaremos de diferentes escolhas de carreira que você pode fazer e como tais escolhas contribuem para o objetivo fundamental de colocar o dinheiro para trabalhar por você.

SEM RESIDÊNCIA, SEM ESPECIALIZAÇÃO

O crescimento exponencial é, inclusive, o ponto central daquela que é a mais inovadora proposta apresentada neste livro. Com a ajuda de tabelas, argumentamos no Capítulo 3 que o médico que decidir adiar sua entrada em uma residência ou na especialização será capaz — já em seus primeiros anos de profissão — de desfrutar de um acelerado aumento de seu patrimônio. Caso seja suficientemente disciplinado e persistente, é possível que antes mesmo dos 40 anos de idade esse profissional atinja sua liberdade financeira.

Adiar a residência e não se especializar no início da carreira? Isso pode soar como uma heresia para a quase totalidade dos médicos, que, desde sempre, valorizam a sequência graduação-residência-especialização como uma evolução profissional natural e inescapável. A experiência indica, no entanto, que é possível para o médico alcançar satisfação profissional, pessoal e bons resultados financeiros seguindo outros caminhos.

Para alcançar essa satisfação e bons resultados, é fundamental entendermos como temos nos relacionado com nosso dinheiro e quais são as crenças limitantes que nos levam a tomar decisões ruins de carreira e dinheiro, assim como quais são as principais armadilhas, dificuldades e erros ao lidarmos com as finanças. A partir dessa consciência, poderemos mudar paradigmas e construir crenças positivas em relação à administração de nossa carreira e de nossas finanças. É o que veremos nos capítulos 4, 5 e 6.

Conversaremos no Capítulo 7 sobre como você pode administrar sua carreira de forma estratégica, produtiva e empreendedora para ter um dia a dia com mais qualidade e equilíbrio entre vida pessoal e trabalho. Uma carreira bem administrada é um dos pilares que torna possível cuidar melhor de nosso dinheiro.

VOCÊ SABE QUANTO GANHA?

Controlar o próprio dinheiro — e não ser controlado por ele — exige que o médico tenha conhecimento e iniciativa em seu dia a dia sobre questões financeiras básicas. Isso vai desde, por exemplo, saber o quanto seu trabalho de fato gera mensalmente (é surpreendente como muitos entre nós têm apenas uma vaga ideia sobre isso) e estar atento para não misturar sua conta bancária individual com a da empresa, até planejar-se para separar um percentual da renda para formar seu patrimônio. Sugestões de como desenvolver esse conhecimento foram feitas por nós no Capítulo 8.

No capítulo seguinte, abordamos como você pode melhorar muito sua vida financeira: propomos que defina seus sonhos e objetivos de consumo para o curto, médio e longo prazos. Além disso, falamos sobre redução de gastos fixos, como lidar com dívidas e financiamentos, entre outros assuntos.

E para continuarmos avançando na criação de hábitos financeiros saudáveis, é muito importante não descuidarmos dos riscos pessoais e profissionais aos quais estamos expostos. Se não dermos a devida atenção, eles poderão levar nossa vida financeira à ruína. Conversaremos sobre esses riscos e as formas de geri-los no Capítulo 10.

No Capítulo 11, damos mais um passo na construção de nossa inteligência financeira ao explicar como você pode aproveitar benefícios oferecidos pelas instituições financeiras. São gestos simples, como, em vez de utilizar o cartão de crédito apenas como um meio de compra, é possível tirar proveito das vantagens oferecidas — cashback, salas vip em aeroportos ou pontos como recompensas. Outro exemplo seria migrar dos bancos que cobram altas taxas de manutenção para *fintechs*, que não têm tais encargos. Da mesma maneira, o Capítulo 12 apresenta estratégias de inteligência tributária que, sempre respeitando a legislação, reduzem o dispêndio com taxas e impostos.

Ao longo de toda esta obra, ilustramos as reflexões e sugestões que propomos aos leitores com o relato de nossas próprias experiências ao gerenciar nossa vida financeira — incluindo não apenas as que trouxeram bons resultados, mas também aquelas situações nas quais erramos. Dedicamos o Capítulo 13 para contar e analisar alguns equívocos financeiros que cometemos. A ideia é a de que eles sirvam de alerta e aprendizado para que todos cuidemos com mais carinho e atenção de nosso dinheiro.

EXPLICAÇÕES PARA INVESTIR BEM O DINHEIRO

Nos oito capítulos seguintes, apresentamos o tema da formação do patrimônio na prática, explicando sobre diferentes produtos financeiros nos quais é possível aplicar seu dinheiro. Sempre tomando como base nossas próprias experiências, tratamos das melhores oportunidades e dos cuidados e perigos que podem surgir diante daqueles que estão dispostos a investir seu dinheiro. Recomendamos que a primeira aproximação com o mercado financeiro seja feita de maneira conservadora e levando em conta variáveis como a idade, a dependência que a família tem do investidor e a saúde física. A necessidade de constituir reservas de emergência e formar um colchão de liquidez também é abordada.

Nessa sequência temática, o Capítulo 14 fala sobre por que vale muito a pena você aprender a investir e trata, ainda, do essencial de alguns produtos financeiros. O Capítulo 15 mostra como devemos lidar com os riscos ao investir nosso dinheiro. O Capítulo 16 explica o que são reserva de emergência, reserva de oportunidade, reserva de aprendizado e reserva de sonhos — e o papel de cada uma para você investir bem. Os capítulos 17 e 18 esclarecem, de maneira didática, duas estratégias de investimento com foco no longo prazo para construir patrimônio e fazer seu dinheiro gerar renda passiva.

O Capítulo 19 traz e destrincha exemplos de investimentos ruins que podem colocar em risco os esforços de busca de independência financeira. Tão importante quanto investir em bons produtos financeiros e evitar os ruins é saber como suas aplicações devem ser protegidas — assim, o Capítulo 20 sugere estratégias de proteção aos investimentos, como a diversificação de ativos.

Outro tema sensível e da maior importância para nós, médicos, é a sucessão patrimonial. Filhos e outros familiares em situação financeira delicada por conta do falecimento de provedores e disputas por herança não são apenas temas frequentes em séries e filmes. Para evitar tais situações e garantir a adequada proteção e preservação do bem-estar material de seus filhos e demais familiares, é fundamental pensar e planejar sua sucessão patrimonial. Veremos como isso deve ser feito no Capítulo 21.

O penúltimo capítulo trata da liberdade pessoal, liberdade social, liberdade financeira, liberdade geográfica e liberdade de tempo. Elas surgem não só a partir do resultado de boas decisões e rotinas de carreira e da condução inteligente de nossa vida financeira, mas também de nossa personalidade, de nossas intenções e de nossos propósitos. É no último capítulo que refletiremos sobre a independência financeira e os grandes benefícios que ela traz para nossa vida. Em essência, esses dois últimos capítulos fecham nossa proposta global vista ao longo de todo o livro de que **é muito viável alcançar essas liberdades sem nos distanciarmos das pessoas e atividades de que gostamos para produzir dinheiro, sem abrirmos mão de trabalhar com alegria e sem deixarmos de lado a satisfação de sermos significativos para as pessoas.**

AMIGOS IMAGINÁRIOS

Mas não fomos apenas nós, Paulo e Carlos Eurico, que trouxemos sugestões de como os colegas podem aperfeiçoar sua relação com suas próprias finanças. Ao longo dos capítulos, contamos com a presença de três amigos imaginários, que, com seus exemplos e reflexões, também nos conduzirão por esses novos rumos em direção ao desenvolvimento de um novo *mindset* financeiro. São três médicos de diferentes idades e distintas visões de como conduzir suas carreiras e a vida financeira. Eles são apresentados com suas iniciais: Dr. JC, Dr. CI e Dr. TAR.

O Dr. JC — sigla de Juros Compostos — é um jovem médico com uma pitada de deslumbramento com a boa remuneração que começa a ganhar em seu início de carreira, o que o leva a eventuais escorregadas no gerenciamento de seu dinheiro. JC tem a seu favor o tempo e, por saber disso, aplica parte do dinheiro que poupa em investimentos que, no longo prazo, proporcionarão um sólido retorno por meio do efeito bola de neve de juros sobre juros.

Por sua vez, o Dr. CI — de Compra Imóveis — é um médico em uma fase já mais avançada da carreira, com família constituída e uma boa renda mensal gerada pelas atividades de seu consultório. Mas, por desconhecimento financeiro, tem uma teimosa fixação por investir em imóveis, o que lhe valeu o apelido. Possui vários apartamentos, casas, escritórios e lojas, muitos deles financiados e comprados às escondidas da esposa. É até capaz de fazer bons negócios, mas perde na liquidez desse investimento e, eventualmente, chega a sofrer prejuízos importantes com aluguéis atrasados, imóveis desocupados e outros maus negócios.

Por fim, o Dr. TAR é um jovem muito competente e disciplinado ao cuidar de seu dinheiro. Dr. TAR — iniciais de Tempo, Aporte e Rentabilidade — é o perfil que todos nós um dia queremos e ainda vamos ter. Fazendo jus ao nome, ele deixa seu dinheiro investido pelo maior "tempo" possível; sempre faz bons "aportes" em investimentos de alta qualidade e, com isso, consegue a melhor rentabilidade.

Dr. TAR e seus colegas nos mostram, de maneira informal e divertida, como podemos progredir e que enganos evitar na construção de um patrimônio significativo que trará, para nós, médicos, a justa recompensa pela dedicação à fantástica profissão que escolhemos.

Escrevemos esse livro com muito carinho, em linguagem acessível, para que você possa desenvolver um *mindset* de prosperidade financeira. Todos nós merecemos usufruir do bem-estar, da tranquilidade e da segurança que uma vida financeira sólida nos proporciona no presente e no futuro.

Boa leitura!

01

PARA DIZER "NÃO" À FRUSTRAÇÃO E "SIM" À LIBERDADE FINANCEIRA

Você está aqui, hoje. E você está médico.

Mas onde e como quer estar no futuro? Fazendo o quê? Ainda que pretenda atuar como médico até seu último dia na Terra, se você se interessou por este livro, é porque já percebeu que, para isso, não pode continuar reproduzindo o modelo tradicional de carreira das gerações anteriores.

Pode ser que você ainda não saiba o que exatamente está errado nesse modelo, porém não se pode ignorar que existe, por parte dos colegas, uma frustração crescente, se comparado à empolgação que sentiam em seus primeiros anos de carreira. Esse é um sentimento que tem se difundido no meio e que provoca em uma parcela significativa dos médicos a sensação de que é quase impossível ser feliz na medicina.

Será?

Caso o esquema tradicional seja seguido, há um risco de decepção com a carreira. Trabalha-se demais e se vive pouco. Ser empregado no sistema público ou privado de saúde, acumular vários plantões hospitalares semanais, ter um consultório e atender de trinta a cinquenta pacientes de convênio ao dia recebendo baixos valores por consulta — qualquer dessas opções prejudicará o equilíbrio entre a realização profissional e pessoal. Ao mesmo tempo, elas podem provocar seu afastamento da família e dos amigos, um consumismo desmedido, depressão, um possível *burnout*, insucesso e até mesmo um sentimento de infelicidade em relação à medicina.

A realização profissional e pessoal só se torna possível — sim, ela é possível! — quando entendermos que para nós, médicos, projeto de vida e modelo de carreira estão intrinsecamente relacionados. Para que se alcance um determinado propósito na vida, é necessário que se conduza o percurso profissional de uma determinada maneira.

Essa maneira, não temos dúvida, passa pelo investimento financeiro. Consequentemente, na trajetória profissional, é necessário orientar ganhos e gastos de modo a investir o máximo possível e começar a gerar renda passiva o quanto antes. Contando com uma renda que não deriva diretamente de seu trabalho, você poderá fazer o que quiser pelo resto da vida — inclusive atender pacientes.

Mais ainda: poderá também usar o resultado de suas aplicações para montar um negócio de verdade, e não a tão corriqueira "*eu*presa" — aquela em que você se mata de trabalhar para manter o aluguel de uma sala, empregar um ou dois funcionários e gerar um grande lucro para os planos de saúde e hospitais. Você não produziria muito mais valor para si e para a sociedade trocando a "*eu*presa" por uma clínica com outros médicos, colaboradores e serviços trabalhando para você? Ou por uma startup focada no desenvolvimento de novos materiais para próteses cirúrgicas? Ou, ainda, criando uma marca de confiança que é remunerada pelos produtos e serviços que licencia? Ou poderá até não abrir negócio algum, mas converter-se em um investidor profissional, que investirá os recursos que poupa todos os meses em ações de boas empresas, em cotas de fundos de investimento imobiliário (FII) e em outros ativos e produtos financeiros que serão detalhados nos outros capítulos. A questão é: se você economiza e investe, você tem escolhas. E suas escolhas respondem ao seu projeto de vida.

A TRANSFORMAÇÃO POR MEIO DO TAR

A essa altura, você já deve ter se imaginado alguns anos à frente experimentando uma vida mais significativa e prazerosa. Portanto, já está mais propenso a iniciar a jornada de transformação que este livro propõe. É uma jornada estruturada em três passos, basicamente. Cumprindo cada um deles, você se desgarra da manada de médicos frustrados, adquire a mentalidade de investidor e traça um plano de carreira alinhado com o que deseja construir.

A soma dos três passos resulta em TAR, uma sigla mnemônica com vocação para virar mantra — o nosso mantra e o seu mantra. São os elementos que mudarão o seu futuro. O T é de *tempo*, o A vem de *aporte*, e o R é de *rentabilidade*.

Resumindo em uma única frase, tudo de que um investidor precisa é deixar o dinheiro investido durante o maior tempo possível, realizar aportes bons e constantes de parte de sua renda mensal e obter a maior rentabilidade que conseguir para o capital aplicado.

Os dois primeiros fatores estão em suas mãos, e você aprenderá como regê-los, beneficiando-se, assim, dos juros compostos[1] — que têm o poder de multiplicar exponencialmente o seu capital. O terceiro fator é o único sobre o qual não se tem controle total; todavia, quando se sabe como analisar rentabilidade, ciclos econômicos, tempo e risco, dominando os gatilhos emocionais para lidar com o dinheiro, é possível criar estratégias que tirem proveito da diversidade de produtos financeiros disponíveis no mercado. E esses conhecimentos também estão à sua espera aqui.

Por enquanto, podemos adiantar que o quesito tempo exige um desenho de carreira alinhado com seu projeto de vida e que o aporte frequente de recursos requer o entendimento do essencial sobre os principais produtos financeiros disponíveis no mercado e uma provável mudança em seu estilo de vida e padrão de gastos. Em que medida? Só você pode responder. Mas aqui disponibilizamos todas as estratégias, ferramentas e informações necessárias à sua metamorfose em um médico investidor competente.

---

1 No sistema de juros simples, os juros sempre incidem sobre o valor inicial aplicado. No de juros compostos, eles recaem sobre o montante do último mês, ao qual já estão acrescidos os juros do mês anterior, e assim por diante. Dessa maneira, no sistema de juros compostos, seu dinheiro cresce mais rapidamente do que no sistema de juros simples. Veja mais em Genial Investimentos, *Juros compostos e simples*: Veja a diferença, fórmula e cálculo! Disponível em: https://blog.genialinvestimentos.com.br/juros-compostos-simples/.

MINDSET EM PROCESSO DE MUDANÇA

Quem começa a colocar o dinheiro para trabalhar para si com o objetivo de formar uma reserva e iniciar um negócio pode pensar que, realizado o intento, nunca mais terá de gastar neurônios pensando em CDI[2], taxa Selic[3], mercado de capitais, juros e outros termos do mundo das finanças e dos investimentos. O engano não poderia ser maior. Quando se empreende, a gestão financeira eficiente é um dos aspectos determinantes para o sucesso. E quando os lucros começam a aparecer, investi-los corretamente contribui para a construção de um patrimônio sólido e para a longevidade do negócio.

Ter um bom colchão financeiro é o que permite experimentar outras áreas de atuação e lançar-se a voos mais arrojados, que combinam risco e a possibilidade de grandes recompensas — quer sejam emocionais, intelectuais, profissionais ou monetárias.

Ser médico é uma coisa, estar médico é outra.

Dê folga ao juízo de valor e pense nas vantagens de assumir essa segunda condição. Só ela permite que o médico seja — ou esteja — também chef de cozinha, triatleta, empreendedor e tudo aquilo que desejar ser. A medicina sempre foi confundida com uma espécie de sacerdócio, uma atividade que pede sacrifício, renúncia e dedicação em tempo integral para o resto da vida. Essa receita funcionou durante muito tempo. Mas será que continua funcionando agora, quando o dinamismo do mundo espera que a gente desenvolva novas habilidades com uma velocidade cada vez maior? O médico que empreende e cria estratégias para ter uma geração de renda passiva[4] automatizada e amplia as oportunidades de descobrir novos interesses e talentos, dentro e fora da medicina, dobra as chances de se realizar.

Quer ver como isso acontece na prática com cada um de nós?

---

2 CDI é a sigla para Certificado de Depósito Interbancário. Ele lastreia os empréstimos de curtíssimo prazo entre bancos e é um parâmetro para a rentabilidade de produtos financeiros do mercado de renda fixa. Veja mais em Time Rico, "Descubra o que é CDI e aprenda a calcular seus rendimentos". Disponível em: https://blog.rico.com.vc/o-que-e-cdi.

3 A taxa Selic é definida pelo nosso Banco Central, representa os juros básicos da economia brasileira e influencia todas as demais taxas de juros usadas aqui. Seu nome vem de um sistema administrado pelo Banco Central, o Sistema Especial de Liquidação e de Custódia. Veja mais em "Taxa Selic: O que é, para que serve e como influencia seus investimentos". Disponível em: https://www.infomoney.com.br/guias/taxa-selic/.

4 Relembramos que a renda passiva não depende (ou depende pouco) do tempo de trabalho do médico para ser gerada. Trata-se da renda recebida por meio de juros e proventos de ativos financeiros e lucros recebidos de empresas que você seja dono e não trabalha no dia a dia delas. A renda ativa que você recebe como remuneração direta de seu trabalho são salários e pró-labore.

Eu, Paulo, sou apaixonado por negócios. Depois de oito anos de formado em medicina, estou fazendo a transição de médico empregado para empreendedor. Só consegui isso porque planejei minha carreira, meus investimentos e meu estilo de vida em termos de consumo para focar as energias no trabalho durante esse tempo, principalmente como plantonista. Recebi o máximo que consegui com o trabalho, investi mais da metade em diferentes produtos financeiros e tenho conseguido multiplicar meu dinheiro. Hoje, o dinheiro que tenho aplicado já me traz uma renda passiva que cobre meus gastos essenciais. Embora tenha reduzido o número de plantões, ainda não deixei de fazê-los. Criei as condições para ter meu próprio negócio, ou melhor, vários deles. O primeiro já coloquei para funcionar paralelamente aos meus plantões — e é a Dr. Invest[5], uma plataforma de educação financeira para médicos.

Já eu, Carlos, fiz minha especialização tão logo deixei a faculdade. Lá se vão mais de duas décadas e meia atuando como pneumologista. Nesse período, montei uma clínica que oferece vários serviços e que é referência na área. Tornei-me investidor-anjo, investidor em imóveis e em diferentes tipos de produtos financeiros, palestrante e mentor em temas de gestão de carreira para médicos e de gestão de negócios de saúde, além de marketing e vendas de serviços de saúde. Completando meus 52 anos, estou prestes a realizar um objetivo traçado muito tempo atrás: minha liberdade financeira. Isso significa que não mais precisarei, obrigatoriamente, trabalhar para manter a mim e à minha família nem para contemplar meus sonhos. Poderei trabalhar apenas por propósito. E é isso o que pretendo fazer para sempre, colocando meus conhecimentos e minhas habilidades a serviço da sociedade, alocando meu tempo em diversas atividades relacionadas às áreas da saúde, empreendedorismo, inovação, gestão e negócios.

LIBERDADE FINANCEIRA NÃO É O MESMO QUE INDEPENDÊNCIA FINANCEIRA

Por mais comum que seja a confusão a respeito desses dois conceitos, a diferença entre eles é significativa. Para começar, só pode ter liberdade financeira

---

5 Dr. Invest — Carreira Médica Exponencial. Disponível em: https://www.youtube.com/channel/UCFmzJykkwi2hVM9M3UMzN6A.

quem já atingiu sua independência financeira. E quem se torna financeiramente independente pode nunca chegar a ser financeiramente livre.

O jogo de palavras faz pensar, não faz?

Então vamos entender o que cada termo significa. Quando você trabalha e investe parte de sua remuneração, o que você está fazendo é colocar seu dinheiro para trabalhar para você. O dinheiro vai render e, depois de um determinado tempo planejado – que varia de pessoa para pessoa –, os rendimentos serão suficientes para contemplar seus custos básicos de sobrevivência, como moradia, transporte, saúde, educação e alimentação. Isso significa que você terá condições de bancar suas despesas essenciais com os juros, proventos, aluguéis e lucros recebidos de seus investimentos em ativos reais (por exemplo, imóveis e participações em outras empresas) e produtos financeiros (por exemplo, ações e fundos de investimento) sem mexer no seu patrimônio acumulado. Quando isso acontecer, bingo! Você terá sua independência financeira!

Mas ninguém deseja apenas sobreviver: ter sonhos e metas é o que diferencia a humanidade. Sua realização quase sempre depende de dinheiro, e quando esses gastos cabem dentro dos rendimentos proporcionados por seus investimentos, então você está livre. Poderá desfrutar não só de liberdade financeira, mas igualmente de liberdade pessoal, social e geográfica para usar o tempo de sua vida da forma como desejar.

Para quem não abre mão de ser médico para o resto da vida, esse grau de liberdade se traduz em não mais precisar trocar seu tempo por dinheiro, em não ter de se moldar às expectativas da sociedade e da própria classe médica, em dispor de tempo para cuidar de si, da família e das relações pessoais, em poder trabalhar em — e de — qualquer lugar do mundo; em praticar a medicina por puro propósito, e não como uma fonte de renda necessária.

DE QUANTO VOCÊ PRECISA PARA TER SUA INDEPENDÊNCIA FINANCEIRA?

Eis um aspecto sobre o qual é preciso refletir. A quantia depende de cada um e do preço que se está disposto a pagar hoje para ter tranquilidade no futuro. Isto é, depende de quanto você pode investir mensalmente e de quanto precisará para viver agora e mais para a frente.

Para se ter uma ideia, pense em um médico solteiro que divide o aluguel com dois colegas e usa transporte público. Mensalmente, ele recebe R$25 mil, dos quais R$10 mil vão para cobrir todas suas despesas e R$15 mil são religiosamente aplicados. Em 6 anos, obtendo uma rentabilidade acima da inflação de 1% ao mês, ele terá construído um patrimônio de R$1,5 milhão, que, aplicado, por exemplo, em cotas de fundo de investimento imobiliário, irá lhe render R$10 mil mensais, e a sua independência financeira estará garantida. Mas o que acontece se ele se casar e tiver um filho? Como seus gastos mensais provavelmente terão aumentado, os R$10 mil recebidos de renda passiva não serão mais suficientes para sua independência financeira, mas sim R$20 mil mensais. Nesse caso, você ajustará seus planos de guardar e investir para mais alguns anos, a fim de aumentar seu patrimônio e alcançar uma renda passiva mensal de R$20 mil.

O que falamos é óbvio? Sim, mas é um aspecto que nem todos consideram ao traçar planos que envolvam dinheiro.

Quem ainda está na faculdade ou em início de carreira tem uma enorme vantagem sobre quem veio antes, já que hoje caminhamos para uma sociedade de uso, e não mais de posse. Ter — imóveis, carros, joias, barcos e eletrônicos de última geração — está deixando de ser um indicador de realização e sucesso. Mais vale usufruir, aproveitar, experimentar e viver. Por isso compartilha-se de tudo, dos meios de transporte particulares à moradia e à casa de veraneio. Esse modo de pensar e viver contribui fortemente para que o médico seja disciplinado em seus gastos, não imobilize seu capital em bens que geram despesas e, assim, consiga poupar e investir, como recomendamos.

Estamos falando de um *mindset* de vida exponencial, que se nutre da simplicidade. Trata-se de ter pensamentos e atitudes sustentáveis, de ser menos consumista e de desenvolver uma inteligência financeira, aprendendo a usar os investimentos a nosso favor, em prol de menos estresse e mais felicidade. É um *mindset* de prosperidade.

Impregnado dessa mentalidade libertadora, é hora de você fazer o primeiro exercício deste livro: calcular de quanto tempo precisa para alcançar seu primeiro milhão. Indicamos para isso o uso do aplicativo Renda Fixa e Investimentos ou o acesso público na web da Calculadora do Cidadão no site do Banco Central do Brasil. Mas se você preferir usar algum outro, fique à vontade. Não é a ferramenta que assegurará a exatidão do resultado, mas a sinceridade de suas respostas para as perguntas colocadas.

REGISTRE AQUI, COMO UM COMPROMISSO, SEU TAR:
Tempo: ___________ meses
Aporte mensal: ___________ reais
Rentabilidade ao mês: ___________ %

NA PRÁTICA:

1. Baixe o aplicativo Renda Fixa e Investimentos na Apple Store ou Play Store.
2. Clique na opção *acessar sem login*.
3. Vá em Menu Lateral, Ferramentas, Calculadoras.
4. Selecione Calculadora do Milhão e preencha conforme o exemplo, ou o seu TAR anotado anteriormente.
5. Exemplo: um médico recém-formado com renda de R$20 mil mensais destinará metade para investir — ele tem pouco conhecimento sobre investimentos e começará de forma conservadora.
6. Preenchendo: aporte inicial e aporte mensal de R$10 mil por mês, com uma taxa de juros de mercado de 0,5% ao mês.
7. Resultado: o médico atingirá seu primeiro milhão em seis anos e oito meses. Se o aporte e a rentabilidade forem maiores, o tempo diminui; caso contrário, o tempo aumenta. Exemplo: com o aprendizado deste livro e experiência com os investimentos, sua aptidão à tomada de risco aumenta e, consequentemente, lhe possibilita buscar maiores rentabilidades para seu patrimônio e, com uma certa tranquilidade, atingir uma rentabilidade de 1% ao mês. Isso significaria atingir R$1 milhão, por meio de aportes de R$10 mil por mês, em cinco anos e nove meses.

É provável que você se sinta inseguro para responder a tudo ou que se alarme com o número obtido, mas evite se preocupar, esse exercício é apenas um norte. Em outros momentos ao longo destas páginas, você será convidado a repeti-lo, e essa será uma forma de medir o conteúdo absorvido e de avaliar seu processo de transformação.

Antes de se transformar, porém, cabe refletir sobre os privilégios em termos de remuneração que os médicos têm e entender por que o modelo tradicional de carreira pode convergir para a frustração. Esses são os assuntos do nosso próximo capítulo.

02

NÓS, **MÉDICOS**, SOMOS **PRIVILEGIADOS**:

a capacidade de aportes e a disciplina lapidarão o caminho para nossa liberdade financeira

Em nosso país, quando se fala de dinheiro e finanças, logo vem à mente a palavra poupança — especialmente para as gerações como a do Dr. CI. Esse foi o único método de investimentos amplamente divulgado por décadas, seja por instituições financeiras, mídias e governos — se é que podemos chamar de investimento, pois é a alternativa em que você tem a menor rentabilidade de todas e, na maior parte do tempo, perde até mesmo para a inflação. Então, partindo desse princípio, está enraizado na cabeça do brasileiro o poupar, que é um dos pilares do método TAR, os aportes. Para aportar, você precisa gastar menos do que ganha (poupar) e investir o que sobra. Mas será que o brasileiro poupa e guarda seu dinheiro?

É amplamente divulgada em notícias a falta de hábito, ou incapacidade, do brasileiro de poupar dinheiro, como aponta a pesquisa da Acordo Certo do final de 2020, que demonstra que 73% dos brasileiros não guardam dinheiro algum, e dos que guardam, segundo a Anbima (dados de novembro de 2021), 56% colocam o dinheiro na caderneta de poupança. Mas esses números vêm lentamente melhorando, e esperamos que você, leitor, seja mais um a não fazer parte dessa estatística — poupando todos os meses e investindo de maneira inteligente. E já deixamos aqui o primeiro passo que você deve dar: se tem algum real guardado na poupança (porque não dá para dizer que está aplicado na poupança), saque agora para aplicar em qualquer outra opção de investimento que renderá mais que a poupança — por exemplo, um CDB qualquer que pague 100% ou mais do CDI.

Mesmo sendo ensinados desde pequenos sobre a importância de não apenas trabalhar, mas também de poupar (e que bom seria de fosse também de investir), costumamos experimentar uma dificuldade enorme em aplicar esse conceito em nossa vida. A tentação de gastar tudo o que se ganha, acreditando que sempre haverá tempo para começar a guardar e investir, alcança mulheres e homens de todas as profissões. Porém encontra entre nós, médicas e médicos, condições extremamente favoráveis, já que, ainda na graduação, descobrimos que o mercado de trabalho ao qual visamos oferece altos índices de empregabilidade e que a remuneração tende a ser superior à de jovens profissionais de outras áreas.

Vamos a um exemplo. De acordo com um levantamento recente da consultoria de recursos humanos Robert Half,[1] um analista de finanças corporativas júnior inicia sua carreira com um salário de R$3,6 mil em uma empresa de grande porte no Brasil. Ele só atingirá uma remuneração de aproximadamente R$18,5 mil quando chegar — após alguns anos — a gerente de finanças corporativas.

Enquanto isso, um médico recém-formado que obtenha uma bolsa pelo programa federal Programa Médicos pelo Brasil[2] recebe mensalmente R$15 mil líquidos para trabalhar 40 horas semanais em uma Unidade Básica de Saúde. Em hospitais e postos de saúde, há muitas oportunidades de pegar plantões extras, que pagam cerca de R$1 mil cada um, como temos visto acontecer. Ao término de um mês de uma jornada diária de 12 a 16 horas, um médico que acabou de deixar a faculdade tem chances concretas de tirar de

---

1 HALF, Robert, *Guia Salarial 2020*, p. 18. PDF disponível em: https://www.roberthalf.com.br/sites/roberthalf.com.br/files/documents_not_indexed/robert-half-2020-guia-salarial_0.pdf?utm_source=sfmc-transactional&utm_medium=Email&utm_campaign=-2020salaryguide-ongoing&i=.

2 "Programa Mais Médicos". Disponível em: www.maismedicos.gov.br.

de R$20 mil a R$30 mil de recebimentos — algo bem inusitado dentro do mercado de trabalho nacional.

Infelizmente, muitos colegas médicos gastarão esse dinheiro sem limites, sem pensar em economizar para o futuro. Eles farão parte da triste estatística do início do capítulo — de brasileiros incapazes de poupar, gerar segurança financeira para si e suas famílias, de aproveitar os benefícios de investir e gerar renda passiva, quando colocamos o dinheiro para dar plantão pela gente. Nem sempre teremos saúde e vitalidade para seguir gerando ganhos mensais, pode haver tempos difíceis pela frente — e esses tempos certamente virão — para quem não guarda e investe parte de seus ganhos de modo a formar uma reserva estratégica.

DR. JC E DR. CI

Neste livro, criamos dois personagens, avatares de modelos conhecidos de comportamento médico: o Dr. JC e o Dr. CI. O mais jovem deles, o Dr. JC, está no início da carreira, tem 27 anos de idade, mas já é capaz de receber invejáveis R$20 mil mensais. O preço por esse rendimento, no entanto, é alto. O Dr. JC faz 8 plantões de 12 horas por mês, ou seja, dorme 8 dias por mês fora de casa. Folga 2 no mês — em geral, aos sábados — e trabalha pelo menos 8 horas todos os dias.

Nos poucos momentos em que não está com seu jaleco branco, o Dr. JC é um consumista. Mais do que isso, costuma também ser um exibicionista. Ele quer mostrar aos pares e parentes que é bem-sucedido, afinal, sempre se lembra que estudou duro tantos anos — tendo ele e sua família vivido esses anos no aperto para pagar sua faculdade e despesas básicas com alimentação, moradia, transporte e livros. Ele quer uma casa ou apartamento no bairro mais sofisticado da cidade, um carro importado, ir aos melhores restaurantes, ter o smartphone da moda, as roupas mais caras. Quando sai à noite, quer o camarote. As bebidas são as mais caras, e não é raro que, para impressionar os amigos, pague a conta de todos. Se alguém questiona seu estilo de vida, responde com um “eu mereço, depois de tudo o que eu trabalho”. Como é sua provisão para o futuro? O futuro é algo distante, e ele não pensa nisso, ignora que a velhice chegará e imagina que poderá manter esse ritmo de trabalho e ganho de forma indefinida — *Let’s rock, baby*!

E há o Dr. CI, bem mais velho do que o personagem anterior — ele beira os 50 anos —, mas nem por isso é capaz de gerenciar suas finanças de uma maneira mais adulta. Embora já não faça mais plantões, como o colega mais jovem, a sua jornada também não é tranquila. Trabalha na clínica que ele mesmo fundou, começando às 8 horas da manhã e vai até as 7 horas da noite. Mas nessa jornada de 11 horas, organiza mal seu tempo. É ele quem administra o negócio, e de forma bastante amadora. Quase nunca tem tempo para verificar como está a situação do caixa. Não sabe quanto o consultório gera de lucro por mês e confunde faturamento com lucro. Pega o dinheiro que entra e coloca no bolso, sem conferir as contas. Ele não tem um planejamento de receitas e despesas para os próximos meses. Por mês, os seus ganhos chegam aos R$50 mil.

Chegando em casa, vê rapidamente a esposa e os dois filhos, um com 8 e o outro com 10 anos, pois médicos se casam e têm filhos mais tarde. Tenta estudar alguma coisa e dorme entre cinco e seis horas por noite. Seu padrão de vida, e o da família, é alto. Mora em uma casa ampla, em um condomínio de alto padrão. Troca de carro a cada dois anos, sempre escolhendo modelos top de linha. Os filhos estudam na escola mais cara da cidade. Sua esposa trabalha e ganha R$5 mil por mês. Mas ela gasta bem.

Dos R$50 mil que recebe, R$15 mil ficam na clínica; R$5 mil, nos gastos com educação; R$2 mil, no pagamento do condomínio; e os gastos com as despesas familiares batem os R$ 20mil. Também sugam seu dinheiro a casa na praia, à qual ele pouco tempo tem para ir (vai até duas vezes por ano, no máximo) e as várias prestações relativas aos terrenos e apartamentos na planta que compra. Seus cuidados com o futuro financeiro não passam, em geral, de um plano de previdência privada e outros investimentos pouco rentáveis, normalmente sugestões do gerente de seu banco, e da crença de que os imóveis poderão render algo ao serem alugados no futuro. Como cuida mal de suas finanças, o Dr. CI sente um medo constante de precisar ter de voltar, eventualmente, a fazer plantões noturnos para garantir sua renda.

Ano após ano, os doutores JC e CI perpetuam esse ciclo. Por mais bem remunerados que possam ser, não parecem capazes de poupar e aplicar com sabedoria uma parte do dinheiro que ganham, de maneira a lhes garantir um futuro financeiramente estável. Isso não é uma fábula, uma hipótese ou opinião. São histórias reais de tantos colegas que conhecemos. Ter um planejamento financeiro muito bem definido parece ser a forma mais eficaz de escapar dessa situação, de fugir daquilo que identificamos como a espiral de pobreza do trabalho médico — ou da corrida dos ratos, como chama o empresário e investidor norte-americano Robert Kiyosaki em seu livro *Pai Rico, Pai Pobre*,[3] importante referência em educação financeira.

---

3 KIYOSAKI, Robert T.; LECHTER, Sharon L. *Pai Rico, Pai Pobre*. 1ª edição. Rio de Janeiro: Campus, 2000.

"Acordar, ir para o trabalho, pagar contas, acordar, ir para o trabalho, pagar contas... Suas vidas então são conduzidas sempre por duas emoções: medo e ambição. Ofereça-lhes mais dinheiro e elas continuarão o ciclo, aumentando também as despesas. É isso que chamo de 'Corrida dos Ratos'."[4]

O INVESTIDOR IDEAL

De um lado, um médico com 8 anos de formado. Do outro, um pneumologista com mais de vinte e 25 de carreira. Apesar de nossas diferenças de idade e de trajetória, ambos acreditamos que um médico não precisa esperar muito para usufruir de qualidade de vida e bem-estar, e dividiremos com você, colega leitor, nossos erros, acertos e aprendizados em busca desse objetivo. Mas, para isso, você precisa organizar sua vida financeira e planejar a construção de seu patrimônio.[5]

Tudo começa em saber quanto entra e quanto sai a cada mês. Sim, parece que estamos falando algo óbvio, mas, justamente porque a maioria dos médicos dispõe de diferentes fontes de renda, o descontrole é frequente. Muitas vezes, as consequências só serão sentidas anos e anos depois, quando o profissional deixa os plantões e, decidido a manter apenas o consultório, se dá conta de que este não gera nem nunca gerou dinheiro suficiente. O que sustentava o empreendimento particular eram os plantões. E como fica a situação do médico caso ele queira diminuir seu ritmo de trabalho e se preparar para a aposentadoria?

Por outro lado, quem se planeja e sempre destina uma parcela de seus recebimentos a investimentos colherá os benefícios de ter o dinheiro trabalhando para si. Adquirirá sua independência financeira e, melhor ainda, sua liberdade financeira.

---

4 Idem.

5 De acordo com Tiago Reis, patrimônio pessoal é o conjunto de bens, direitos e obrigações vinculado a uma pessoa. São todos os recursos e bens que uma pessoa possui em seu nome. Pode ter sido conquistado por meio de trabalho, recebidos por herança ou até por doação. São exemplos de patrimônio pessoal não financeiros, imóveis, carros e joias. São bens duráveis que têm um valor e podem ser vendidos e, assim, transformados em **patrimônio** financeiro. Já o **patrimônio financeiro** é o dinheiro que a pessoa possui na conta corrente ou que está aplicado no mercado financeiro, como títulos de renda fixa, ações e fundos de investimento. REIS, Tiago, "Como construir um patrimônio pessoal?" Disponível em https://www.sunoresearch.com.br/artigos/patrimonio-pessoal/. Acesso em 4 de setembro de 2020.

A independência financeira acontece quando o patrimônio acumulado, em investimentos e imóveis alugados propicia uma renda mensal que cobre todos os custos de vida. Ou seja, é possível sobreviver gastando somente o valor dos aluguéis, os juros e proventos decorrentes de aplicações financeiras.

Mas qual a graça de somente sobreviver? É aí que entra a liberdade financeira. Ela vai além da independência, porque contempla também a realização de sonhos. **É financeiramente livre quem escolhe com tranquilidade se vai comprar isso ou aquilo, se vai fazer essa ou aquela viagem, porém, sem nunca abandonar seu planejamento financeiro.**

A carreira médica oferece todas as condicões para que o dinheiro trabalhe a favor do profissional. A primeira delas é a elevada capacidade de poupar e investir que o médico tem, ou seja, de aportar capital. Mesmo quem acabou de sair da faculdade já ganha muito bem, como vimos, e pode, se quiser, rapidamente aumentar bastante sua remuneração fazendo plantões, como mencionamos anteriormente. O investidor ideal também precisa de tempo: quanto antes se inicia um investimento, melhor. E, por fim, o investidor ideal aprende os fundamentos sobre produtos financeiros e diferentes estratégias de investimento para conseguir o melhor retorno possível para seu dinheiro aplicado. Toda essa combinação de poupar mensalmente, investir bem e fazer isso durante cinco, sete, dez, quinze anos ou mais proporciona ao médico alcançar sua liberdade financeira.[6]

COMO O DINHEIRO PODE TRABALHAR PARA MIM?

Se você está curioso o bastante a ponto de se fazer essa pergunta, então chegou a hora de explicar o que são ativos e passivos. Vamos deixar de lado os conceitos tradicionais da contabilidade e nos basearem como eles são entendidos por Robert Kiyosaki, o empresário e investidor norte-americano que se notabilizou com a já citada obra *Pai Rico, Pai Pobre*, de 1997.

Para o autor desse que se tornou o livro sagrado das finanças pessoais, **passivo é tudo o que tira dinheiro do seu bolso: bens nos quais seu capital fica imobilizado e trazem custo de manutenção,** como uma casa na praia ou um carro. Já um **ativo gera dinheiro, traz renda e engorda o patrimônio**.

6 Isso acontece por conta do efeito bola de neve criado pelos juros compostos ao longo do tempo — ou seja, ocorre um acúmulo de juros sobre juros.

Os melhores exemplos disso são ações, fundos de investimento e títulos públicos. Mas um imóvel próprio também pode ser encarado como um ativo. É o que acontece com uma casa destinada a locação: ela proporciona uma renda mensal, que são os aluguéis.

É assim que o dinheiro trabalha para você, quando ele é investido em ativos. Quem faz um investimento em um produto financeiro se beneficia dos juros compostos, os famosos juros sobre juros.[7] Os juros compostos podem ser o terror de quem toma um empréstimo pessoal: as parcelas crescem uma após a outra, pois os juros são calculados com base no que foi pago no mês anterior, e não no valor da primeira prestação.

Agora mentalize a situação inversa, a situação de quem emprestou o dinheiro — bem melhor, não? A cada mês, essa pessoa recebe mais. O mesmo acontece com quem tem uma carteira de investimentos cuja rentabilidade se baseia nos juros compostos — o saldo aumenta de forma exponencial. Isso significa que, no início da aplicação, o crescimento será discreto e que, quanto mais tempo passar, mais acentuado ele se tornará.

Quer um exemplo simples de crescimento exponencial que não tem nada a ver com dinheiro? Quem vem de uma família grande entenderá facilmente a lógica. Imagine uma mulher e um homem que têm 2 filhos. Cada um destes tem outros 2 filhos, e assim por diante. Da primeira para a segunda geração, 2 novos membros se juntarão à família, agora com 4 pessoas. Da segunda para a terceira, serão mais 4 indivíduos, totalizando 8. Da terceira para a quarta, mais 8 , elevando o total para 16. Da quarta para a quinta geração, nascerão mais 16 herdeiros, e a família já será composta por 32 pessoas, sendo 30 delas descendentes daquele primeiro casal.

Se em vez de seres humanos pensarmos em dinheiro, vale a pena segurar as despesas para investir o máximo possível todos os meses, não?

---

7 A diferença entre juros simples e juros compostos é a base que se leva em conta para calcular essa taxa. No sistema de juros simples, os juros incidem sempre sobre o valor inicial. Nos juros compostos, os juros recaem sobre o valor do último mês, ao qual já estão acrescidos os juros do mês anterior, e assim por diante. Dessa maneira, um montante calculado utilizando-se o sistema de juros compostos agrega valor em um ritmo maior do que se calculado em juros simples. Para uma explicação mais detalhada e acessível sobre juros simples e compostos, visite Capital Blog: "Juros sobre juros: como afetam finanças e investimentos". Disponível em: https://www.capitalresearch.com.br/blog/investimentos/juros-sobre-juros/.

OS CAMINHOS PARA CHEGAR LÁ

Depois de seis anos de graduação, vem a formatura e, com ela, a dúvida sobre qual caminho trilhar. É comum escutarmos que temos três possibilidades: tentar a residência, ir para uma especialização ou focar integralmente no trabalho.

Quem escolhe se especializar por meio de uma residência encara uma seleção geralmente mais rigorosa que o vestibular e para um menor número de vagas. Se passar no exame, o candidato recebe uma bolsa mensal de cerca de R$4 mil, dependendo de incluir ou não um auxílio-moradia.

Para quem não consegue uma vaga como residente — ou não quer entrar no programa de residência médica, mas deseja se especializar em uma ou outra área da medicina —, existe a alternativa de cursar uma pós-graduação. Mas somente depois, com tempo de atuação na área, os candidatos podem se submeter a uma prova de título da associação de médicos da especialidade, e os aprovados conquistam o título de especialista. Esse processo todo se estende por mais tempo que o da residência e não prevê nenhuma ajuda de custo. Ao contrário, às vezes, o profissional precisa tirar do próprio bolso o valor do programa.

Os que partem diretamente para o trabalho, e só a ele se dedicam nos primeiros anos de carreira, se deparam com boas oportunidades de ganhar dinheiro. Mas é o que fazem dele que indicará se optaram pelo caminho rumo à liberdade financeira.

Entra em cena, então, o conceito dos quadrantes financeiros, desenvolvido por Kiyosaki.[8] Segundo o escritor, as pessoas podem ser divididas em quadrantes segundo a forma como são remuneradas. Nos quadrados à esquerda, distribuem-se os empregados e os autônomos — que trabalham trocando seu tempo por dinheiro. À direita, alinham-se os donos de negócio — cuja renda resulta principalmente do trabalho de outros — e os investidores — que colocam o dinheiro para trabalhar para eles.

Nós, os médicos, fomos acostumados a acreditar que nosso lugar na matriz de Kiyosaki está nos quadrantes à esquerda. Mas o que nos impede de estar dos dois lados desse quadro?

---

[8] KIYOSAKI, Robert T.; LECHTER, Sharon L. *Pai Rico, Pai Pobre*. 1ª edição. Rio de Janeiro: Campus, 2000.

Figura 1 — O quadrante financeiro de Robert Kiyosaki[9]

Nos anos iniciais de trabalho, um médico pode ser só empregado e ir construindo uma reserva ao economizar e fazer investimentos regulares, assumindo, assim, também o papel de investidor no quadrante. Pode, além disso, usar essa economia para investir em um negócio, o que pode oferecer mais riscos do que aplicar em produtos financeiros.

O importante é entender que, mesmo que pague todas as suas contas e tenha uma boa qualidade de vida, quem vive exclusivamente dos ganhos auferidos como empregado ou autônomo não pode se dizer financeiramente independente, já que a independência acaba quando a pessoa para de trabalhar ou se aqueles que lhe empregam o demitirem.

UM LUGAR À DIREITA NOS QUADRANTES DE KIYOSAKI

Para os que sonham em ter o próprio consultório, é fundamental pensar que os ganhos significativos vêm de duas formas: criação de marca pessoal e escala. Você cria uma marca pessoal forte, potencializando seus resultados por hora trabalhada com atendimentos particulares, e/ou você escala com um maior número de atendimentos, incluindo os convênios com planos de saúde. Assim, o consultório deve ser o embrião de uma clínica que empregará outros

9 KIYOSAKI, Robert, "Robert Kiyosaki: Como Alguém que Foi Empregado a Vida Inteira Pode, de Repente, se Tornar um Investidor?" Disponível em https://www.moneytimes.com.br/robert-kiyosaki-como-alguem-que-foi-empregado-a-vida-inteira-pode-de-repente-se-tornar-um-investidor/.

médicos e terá estrutura para oferecer exames de diagnóstico e realizar procedimentos, inclusive cirúrgicos. Para ser considerada uma empresa, um negócio de verdade, a clínica precisa gerar renda para o dono até quando ele não está trabalhando. À frente de um empreendimento assim, um médico consegue faturar de R$50 mil a R$100 mil mensais, ou mais, conforme nossa experiência. Os valores, é claro, dependem da cidade ou região em que o consultório ou a clínica está instalado.

Também é possível empreender investindo em uma franquia médica. Nós mesmos conhecemos um profissional que, com pouquíssimo tempo de formado — um ano talvez —, se juntou a alguns colegas e abriu uma clínica popular, com um investimento *per capita* de R$100 mil. Eles dão trabalho a outros médicos e, dessa forma, obtêm o ganho em escala necessário a um empresário ou investidor.

Outra alternativa interessante é direcionar parte do tempo de trabalho às startups de saúde que estão surgindo — as *healthtechs*. A remuneração é mínima, ou até inexistente, porque esses empreendimentos não geram caixa, ou geram muito pouco. Em contrapartida, o médico recebe cotas do negócio, em uma estratégia conhecida como *phantom share*,[10] ou participação fantasma. Caso fundos de capital de risco comprem uma parte do negócio ou toda a startup, o médico pode vender suas cotas e auferir um resultado extraordinário. Ele sai de uma participação que não valia praticamente nada para multiplicá-la por cinquenta ou cem.

Mas se o negócio não vingar e o valor da cota for negativo, o investidor nada receberá. Há médicos mais arrojados, de perfil altamente empreendedor, que depositam todo seu tempo e suas economias em healthtechs. No entanto, os riscos são enormes, ressaltando-se, assim, a importância da diversificação: as estatísticas mostram que apenas uma ou duas em cada dez ou mais healthtechs dão certo. Ainda pouco difundido no Brasil, o *phantom share* já representa uma tendência forte no Vale do Silício e deve ganhar cada vez mais espaço por aqui.

O TER *VERSUS* O USUFRUIR

Há outros caminhos disruptivos à frente. Hoje experimentamos a era do compartilhamento. Compartilha-se de tudo: o escritório nos coworkings, a moradia nos colivings, a bicicleta e o patinete, o carro por meio de aplicativos de

---

10 Em um Plano de Ações Fantasmas, é outorgado um número específico de cotas ou ações aos beneficiários, e essa participação no capital social da empresa será paga em dinheiro em uma data futura. "Tipos de ILP: Ações Fantasmas, ou Phantom Shares". Disponível em: https://pris.com.br/blog/acoes-fantasmas-phantom-shares/.

carona e de transporte pagos, o destino de férias em casas de particulares. A humanidade — ou melhor, uma parte mais jovem dela, com importante função de influenciadora social — concluiu que mais vale desfrutar de um bem do que o possuir.

Essa forma de pensar tem tudo a ver com o que propusemos até aqui: que o médico jovem seja regrado em seus gastos a fim de economizar, investir e alcançar sua independência financeira em cinco a sete anos (veja o exercício do final do capítulo). Isso é possível para quem se pauta pelo fundamento de usufruir, e não de ter. Livre, o médico pode desfrutar de uma vida boa sem precisar imobilizar seu dinheiro em bens como casas, carros, joias, barcos e eletrônicos de última geração, que se tornam obsoletos e descartáveis em questão de meses.

Algumas das startups mais relevantes no momento são as que focam os três principais gastos que temos: moradia, transporte e alimentação. E o que elas fazem é propor um modelo de redução brutal de custos ao oferecer o uso de bens que atendem a quem está focado em ser financeiramente livre.

Para alguém que está em Belém hoje, em São Paulo amanhã e em Nova York na semana que vem, não faz muito sentido arcar com o custo de comprar e manter um imóvel residencial em cada uma dessas cidades. É mais estratégico alugar uma moradia por temporada ou ter um imóvel que, quando não está sendo usado pelo dono, pode ser compartilhado com outros e gerar renda. Já existem plataformas de coliving que possibilitam aos associados viver ora em um loft no Rio de Janeiro, ora em uma casa em Sydney, ora em um apartamento em Milão. E outros aplicativos permitem dispor de um carro nesses mesmos lugares.

É um estilo de pensar e viver que pode assustar as gerações mais maduras. Na segunda metade do século passado, quantos brasileiros de origem mais humilde não batalharam para se tornar médicos justamente para poder comprar tudo aquilo que seus avós e pais não puderam ter? O apetite pelo trabalho era diretamente proporcional à vontade de possuir e gastar. Mas isso acarreta um grande desequilíbrio na vida pessoal. Resulta em pessoas que não têm tempo para ser mães, pais, amigos, para cuidar de si mesmos, estudar e planejar a própria vida em longo prazo.

Não estamos dizendo que, para ser financeiramente próspero, o médico não deve possuir nada. Ele pode fazer isso, desde que não abra mão de manter uma parte de seu patrimônio como um investimento ativo. Os juros compostos são tão generosos com quem investe, que o capital poupado e investido crescerá e compensará os sacrifícios feitos. Só que a velocidade de crescimento será menor caso a quantia aplicada também seja modesta.

DESBLOQUEIE O *MINDSET*

Ainda que cumpramos jornadas exaustivas, nós, médicos, somos privilegiados, sim, já que dispomos de muita oferta de trabalho e oportunidade de ganharmos bem. Quando nos conscientizarmos de que o quanto antes começarmos a investir, nos transformaremos nos investidores ideais. Isso porque temos a capacidade de fazer aportes mensais de valores altos durante alguns anos, assim como, se quisermos, como outros profissionais, temos totais condições de entender os fundamentos de investimentos — o que nos permite compor uma carteira de produtos financeiros de qualidade.

Depois de perceber os benefícios da liberdade financeira, fica mais fácil desbloquear o *mindset* e acreditar que nós, médicos, podemos viver dos rendimentos de nossos investimentos. Para que tudo isso funcione, no entanto, é preciso entendermos quais são os dois modelos de carreira e finanças pessoais. Ambos oferecem a possibilidade real de construção de um patrimônio sólido por caminhos diferentes. Qual deles você pretende escolher para si? É o que veremos no próximo capítulo.

EXERCÍCIO:

De quanto você precisa para cobrir seus custos mensais básicos? _____________ (independência financeira)

De quanto você precisa por mês para viver bem e aproveitar a vida? (liberdade financeira) _____________

Quanto você é capaz de aportar por mês? _____________________________________

Usando a Calculadora do Cidadão para aplicação com depósitos regulares (https://www3.bcb.gov.br/CALCIDADAO/publico/exibirFormAplicacaoDepositosRegulares.do?method=exibirFormAplicacaoDepositosRegulares)
e com rentabilidade conservadora de 0,8%, em quantos anos você pode atingir:
a independência financeira? _____________
a liberdade financeira? _____________

03

QUAL MODELO DE **CARREIRA** E **FINANÇAS** PESSOAIS **VOCÊ QUER** PARA SI?

A cada passo dado, percorria-se um metro. Se fossem dois ou três passos, então seriam dois ou três metros. O conhecimento evoluía desse modo — linear — na era industrial, quando só enxergávamos o que acontecia em nosso ambiente local. Naquela época, ao observar a trajetória de quem vinha antes, era quase sempre possível adivinhar o que viria a seguir. Ao repetir os passos de nossos modelos, tínhamos enorme chance de repetir seus resultados.

Mas tudo isso foi antes de a revolução digital nos lançar na era da informação e em um mundo globalizado, que se move em alta velocidade, questionando paradigmas e impondo o imprevisível como regra. Em uma realidade assim, o conhecimento evolui de forma exponencial, e o que levou quatro, cinco, seis anos para se aprender em uma graduação tem validade por outros quatro, cinco ou seis anos somente. Depois disso, torna-se insuficiente para garantir uma presença significativa na esfera profissional.

Como, então, podemos querer fazer tudo igual a quem nos precedeu e acreditar que o sucesso será o mesmo? Um dos principais objetivos deste livro é apresentar uma proposta inovadora de gestão de carreira, direcionada ao aumento do patrimônio logo nos primeiros anos de profissão, permitindo a você se tornar um investidor e ser financeiramente livre.

Adiar a residência ou a especialização e economizar a maior parte do que se ganha é uma alternativa para trilhar um caminho mais curto em direção à liberdade. Porém, há outros, e mesmo que demorem mais, eles também podem ser eficazes se você souber se planejar. É isso o que você verá nas tabelas a seguir. Elas fazem uma projeção do patrimônio que um recém-formado pode acumular em 5, 10, 15, 20, 25 e 30 anos, a depender da trajetória de carreira e finanças que escolher. As trajetórias serão explicadas ao longo deste capítulo.

TABELA 1 Etapas 1 e 2 com aportes ao longo da carreira no modelo exponencial e linear.

	Modelo de Carreira Médica	
Etapa 1 (<5 anos)	**Exponencial**	**Linear**
Salário	R$20.000,00	R$4.000,00
Custos	R$4.000,00	R$4.000,00
Saldo	R$16.000,00	R$0,00
Etapa 2 (>5 anos)		
Salário	R$20.000,00	R$30.000,00
Custos	R$10.000,00	R$10.000,00
Saldo	R$10.000,00	R$20.000,00

Vamos entender o método usado para o cálculo. Atenção, porque ele retratará momentos de sua carreira. Ambos os modelos de carreira são simulados com uma carga horária de trabalho de sessenta horas semanais — utilizamos essa carga horária por ser aquela exigida nos programas de residência médica pelo MEC, o que facilita a comparação dos modelos de carreiras.

Na etapa 1 (Tabela 1), o custo de vida é de R$4 mil, por ser o valor aproximado da bolsa do MEC dos programas de residência médica.

Você deve estar imaginando que é difícil se manter com uma bolsa de R$4 mil nos dias de hoje — na prática, os residentes acabam fazendo plantões por fora para conseguir uma renda extra. No entanto, para fins de cálculo comparativo, não é preciso levar essas variáveis em consideração, porque elas se anulam — se colocarmos uma carga horária extra para o residente no modelo linear, deve-se aumentar para o modelo exponencial também.

Na etapa 2 (Tabela 2) — após 5 anos — os médicos aumentam seu padrão de vida. Mais próximos da realidade, os custos passam de R$4 mil para R$10 mil.

No modelo exponencial, em ambas as etapas, o médico mantém a renda em R$20 mil, diminuindo o saldo de R$16 mil para R$10 mil, pelo aumento do custo de vida na segunda etapa.

No modelo linear, o médico, como especialista, deixa de ganhar uma bolsa de R$4 mil e passa a ganhar R$30 mil reais — ou seja, 50% a mais que no modelo exponencial. Isso é uma estimativa de valorização, conforme já explicado no capítulo anterior, passando a ter o dobro de saldo para aportes, em comparação ao modelo exponencial.

TABELA 2 Evolução patrimonial ao longo de trinta anos conforme o modelo de carreira exponencial e linear.

Patrimônio	Modelo de Carreira Médica	
	Exponencial**	**Linear***
5 anos	R$1.245.440,40	R$0,00
10 anos	R$2.738.406,22	R$1.465.224,00
15 anos	R$5.142.842,60	R$3.824.981,90
20 anos	R$9.015.211,44	R$7.625.395,61
30 anos	R$25.295.627,64	R$23.603.294,26

Rentabilidade: 10% ao ano.
* Residência, logo após a graduação.
** No mercado de trabalho, logo após a graduação.

Nos primeiros cinco anos, o valor acumulado de R$1.235.789,72 no modelo exponencial reflete o custo de oportunidade da residência médica — ou seja, quando você opta por se especializar por cinco anos, é desse patrimônio que você abre mão. Daí a importância de você ser estratégico com a escolha de quando e de qual residência médica prestar. Valide antes, na teoria e na prática, para ter o máximo de convicção de sua trajetória e, assim, não perder tempo abandonando a residência pelo caminho ou trocando de especialidade no futuro. O custo de oportunidade é muito alto, e você não deve cair nessa.

É uma grande diferença, não é mesmo? Nas tabelas, colocamos como premissas invariáveis ao longo de trinta anos os salários e o custo de vida básico para os médicos que seguem uma carreira linear e uma exponencial. Claro que, na vida real, esses números variarão, embora a proporção entre eles tenha a tendência de se manter a mesma por todo o período.

Pelo nosso modelo, já ao final dos primeiros cinco anos após os dois médicos terem se formado, aquele que já está no mercado de trabalho desde a formatura teria acumulado um patrimônio de R$1.235.789,72, enquanto o médico que agora se prepara para entrar no mercado não tem qualquer dinheiro investido. Mais cinco anos, e o médico que segue o modelo linear, e tem um salário maior do que o colega, agora como especialista, aportando o dobro que o médico sem residência, teria atingido R$1.544.737,16 — mais do que o médico havia feito cinco anos antes. Mas assim como a Terra não para de girar, os juros compostos não cessam de fazer seu patrimônio crescer, e aquele colega agora desfruta de um patrimônio de R$2.765.686,20!

O que de mais importante essas tabelas indicam é que a diferença do que é aportado nos primeiros cinco anos após esses dois médicos se graduarem dará uma dianteira para o profissional que escolheu o modelo exponencial — ou seja, iniciou-se no mercado de trabalho logo após sua formatura. O colega que seguiu o modelo linear — aquele que dedicou cinco anos para uma especialização — não conseguirá alcançar o primeiro nem em um prazo largo, como são trinta anos, mesmo que o médico com especialização tenha um salário 50% maior e esteja investindo o dobro do que aquele que foi direto para o mercado de trabalho logo ao sair da faculdade.

O modelo exponencial foca o tempo — começar a investir o quanto antes —, já o modelo linear foca os aportes — investir o quanto mais. Essas são duas das várias formas para a construção de patrimônio, e a principal lição que você deve tirar disso é que o tempo é a principal delas. Ele é exponencial, e é por esse motivo que o médico com modelo linear, mesmo aportando o dobro de dinheiro ao longo da vida, não consegue alcançar o patrimônio do médico que seguiu o modelo exponencial.

MODELO LINEAR DE CARREIRA: O MAIS ANTIGO E FREQUENTE

Até hoje, a maioria dos recém-formados opta por fazer a residência ou especialização assim que termina a graduação. E lá se vão mais quatro ou cinco anos de muita dedicação e pouco dinheiro. Se aceito na residência médica, você receberá uma bolsa mensal de cerca de R$4 mil por sessenta horas semanais de estudo e trabalho.[1] Se tiver de arcar com os custos de sua especialização,

[1] Valores relativos a quando este livro foi escrito.

precisará acumular empregos e plantões que permitam custear o curso e pagar suas contas básicas. Outro traço comum à maior parte dos médicos é ser assalariado — nas redes pública e privada de saúde — ou trabalhar como autônomo. Ou as duas coisas.

É a esse conjunto de características que chamamos de carreira linear, um modelo no qual se troca tempo por dinheiro — principal dor identificada entre quem já tem alguns anos de profissão. Médicos nessas condições dependem exclusivamente de sua capacidade de trabalho e de tempo para aumentar suas entradas. Se atua como empregado em um pronto-socorro, o colega assume mais horas de plantão; se tem um consultório e depende de uma clientela de convênio, amplia o número de atendimentos de consultas, reduz o tempo com os pacientes e diminui o intervalo entre uma consulta e outra.

O cansaço cresce e o tempo torna-se mais escasso para outras necessidades — como o convívio com a família e com os amigos, o lazer, os cuidados com a própria saúde, os estudos e a gestão das próprias finanças. No médio prazo, muitos médicos se tornam vítimas da síndrome de burnout, da frustração generalizada e até da perda de propósito na profissão. Olhando mais para a frente, percebemos uma grande parcela que, ao reduzir o ritmo de atendimentos e se aposentar via algum sistema de previdência pública (INSS, Ministério da Saúde, institutos de previdência estaduais e municipais etc.), precisa se contentar com um padrão de vida inferior ao que sempre teve, pois não conta com um colchão financeiro.

Entretanto, não precisa ser assim. Quem se organiza e estabelece uma relação mais saudável com o dinheiro — menos pressionada pelas expectativas alheias — pode, a qualquer momento, começar a investir parte do que recebe e, depois de alguns anos, alcançar sua independência financeira. O importante é aprender a gastar melhor e a investir bem, dois fundamentos da boa educação financeira.

Se você for um médico que segue o padrão tradicional de carreira, está tudo certo. Isso não é o fim do mundo, afinal, ainda somos uma das classes mais bem remuneradas em nosso país, e sempre é tempo para começar a pensar exponencialmente. Nossa proposta é a de que reserve um tempo semanal para acompanhar suas finanças e verificar o quanto está recebendo e o quanto está gastando — seja como pessoa física ou jurídica, caso tenha um consultório —, se os planos de saúde estão pagando por todos os atendimentos realizados e se a remuneração dos plantões bate com o estimado.

Abrir esse horário na agenda sem sentir culpa por não o usar para atender já é um passo importantíssimo, que requer determinação. Só de fazê-lo, você já olhará para seus gastos de outra forma, considerando o quanto precisa trabalhar para comprar coisas que, às vezes, pouco ou nada mudam sua qualidade de vida, não trazem bem-estar, apenas vaidade e o sentimento de posse. Dessa maneira, terá a chance de descobrir o que fez de diferente em um mês em que sobrou dinheiro e, então, se planejar para que isso aconteça com frequência.

Como incentivo, pense que, tão logo você deixe de gastar inadvertidamente e aplique as "sobras", seu patrimônio já começará a crescer. E então você perceberá que não é uma questão de investir o que sobra, mas de se planejar para investir cada vez mais. No início, o crescimento será pouco perceptível, mas, com o tempo, os juros compostos demonstrarão a força de seu efeito bola de neve.

Uma das primeiras coisas que médicos de carreira linear fazem quando seus ganhos aumentam é adquirir imóveis. Se você ainda não conquistou seu primeiro milhão de reais, nossa dica é a de que busque primeiro alcançar esse montante em investimentos financeiros e adie a compra de seu primeiro apartamento, sala comercial ou casa. Assim você preserva a liquidez de seu patrimônio — ou seja, mantém seu patrimônio em produtos financeiros que podem ser vendidos e o dinheiro entra em sua conta em um prazo de um a trinta dias úteis.

Caso já tenha imóveis, analise como eles impactam suas finanças: eles geram ou consomem dinheiro? Se estiverem desocupados, só acarretando despesas com prestações, condomínios, impostos e manutenção, será muito melhor vendê-los e investir o dinheiro obtido em produtos financeiros. Suponhamos que você venda um imóvel por R$1 milhão: caso invista esse total em cotas de fundos de investimento imobiliário obtendo 0,8% líquido ao mês, depois de cinco anos, você terá R$1.612.990,93. Veja a força dos juros compostos: são R$612.990,93 de juros! É ou não é interessante?

Mas se você morar em um desses endereços e a prestação do financiamento imobiliário equivaler a um aluguel, sem problemas, mantenha-o. Se houver outros e eles estiverem locados por quantias que superem a rentabilidade de uma aplicação financeira, tudo bem também. Vamos a um exemplo. Você compra uma pequena sala comercial por R$85 mil, mas ela vale R$100 mil. Alugada, rende R$650 ao mês. Se for vendida por R$100 mil, esse valor, quando investido em renda fixa a 100% do CDI, com taxa Selic de 2% ao ano (taxa no ano de 2020), resultará em R$167 de rendimento mensal. Nesse caso, é preferível preservar o imóvel alugado do que passá-lo adiante. Porém, lembre-se sempre de que existe o risco de o inquilino sair e, de uma hora para outra, você ter de assumir as despesas relativas ao apartamento.

Já enquanto escrevemos este livro, a taxa Selic alcançou 10,75%. Nesse caso, ao fazermos a equivalência dessa taxa anual para mensal, teremos uma taxa mensal de 0,85%, ou seja, os mesmos R$100 mil aplicados renderiam em torno de R$850, pesando a balança a favor da venda do imóvel e aplicação do valor. Obviamente, existem diversas variáveis envolvidas, as coisas não são tão simples assim, como conseguir comprador, um valor adequado pelo imóvel etc. Pensando na diversificação, ou seja, no ideal de carteira balanceada, ter o dinheiro aplicado e ter também um valor do patrimônio em imóveis que gerem renda ativa é o melhor dos dois mundos, desde que seu imóvel esteja alugado por um valor ideal entre 0,5% e 1% do valor venal.

TRABALHE ANTES, SE ESPECIALIZE DEPOIS?

Mas de onde virá o capital para iniciar um negócio ou fazer um investimento financeiro se o recém-formado posterga sua entrada no mercado de trabalho e parte direto para a residência médica ou para uma especialização paga? Segue-se, no próximo parágrafo, uma recomendação disruptiva que exige deixar de lado ideias pré-concebidas a respeito do caminho de formação e carreira médica.

Para um médico acima dos 40 ou 45 anos, ouvir que não vale a pena buscar uma especialização tão logo se conclua a faculdade pode parecer dissonante. Afinal, quem está na graduação já está mergulhado na universidade e conhece os orientadores e os examinadores a quem cabe aprovar um candidato à residência. Interromper esse caminho natural para voltar ao ambiente acadêmico depois de uma imersão no mercado de trabalho pode ser mais difícil, do ponto de vista emocional e prático. Porém, do ponto de vista financeiro, é muito mais inteligente.

Na tentativa de estimar uma média salarial para os médicos, encontramos algumas variáveis, como:

- $ A forma de atuação no mercado de trabalho: empregado, prestador de serviço ou profissional liberal.
- $ Se atua no sistema público ou privado.
- $ A região/estado de atuação dentro do país.
- $ O nível de qualificação e experiência profissional.
- $ A especialidade.

Ao se analisar o salário por hora de trabalho[2] entre generalistas e as principais especialidades, nota-se que não há grandes diferenças. Por exemplo:

- $ Generalista: R$73,22
- $ Cirurgia geral: R$63,01

---

2 Salário/hora: valor do salário por hora calculado de acordo com a média da jornada de trabalho.

$ Ginecologia e obstetrícia: R$54,91[3]
$ Pediatria: R$64,79

No entanto, na prática, sabemos que o especialista tem um aumento de receita proveniente de forma não assalariada (consultas e procedimentos).

Então, para fins didáticos, estimamos a renda do especialista acrescida em 50% sobre a renda sobre o generalista na média para a mesma jornada de trabalho, tomando como base a remuneração autorreferida pelos médicos entrevistados na Demografia Médica 2020[4] e pesquisas feitas com os médicos que nos acompanham nas redes sociais. Por exemplo, se o médico generalista ganha R$20 mil, a média para o especialista será de R$30 mil.

Assim, pode-se projetar o patrimônio e fazer simulações mais próximas da realidade. E dessa forma podemos analisar de maneira estratégica os planos de carreiras.

A matemática ajuda na compreensão. Empregos para indivíduos com diploma do ensino médio pagam cerca de R$2 mil por mês. Quando se forma, um médico que decida trabalhar doze horas diárias pode ganhar R$20 mil ou mais. Isso significa que ele investe seis anos de sua vida na graduação e, em troca, multiplica por dez sua capacidade de gerar dinheiro.

Se o médico parte diretamente para a residência, sua renda durante esse período será de uns R$4 mil mensais. Tornando-se um especialista de renome, em vez de R$20 mil, sua remuneração pode chegar a R$30 mil por mês. Isso significa que terá dedicado mais quatro a seis anos de vida para multiplicar por 1,5 seu potencial de ganho. É um salto proporcionalmente muito menor do que o anterior — do ensino médio para a graduação.

Imaginemos, agora, um médico recém-formado que receba entre R$20 mil e R$30 mil e esteja decidido a compor um patrimônio antes de dar o próximo passo na carreira. Supondo que ele gaste apenas R$4 mil mensais para se manter — vivendo durante quatro anos com as mesmas limitações de um residente — e aplique o restante do dinheiro em ativos, o montante crescerá de forma exponencial, graças aos aportes contínuos e à incidência de juros sobre juros.

Para exemplificar melhor, acompanhe o quadro a seguir. Vamos imaginar que o médico atinja ganhos de R$25 mil mensais e que consiga viver com R$5 mil mensais, sobrando em torno de R$20 mil mensais para aportes.

---

3 Fonte: salario.com.br — Novo CAGED/eSocial/Empregador Web. Atualização em 31 de janeiro de 2022.

4 SCHEFFER, M. *et al. Demografia médica no Brasil 2020*. São Paulo: FMUSP; CFM, 2020.

Vamos também observar o poder dos juros compostos nos investimentos, usando uma rentabilidade média conservadora de 0,8% ao mês.

Saldo inicial	Aporte mensal	Rentabilidade mensal	Prazo mensal de aportes	Valor acumulado
R$0	R$20 mil	0,8%	60 meses	R$1.544.737,16

Agora, neste ponto do exemplo prático, após cinco anos (sessenta meses) de aportes disciplinados mensais, o médico atinge um valor aplicado de mais de R$1,5 milhão, que lhe gerarão uma rentabilidade mensal em torno de R$12.360,00, levando em consideração a rentabilidade média conservadora de 0,8%, mas podendo atingir — com inteligência financeira — uma rentabilidade de 1% com uma certa facilidade. Isso reduziria o valor dos aportes mensais ou o tempo de acúmulo para chegar nesse valor e garantiria uma rentabilidade mensal de mais de R$15 mil.

O efeito dos juros compostos é tamanho, que agora você consegue visualizar que um médico que se especialize cedo e passe a ganhar melhor dificilmente alcançará o mesmo patrimônio que o recém-formado do exemplo — que saltou direto da formatura na graduação para o mercado de trabalho. Entender isso impede que se defenda, do ponto de vista racional, a ideia de especialização imediata. É preferível que o médico primeiro coloque o dinheiro para trabalhar para si, adquira independência financeira e, depois, já tendo suprido suas necessidades essenciais e conquistado qualidade de vida e até uma família, dedique seus esforços à obtenção de um título de especialista.

No entanto, esse roteiro disruptivo exige extrema determinação e planejamento. É preciso admitir, não é nada fácil passar cinco ou dez anos ganhando em torno de R$20 mil ou R$30 mil e, então, voltar a receber R$4 mil como residente. Entretanto, nesse ponto, você terá o suporte dos dividendos mensais, que poderá utilizar para cobrir seus custos mensais e, dependendo do seu controle de gastos, ainda assim, seguir reinvestindo parte da rentabilidade mensal para manter o efeito bola de neve.

Aqui, é fundamental a determinação em cumprir uma meta financeira clara, visando a liberdade financeira no longo prazo, e poder fazer uma especialização com total dedicação e mais maturidade, inclusive sem dividir o tempo com plantões e mais plantões. Se não houver muita certeza quanto às razões para tomar tal atitude e se o parceiro ou a família (no caso de já existir) não estiverem comprometidos com o plano, o propósito de se tornar um especialista pode acabar asfixiado pela tentação de continuar embolsando dinheiro no mesmo ritmo. Se isso acontecer, porém, talvez seja porque o propósito não era verdadeiro.

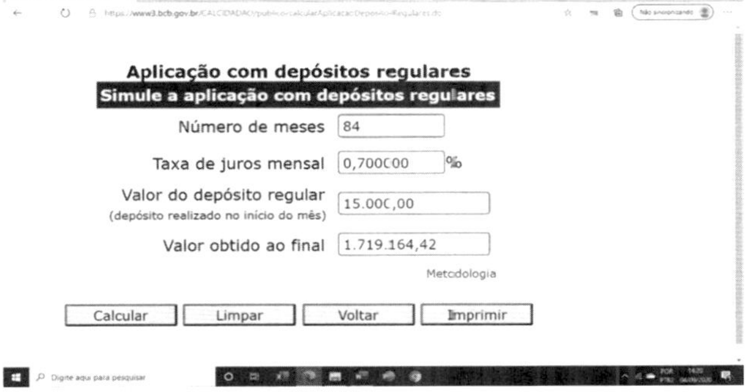

Figura 2[5] — Aplicação com depósitos regulares (Cenário 1)

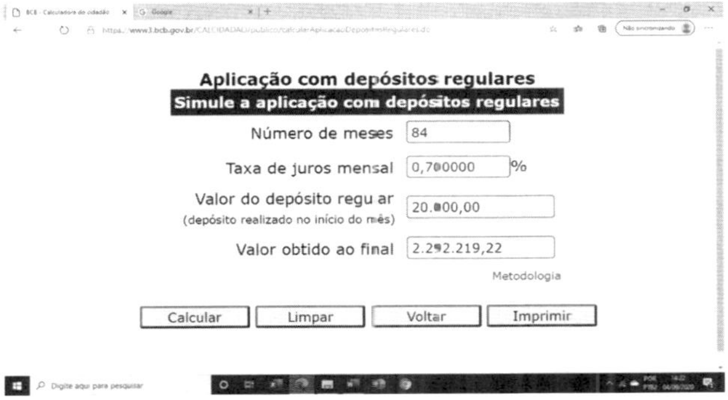

Figura 3[6] — Aplicação com depósitos regulares (Cenário 2)

Um divisor de águas se impõe: compreender que o modo como encarávamos a formação educacional e profissional do médico no século passado não

---

5 O médico que poupou e investiu mensalmente R$15 mil aplicados a juros mensais de 0,7% construiu um patrimônio de R$1.719.164,42 ao final de 7 anos (84 meses). Esse patrimônio rende, por mês, R$12.034,15, se aplicado a uma taxa de juros mensal de 0,7%. Todos esses valores são reais e, portanto, líquidos de inflação e impostos. Os cálculos foram realizados com o uso da Calculadora do BACEN, disponível gratuitamente em BCB — Calculadora do Cidadão, em: https://www3.bcb.gov.br/CALCIDADAO/jsp/index.jsp.

6 O médico que poupou e investiu mensalmente R$20 mil aplicados a juros mensais de 0,7% construiu um patrimônio de R$2.292.219,22 ao final de 7 anos (84 meses). Esse patrimônio rende, por mês, R$16.045,53, se aplicado a uma taxa de juros mensal de 0,7%. Todos esses valores são reais e, portanto, líquidos de inflação e impostos. Os cálculos foram realizados com o uso da Calculadora do BACEN, disponível gratuitamente em BCB — Calculadora do Cidadão, em: https://www3.bcb.gov.br/CALCIDADAO/jsp/index.jsp.

cabe mais no século presente. Se antes nos programávamos para fazer uma ou duas especializações logo após a graduação, hoje o futuro exige que nunca deixemos de estudar. Para que consigamos nos manter atualizados e capazes de fazer frente às gerações vindouras, precisamos aprofundar os conhecimentos eternamente e adquirir novas habilidades que farão a diferença ao longo do tempo.

Eu, Paulo, me lembro de que, quando saí da faculdade, acreditava que fazer uma especialização no melhor serviço do Brasil de cardiologia em São Paulo não fosse para mim, até porque não teria como custear minha mudança para lá ou me manter. E as desculpas não paravam por aí para que eu não buscasse o que era o melhor para mim.

Quando passei a ter patrimônio trabalhando para mim, minha mentalidade mudou, e o que parecia improvável aconteceu. Agora tenho acesso ao que antes não tinha. Hoje posso fazer especializações não só em São Paulo, mas em qualquer lugar do mundo. Eu "quebrei o teto".

A minha experiência de trabalho me deu confiança e conforto financeiro e me possibilitou ter acesso a lugares que no passado eu não poderia nem imaginar.

Assim, um conselho que dou é que você pare com a ansiedade de querer ter tudo logo e acabe pagando o preço de não ser o que realmente é capaz ou merece.

O MODELO EXPONENCIAL DE CARREIRA CONTEMPLA EMPREENDEDORISMO E INVESTIMENTO

O objetivo aqui é criar condições para que o capital obtido por meio de seu trabalho se multiplique de forma exponencial, sendo direcionado para o empreendedorismo ativo — novos negócios que você possa criar na saúde (por exemplo, ampliar a estrutura de sua clínica, adicionando equipamentos para a realização de exames e criando uma estrutura para oferecer novos serviços, como vacinas, exames diagnósticos entre outros) — e passivo — por meio de investimentos financeiros. Quanto mais cedo você começar a investir, melhor. E o mesmo se diz em relação aos aportes que fizer: quanto maiores, maior será a contribuição deles para alavancar a força dos juros sobre juros. Quando consegue combinar as melhores condições de tempo e valor de aportes em investimentos, você assegura dois dos três pilares que respondem pelo crescimento de seu patrimônio. O terceiro — a rentabilidade — depende de sua aquisição de conhecimento sobre os diferentes produtos financeiros e estratégias de investimento. Como vimos no capítulo anterior, até os colegas recém-formados têm chance de conquistar uma alta remuneração. Por isso a medicina é tão propícia à formação de um patrimônio inicial antes da especialização. Se for essa a sua escolha, reserve uma pequena parte de seus vencimentos mensais para suas despesas e coloque o restante para trabalhar a seu favor em investimentos financeiros.

Pode parecer muito desafiador, mas sugerimos que você tente pagar o preço de viver como um residente no início de sua carreira. Em cinco anos — como mostrado no exemplo das tabelas 1 e 2 — já é possível acumular um patrimônio milionário. E esse dinheiro já consegue gerar renda para ajudá-lo a custear sua qualificação fazendo sua especialização ou residência e explorar seu mapa de oportunidades.

Ao traçar seu mapa, reflita sobre como fazer dinheiro na medicina indo além do tradicional binômio consulta e plantão, principalmente se as consultas forem por convênio, o que é cada vez mais comum. Por mais que você eventualmente goste desse binômio e que ele seja suficiente para pagar suas contas e as do consultório no momento, ele não se sustenta no longo prazo, pois limita seu crescimento profissional e financeiro. Daí a importância do mapeamento de oportunidades diversas, que vão da locação ou sublocação de salas no imóvel onde você atende até a constituição de uma clínica com tecnologia para diagnósticos e tratamentos. O ideal, nesse caso, é oferecer exames e procedimentos que dispensem sua presença física, isto é, que sejam conduzidos por técnicos e outros colegas. A você caberá elaborar os laudos e fazer a gestão do negócio.

Tire o melhor proveito do mapa valendo-se de um plano de marketing para criar uma marca pessoal e articular suas frentes de ação, de modo que uma fortaleça a outra. Se você for um oftalmologista, por exemplo, pode oferecer à clientela uma ampla gama de serviços: o paciente passa por consulta — se for o caso, até com especialistas em córnea, mácula ou oncologia ocular, por exemplo — e realiza ali mesmo os exames necessários. Se precisar de lentes de contato, cirurgias ou outras modalidades terapêuticas, ele as encontra na própria clínica. É bom para o cliente, porque você entrega no mesmo local todas as soluções de que ele necessita, e é bom para você, que consegue aumentar suas entradas sem depender exclusivamente de seu tempo. Como empreendedor ativo, gera ganhos por meio de um negócio que não depende exclusivamente de você. Parte dessa entrada deve ser reinvestida na própria empresa, para que ela dê ainda mais lucro, e parte pode ser aplicada em um investimento financeiro, de modo que você, como administrador do negócio, atue igualmente como empreendedor "passivo".

Quando temos o *mindset* empreendedor, começamos a enxergar oportunidades em vários segmentos e a monetizar todo tipo de iniciativa. Raciocinar dessa maneira agrega valor à sua atividade profissional e traz liberdade de tempo e dinheiro.

INFOPRODUTO:[7] CONHECIMENTO EMBALADO PARA CONSUMO IMEDIATO

O boom digital trouxe para nossa profissão uma possibilidade que antes restringia-se a quem fazia do ensino sua missão. Hoje, não é preciso ser um professor universitário, com todos os requisitos dessa escolha — como ter títulos acadêmicos e ser aprovado em concursos —, para compartilhar conhecimento e receber por isso. Um médico que construa autoridade a respeito em determinados assuntos e invista em uma marca pessoal pode gerar dinheiro com infoprodutos, ou seja, e-books, palestras, cursos, treinamentos e mentorias — todos online.

É possível até vender assinaturas de pílulas de conhecimento distribuídas por meio de grupos de WhatsApp e Telegram. Um mesmo tipo de conteúdo pode ser trabalhado de diferentes formas para contemplar ora o público em geral, ora outros médicos. Por serem digitais, os infoprodutos têm potencial para alcançar muito mais gente do que qualquer formação presencial — e seu potencial financeiro não fica atrás. Você percebe que as carreiras exponenciais têm a ver também com o mundo digital e, consequentemente, com o marketing digital?

Quanto mais você entender dessa disciplina, mais proveito poderá tirar dela. Entre os muitos conceitos e ferramentas do marketing digital, três são fundamentais para o equilíbrio financeiro de um negócio: funil de vendas,[8]

---

7 Infoproduto é um produto digital construído em áudio, vídeo ou texto e distribuído de forma gratuita ou paga na internet. Um curso ou um ebook são infoprodutos. ROCHA, Hugo, "O que é Infoproduto, tipos e como divulgar seu Infoproduto". Disponível em: https://klickpages.com.br/blog/infoproduto-o-que-e/.

8 Saiba mais sobre funil de vendas, ou *pipeline*, em "Funil de vendas: como utilizar a favor de seu negócio". Disponível em: https://www.sebrae.com.br/sites/PortalSebrae/ufs/pr/artigos/funil-de-vendas-como-utilizar-a-favor-do-seu-negocio,1fefcaa85a31e610VgnVCM1000004c00210aRCRD. Acesso em: 15/12/2020.

valor vitalício do cliente — ou *customer lifetime value* (LTV)[9] — e custo de aquisição do cliente (CAC).[10]

Estratégia de segmentação do público, o funil de vendas ajuda a converter clientes potenciais em clientes de fato. Você pode fazer isso, por exemplo, por meio de conteúdos digitais. Em um primeiro momento, eles devem ser abrangentes a ponto de chamar a atenção das pessoas em geral. À medida que se tornam mais específicos, menos gente os acessa, até que, por fim, resta um pequeno grupo de pessoas altamente interessadas pelos serviços e produtos que você oferece e que pagará por eles.

A partir do momento que se conquista um paciente, é preciso considerar a vida útil desse cliente. Ela se refere ao volume de dinheiro que o cliente trará para seu negócio enquanto estiver com você. A análise desse índice permite estipular o esforço a ser feito para reter esse paciente — o que se relaciona diretamente com o terceiro conceito que enumeramos, o custo de aquisição do cliente (CAC). Para calcular o CAC de sua clínica, divida os investimentos direcionados à obtenção de clientes pelo número de clientes conquistados. O resultado precisa ser inferior ao LTV para que o investimento valha a pena. Para que a relação LTV/CAC seja saudável, o ideal é que seu valor seja pelo menos de três. Tudo isso deve ser considerado em um plano de marketing concebido para você construir sua imagem online. Só a sua competência médica hoje não basta: é preciso que você esteja nas mídias sociais e tenha, por exemplo, um canal de vídeo, além de um perfil profissional no Facebook e no Instagram e, dependendo, no LinkedIn.

É o que nós dois fazemos. Eu, Paulo, estou construindo minha marca pessoal como um médico que tem conhecimento e capacidade para ajudar outros colegas a lidar com suas carreiras médicas e finanças. Para isso, faço postagens frequentes nos canais *Dr. Invest* do Instagram (@eudrinvest) e do YouTube (www.youtube.com/c/DRINVEST) e, em um cenário otimista, imagino que em pouco tempo não dependerei mais de consultas e plantões para me sustentar.

---

9 Para saber mais sobre valor vitalício do cliente, ou *customer lifetime value (LTV)*, veja "What is customer lifetime value (CLV) and how to measure it?" Disponível em: https://www.qualtrics.com/experience-management/customer/customer-lifetime-value/. Acesso em 15/12/2020.

10 Sobre o custo de aquisição do cliente, consulte: MESQUITA, Renato, "Custo de aquisição de clientes: entenda o que é e como reduzir o CAC da sua empresa". Disponível em: https://rockcontent.com/br/blog/custo-de-aquisicao-de-clientes/. Acesso em 15/12/2020.

Enquanto isso, eu, Carlos Eurico, venho trabalhando para ser valorizado como alguém que seja referência em gestão, empreendedorismo, negócios, revolução digital, startups e dos reflexos de tudo isso no universo da saúde. Além de meu site (https://mentoria.carloseurico.com.br/), mantenho, desde 2017, o canal *Doutor Carlos Eurico*, no YouTube (www.youtube.com/@carloseuricopereira), onde publico vídeos semanais, e um perfil no Instagram (@carloseuricopereira), além de ter dois livros já publicados sobre esses temas. Uma coisa que noto é que, mesmo para continuar atuando como médico, ser percebido como uma autoridade permite, entre outras coisas, um aumento na percepção de valor em meu trabalho, o que pode proporcionar por exemplo, que minha consulta custe mais que a dos demais pneumologistas da região.

OS MODELOS LINEAR E EXPONENCIAL SOB A ÓTICA DO TEMPO

Quando se foca no horizonte de curto prazo, a carreira linear parece mais rentável que a exponencial. Ao atender um paciente atrás do outro e emendar plantões, você pode ganhar muito bem. Então, por que diminuir a carga de trabalho ou abrir mão de um turno semanal de atendimento para olhar para as finanças e se preparar para algo maior no futuro? A palavra-chave é esta: futuro. No médio prazo — em torno de cinco anos —, quem opta por uma carreira exponencial consegue viver com mais qualidade, e no longo prazo — mais uns dez a quinze anos —, poderá desfrutar da liberdade financeira que todo médico merece ter por tamanha responsabilidade e dedicação ao cuidar da saúde das pessoas.

Se estivesse em jogo apenas a disposição para gastar ou aplicar os ganhos proporcionados pela medicina nos primeiros anos de carreira, talvez a escolha pelo modelo exponencial fosse mais simples. O desafio, nós compreendemos, está principalmente em aceitar adiar a especialização como estratégia para se capitalizar e colocar o dinheiro para render. Para alguns — aqueles que não veem a hora de se dizerem cardiologistas, neurologistas, ortopedistas ou qualquer outro "ista", em vez de clínicos gerais —, essa decisão pode ter o mesmo peso emocional de postergar os planos de ser médico. E ninguém aqui está recomendando sacrifícios. A ideia é aproveitar o processo, buscando o bem-estar e a felicidade ao longo de todo o tempo.

Na verdade, quando não depositamos nossas expectativas somente no reconhecimento profissional, que remete à realização pessoal, temos condições de, antes, preencher outras necessidades inerentes à vida humana, como as relações familiares e a sensação de segurança, apontadas por Maslow[11] em sua conhecida teoria da hierarquia de necessidades. Ou seja, seria até saudável fazer esse caminho.

Acontece que, não bastasse o desafio de não se frustrar ao deixar a especialização para depois, há dois riscos importantes envolvidos nessa escolha. Um é o de não se ter disciplina para poupar e investir a maior parte da renda — caso não o faça, você não alcançará seu objetivo nos prazos que mostramos. O outro é desistir de ingressar na residência depois de estar ganhando tão bem ao longo de cinco anos e de ter constituído um patrimônio. Como comentado antes, se esse risco se transformar em realidade, uma coisa é fato: o médico estava ali por dinheiro, e não por propósito.

Para vencer mais rapidamente tantos obstáculos, você pode se programar para cumprir essa "dieta financeira" em menos tempo: três anos, por exemplo. É o caso de uma médica que eu, Paulo, oriento: com dois anos de formada, ela já havia juntado R$500 mil. Pode-se também tornar o processo mais tranquilo, aumentando o prazo para sete ou oito anos. Adotados alguns critérios básicos, cada um pode criar o próprio modelo depois que entende o raciocínio e faz alguns cálculos básicos de juros compostos por meio de calculadoras, como a Calculadora do Cidadão,[12] do Banco Central.

Existe mais um aspecto a ser considerado ao se decidir por um caminho ou outro: se você for casado ou tiver filhos, sua estratégia de carreira precisa contar com o apoio de sua família. Quando todos estão imbuídos do mesmo propósito, há mais chances de o plano ser realizado.

---

11 Abraham H. Maslow (1908–1970) foi um psicólogo norte-americano que na década de 1950 criou o conceito de *hierarquia de necessidades*, também conhecido como a *Pirâmide de Maslow*. Segundo essa teoria, satisfazer determinadas necessidades é o objetivo de todo ser humano. As necessidades na base da pirâmide — primeiro as fisiológicas, seguidas pelas de segurança — são aquelas consideradas inerentes à sobrevivência, enquanto as mais complexas — amor e relacionamentos, seguidos de estima e, por fim, realização pessoal — remetem à satisfação pessoal e profissional. PATEL, Neil. "Pirâmide de Maslow: O que é, necessidades e como aplicar". Disponível em: https://neilpatel.com/br/blog/piramide-de-maslow/.

12 "Aplicação com depósitos regulares". Disponível em: https://www3.bcb.gov.br/CALCIDADAO/publico/exibirFormAplicacaoDepositosRegulares.do?method=exibirFormAplicacaoDepositosRegulares . Você pode também baixar o aplicativo, que é gratuito, no seu celular.

AS DORES E ASPIRAÇÕES DO DR. JC E DO DR. CI E A CONVICÇÃO DE QUERER UMA VIDA DIFERENTE DAQUELA DO DR. TAR

Não faz nem um ano que o Dr. JC deixou as salas da universidade onde se graduou. Como estava totalmente focado em obter as notas para fechar o último ano do curso, ele não planejou o que faria na sequência. E ainda agora não sabe. Ganhando bem como está, não se anima muito com a ideia de deixar os plantões para mergulhar na residência. "Sessenta horas por semana, recebendo uma bolsa de R$4 mil por mês? Hum... será?", pensa ele.

Por outro lado, o Dr. JC reconhece que será ainda mais bem remunerado quando tiver um título de especialista. Ainda mais ele, que sonha em ser cardiologista. Apesar de sempre ter vivido ao sabor dos acontecimentos, o jovem profissional aos poucos percebe que se formar em medicina foi só o primeiro passo de uma carreira que precisa ser planejada. Na verdade, minuciosamente planejada, mas o Dr. JC ainda levará um tempo até entender isso.

Quem nunca planejou muita coisa foi o Dr. CI, mas ele considera que seu método de conduzir a carreira — ou melhor, a falta dele — é eficiente. Afinal, fatura cerca de R$50 mil todos os meses, como sempre repete a consultores de negócios com quem eventualmente conversa. "Se planejar, estraga", diz ele, adaptando o ditado popular.

O que ele não conta é que todo esse dinheiro se esvai sem que ele saiba como. As despesas maiores, ele até consegue listar, porém, os gastos menores — que consomem quase metade de seu orçamento — são um mistério. O Dr. CI não conta, igualmente, que tem uma pequena reserva que não é suficiente, em caso de algum imprevisto que o impeça de trabalhar, para sustentar suas despesas do consultório e familiares durante três meses. Além disso, vive entrando no limite do cheque especial. A situação o incomoda, mas ele realmente não acha que está cometendo erros na administração de suas finanças. "O problema está nos convênios, que pagam pouco", reflete. "Se continuar desse jeito, talvez eu precise abrir horários de consulta aos sábados."

Apresentamos a você agora um novo personagem: o Dr. TAR. Ele é um médico com um comportamento diferente daquele dos doutores CI e JC, como você verá. Voltando ao contexto deste capítulo, o Dr. TAR viu seu pai — também médico e agora aposentado — sempre trabalhar exaustivamente a vida toda, ganhar muito bem e gastar tudo, sem nunca ter se preocupado em poupar e investir uma parte para o futuro. O pai e a mãe — que nunca trabalhou, para cuidar dos filhos — vivem atualmente com um padrão de vida abaixo daquele na época em que Dr. Roberto ainda atendia em consultório e operava em hospitais. O Dr. TAR tem claro para si que deseja uma vida diferente. Formou-se há três anos, decidiu postergar sua especialização e já tem mais de R$400 mil investidos em ações, cotas de FIIS e debêntures de grandes empresas de infraestrutura. Ele faz plantões e atendimento de telemedicina, poupando e investindo mensalmente, desde que se formou, uma média de R$12 mil. Não vê a hora de alcançar R$1 milhão e decidiu que só fará sua residência após conquistar esse patrimônio.

No próximo capítulo, você terá a chance de avaliar como tem se relacionando com seu dinheiro e quais são as crenças limitantes que o têm levado a tomar decisões ruins sobre carreira e dinheiro.

04

COMO VOCÊ SE **RELACIONA** COM O **DINHEIRO**?

Recém-saído da faculdade, o Dr. JC, personagem apresentado nos capítulos anteriores, estava feliz naquela noite de domingo. Sentado em casa, ainda com a cabeça levemente pesada pelo raro fim de semana de folga — no qual abusou um pouco do lazer —, ele fazia as contas para checar o quanto coloca no bolso todos os meses. O número que o deixou satisfeito é o resultado da soma dos doze plantões mensais com seus ganhos do emprego no posto de saúde.

As coisas vão bem, ele pensa. Já comprou um carrão em 36 parcelas mensais e está financiando seu primeiro apartamento, o que deixa a família orgulhosa de seu sucesso e os colegas e amigos com uma pontinha de inveja. A namorada também ficaria satisfeita, não fosse o fato de ele nunca ter tempo para ela, o que acaba resultando em brigas constantes.

O Dr. JC gostaria muito de poder frequentar a academia pelo menos três vezes por semana para se manter em formam, no entanto, com um ritmo de trabalho tão puxado, quase não sobra tempo.

Problema mesmo, porém, é que a fadiga já se tornou uma constante em sua vida. Ele quase nunca comparece ao posto de saúde às sextas-feiras, seja para dormir o dia inteiro, surfar ou, às vezes, pegar um plantão extra. Com tantos boletos para pagar, o jovem médico já percebeu que não tem escolha: ou trabalha intensamente ou desiste do padrão de vida ao qual rapidamente se adaptou. Como não quer abrir mão daquilo que já conquistou, ele pensa: "É, não dá para parar de pedalar." Até porque o Dr. JC nem começou a pensar em poupar — e não tem dinheiro algum guardado. O dinheiro que sobra das prestações, compras, bares, restaurantes e outros divertimentos ele junta para fazer uma viagem bacana de alguns dias.

Enquanto isso, o Dr. CI — também já nosso conhecido — anda pensativo. "Estou com quase 50 anos e não consigo aproveitar a vida. Comprei casa na praia e na serra, e o máximo que faço é um bate e volta. Minha mulher cansou de me cobrar e, agora, ela já não me espera mais: pega os meninos e vai... Também convidam os amigos." Não sai de sua cabeça uma conversa recente com seu filho mais velho, de 10 anos.

— Pai, encontrei um monte de fotos no computador da mãe! Vamos ver?

— Claro, me mostra aqui.

Os olhos do Dr. CI deixam a tela do celular por alguns instantes e se fixam no notebook que o menino segura.

— Olha, o casamento do tio! Nossa, como a nossa família é grande e como o tio e a tia têm amigos. Mas, pai, cadê você, que não aparece em foto nenhuma? Você era o fotógrafo da festa?

— Não, filho, eu estava de plantão no hospital.

— Que pena! Ah, e você lembra desse dia na praia? Foi quando eu afundei a cabeça na água pela primeira vez.

— Puxa, eu sei que isso aconteceu, filho, mas eu não estava lá.

— Não? Como assim? Onde você estava?

— O pai teve que trabalhar naquele dia.

Os plantões já não fazem mais parte da rotina do Dr. CI, que agora se dedica exclusivamente ao seu consultório. Mas os momentos importantes que ele não acompanhou na vida dos filhos não voltam. E mesmo hoje ele continua perdendo muito do convívio familiar.

Das 8 horas da manhã às 8 da noite, ele está no consultório, atendendo de 30 a 35 pacientes por dia. Quase todos são clientes da cooperativa médica à qual ele se vinculou e de outros dois planos de saúde. Ver a sala de espera cheia é sua alegria, mas também seu tormento: há dias em que ele mal consegue engolir um lanche na hora do almoço. E há, ainda, as reuniões no hospital e com os representantes da cooperativa e de operadoras de planos de saúde.

Sempre estressado, com sobrepeso, com algumas medidas de glicose elevadas, o Dr. CI já sente há algum tempo que virou um escravo de sua profissão. "Eu gero dinheiro para toda uma grande cadeia de convênios médicos e hospitais, além do dinheirão que pago em impostos, e, no final, quanto sobra para mim? Pouco, comparado a todo trabalho e dedicação despendidos. Será que meu destino é envelhecer trabalhando nesse ritmo? Preciso fazer alguma coisa."

DUAS REFLEXÕES

O Dr. JC e seu colega mais velho, Dr. CI, parecem compartilhar de uma mesma síndrome: eles se relacionam com o dinheiro de uma maneira um tanto questionável. Como toda síndrome, essa condição é formada por um conjunto de sinais e sintomas. Neste capítulo, abordaremos alguns desses sintomas, apresentando duas linhas de reflexão. Uma é sobre as crenças que nos limitam enquanto médicos, dificultando associar objetivos de carreira e construção de patrimônio. A segunda tem tudo a ver com a primeira, porque se refere ao autoconhecimento financeiro.

É proposital, portanto, que o título do capítulo seja uma indagação. Não se trata de uma pergunta retórica: é importante que você pense sobre ela e procure dentro de si uma resposta sincera. Para ajudá-lo, deixamos aqui outras questões para guiá-lo nesse exercício de investigação sobre si mesmo. A sugestão é que você anote as respostas em um caderno ou arquivo digital que possa sempre consultar.

1. O que o dinheiro significa para você?
2. O que você espera do dinheiro? O que deseja dele?
3. Quais são seus principais valores?
4. O que é importante para você e do que não abre mão?
5. O que traz felicidade para você?
6. Qual sua missão, seu propósito de vida?
7. Quais são seus hobbies, aquilo que você adora fazer sem nem perceber o tempo passar?
8. O que significa ter conforto e bem-estar em sua vida?

Quando nos conhecemos bem, temos a oportunidade de buscar melhores opções para cada aspecto da vida, inclusive o financeiro. Não se trata de dizer que um caminho é certo e todos os outros são errados. O que se busca é entender se o caminho escolhido levará aos objetivos que cada um traça para si, conforme os próprios valores e desejos.

Quanto mais você se conhecer e entender o que realmente valoriza e quer para si, melhores condições terá de construir um relacionamento positivo com o dinheiro, a profissão, o tempo, a família, os amigos, enfim, com o universo. A proposta que fazemos a você, médico como nós, é a de uma jornada de estruturação de sua vida financeira, que passa praticamente por organizar sua vida em geral.

CRENÇAS LIMITANTES

Um dos grandes obstáculos que, na nossa opinião, surge à nossa frente e bloqueia nossa visão sobre como podemos transformar o dinheiro em um combustível para nos levar a uma vida mais recompensadora e feliz são as crenças limitantes. Algumas delas afetam a classe médica de uma maneira geral, enquanto há outras que afligem os profissionais de acordo com a relação que eles mantêm com o mercado de trabalho. Por exemplo, se o médico atua como profissional autônomo, ele tem crenças específicas que prejudicam seu desempenho; se ele está à frente de um consultório, sofre com outros tipos de crenças.

CRENÇAS QUE ATINGEM TODOS OS MÉDICOS

Desde o início, nos acostumamos a ouvir frases que parecem verdades incontestáveis sobre a carreira médica. Se analisadas sob o ponto de vista do dinheiro, elas podem prejudicar severamente o sucesso financeiro na profissão. Então, nada melhor do que desconstruir esses dogmas para libertar você daquilo que o limita. Comecemos, portanto, pelas crenças que afetam nossa classe como um todo:

1. O MÉDICO NÃO PRECISA SABER LIDAR COM DINHEIRO

Como o médico ganha bem, todos que o cercam entendem que ele não precisa se preocupar com o dinheiro. É um absurdo, mas ele mesmo passa a acreditar nisso. Então, começa a calcular tudo com base no que recebe: a parcela do carro vale dois plantões; a prestação da casa na praia, outros três plantões; e assim por diante. Com o tempo, vai acumulando um monte de despesas que extrapolam seus ganhos, como os financiamentos, o IPVA, o condomínio e o IPTU de vários imóveis e a manutenção da lancha no estaleiro. A bola de neve em que os custos se transformaram cresce tanto, que em algum momento perde-se o controle sobre ela. É então que o médico começa a entrar no limite dos cartões de crédito e a pegar empréstimos para tentar manter seu padrão de vida e pagar suas contas.

Quando já não tem mais energia para dar plantões em urgência e emergência, esse profissional resolve focar o consultório, até então meio abandonado. E aí ele descobre que não tem volume de pacientes para encher a agenda de segunda a sexta. Pior, descobre que o faturamento do consultório nunca foi suficiente para cobrir as despesas do próprio negócio — e menos ainda para remunerá-lo.

Só então ele entende o quão imprescindível é saber administrar seu dinheiro. **Se tivesse dedicado ao planejamento e controle de suas finanças uma parte pequena do tempo que dedicara aos atendimentos, ele não teria os problemas que enfrenta agora.** Ele não seria obrigado a continuar trabalhando como um escravo da profissão. Mas a realidade é que agora ele se dá conta de que, mesmo aos 60 ou 70 anos, quando sua disposição para o trabalho já não é mais a mesma de antes, não pode deixar de continuar trocando seu tempo por dinheiro.

2. PELA SOCIEDADE E PELA COMUNIDADE MÉDICA

Existe uma pressão social muito grande sobre o médico. Ele tem de representar um papel social: precisa se vestir bem, deve ter um carrão e um consultório chique, se associar aos melhores clubes da cidade e morar em uma casa ou apartamento de alto padrão em bairro nobre. A imagem de sucesso sempre conferiu autoridade ao médico. Se não troca de carro frequentemente ou se troca o modelo anterior por outro de categoria inferior, logo a família, os amigos e os colegas imaginam que ele teve um decréscimo na renda, que não está conseguindo trabalhos tão facilmente quanto antes.

Sustentar esse padrão de vida custa caro, e o profissional passa a viver para sua imagem, e não para si. Como consequência, não se permite sair à noite e postar uma foto nas redes sociais em que esteja com um drinque na mão. Não pode exibir um corte de cabelo diferente ou uma tatuagem no braço — ou em qualquer outra área facilmente visível. É como se tudo isso questionasse sua qualidade como profissional. E o resultado de não ser 100% “certinho” pode ser sentido no bolso, com a redução no número de novos pacientes e até uma eventual limitação na hora de buscar um emprego.

Por falar em redes sociais, elas e a internet podem ser eficientes ferramentas de gestão da reputação e, com isso, alavancar a carreira de quem souber usá-las. Atualmente, é muito comum que, ao chegar para uma consulta, o paciente já tenha pesquisado sobre quem irá atendê-lo — já está informado sobre se ele publicou vídeos, posts de blogs, livros, onde trabalhou e que especialidades cursou. Nesses casos, importa menos se o médico está de terno ou de jeans e se seu consultório é bem-decorado ou não.

E até algumas características da vida pessoal que o paciente venha a descobrir podem eventualmente somar pontos a favor do médico. Isso porque vivemos um momento de quebra de paradigmas, de mudança de padrões, e parte da sociedade já desconfia de quem é de um jeito no trabalho e de outro em casa ou entre os amigos. Ou mesmo de quem faz questão de ostentar riqueza. As pessoas querem autenticidade para poder criar conexões.

Não querem se relacionar com máquinas ou com personagens. Isso significa que aquele médico — e o gerente do banco, o jornalista, o advogado, o contador — que cria uma persona para o consumo externo começa a ser confrontado com o que ele realmente é quando despe a máscara do marketing pessoal. Se os dois personagens entram em conflito, imediatamente surge a desconfiança.

Dito isso tudo, qual nosso conselho para você? Que fuja dos extremos; que observe o ambiente em que está e tente se adaptar, porém sem violar sua personalidade e seus valores. Você pode se blindar dessa coerção social, não ceder às pressões do meio e seguir fiel ao seu planejamento de liberdade financeira.

3. O PRAZER DE POSSUIR: TRABALHO MUITO, ENTÃO MEREÇO

O que todo estudante de medicina mais espera é “positivar o CRM”. A expressão adotada pela nossa classe tenta traduzir a sensação de vitória trazida pela licença para atuar. Com o registro no Conselho Regional de Medicina, o jovem profissional entende que, a partir de agora, ele está autorizado a se compensar por todos os anos de estudo, pelo alto investimento em livros e no curso, por ter deixado de viajar e frequentar festas, por não ter se dedicado a relacionamentos amorosos — ou seja, por tudo aquilo que deixou de aproveitar para se dedicar à sua formação.

E como ele sabe que são muitas as oportunidades de emprego e de plantões, automaticamente, se enxerga ganhando muito, o que acontece com quem não vai para a residência médica de imediato. Quanto mais o recém-formado trabalha e o dinheiro entra, mais ele quer trabalhar e receber. E mais quer gastar. Rapidamente ele se transforma em um consumista sem limites. Enquanto se gratifica, ele age exatamente segundo o estereótipo de quem esbanja e não faz contas. Para atender ao próprio *mindset* de se premiar e aos padrões impostos pela sociedade e pela categoria, entra na espiral da pobreza que o leva a ter de possuir cada vez mais para poder se afirmar perante os outros. Vive para o dinheiro, em vez de tê-lo como um meio para se realizar. E assim o círculo vicioso está instituído.

Deixamos para o final da explanação sobre essa crença limitante uma observação essencial: o médico que entra na espiral da pobreza não é um coitado, uma vítima da sociedade. Ele escolheu esse caminho, preterindo outras alternativas, entre as quais não está a de tratar o dinheiro com responsabilidade e previsibilidade.

Sobre essa crença, nossa sugestão é: não seja imediatista. Você não precisa ter uma vida de monge, mas pode aproveitar a vida com equilíbrio, pois agir com inteligência financeira lhe gerará o benefício de ter mais liberdade no longo prazo.

4. BASTA SER MÉDICO PARA CONSEGUIR TRABALHO E FAZER DINHEIRO

Essa é uma meia-verdade. Sim, como acabamos de explicar no item anterior, o médico consegue fazer dinheiro com alguma facilidade. E o problema não está apenas em gastar com igual facilidade, mas principalmente em existir um limite que é dado pelo relógio. O tempo do médico — e o de todos que trocam seu tempo por dinheiro — é restrito. Então, quando acredita que manter um estilo de vida caro depende apenas de aumentar o número de plantões mensais, ele cava o próprio buraco.

Aí, escolhe um carro mais caro porque a parcela 50% maior se encaixa em seu ganho mensal. "Se eu fizer um ou dois plantões a mais, pago a diferença e pronto", pensa esse médico. Ele não repara que o prazo de financiamento se estendeu por sabe-se lá quantos anos, ignora quais são os juros cobrados e, menos ainda, o custo efetivo total (CET)[1] do financiamento. Age da mesma forma ao decidir comprar o primeiro apartamento. Depois vêm os relógios caros, algumas salas comerciais e os imóveis de lazer. Além de colecionar boletos e usar todo o tempo que tem para trabalhar e poder pagar essas contas, o jovem médico não presta atenção aos impactos que essa rotina causa em sua saúde — nem pensa que um dia não irá mais desfrutar da mesma energia e vigor físico exigidos para cumprir jornadas tão extenuantes.

Outro cuidado também deve ser levado em conta. É o de não acreditar que a facilidade de aumentar plantões e arrumar novos empregos de hoje se manterá, pois cada vez mais, daqui para a frente, a concorrência aumentará ano a ano, com uma redução proporcionalmente inversa de oportunidades comuns de trabalho e ganhos.

---

1 O custo efetivo total (CET) é uma taxa que corresponde a todos os encargos e despesas incidentes em operações de crédito e de arrendamento mercantil financeiro (*leasing*). Deve ser expresso na forma de taxa percentual anual, englobando não apenas juros, mas também tarifas, tributos, seguros e outras despesas cobradas. Clube dos Poupadores. "Pegadinha com juros. Entenda o C.E.T. dos empréstimos e financiamentos". Disponível em: https://www.clubedospoupadores.com/financiamentos/cet-custo-efetivo-total.html.

5. SE SAIR DOS PLANTÕES OU PARAR DE ATENDER CONVÊNIOS, PERCO ESPAÇO E DINHEIRO

Caso não se programe para esse momento de transição, traçando um planejamento financeiro que inclua investir parte do que recebe, você realmente perderá dinheiro. Mas há outros caminhos. Não precisa repetir os erros de inúmeros colegas, que, desejosos de usufruir de mais qualidade de vida, de mais tempo para estudar e conviver com a família e os amigos, reduziram o ritmo de trabalho sem se planejar para isso e afundaram em dívidas. Também não precisa fazer como tantos outros que seguem trabalhando loucamente por receio de ter o mesmo fim que os primeiros. "Se eu recusar alguns convênios ou tirar férias mais longas, vou perder meus clientes para a concorrência. Como vou recusar um plantão se é ele que paga a parcela dos materiais da reforma do meu apartamento? Como vou parar de atender trinta consultas por dia se meus filhos nem iniciaram a faculdade e eu mesmo ainda não quitei todos os imóveis que comprei?"

Todos esses pensamentos atormentam o profissional 24 horas por dia, fazem as luzes de alerta se acenderem, e o acompanham quando surge um intervalinho entre um paciente e outro ou quando esse médico tem a chance de ir até a copa para tomar um café. Essa angústia é tão perversa, que, quando ele tem para si esses parcos minutos, surge o pensamento circular de que os pacientes não estão vindo no volume que deveriam.

"Só pode ter alguma coisa errada... O telefone quebrou?" Esse sentimento aflitivo não dá folga nem na hora de encostar a cabeça no travesseiro ou de curtir um único fim de semana no mês com os filhos. O médico está em casa e não aproveita o momento — tem a sensação de que deveria estar longe dali, dando plantão e ganhando dinheiro.

6. BASTA TER CONHECIMENTOS TÉCNICOS QUE GANHAREI DINHEIRO

Hum... você acreditou nesse mito? Sentimos muito em decepcionar os estudantes de medicina e os colegas mais crédulos, mas esse dogma é o menos verdadeiro de todos. Ser bom na profissão e estar sempre estudando para se atualizar só garante uma parte da equação. Sabe por quê? Porque, além de ser excelente em sua área, você precisa ter uma estratégia de carreira, entender de marketing, estudar o essencial de gestão e empreendedorismo e, claro, se interessar por finanças.

É verdade que em décadas anteriores, quando existiam menos médicos, o sucesso deles dependia mais fortemente de suas qualificações. Os médicos tinham certeza absoluta de que sua profissão lhes garantiria um padrão de alto nível. Hoje, porém, já se diz que, independentemente da profissão, conhecimentos e habilidades técnicas asseguram apenas cinco anos de boa empregabilidade e entradas financeiras significativas. Depois disso, é preciso adquirir outras habilidades e conhecimentos para continuar competitivo no mercado e manter o nível de rendimentos. Além de habilidades técnicas — as chamadas *hard skills*[2] —, necessitamos de outras aptidões para nos diferenciarmos no mercado e para empreender, que são as *soft skills,* ou habilidades comportamentais: liderança, ética, comunicação, trabalho em equipe, capacidade de lidar com conflitos, inteligência emocional etc.

É totalmente diferente da ideia antiga de que o médico só precisa se aprofundar continuamente em um único assunto, frequentar sempre os mesmos congressos e tentar saber absolutamente tudo sobre sua especialidade — como o corredor olímpico que treina arduamente para reduzir em um centésimo de segundo o recorde de uma prova de 100 metros rasos. Talvez tenha funcionado para o multicampeão jamaicano Usain Bolt,[3] mas médicos têm muito mais modalidades à sua frente do que os atletas olímpicos.

Então convidamos os colegas a examinarem a seguinte hipótese: o que aconteceria com um médico que reduzisse, em 20% que fosse, o tempo de estudo voltado a sua especialidade e usasse essa carga horária para adquirir conhecimentos de gestão e empreendedorismo, assim como desenvolver *soft skills*? Acreditamos que esse médico continuaria sendo igualmente relevante e eficaz para sua clientela, porém ele ampliaria seu campo de atuação — poderia responder a novas necessidades da sociedade e ainda aumentaria muito suas possibilidades de ganho financeiro. Ou seja, teria um excelente desempenho nos 100 metros rasos, mas também teria o que apresentar no judô, na natação, no hipismo, no basquete e na vela.

7. INVESTIR É ALGO COMPLEXO, COISA PARA ESPECIALISTAS

Vendida para os leigos em finanças, essa crença leva muita gente a fazer investimentos errados, confiando a decisão, às vezes, a quem não deve. É o que

---

2 As *hard skills* são as habilidades técnicas, que não são comportamentais. Trata-se de tudo que aprendemos em graduações, pós-graduações, cursos e treinamentos diversos. "Soft skills: O que são, tipos principais e como desenvolver". Disponível em: https://bit.ly/2FT1nzy.

3 LAWRENCE, Hubert; SAMUELS, Garfield. "Focus on Jamaica — Usain Bolt". Disponível em: http://web.archive.org/web/20080329033722/http://www.iaaf.org/news/athletes/newsid=36356.html.

acontece com quem adere às pirâmides financeiras[4] acreditando ser possível ganhar muito dinheiro no curto prazo e obter lucro de 1% ao dia! Sim, ao dia, você leu direito. Pirâmides são consideradas crime no Brasil e em diversos outros países, portanto, não se iluda com promessas milagrosas.

Os esquemas de pirâmide são diversificados, no entanto, todos compartilham uma característica essencial: prometem grandes lucros com base no recrutamento de mais e mais pessoas para participar de suas operações financeiras. Isso significa que o lucro prometido não resulta de investimentos sólidos ou da venda de ativos reais[5] ao público. Para disfarçar sua proposta criminosa, alguns esquemas informam que existe a comercialização de um produto — e este estaria sendo vendido em grande escala. Porém, quando se examinam as compras e vendas, percebe-se que elas acontecem apenas entre membros da pirâmide ou para falsos consumidores.

Para investir seriamente e colher bons resultados financeiros, não é preciso enlouquecer buscando a melhor taxa do mercado. Muito menos é recomendável passar dia e noite realizando operações de compra e venda de curto prazo de diferentes ativos financeiros — além de representar especulação financeira,[6] quem não tem conhecimentos sólidos sobre os mercados financeiro e de capitais certamente terá prejuízos agindo dessa forma.

Quando analisamos como se constrói patrimônio, dois fatores são realmente importantes: pensar no longo prazo — deixando seu capital investido por um bom número de anos — e aplicar todo mês consistentemente mais uma quantia de dinheiro. Por isso é fundamental colocar seu dinheiro para trabalhar para você, assim você pode se dedicar ao seu trabalho, que é de onde virão os valores que serão investidos. Enquanto isso, você vai se aprimorando e entendendo sempre um pouco mais sobre investimentos.

Em seguida, trataremos de crenças que são compartilhadas por médicos que trabalham em arranjos profissionais específicos.

---

4 VALENTINE, Debra A. "Pyramid Schemes". Disponível em: https://web.archive.org/web/20070623193928/http://www.ftc.gov/speeches/other/dvimf16.shtm.

5 Ações e cotas de fundos de investimento imobiliário são exemplos de ativos reais.

6 Especulação financeira significa adquirir ativos financeiros com o objetivo de vendê-los com lucro em um curto espaço de tempo. Anúncios políticos, notícias econômicas e divulgação de resultados de empresas que provocam oscilações no mercado oferecem oportunidades diversas a quem especula. Os riscos são enormes e não há garantias de sucesso na especulação. Quem faz esse tipo de operação estuda projeções para curto prazo e visa lucrar tanto no momento de avanço quanto no de queda do mercado. BONA, André. "Especular ou investir no mercado financeiro — Você sabe a diferença?" Disponível em: https://andrebona.com.br/especular-ou-investir-no-mercado-financeiro-voce-sabe-a-diferenca/.

CRENÇAS DO MÉDICO EMPREGADO

1. ESTABILIDADE DO FUNCIONALISMO PÚBLICO

É comum vermos colegas tentando sustentar o mesmo e estranho discurso: "Como ganho mal no serviço público, não vejo problemas em fazer uma carga horária inferior à determinada para o meu cargo." Opa! Há problema, sim. Não faça isso. Sabemos que, por pagarem pouco a quem é concursado, muitos municípios fazem um acordo extraoficial com os médicos de modo que eles atendam menos dias por semana ou apenas um determinado número de pacientes por dia. Assim, os médicos se beneficiam da estabilidade do funcionalismo público e, ainda, asseguram a disponibilidade de tempo necessária para trabalhar em outros locais que oferecem uma remuneração superior.

Isso não é correto. O resultado é que a prefeitura faz de conta que entrega saúde, o médico faz de conta que trabalha, a prefeitura faz de conta que paga, e a população recebe a informação falsa de que há atendimento. Quem nunca viu esse filme? Acontece que, quando o Ministério Público recebe uma denúncia sobre essa prática ou a mídia fica sabendo, a responsabilidade recai integralmente sobre o médico. Secretário de saúde nenhum assumirá o combinado. A reputação do colega é que ficará comprometida.

Mas há outro problema nesse tipo de comportamento: no mundo de hoje, quando cobramos de nossos políticos que sejam honestos, nós, uma categoria tão essencial, vamos falar uma coisa e praticar outra? Se realmente quisermos uma sociedade mais justa e correta, sem o famoso jeitinho brasileiro, devemos dar o exemplo.

Talvez você pense que estamos refletindo apenas sobre questões éticas e morais e que nada disso tem a ver com crenças que limitam financeiramente os médicos. Mas limitam muito. O profissional fica preso à ideia de que nunca será demitido do emprego público. Ele ganha aquele dinheirinho que considera fácil, no entanto, comete práticas ilícitas e, por consequência, coloca em risco a própria carreira. E ainda compromete a imagem da classe. É muito melhor que ele se demita e procure outro emprego que o remunere de modo justo ou busque empreender.

2. O MÉDICO QUE TRABALHA NA INICIATIVA PRIVADA ACHA QUE O TEMPO DELE NÃO TEM LIMITE

Por vermos profissionais com tantos vícios financeiros e administrando tão mal o que recebem, acabamos por chegar à conclusão de que tornar-se um médico empregado sempre será um mau caminho. Mas isso está longe de ser uma verdade. Existem médicos que sabem exatamente por que aderiram ao emprego durante uma fase de sua vida. Naquele momento, eles ganhavam um dinheiro que, se aplicado todos os meses em investimentos financeiros, ajudaria a construir seu patrimônio para poderem realizar objetivos pessoais e profissionais.

Já no caso do profissional que não administra nada, ele também quer ganhar bem, mas em geral é para gastar imediatamente. Empurrado por essa motivação, ele assume vários empregos e, quando percebe, já não tem mais vida pessoal nem tempo para nada. No entanto, é incapaz de renunciar a parte dos valores, pois eles já estão comprometidos com o pagamento de prestações e boletos. Pressionado pelas contas, esse médico perde a condição de escolher a melhor colocação. Como não tem nenhum tempo livre, também perde a oportunidade de se preparar melhor e adquirir uma nova habilidade que poderia lhe permitir ocupar um cargo mais alto.

CRENÇAS DOS MÉDICOS AUTÔNOMOS

1. SE ABRIR MEU CONSULTÓRIO, SEREI DONO DE MEU TEMPO E GANHAREI MUITO MAIS

Chegamos à famosa crença limitante que é compartilhada por quase todo mundo que resolve empreender. Caso você continue preenchendo todos os seus horários com atendimentos — no próprio consultório e em plantões —, não terá tempo de planejar e administrar seu negócio. Aliás, antes de dispor de tempo para administrar, você precisa de tempo para estudar o assunto. E aí?

Se você não tiver controle das contas e da capacidade de gestão e de planejamento, será impossível transformar o consultório em um negócio de verdade. Você deixará de ser empregado de outros, mas se tornará um empregado de si mesmo e, às vezes, ganhando menos.

Todo profissional que pensa em montar um consultório precisa entender algumas coisas: o retorno virá no longo prazo, é caro manter o empreendimento e dificilmente alguém consegue sucesso em um consultório sem dividir o lugar e as despesas com colegas. Além disso, ainda é obrigatório trabalhar as questões de marketing a fim de ter um volume adequado de clientes para tornar o consultório rentável.

Existe outra questão sobre a qual é preciso refletir: para conquistar clientes novos, o mais comum é abrir a porta a diversas seguradoras e cooperativas de saúde, que costumam pagar pouco. Logo, abrindo um consultório sozinho, você precisará atender a cerca de duzentas consultas por mês de modo a cobrir os custos mensais do consultório — que, pela nossa experiência e pelos dados da literatura, giram em torno de R$12 mil a R$15 mil mensais em média, dependendo do porte de sua cidade. Como cada consulta de convênio rende algo entre R$60 a R$80, depois de descontado o imposto de renda, então são necessárias pelo menos dez consultas de pacientes conveniados ao dia só para pagar as contas. Conclusão: se o atendimento se restringir a consultas de planos e convênios, será muito difícil — até no longo prazo — ganhar mais do que como empregado.

Por isso é tão importante agregar serviços ao consultório. Em uma comparação com os estágios econômicos definidos por Joseph Pines e James Gilmore,[7] as consultas correspondem a mercadorias em estado bruto — como as commodities agrícolas e minerais —, que são o degrau inicial do desenvolvimento econômico. Os exames médicos equivalem aos produtos industrializados, que já representam um avanço. O terceiro estágio, em que se enquadram os serviços — como no caso de um dermatologista que pode oferecer pequenos procedimentos cirúrgicos em seu consultório —, é o da economia voltada à personalização. Finalmente chegamos ao quarto momento, o mais evoluído, que é o da economia da experiência. Aí, caro amigo, ainda estamos por descobrir como a classe médica pode atingir esse patamar, porque, na realidade, a maioria de nós está no primeiro degrau desse processo — aquele que recebe os valores mais baixos.

2. BASTA ABRIR MEU CONSULTÓRIO QUE OS CLIENTES DOS PLANTÕES VIRÃO AUTOMATICAMENTE SE CONSULTAR COMIGO

A realidade não funciona dessa maneira automática. O paciente que recorre aos plantões tem características bem marcantes. Ele vai ao hospital que é coberto pelo plano de saúde dele, assim, se quiser captá-lo para seu consultório, você precisará atender pelo mesmo convênio. O paciente do plantão vive do atendimento de emergência: só procura um médico quando não aguenta mais os sintomas que está sentindo. Ele não agenda uma consulta porque isso pressupõe que se adapte à disponibilidade do médico — o que, muitas vezes, resulta em ter de se ausentar do próprio trabalho.

---

7 PINE, B. Joseph; GILMORE, James H. *The Experience Economy — Competing for Customer Time, Attention, and Money*; Boston. Massachusetts: Harvard Business Review Press, 2019. Disponível em: https://www.researchgate.net/publication/338281979_The_Experience_Economy_Competing_for_Customer_Time_Attention_and_Money.

No plantão, infelizmente, somos só mais um jaleco branco. O paciente não sabe quem o está atendendo. Para vencer esse obstáculo e se diferenciar, o médico precisa de uma estratégia. Tem de estar focado em atender bem, apesar de toda a correria que caracteriza os plantões. Além disso, ser atencioso, sentar-se para conversar com o paciente e lhe entregar um cartão de visita do consultório são comportamentos imprescindíveis para cativar e fidelizar o cliente. Apenas assim você terá chance de levá-lo para seu consultório.

CRENÇAS DOS MÉDICOS DONOS DE CONSULTÓRIO

1. ASSOCIAR-ME A UMA COOPERATIVA SERÁ UM BOM NEGÓCIO

Temos aqui um tremendo nó. As cooperativas acabaram se voltando para o negócio e deixaram para trás a atenção aos cooperados. Muitas oferecem tantos serviços — ambulatórios de especialidades e centros de diagnóstico —, que se tornam concorrentes dos médicos cooperados, esvaziando os consultórios deles. Para o profissional cooperado ganhar melhor, ele precisa se tornar um empregado da cooperativa.

Já quem tem um consultório precisa pagar uma "joia" para entrar em uma cooperativa. Esse valor varia de R$100 mil a R$200 mil. Vamos fazer uma conta para saber em quanto tempo esse investimento retorna. Para esse exemplo, vamos considerar que:

- $ o médico recebe da cooperativa, em média, R$60 por consulta, já descontado o imposto de renda;
- $ ele atende três pacientes por hora;
- $ a manutenção do consultório custa R$30 por hora, em média;
- $ a cooperativa cobra R$180 mil para um novo membro tornar-se cooperativado.

Feitos os cálculos e já descontados os impostos, descobrimos que o médico precisará de 3.600 consultas apenas para cobrir a taxa de adesão! É muita coisa, não? Supondo que ele consiga atender 30 pacientes diariamente, em 6 meses (ou 120 dias úteis) ele terá de volta o que investiu. Aí você pensa: "Ok, 6 meses não é muito tempo, talvez valha a pena." Mas, veja bem, no início da carreira é muito difícil ter uma clientela grande e atingir essa produtividade. Imagine se, em vez de 30, o jovem médico atenda 10 pacientes por dia. Estamos falando em um ano e meio a dois para retornar esse investimento.

Bom, agora você tem fatos para analisar e concluir se no longo prazo faz sentido esse investimento em aderir a uma cooperativa, levando em consideração o grau de penetração desta em sua região e a existência de outros convênios que lhe remunerem melhor, sem a exigência de pagamento de "joia" e outros fatores. Considere, ainda, a importância de ler muito bem o contrato de adesão da cooperativa, pois nele provavelmente constará a forma de devolução do dinheiro investido, com a taxa de remuneração desse capital e o tempo de devolução — que se dará em prazos tão longos como o de cinco anos após você decidir sair da cooperativa. Como afirmamos ao comentar uma das crenças limitantes do médico autônomo, manter um consultório custa caro. Quando o negócio está no início, é comum que o dono se apresse e passe a aceitar todo e qualquer convênio, encontrando aí um nicho de mercado. Ele se acostuma a atender todo mundo rapidamente. Depois, encontra uma dificuldade enorme para alterar esse ritmo quando resolve mudar o rumo do negócio e focar no cliente particular. Após cinco ou dez minutos de consulta, esse profissional não sabe mais o que dizer ou perguntar à pessoa sentada à sua frente. Uma profunda frustração com a carreira nasce desse contexto geral, quando o médico se sente explorado — e nem sempre tem coragem de abdicar do que já conseguiu.

Para um dono de consultório tirar o melhor proveito dos convênios, ele precisa usar seu mapa de oportunidades da especialidade. Ou seja, ele precisa oferecer, além do atendimento ao paciente via consulta, uma variedade de procedimentos e serviços complementares de diagnóstico e terapêuticos que melhorarão a remuneração final. Ficar só nas consultas é impraticável.

Veja o caso que ocorreu com colegas nossos durante a pandemia de covid-19. Eles atendiam pacientes por teleconsulta, recebendo cerca de R$60 por parte do convênio. Durante quatorze dias ou mais, esses clientes os procuravam e contatavam insistentemente, enviando e-mails e mensagens no WhatsApp fazendo perguntas sobre sua saúde, a dos filhos, do marido e dos vizinhos com quem tiveram contato, porque temiam ter transmitido o vírus para eles. Diversos deles precisavam de um atestado médico para dar entrada no pedido de licença médica, e mesmo que o colega enviasse o documento com a assinatura digital por e-mail ou SMS, muitas vezes ainda recebia novo contato, porque o INSS ou os serviços públicos não aceitavam a assinatura digital, que é reconhecida em todos os outros lugares. Então era ainda preciso pedir aos familiares dos pacientes para saírem da quarentena e irem até o consultório — colocando várias pessoas em risco — apenas para pegarem um atestado assinado e carimbado. A história toda durava pelo menos duas semanas para cada cliente, e o médico recebia apenas aqueles R$60 da teleconsulta por todo esse trabalho.

2. FIDELIDADE ETERNA DOS PACIENTES E FAMILIARES

A fidelidade é relativa. Em geral, ela dura até o dia em que o médico não pode atender o paciente com o cuidado e a atenção de sempre, seja por doença ou por ele estar se atualizando ou se capacitando em uma viagem para um congresso médico — ou por qualquer outro motivo. Se isso acontece com os pacientes privados, com os de convênio é ainda pior, porque eles procuram os médicos que têm cobertura pelo plano de saúde. Se você deixa de integrar o plano, o paciente abandona seu consultório, mesmo que muitas vezes ele tenha condições financeiras de pagar pela consulta. Sem contar aqueles que, por não precisarem pagar pela consulta, resolvem pegar segundas e terceiras opiniões sobre seu problema de saúde. A percepção de valor do atendimento de saúde pelo brasileiro médio não existe.

Parece anedota, mas o caso a seguir é real. Havia uma paciente com uma doença pulmonar obstrutiva crônica (DPOC) grave que há vinte anos se consultava com o mesmo pneumologista, sempre por convênio. Ele a recebia por uma hora inteira, conversando e dispensando uma atenção enorme à cliente. Era o médico de confiança dela. Tanto que, quando a filha dessa mulher ficou doente e ninguém conseguia identificar o problema, a paciente recorreu a ele, que, por fim, percebeu ser um caso de tuberculose. A filha foi tratada, ficou ótima, e a mãe, feliz. A proximidade aumentou a ponto de o médico sair com o marido da paciente para tomar café e conversar.

Quando o pneumologista viajou para dar uma palestra, a cliente precisou de atendimento e recebeu da secretária a orientação de praxe: outro especialista do consultório poderia atendê-la — o que aconteceu. Certo dia, porém, já de volta à rotina, o médico notou que sua paciente e o marido haviam entrado na sala de seu colega e foi perguntar à secretária o que ela sabia a respeito. Foi então que a moça relatou: "A senhora X passou com o Dr. Fulano quando o senhor estava fora. E agora, quando precisou marcar novamente, afirmou que se consultaria exclusivamente com o Dr. Fulano porque ele tem mais disponibilidade para os pacientes."

Outro exemplo disso é o familiar "salvador da pátria", que é aquele familiar ausente — em geral, um filho que mora longe em uma grande cidade —, que nos dez ou vinte anos em que seu parente acompanha sua doença sob seus cuidados médicos, nunca ou raramente acompanhou esse familiar ou mesmo pisou em seu consultório. Eis que, quando a doença chega numa fase difícil, avançada, ou mesmo terminal, o peso da consciência do "salvador da pátria" faz com que ele leve esse seu parente para ser tratado em algum outro lugar onde ninguém o conhece e onde o paciente não tem nenhum vínculo para esse momento tão difícil de sua jornada. Mesmo a contragosto, para não magoar o filho de consciência pesada, o paciente não diz nada e aceita, mansamente — às vezes até por já não ter mais forças para reclamar —, terminar sua jornada longe do médico que o cuidou bem a vida toda e com quem tem forte vínculo de confiança e amizade.

Muitas vezes, ficamos nos perguntando, em situações como essa, onde erramos como profissionais e o que levou os clientes a procurarem outros colegas e serviços. A grande dica aqui é: embora seja importante sempre estarmos reavaliando nossa conduta e qualidade de atendimento, o problema não está em nós. Por mais que possamos ficar chateados, temos de seguir em frente, trabalhando por aqueles que nos valorizam e fazem questão de ser nossos clientes.

AUTOCONHECIMENTO FINANCEIRO

O objetivo deste livro é ensinar aos colegas como investir corretamente parte do que ganham, de modo que, depois de alguns anos, conquistem uma liberdade financeira que dure pelo resto da vida. Isso é possível, mas pede que o médico entenda que as rédeas desse processo cabem a ele. E o primeiro passo dessa jornada é o autoconhecimento financeiro.

De modo geral, podemos dizer que o médico age por intuição em relação a suas finanças. Ele acha que ter volume de pacientes entrando e saindo do consultório indica que sua estratégia está funcionando. Mas qual estratégia? Atender trinta pessoas diariamente, uma semana após a outra, um mês após o outro, um ano após o outro não é uma estratégia.

Estratégia seria fazer isso até galgar o próximo estágio de um plano construído para atingir um objetivo. Mas o médico não para pra pensar nisso.

O máximo que ele faz, no início de carreira, é identificar quais são as possíveis fontes de renda na medicina. **Então, pensa em consultas, diagnósticos e cirurgias, mas não se faz a pergunta crucial: "Como adquiro escalabilidade na medicina?"** A resposta pode abranger o empreendedorismo, a telemedicina, o infoproduto, a internet e a revolução digital — fontes de renda que não dependem diretamente dos conhecimentos técnicos adquiridos. É possível ser médico e ser remunerado de múltiplas formas. Quando esse ponto fica realmente claro, o *mindset* do profissional se transforma e a carga de dor causada pela troca de tempo por dinheiro começa a diminuir.

Você precisa ter essa visão para começar a se desprender da espiral da pobreza em que se encontra. Precisa pensar que ser empregado durante uma fase pode ser essencial para conseguir se capitalizar. E, então, terá condições de investir, colocando o dinheiro para trabalhar por você, ter um negócio de fato e construir um patrimônio que possibilite sua liberdade financeira no futuro.

A realidade da profissão médica é de quebra de expectativas. Quando obtém seu CRM, o recém-formado acha que chegou ao ápice da "cadeia alimentar", que tem uma profissão que irá enriquecê-lo. Então ele se depara com a dura realidade de ter de vender seu tempo em troca de dinheiro, sem escalabilidade, percebendo de pronto que será impossível atingir todos seus sonhos dessa maneira.

Porém, à medida que consegue trabalho rápido e ganha dinheiro logo, ele se acomoda à situação, se acostuma com aquele dinheiro que advém de uma carga de trabalho insana e baseia suas contas a partir desse faturamento. Esse é o exato momento da entrada na espiral da pobreza do trabalho médico. Sem planejamento e sem escalabilidade, como já comentamos, ele ficará prisioneiro desses primeiros empregos.

Em pouco tempo, cede às pressões externas, tanto aquelas advindas da sociedade — que enxerga o médico no topo da estrutura socioeconômica — quanto da própria classe médica — que imediatamente relaciona carrões importados, mansões e consultórios de alto padrão com sucesso na profissão. Assim, ele se submete a adotar um estilo de vida caro, que compromete sua renda e sua saúde. O médico passa a representar um papel para os outros e a ter uma vida financeira em desacordo com seus valores.

Um dia, a consciência de estar preso nessa trama chega. É quando o médico adoece e apresenta a síndrome de burnout[8] — um distúrbio emocional com sintomas de esgotamento físico e mental que podem levar à depressão e até mesmo ao suicídio. Há inúmeros estudos que demonstram que a taxa de suicídio entre médicos chega a ser de cinco a sete vezes maior que na população em geral.[9] Um entre quatro estudantes de medicina sofre de depressão.[10] Um

---

8 VENTRIGLIO, Antonio.; WATSON, Cameron; BHUGRA, Dinesh. "Suicide among Doctors: A Narrative Review". Disponível em: https://www.ncbi.nlm.nih.gov/pmc/articles/PMC7197839/.

9 Idem.

10 THEES, Vanessa. "1 em cada 4 estudantes de medicina sofre de depressão. E o pior, não procuram ajuda". Disponível em: https://pebmed.com.br/1-em-cada-4-estudantes-de-medicina-sofre-de-depressao-e-o-pior-nao-procuram-ajuda/.

levantamento realizado nos Estados Unidos[11] pré-pandemia apontou que 44% dos médicos entrevistados tiveram burnout em 2019. Existe algo de muito errado acontecendo.

OS PERIGOS QUE A VAIDADE ACARRETA

Às vezes, o médico consegue se blindar contra a coerção que vem da sociedade e da própria classe. Porém, não controla as exigências do próprio ego e cai nas armadilhas que tentou evitar. Ele passa a agir exatamente como os outros disseram que seria interessante. Compra a ideia de que sucesso é ganhar muito dinheiro para consumir e ostentar. Tudo isso alimenta o ego desse médico. E não se diz aqui que ele não deva ter ego — ele será necessário em vários momentos da vida. O fundamental é saber dominá-lo.

Falar sobre a vaidade é uma obrigação quando tratamos da carreira médica. E não há lugar onde a vaidade se desenvolva mais facilmente do que na universidade, o lugar de onde vêm nossos modelos profissionais e nossos ídolos — que são os professores. É preciso olharmos com honestidade para nós mesmos e admitirmos que podemos estar falando de uma carreira construída sobre pilares de vaidade e de títulos.

Nós todos fomos moldados dessa forma. Muitos entre nós alimentam o sonho de seguir os passos de nossos mentores e trocar nosso tempo por dinheiro dentro de uma universidade ou de um instituto de pesquisa. Ali, infelizmente, é comum que seus integrantes se dediquem a coisas pouco práticas, mais focados em criar currículo do que em ajudar a desenvolver produtos e serviços úteis à sociedade. Existe um abismo entre a academia e o mercado, e isso impede o crescimento e a geração de riqueza no país a um custo extremamente elevado para a sociedade. O problema é que o mundo caminha na direção de valorizar o conhecimento aplicado. Então como fica o Dr. Currículo Lattes,[12] aquele que se preocupa em colecionar títulos, nessa situação? De repente, ele passa a perder valor, enquanto o médico que se preocupa com a forma como administra sua vida profissional e empreende torna-se mais relevante.

---

11 "Physician Burnout in 2019, Charted". Disponível em: https://www.advisory.com/daily-briefing/2019/01/18/burnout-report.

12 A Plataforma Lattes é um sistema de currículos virtual criado e mantido pelo Conselho Nacional de Desenvolvimento Científico e Tecnológico (CNPq), pelo qual integra as bases de dados curriculares, grupos de pesquisa e instituições em um único sistema de informações. "Plataforma Lattes". Disponível em: http://lattes.cnpq.br/.

EQUILÍBRIO ENTRE TER E VIVER

O mundo também se aproxima do usufruir mais e possuir menos. Porém, o ter não é um pecado, muito menos um crime. A geração mais velha pode aprender com a mais jovem, e vice-versa. É preciso encontrar o equilíbrio entre o ser, o usar, o ter e o aproveitar. Não adianta trabalhar para apenas acumular e não viver, mas também não é bom só trabalhar o suficiente para aproveitar a vida e não construir patrimônio — não ter a possibilidade de um dia parar porque não haverá como sustentar a família. Conquistar a liberdade financeira depende intrinsecamente de guardar e investir uma parte dos ganhos mensais para constituir um patrimônio durante um número definido de anos. Não precisa ser somente em imóveis, como as gerações anteriores costumavam fazer. Pode ser sob a forma de outros investimentos — mas não esqueça: nunca na poupança!

Queremos reforçar a necessidade de não apenas trabalhar, mas também de viver. Porque o desequilíbrio entre esses dois fatores é o que leva ao alto grau de frustração dos médicos. **Para a maioria dos que se sentem desapontados com a carreira, a razão disso não está em achar que ganham pouco — está em gastar muito e viver pouco.** O profissional gera muito dinheiro, porém não usufrui dele por não saber organizar seu tempo, pois foca em trabalhar o tempo todo. É nesse momento que surge aquele estresse do médico, que, quando está descansando, fica tenso por achar que está perdendo a oportunidade de ganhar mais.

É um triste círculo vicioso que leva a frustrações que extrapolam a carreira, porque o profissional começa a perceber que se não está em falta exclusivamente com a família, mas também com o próprio lazer, com seu aprimoramento profissional, com os amigos ou com a sociedade. Esse último aspecto, em geral, é o que fica mais abandonado. O médico não faz doações, não se voluntaria e não tem tempo de participar da vida em comunidade.

Parte dos colegas, talvez como forma de aplacar a culpa, apresentam um discurso de que já dão sua cota de contribuição atendendo pelo SUS. "Eu faço a minha parte assim, não preciso ajudar mais ninguém." Não, de jeito nenhum. Aquilo ali é um emprego. Mesmo que mal pago, ele recebe para atender as pessoas que recorrem ao sistema público de saúde. Não dá para misturar as coisas.

Curiosamente, ainda perdura parcialmente a ideia fantasiosa do sacerdócio na medicina. De acordo com essa crença, o médico existe para fazer o bem e cuidar dos outros. Trabalha incansavelmente e renuncia à sua vida pessoal para garantir que seus pacientes tenham o máximo de conforto físico e até emocional. Quem encara a profissão dessa forma tende a justificar seu fracasso na administração das próprias finanças como algo inerente ao sacerdócio. Dessa maneira, o médico se vitimiza ainda mais. Mas, como já dissemos em outras situações, não precisa ser assim.

NÃO TERCEIRIZE SUA VIDA FINANCEIRA

Médicos que não têm tempo para nada além do trabalho confiam aspectos importantes de sua vida a terceiros. Ao agir dessa forma, delegam para o cônjuge a tarefa de escolher a escola dos filhos; a imobiliária torna-se a responsável em administrar os imóveis que ele possui para locação; a secretária cuida das contas do consultório e controla o dinheiro do chefe; o gerente do banco é quem indicará os produtos financeiros. Se existe um pato da vez, é o médico que age dessa maneira. Ele está sempre em situação de vulnerabilidade.

Quando esse médico entende que buscar sua liberdade financeira, colocando o dinheiro para trabalhar por ele, é o caminho para poder, no futuro, deixar de trocar tempo por dinheiro, em vez de separar um tempo para estudar e entender o essencial sobre investimentos, ele sai atirando para todos os lados sem se preparar para investir. Então adquire um terreno na praia (algo que sempre terá uma baixa liquidez), entra em consórcios, compra salas comerciais que nunca saem do papel e aposta em investimentos de altíssimo risco — apenas porque um influenciador digital da área financeira mencionou que a rentabilidade daquele papel é incrível.

Ele decide ir para a Bolsa de Valores, como se isso fosse resolver sua vida imediatamente, na ilusão de que seu dinheiro crescerá de forma rápida e fácil — e ele deixará a espiral da pobreza do dia para a noite. Quer dizer, por ter dinheiro para investir, mas não contar com tempo para aprender sobre finanças, esse médico se lança em um mercado por ele desconhecido. Um mercado que é voraz, impiedoso e não perdoa erros. E os erros acontecerão.

Cabe, portanto, uma reflexão. Se fosse você o médico que descrevemos, quanto você acha que renderia deixar de atender por uma ou duas horas, que seja na semana, utilizando esse tempo para olhar suas contas e planejar sua carreira e seus investimentos? Nós temos certeza de que seu retorno financeiro seria muito superior ao valor líquido resultante das consultas que você deixaria de atender. Afirmamos isso com base em nossa experiência e em algumas bibliografias, como o livro *Quem pensa enriquece.*[13] Ali, o autor, Napoleon

---

[13] HILL, Napoleon. *Quem pensa enriquece.* 1ª edição. Fundamento, 2009.

Hill, explica que, para enriquecer, é preciso ter tempo para pensar na própria vida e se aprofundar no autoconhecimento sobre finanças e negócios.

De tudo que tratamos, chegamos a uma conclusão: **o médico diz que não tem tempo de cuidar de sua carreira e de seus investimentos. Mas o raciocínio correto é o oposto: é exatamente porque não cuida da carreira e dos investimentos que ele não tem tempo**. No próximo capítulo, trataremos das principais armadilhas, dificuldades e erros que os médicos costumam cometer ao lidar com o próprio dinheiro.

05

PRINCIPAIS **ARMADILHAS, DIFICULDADES** E **ERROS** AO LIDAR COM O **DINHEIRO**

No Capítulo 4, falamos de crenças que limitam o médico em sua relação com o dinheiro. Elas são tão poderosas, que, não raro, resultam em armadilhas fatais para nosso êxito financeiro. E essa disfunção financeira começa quando adotamos um modelo de sucesso baseado não nos próprios valores, mas nas expectativas dos outros.

Há um trecho no livro *Essencialismo*[1] em que o autor coloca de forma clara o funcionamento dessa areia movediça da qual todos podem ser vítimas e, mais ainda, os médicos, imobilizados pelos falsos dogmas de sua profissão. Veja se você não se identifica:

---

[1] McKEOWN, Greg. *Essencialismo — A disciplinada busca por menos.* 1ª edição. Sextante, 2015.

"E se a sociedade parasse de nos dizer para comprar mais e nos permitisse pensar e respirar mais? E se nos estimulasse a rejeitar o comportamento que nos impele a fazer o que detestamos para comprar o que não precisamos, com o dinheiro que não temos, a fim de impressionar pessoas das quais não gostamos?"[2]

Nós, médicos, somos impelidos a ser e a ter o que nossos pares e a comunidade esperam de nós. Nesse sentido, há três perfis de comportamento em que é muito fácil cair: o do Dr. Currículo Lattes, o do rei do camarote e o do médico "dinheirista". O primeiro passa a vida acumulando títulos, sem se preocupar em fazer todo esse conhecimento gerar valor para si mesmo e para a sociedade. O segundo apenas quer desfrutar daquilo que o dinheiro pode comprar; assim, trabalha muito, porém gasta tudo. O terceiro só fala e pensa em dinheiro, vive por e para ele, importando-se apenas em ganhar cada vez mais.

VAIDADE E FALTA DE VISÃO DE CARREIRA: CILADAS ESCONDIDAS SOB O CURRÍCULO

Apesar de alguns sinais de mudança, a experiência mostra que boa parte dos médicos que se dedicam a formar novos profissionais são exclusivamente professores. Eles não atuam na assistência médica, concentrando-se em tempo integral à pesquisa e ao ensino. Para eles, o Currículo Lattes é essencial, é a escada que leva ao topo da carreira acadêmica. Nada mais lógico, para o seu modo de pensar, que se dediquem às especializações, ao mestrado, ao doutorado, à livre docência e a todos os títulos que podem conquistar.

Os alunos são naturalmente induzidos a se espelhar em seus professores e a acreditar que devem trilhar seus passos. Mas o que acontece com aquele médico que não pretende seguir a carreira acadêmica? Faz sentido que ele consuma tantos anos de sua vida e tantos recursos financeiros para realizar um mestrado e um doutorado? Para quem não tem ideia dos números envolvidos nessas qualificações, fizemos alguns cálculos.

Voltamos a tratar de custo de oportunidade, da mesma forma que fizemos com a residência médica no Capítulo 3. **Esse é um exercício que vale a pena ser tornado um hábito. Frente a uma decisão de carreira ou financeira, calcule qual o custo dessa decisão.** Quanto de dinheiro está deixando na mesa para ter um mestrado ou doutorado? A resposta não passa apenas pelos custos que você tem com a pós-graduação; você gastará também seu tempo e renunciará à oportunidade de gerar renda. Um mestrado, por exemplo, tem carga

2 Idem, p. 34.

horária mínima de 1.200 horas em 2 anos de programa. Assim, se você ganha R$100 por hora, são R$120.000 de geração de renda de que abriu mão ao optar pela pós-graduação. E esse valor de R$5.000 por mês, aplicado ao longo dos 2 anos a uma taxa de 1% ao mês, gerará, ao final do período, um montante de R$134.867,32. Você pode, ao longo dos anos, manter o capital investido fazendo a aplicação contínua dos juros compostos. Encontrado o custo de oportunidade, agora é só avaliar o impacto financeiro que esse título trará para sua carreira e compará-los.

Na prática, um programa de mestrado ou de doutorado, fora do contexto acadêmico, pode acrescentar pouco valor para o médico em termos de aumento em sua remuneração, e o valor gerado para seus pacientes em qualidade de atendimento pode ser limitado. Também algumas especializações podem trazer contribuições modestas para o deslanchar da carreira do profissional da saúde. Vamos tomar o exemplo de um recém-formado que se especializa em medicina de família e de comunidade — ele faz isso porque existe uma boa oportunidade de iniciar na carreira integrando o programa federal Médicos pelo Brasil, o sucessor do Mais Médicos. Ele trabalha nessa área em seus dois primeiros anos de atuação, mas e depois? Como o médico de família já foi muito pouco valorizado no Brasil, ele não tinha a oportunidade de ter ganhos crescentes e de evoluir. Quando não planejamos nossa carreira e simplesmente seguimos o fluxo, o risco é o de investirmos em um monte de especializações que só servem para engordar o currículo, já que muitas vezes sequer serão utilizadas.

Porém, não ter um título ainda pode ser visto, pelos colegas, como não ser bem-sucedido. É uma confusão tremenda: o êxito de um profissional que trabalha na assistência médica deveria ser medido pela qualidade do atendimento que presta, por seus índices de cura, pelo valor gerado para os clientes e para a sociedade, e não pelos certificados que ele pendura na parede do consultório. Há colegas que até compreendem isso racionalmente, mas, levados pela emoção e pela opinião alheia, sentem-se inferiores a seus pares que mergulharam na área acadêmica.

Não estamos desmerecendo os títulos acadêmicos — eles são importantes e valiosos em termos de ciência e qualidade acadêmica. O que queremos tratar aqui é de quebrar a condicional imposta pelo sistema acadêmico vigente, de menos valia de quem não busca tais titulações. Muitas vezes, nós mesmos já sentimos isso na pele ao estarmos em algum congresso médico e nos compararmos com nossos pares e seus títulos, mesmo que tenhamos uma vida mais exitosa em termos financeiros e um alto impacto na sociedade em termos de geração de valor.

O que estamos querendo dizer é que todos podemos ter valor, independentemente de nossas escolhas de carreira, e que, se optarmos por ter uma carreira não acadêmica, temos de ser medidos por outros parâmetros — o que acredito seja libertador dessa coerção imposta pelo meio acadêmico onde fomos gerados.

CIÊNCIA BÁSICA X CIÊNCIA APLICADA

A obtenção de títulos acadêmicos e a consequente elaboração de trabalhos científicos já foi uma métrica importante para o Brasil quando a ciência quase inexistia por aqui. Mas nós já estamos na 13ª posição do ranking da Clarivate Analytics,[3] que mede a produção científica mundial. Um relatório de 2019 encomendado pela Coordenação de Aperfeiçoamento de Pessoal de nível Superior (Capes[4]) à Clarivate mostra que, entre 2013 e 2018, a produção brasileira de ciência cresceu 30% — o dobro da média mundial. Segundo um estudo da Thomson Reuters,[5] em 2008, o Brasil respondeu por 2,6% da pesquisa científica mundial, contra um índice de 0,6% em 1990.

Os avanços são visíveis, porém ainda não alcançam na mesma proporção as patentes tecnológicas ou de produtos. Nesse quesito, o Brasil, apesar de aparecer em 24º lugar[6] em uma classificação de 2019 da Organização Mundial da Propriedade Intelectual, aparece bem mais mal classificado em outros rankings. Essa mesma agência da Organização das Nações Unidas (ONU), em parceria com a Universidade de Cornell, dos Estados Unidos, e a Insead, escola francesa de administração, é autora do Índice Global de Inovação,[7] que em 2020 identificou o Brasil como o 62º em uma lista de 131 países. O Brasil perdeu 10 posições no Índice Internacional de Direitos de Propriedade 2021 (International Property Rights Index 2021, IPRI), passando a ocupar a posição 74 entre 120 países do ranking desenvolvido pela Property Rights Alliance (PRA) e disponibilizado no país por meio do Centro Mackenzie de Liberdade

---

3 Web of Science Group. "Research in Brazil Funding Excellence ". Disponível em: https://jornal.usp.br/wp-content/uploads/2019/09/ClarivateReport_2013-2018.pdf.

4 CAPES. Disponível em: https://www.gov.br/capes/pt-br.

5 "Produção científica do Brasil ultrapassa a da Rússia, indica levantamento". Disponível em: https://www.bbc.com/portuguese/ciencia/2010/01/100127_brasil_russia_ciencia_rw.

6 "Os campeões mundiais no registro de patentes". Disponível em: https://www.moneyreport.com.br/inovacao/os-campeoes-mundiais-no-registro-de-patente/.

7 "Brasil avança quatro posições no índice global de inovação e chega ao 62º lugar". Disponível em: https://noticias.portaldaindustria.com.br/noticias/inovacao-e-tecnologia/brasil-avanca-quatro-posicoes-no-indice-global-de-inovacao-e-chega-ao-62a-lugar/.

Econômica (CMLE). De toda forma, percebe-se um abismo entre qualquer uma dessas posições e o tamanho de nossa economia ou o volume de nossa produção científica.

Muitos recursos chegam à ciência básica, porém sem retornar à sociedade sob a forma de geração de negócios. Acreditamos que, em pleno século XXI, é inconcebível continuar produzindo conhecimentos que não sejam aplicados para enriquecer o país, suas empresas e seus cidadãos. Hoje o mundo funciona de forma diferente, e a tendência é a de que ele seja cada vez mais prático e menos acadêmico.

Embora o número de títulos de mestrado e doutorado aumente a cada ano nos EUA,[8] o vigor dessas taxas vem caindo, e em igual proporção nos dois segmentos. No ano letivo de 2003/2004, 564 mil alunos obtiveram o certificado de mestre no país; em 2010/2011, foram 731 mil (crescimento de 29,5%); e em 2017/2018, 820 mil (crescimento de 12,2%).[9] Nos mesmos anos, o volume de doutorados subiu de 126 mil para 164 mil, e, então, para 184 mil — um incremento de 30% e de 12%, respectivamente.[10] As pessoas estão preferindo investir em formações mais curtas, em cursos rápidos que promovem impacto e ampliam o networking. Isso é o que mais faz diferença atualmente.

Hoje, quem cursa um MBA[11] (*Master in Business Administration*) nos EUA paga menos pelo programa se não quiser receber o certificado. E isso é cada vez mais comum, porque as pessoas estão interessadas nos conhecimentos que obterão, e não em um simples registro no currículo. Na prática, o mercado tem valorizado mais o conhecimento aplicado e as outras habilidades que o trabalhador tem, em detrimento única e exclusivamente de seu currículo. O médico que busca formações complementares — como as que o ensinam a como empreender e a administrar sua carreira — e que valoriza esse tipo de conhecimento tem mais condições de traçar uma estratégia para transformar tudo o que sabe em valor. Ou seja, você não estudará tal coisa apenas para melhorar seu currículo, publicar um artigo científico ou se destacar entre os

---

8 Os dados são da plataforma alemã de estatísticas *Statista*, que acompanha 170 segmentos da indústria em mais de 150 países. "Global No. 1 Business Data Platform". Disponível em: https://www.statista.com/.

9 "Number of Master's Degrees Earned in the United States from 1949/50 to 2029/30, by Gender". Disponível em: https://www.statista.com/statistics/185160/number-of-masters-degrees-by-gender-since-1950/.

10 "Number of Doctoral Degrees Earned in the United States from 1949/50 to 2029/30, by Gender". Disponível em: https://www.statista.com/statistics/185167/number-of-doctoral-degrees-by-gender-since-1950/.

11 SILVA, Gabriela. "Afinal, o que significa MBA?" Disponível em: https://www.educamaisbrasil.com.br/educacao/dicas/afinal-o-que-significa-mba.

colegas. Estudará um assunto que responde a uma nova necessidade da população. É isso o que gera valor para sua marca enquanto médico.

A TENTAÇÃO DE OSTENTAR E HIPERVALORIZAR O DINHEIRO

O dinheiro é uma armadilha que pega os médicos de diferentes formas. Alguns, conhecidos na classe médica como os reis do camarote, usam o dinheiro para se gratificar e usufruir do que há de melhor e mais caro: de roupas e relógios a carros e casas; de restaurantes a destinos turísticos exclusivos. Esses médicos medem o próprio sucesso por meio de suas posses e dos serviços que consomem. Como até hoje existe a crença de que a nossa categoria se destaca dentre todas as outras, é fácil ceder à tentação do ter para ser. Na cabeça das pessoas, um médico não pode circular em um carro popular, por exemplo, porque isso não condiz com a posição que ele ocupa na sociedade. E quantos de nós não pensam exatamente o mesmo?

Há outros médicos que confundem realização pessoal e profissional com riqueza. Entram em uma espiral de produzir dinheiro, produzir dinheiro e produzir dinheiro, sem investir em qualidade de vida e, principalmente, sem aproveitar o processo para chegar aonde desejam. O dinheiro é o fim para eles, e não o meio. E, por isso, vivem pensando em formas de multiplicar seus recursos, mas sem se preparar para isso. Analisados sob a hierarquia de necessidades de Maslow, esses profissionais focam exclusivamente a realização pessoal elencada no topo da pirâmide e se esquecem da importância que há em sua base de necessidades. Eles são tão voltados para o sucesso profissional, que mal aproveitam sua família, suas amizades e outras conquistas que fazem parte de uma vida plena. A base que lhes falta poderia trazer outros tipos de satisfação e, assim, evitar o sentimento de frustração — e um eventual burnout.

DO DESCONTROLE DO CAIXA À PERDA DE DINHEIRO

Desconhecer quanto entra e quanto sai de dinheiro de sua conta é uma das principais ciladas na vida dos médicos. Muitos nem sabem quanto têm a receber de cada convênio atendido, pois não registram corretamente todas as consultas e procedimentos efetuados, e nem mesmo olham ou não conseguem acompanhar os empenhos de pagamentos. Estima-se, segundo alguns autores, que de 20% a 30% dos serviços médicos prestados em um mês possam não aparecer ou sofrer glosas no descritivo de pagamento de algumas operadoras de planos de saúde. São horas e horas de trabalho realizado e não remunerado — um tempo que poderia ter sido dispendido, por exemplo, com a família. O médico está tão preocupado em atender que ignora muito do que é essencial. Até mesmo os hospitais, por erros administrativos, deixam de pagar alguns plantões ou retêm alguns repasses que seriam direcionados aos médicos. E quando percebemos isso? Às vezes nunca, às vezes na hora de fazer a declaração anual de imposto de renda. E nem sempre é possível recuperar o prejuízo.

Um bom exemplo é quando o médico tem diversas fontes de renda e acaba retendo acima do teto de recolhimento da alíquota de INSS, que no momento que escrevemos este capítulo (março de 2022) é de R$7.087,22. Nesse caso, os valores recolhidos a maior ainda podem ser revertidos, mas não sem bastante esforço e tempo do médico junto à delegacia da Receita Federal. Em situações assim, seria muito mais fácil evitar o recolhimento acima do teto encaminhando no início do ano uma declaração de que já recolhe sobre o valor máximo, para evitar novos descontos de outras fontes pagadoras.

Se todos os médicos reservassem algumas horas por mês para organizar sua lista de atendimentos e entradas de dinheiro, sem dúvida teriam ganho financeiro. Para isso, pode-se utilizar as ferramentas de gestão financeiras dos prontuários eletrônicos ou as versões gratuitas de aplicativos de fluxo de caixa, como o Guia Bolso[12] e o Mobills[13] — esse último permite, ainda, estipular objetivos financeiros. À medida que ajudam a criar uma rotina de controle de receitas e despesas, esses softwares contribuem para que você se conscientize de seus números e passe a geri-los com atenção.

A falta de controle sobre o que se ganha leva a outro problema: o descontrole sobre o que se gasta. O médico passa a enxergar os limites do cheque especial e do cartão de crédito como parte de sua renda. Se deseja realizar uma nova compra e tem crédito para tanto, faz isso sem se preocupar com o que vai gerar de passivo a ser pago mais para frente. Acontece que o cheque especial cobra juros de 8% ao mês, e o cartão de crédito, acima de 10%. Desde que o médico possa pagar a parcela do cartão ou os juros do cheque especial, está tudo certo na cabeça dele. Faz uma viagem cara e parcela; compra uma moto importada e parcela; dá uma bolsa de luxo para a namorada e parcela. O médico antecipa seus sonhos e paga juros altos por isso, sempre pensando que bastam alguns plantões a mais para cobrir os novos gastos e sem atentar para o fato de que seu tempo é limitado.

---

12 Disponível em: https://www.guiabolso.com.br/.

13 Disponível em: https://www.mobills.com.br/.

Recentemente, soubemos do caso de uma cardiologista que tinha três créditos consignados simultâneos. Para quitar um empréstimo que havia feito há mais tempo, ela pegou um novo empréstimo e, para financiar uma viagem de férias, contratou um terceiro. Ela estava pagando juros havia anos, mesmo tendo uma renda bastante alta. Por mais "baixos" que fossem os juros do crédito consignado, 2% ao mês, era o mesmo percentual da taxa Selic, só que ao ano, na época que contraiu as dívidas.

Nesse ritmo, quando essa cardiologista — assim como tantos outros médicos — resolver deixar todos os plantões e empregos para se dedicar inteiramente ao consultório, descobrirá que a conta não fecha: o dinheiro que as consultas e os procedimentos trazem não contemplam todos os custos fixos e variáveis do consultório, que sempre foi deficitário.

Zelar pelos próprios números faz parte do trabalho de todo médico — dos que são empregados ou autônomos aos donos de consultório e clínica. Todos precisam ser empreendedores e encontrar sua persona de gestor a fim de saber cuidar de seus recursos e carreira. O recado é: no mundo de hoje, você é uma empresa e precisa se administrar como tal se quiser gerar valor para si. Ou, em outras palavras: todo médico que tem sucesso é um empreendedor. No Capítulo 9, conversaremos em detalhes sobre como você pode controlar melhor suas entradas e saídas.

DIVIDIDO ENTRE O MEDO E A GANÂNCIA

Quem não sabe o quanto ganha não sabe, consequentemente, como investir. O médico nem mesmo chega a ter essa cultura, porque a vida dele é trocar seu tempo por dinheiro. O grande problema é que ele não percebe que dificilmente construirá valor para si e para sua família apenas com consultas de convênio. Para aumentar seu patrimônio, o médico precisa guardar e investir mensalmente parte do que ganha, precisa da ajuda dos juros compostos e de paciência para dar tempo de esses juros compostos criarem o efeito bola de neve (juros sob juros) para seu dinheiro se multiplicar no longo prazo. Porém, atendendo um paciente após o outro, como o médico conseguirá prestar atenção no potencial dos juros compostos?

Quando sobra algum dinheiro, ele se apega a formas conservadoras de investir, como a aquisição de imóveis, que muitas vezes se transformam em passivos — ou seja, não geram renda, apenas despesas. O patrimônio imobilizado tem seu valor, mas construir um patrimônio formado por bons produtos financeiros que ofereçam a melhor relação risco *versus* retorno e sejam geradores de renda passiva por meio de juros e proventos é o melhor caminho para a liberdade financeira do médico e para que ele tenha a aposentadoria com a qual sempre sonhou.

Mas aí, quando o médico decide aplicar seus recursos em produtos financeiros, opta pelos mais tradicionais, como a poupança e o CDB[14] — justamente os que costumam trazer os menores retornos. Faz isso porque ouve os conselhos do gerente do banco, que aproveita a situação para assegurar a aplicação automática de todo dinheiro que estiver parado na conta-corrente, recomendando os produtos que proporcionam os maiores ganhos para a instituição em que trabalha e ganhos muito pequenos ao médico. Até existem bons gerentes de banco, mas a maioria trabalha exclusivamente em prol do interesse de seus empregadores e são profissionais com metas de vendas a serem alcançadas. Ou, então, o médico escolhe essas aplicações tradicionais porque, ao observar o mercado de investimentos, oscila entre os sentimentos de ganância e de medo, ora acreditando que enriquecerá, ora temendo perder tudo o que conquistou. Na maioria dos casos, prevalece o receio, e o médico perde a oportunidade de tirar proveito no longo prazo dos produtos oferecidos pelo mercado de capitais, como cotas de fundos de investimento imobiliário (FIIS), ações e debêntures.

A falta de tempo é a desculpa perfeita para que ele não estude gestão de risco nem opções de investimento. Perfeita não, quase perfeita. Porque, sempre que temos uma prioridade, encontramos tempo para ela. **Então, quando você diz que não tem tempo de olhar para seu dinheiro e estabelecer uma relação mais profícua com ele, você está dizendo que sua vida financeira não é prioridade.**

Você continuará sendo vítima do gerente do banco, que procura empurrar investimentos pouco ou nada rentáveis em sua direção. Ele também pode oferecer um plano de previdência privada do tipo VGBL[15] — sendo que, para médicos, o PGBL[16] costuma ser mais indicado, porque permite abater na declaração

14 *Certificado de Depósito Bancário* é um investimento de renda fixa emitido pelos bancos. Fonte: https://blog.rico.com.vc/cdb-o-que-e.

15 *Vida Gerador de Benefícios Livre* é uma modalidade de previdência privada que funciona como um seguro de vida, mas também possui cobertura por sobrevivência. Nesse modelo, o imposto de renda só incide sobre a rentabilidade acumulada, sendo mais interessante para quem faz a declaração simplificada. Saiba mais em https://blog.rico.com.vc/pgbl-vgbl-previdencia-privada.

16 Plano Gerador de Benefícios Livre é um tipo de previdência complementar à oficial. A cobrança de imposto recai sobre o valor total que você resgatará ou receberá sob a forma de renda. É mais adequado para quem faz a declaração completa, pois permite deduzir os aportes até o limite de 12% da renda anual. Saiba mais em: https://blog.rico.com.vc/pgbl-vgbl-previdencia-privada.

de imposto de renda os aportes de capital até o limite de 12% da renda anual tributável. Se você for mais bem informado que a média dos clientes dos bancos, recusará o VGBL e colocará seu dinheiro no PGBL. Mas fugir de um erro absurdo não significa que se está investindo da maneira mais rentável. Em outro momento deste livro, teremos um capítulo inteiro sobre tributação.

DOIS BOLSOS QUE NÃO DEVEM SE MISTURAR

Entre os colegas que trabalham como prestadores de serviço, a maioria abre uma empresa e obtém um CNPJ[17] (Cadastro Nacional de Pessoa Jurídica), a fim de pagar menos imposto de renda do que se recebesse como pessoa física — ou seja, com o CPF (Cadastro de Pessoa Física). O CNPJ só serve para emitir notas fiscais, mas todos os valores vão para um único bolso, o da pessoa.

O certo seria que o médico fizesse as contas e, descobrindo de quanto precisa para viver, estabelecesse um valor de pró-labore[18], que é a sua retirada mensal. O que sobra depois de descontados o pró-labore e os custos fixos e variáveis da empresa é o lucro, que deveria ser parcial ou integralmente reinvestido no negócio em prol de seu crescimento.

Ao montar seu consultório, a bagunça na conta bancária se instala de vez, pois a remuneração pelos plantões se mistura com os valores gerados pelo consultório. Em pouco tempo, o médico já não identifica mais o que veio de onde. E então pensa: "Se pago as minhas contas e ainda sobra um dinheirinho de tudo o que entra, é sinal de que estou tendo lucro." Ele não sabe, porém, se a sua empresa é lucrativa ou se seu CPF está bancando seu CNPJ.

Se você se reconhece nesse cenário, entenda que, antes de pensar em investir, precisa estruturar sua vida financeira. Feito isso, você poderá definir quanto tem para aplicar no médio e longo prazo, quanto deve destinar a uma reserva de emergência e, claro, quanto é necessário para cobrir suas despesas fixas e aproveitar a vida.

---

17 O CNPJ é a forma como a Receita Federal identifica empresas e organizações e acompanha suas movimentações financeiras. Saiba mais em: https://blog.nubank.com.br/o-que-e-cnpj/.

18 O pró-labore é a remuneração paga ao sócio que trabalha na própria empresa. Ao contrário do lucro, o pró-labore está sujeito ao Imposto de Renda da Pessoa Física e à contribuição para o INSS. Saiba mais em: https://bibliotecas.sebrae.com.br/chronus/ARQUIVOS_CHRONUS/bds/bds.nsf/9AB7A8D69574165503256F9E00489276/$File/NT0003065E.pdf.

QUANDO OS RELACIONAMENTOS LEVAM À RUÍNA FINANCEIRA

Eis um tema delicado, mas que não pode passar em branco. Quem não conhece um colega que, depois de muitos anos de casamento, acaba se apaixonando por outra pessoa — quase sempre mais jovem — e deixa a família para viver um novo relacionamento amoroso? Histórias assim se multiplicam na sociedade em geral, porém afetam nossa categoria de modo contundente. Isso porque o médico percebe a dor de tantos anos de dedicação ao estudo e ao trabalho e se sente frustrado em relação ao que construiu. Então aciona o velho gatilho da gratificação, colocando na cabeça que merece um relacionamento melhor e que, mudando isso, será finalmente feliz.

Ele sai de casa, faz a partilha de bens e mergulha de cabeça no novo casamento, muitas e muitas vezes sem conhecer direito a nova pessoa que está a seu lado. O tempo passa e a paixão se revela fugaz, ou o médico percebe sinais de que sua conta bancária e os confortos que ela proporciona talvez sejam mais atraentes do que ele mesmo. O relacionamento acaba, e o médico tem mais uma ex-esposa e outros filhos a quem pagar pensão. É a desestruturação amorosa e familiar contribuindo para a ruína financeira. E aqui cabe uma observação: não é por machismo que colocamos o profissional do gênero masculino como protagonista desse tipo de situação, mas sim por observarmos a realidade ao nosso redor.

Como diz Joel Jota: saúde, família e trabalho, nunca inverta a ordem. O problema é que o médico foca quase que ininterruptamente sua carreira e realização profissional, deixando a base de suas necessidades pessoais frágeis — o que favorece sua queda nesses tipos de armadilhas.

AS DORES E ASPIRAÇÕES DO DR. JC E DO DR. CI

O momento vivido pelos nossos personagens fictícios espelha as armadilhas a que os médicos estão sujeitos na relação com o dinheiro.

O jovem Dr. JC continua deslumbrado com as oportunidades que a profissão lhe tem oferecido. Poucos anos atrás, era comum que ele precisasse pagar uma compra mais cara com dois cartões de crédito a fim de não extrapolar os limites impostos pelas operadoras. Quem diria, naquela época, que tão logo obtivesse seu diploma, o banco lhe daria um cartão com R$50 mil de limite?

Usando esse crédito, ele presenteou com um smartphone de R$9 mil a linda garota por quem deixou sua namorada da adolescência. Na casa noturna em que se conheceram, a moça chamava a atenção da maioria dos rapazes, mas foi pelo bem-vestido Dr. JC que ela se interessou. Até que a conquiste, porém, será preciso impressioná-la. Não basta pegá-la em casa com sua BMW de R$400 mil — pela qual ele terá pagado ao banco R$650 mil quando quitar o financiamento feito.

O Dr. JC pensa que finalmente também realizará o sonho de se associar ao clube que reúne a elite da cidade onde cresceu e seus pais ainda moram. Assim, quando puder visitá-los em um fim de semana de folga, terá essa opção de lazer e de convívio social. A taxa mensal de manutenção sai por R$1.500, valor que ele paga fazendo dois plantões — e ainda sobra dinheiro. O único obstáculo é o título do clube, que custa R$150 mil.

Se o Dr. JC se planejasse para adquiri-lo, poderia economizar parte do que ganha e investir essa diferença — em cerca de um ano, ele teria os recursos necessários. Mas o Dr. JC não quer reduzir seu padrão de vida nem adiar seus planos, então talvez peça um empréstimo para financiar seu sonho.

Já o Dr. CI está em uma situação difícil. Separou-se há meses da esposa e ainda não sabe de onde vai tirar o dinheiro para arcar com as despesas do apartamento para onde se mudou e da casa onde a família continua morando. Como ele ganha bem e sua ex-mulher parou de trabalhar quando nasceu o segundo filho do casal, o juiz estabeleceu uma pensão que, somada às parcelas dos imóveis e carros financiados, além das taxas de condomínio, IPTU, IPVA e seguro, vai consumir toda a renda do Dr. CI.

Quando ele achava que nada mais podia arruinar suas finanças, flagrou a secretária depositando na própria conta valores devidos por um dos convênios que ele atende. A moça tentou se explicar. Contou que teve uma emergência e afirmou que jamais cometera qualquer desvio antes. Desesperado como está por dinheiro, o médico desconfiou e chamou um contador para auditar suas contas de pessoa física e jurídica, já que a secretária administrava toda sua vida financeira. E então, perplexo, descobriu que muito dinheiro desapareceu ao longo dos anos.

Os doutores JC e CI sempre poderão escapar de tais equívocos, caso desenvolvam o autoconhecimento. A partir do momento em que for claro para eles quais são seus impulsos, o que há na maneira em que agem que sabota seus anseios, passarão a desenvolver crenças positivas — o assunto de nosso próximo capítulo — e, como consequência, trilharão caminhos mais diretos e suaves em direção à realização pessoal.

06

MUDANÇA DE PARADIGMAS E **CONSTRUÇÃO** DE **CRENÇAS POSITIVAS**

Cabelos brancos, costas curvadas pelos 70 anos de vida, viúvo e ex-executivo. Ben Whittaker é o novo estagiário de uma startup norte-americana do setor de moda. Um estagiário que não precisa trabalhar para se sustentar, mas que volta ao mercado porque se cansou da falta de propósito de sua rotina de aposentado. Vestindo terno e gravata, Ben circula no mesmo ambiente descolado por onde a jovem CEO da empresa, Jules Ostin, transita de bicicleta. Nem a falta de traquejo com o computador — instrumento inseparável de suas duas centenas de colegas de companhia — intimida o estagiário. O que ele quer é trabalhar, sem se preocupar com o que pensam dele ou de seu estilo de vida. Nessa fase da vida, sucesso, para Ben, é aprender, superar desafios e tornar-se parte de algo inovador.

Ben Whittaker, o personagem de Robert De Niro na comédia dramática *Um senhor estagiário* (2015), da produtora e diretora norte-americana Nancy Meyers, é um exemplo de que quebrar paradigmas e substituir velhos dogmas negativos por novas crenças positivas ajuda a construir a liberdade financeira e, ao mesmo tempo, a desfrutar dela.

Isso dá certo nas telas e pode também dar certo na vida real dos médicos, na qual há vários paradigmas que merecem e devem ser superados. A seguir, analisamos alguns deles:

O MÉDICO TEM DIREITO A QUERER SUCESSO E DINHEIRO

Essa frase pode ser vista como um grande pecado por quem considera a medicina um sacerdócio. Mas, em pleno século XXI, é realmente assim que você encara a sua profissão? Se for esse seu caso, recomendamos que leia este livro com atenção redobrada.

Não estamos afirmando que todo médico deve direcionar sua carreira para onde os holofotes apontam nem que ele deve perseguir a riqueza como se ela fosse seu único objetivo. Não. O que afirmamos aqui é que não há nada de errado em querer distinguir-se na profissão, ser muito bem remunerado pelo seu trabalho e por sua dedicação e obter retorno financeiro de parte desse dinheiro economizado e investido todos os meses.

Admitir essas ideias sem nenhum constrangimento, esquecendo o que os outros pensam, faz parte de uma estratégia libertadora para quem quer construir novas crenças em relação à própria vida financeira.

Essa atitude contribui para seu autoconhecimento, para que você entenda o que é sucesso e seja capaz de planejar como vai conquistá-lo. Para o médico que foca a excelência de seu atendimento, essa será sua métrica. Ele sempre vai querer entregar mais do que entregava e mais do que seus colegas entregam. O dinheiro virá como consequência da qualidade dos serviços que presta e da maneira como gerencia sua carreira. Já a forma como esse dinheiro poderá trabalhar para o médico, gerando renda passiva, depende do planejamento financeiro.

NÃO É PRECISO TER UM ESTILO DE VIDA CARO SÓ PORQUE OS OUTROS ASSIM ESPERAM

Esse é outro passo libertador que pede uma reflexão sobre o padrão de consumo que você quer para si. Uma das mais fortes tendências de comportamento que se dissemina no mundo atual é a do compartilhamento, baseada na ideia de que as pessoas não são obrigadas a ter as coisas para se beneficiar delas.

Logo, usar um carro independe de investir uma grande soma em um modelo top de linha; se você não quer ficar em um hotel, não precisa ter uma casa de veraneio para viajar para a praia ou para o campo nos finais de semana. O Airbnb existe é para essas ocasiões.

Por uma questão geracional, quem ainda está na faculdade ou se formou há pouco tempo é protagonista dessa tendência e aceita com mais naturalidade a economia do compartilhamento — baseada não na posse de bens, mas em seu uso. No entanto, pessoas de gerações anteriores, que cresceram sob a lógica do precisar ter para poder usufruir e que passaram a vida comprometidas com as prestações de vários financiamentos, se deparam com a necessidade de reconfigurar seu mindset para se adaptar a um mundo diferente. Talvez essa dificuldade seja ainda maior no caso dos médicos, pois a comprovação de seu sucesso profissional sempre esteve atrelada à sua lista de bens, não só por uma expectativa de seu círculo familiar e de seus pares, mas também por uma cobrança autoimposta.

Hoje, descortina-se para os médicos a possibilidade de se sacrificar menos e, ao mesmo tempo, aproveitar mais a vida. Quando essa mentalidade muda para essa direção, transforma-se também a relação com o dinheiro. Cada um de nós, liberados da necessidade de produzir freneticamente para poder comprar bens de alto valor, passamos a ter a chance de reduzir gastos, trabalhar focados em nosso bem-estar enquanto médicos, e não com a pressão de gerar cada vez mais dinheiro para pagar financiamentos caros de imóveis e carros. Assim, geramos renda suficiente para desfrutar de uma boa qualidade de vida, sem precisar se estressar em demasia.

ADMINISTRAR A CARREIRA E O PRÓPRIO DINHEIRO TAMBÉM É TRABALHAR

Por mais que se procure, raramente se encontram médicos que não se dediquem integralmente a seus atendimentos e entreguem a gestão de sua carreira e investimentos a outros. Visando à produtividade técnica, eles deixam de lado — ou dedicam muito pouca atenção e tempo — o cuidado da gestão de seu dinheiro, de seu negócio e da vida profissional. Dar atenção a essas áreas deveria fazer parte de suas obrigações de trabalho. Não entendem que desperdiçam seu tempo gerando ganhos que irão para outras pessoas, e não para eles mesmos.

Nosso conselho é: apodere-se de sua vida. Aquilo que você deixa para os outros fazerem integralmente por você nunca terá a sua cara nem trará o retorno que você espera. Isso é verdade em relação ao seu marketing pessoal e ao de sua clínica, à administração de seu consultório e à gestão de seu patrimônio. Entre outros motivos, é por ter esse comportamento descuidado com os seus negócios que o médico é levado a investir todo seu dinheiro em imóveis.

Estes, que costumam ser o investimento preferido dos médicos, exigem bastante trabalho para serem administrados e terem sua manutenção em dia para que estejam sempre alugados, a fim de não serem fontes exclusivas de despesas. Se você delega 100% dessa responsabilidade a uma imobiliária, é ela que lucrará sobre o capital que você investiu na aquisição de apartamentos, salas comerciais e casas. E você ainda corre o risco de ser surpreendido pelo aviso de que um ou outro dentre esses imóveis está indo a leilão porque esse ou aquele inquilino deixou de pagar o condomínio e o IPTU há não se sabe quantos anos.

Pergunte-se: vale a pena atender trinta pacientes por dia, recebendo tão pouco dos convênios e planos de saúde, e deixar que outros cuidem daquilo que você se esforçou tanto para ter?

A medicina moderna entende que não cabe ao médico tomar decisões em nome de seus pacientes. O profissional deve, ao contrário, provê-los de informações e orientá-los a fim de que eles mesmos façam escolhas a respeito da própria saúde. É irônico constatar que, quando se trata de sua vida financeira, o médico chuta esse princípio para escanteio e quer alguém que resolva tudo por ele.

NINGUÉM CUIDA MELHOR DO SEU DINHEIRO DO QUE VOCÊ

Por mais qualificado que seja um assessor de investimentos, ele não é você — e não conhece com profundidade seus planos. Logo, pode sugerir aplicações que não se alinhem plenamente com o que você pensa fazer em alguns meses ou anos. Esse assessor também quer lucrar, e quase nunca as duas partes se beneficiam igualmente de uma escolha. Ou seja, aquele investimento que se encaixa melhor em seus projetos pode não ser o que traz mais ganho para seu assessor. Conflitos podem surgir, portanto.

Na área de finanças, esse desencontro de interesses exige sua total atenção e, pela nossa experiência, ele é mais acentuado quando a assessoria de investimentos é feita por alguém de algum "bancão", e diminui no caso de uma corretora de valores.[1] Cai mais um pouco quando se trata de um assessor

---

1 A principal função de uma corretora é intermediar a compra e a venda de ativos financeiros, como ações, títulos públicos, títulos privados de crédito e cotas de fundos de investimento. Saiba mais em: https://londoncapital.com.br/o-que-sao-e-como-funcionam-as-corretoras-de-valores/.

independente ou de casas de research.[2] Isso acontece porque os dois últimos ganham dinheiro vendendo análises e recomendações de produtos financeiros. Se você realiza um investimento com base nessas análises e recomendações e tem sucesso, muito provavelmente continuará pagando pela assinatura de relatórios de análise e carteiras de produtos financeiros recomendados. Mas fique atento: mesmo essas casas, às vezes, podem ter sido adquiridas por um grande banco e não ser mais tão isentas assim.

O ideal é instruir-se sobre finanças a fim de tomar as rédeas de seus investimentos. Porque, mesmo que você não tenha tempo de administrar sozinho seu dinheiro, precisará conhecer minimamente o assunto para ter a capacidade de escolher um bom assessor, casa de research ou gestor de fundo de investimentos. No caso dos gestores de fundos, por exemplo, para começar, é necessário observar o histórico de rentabilidade do fundo, saber há quanto tempo ele existe e quem são seus sócios.

As finanças têm de fazer parte da vida do médico tanto quanto o conhecimento técnico em medicina. Aliás, ele deveria encarar suas escolhas financeiras do mesmo jeito que toma decisões terapêuticas: se qualificando, adquirindo um referencial teórico. Quando absorvemos a teoria, temos competência para ler relatórios sobre o mundo financeiro, entender os vieses por trás das análises e tomar decisões com segurança, baseados em nossa vivência e em nossos objetivos. Um conhecimento básico já assegura tanto a compreensão de alguns aspectos das finanças como a diminuição dos erros. E quanto mais você souber, menos dependerá dos assessores financeiros e os utilizará apenas como operadores de suas próprias decisões.

Se você ainda tem dúvidas quanto às limitações de uma assessoria de investimento, basta rememorar as situações em que tentou fazer uma ou outra aplicação financeira e o banco ou a corretora barrou sua ação informando que ela não condizia com seu perfil de investidor. Por mais que o perfil seja desenhado a partir de perguntas às quais você mesmo respondeu, ele nem sempre corresponde a como você se enxerga. Isso sem dizer que o perfil é impassível, inerte e não tem desejos nem sonhos — ao contrário de você. O perfil, ainda que atualizado duas vezes ao ano, nunca será capaz de interpretar e refletir seus planos. Ele não mostrará se você estudou um pouco mais sobre finanças e se sente seguro para fazer uma aplicação com maior nível de risco e potencial

2 Essas empresas de análise de investimentos produzem relatórios sobre o mercado financeiro, acessíveis a quem assina o serviço. As casas de research educam o investidor e até apresentam algumas sugestões de aplicação com base nas tendências percebidas. Saiba mais em: https://maisretorno.com/blog/termos/c/casas-de-research.

de retorno. Não sabe se você quer fazer uma viagem de férias em dezembro, dar entrada em uma casa ou presentear-se com um ano sabático.

Não é à toa que é tão arriscado confiar sua vida financeira a outras pessoas: elas podem tomar decisões que não fazem sentido para você. E se você se dedicasse a estudar investimentos de modo sério, durante um ou dois anos por meio de cursos e leitura de livros como este, dedicando o equivalente a 5% de seu tempo semanal de trabalho? Você certamente faria seu patrimônio crescer muito mais do que dedicando 100% de seu tempo somente a atendimentos.

O MÉDICO PODE SER EMPREENDEDOR E INVESTIDOR

Quem entra na faculdade de medicina logo começa a pensar em qual especialidade seguirá após se formar. Mas, muitas vezes, as experiências e o conteúdo proporcionados pela graduação são insuficientes para que o médico faça uma escolha consciente. É quando ele opta por uma residência ou por uma especialização pressionado pela ideia de que não há tempo a perder. Não pensa, ainda, que, se não gostar daquele ramo da medicina ou não encontrar um bom mercado de trabalho, desperdiçará o tempo e os valores investidos em sua formação caso parta para outra área.

Em vez de seguir o modelo instituído e padronizado — cursar a graduação, partir de imediato para uma residência ou especialização, cumprir plantões e abrir um consultório sem saber como se administra um negócio —, cada um de nós deveria compreender seu propósito dentro da medicina e, então, planejar sua carreira para conduzi-la com prazer rumo aos seus objetivos particulares.

Mas não: tudo o que o médico que quer viver de consultório deseja é se especializar e, com isso, receber o máximo possível por sua hora de trabalho. É a mesma mentalidade de quem é empregado em uma clínica ou em um hospital particular. Entende por que ter um consultório não torna um médico automaticamente um empreendedor?

Se você está se formando, pesquise muito as áreas que mais o atraem na medicina. Tente ter experiências dentro delas. Pense e pese suas opções. Então imagine-se daqui a cinco, dez, vinte anos e se faça algumas perguntas:

1. Você acredita que se sentirá profissional e financeiramente realizado trabalhando na especialidade que elegeu?
2. Você gostaria de atuar no funcionalismo público? Ser empregado de um hospital?
3. Ter um salário será o bastante para sua realização financeira?
4. Você gostaria de ter o próprio consultório?

5. Gostaria de, em algum momento, ter outras pessoas trabalhando para você e contribuindo para o aumento de sua renda?
6. Ou, a partir de uma determinada idade, preferiria viver da renda passiva proporcionada por investimentos financeiros?

Refletir sobre essas questões é vital para traçar qualquer plano para sua vida. Para quem conclui que quer construir um patrimônio que proporcione liberdade financeira no longo prazo, o caminho natural é empreender ou se tornar um investidor. Ou ambas as coisas. A primeira opção é mais complexa, oferece risco maior e requer habilidades e conhecimentos específicos sobre gestão de pessoas, marketing e finanças aplicadas a empresas. Já a segunda, tornar-se um investidor, na nossa opinião, requer um pouco menos de desenvolvimento de habilidades e aquisição de conhecimentos específicos, mas exige disciplina para colocar o dinheiro para trabalhar para você no longo prazo. A medicina pode, inclusive, ser uma forma de se capitalizar para, então, montar uma empresa — na área médica ou não. Tudo depende do seu propósito.

CONSTRUINDO CRENÇAS POSITIVAS

Rompidos alguns paradigmas e erguidos outros, podemos olhar de uma forma otimista para os aspectos relacionados à vida financeira dos médicos. Nós organizamos, aqui, quatro importantes crenças positivas — mas é provável que, com base em suas experiências e expectativas, você elenque outras ainda.

1. A LIBERDADE FINANCEIRA PERMITE SATISFAZER OUTRAS NECESSIDADES E DEDICAR-SE A OUTROS PROPÓSITOS

O médico que diz não à corrida dos ratos,[3] que planeja sua carreira a fim de sempre investir parte do que recebe, tem a tranquilidade de saber que seu dinheiro está trabalhando por ele e gerando renda passiva. Essa renda origina-se de investimentos financeiros, e não de horas e horas trabalhadas. Logo, futuramente, quando essa renda passiva crescer e cobrir boa parte de seu custo de vida, o médico não precisará passar tanto tempo no consultório ou nos

---

3 Segundo Robert Kiyosaki, autor do livro *Pai Rico, Pai Pobre* (Alta Books, 2017), assim como os ratos presos em gaiolas nos laboratórios correndo em rodas sem sair do lugar, as pessoas que vivem na corrida dos ratos trabalham muito para correr atrás de um dinheiro que será destinado ao pagamento de contas, gastos diversos, empréstimos, financiamentos e impostos. Elas ficam nesse círculo vicioso porque gastam tudo que ganham e não guardam e investem nada. Para mais informações, acesse: https://www.onze.com.br/blog/roda-dos-ratos/.

plantões, o que lhe dará mais tempo para focar sua saúde física e emocional. Também permitirá que ele contemple outros aspectos valiosos de sua vida, como as relações familiares, o estudo, a convivência com os amigos e a diversão. Ou seja, quando a pessoa se organiza financeiramente, ela abre a possibilidade de satisfazer necessidades que vão além da realização profissional.

Apesar de o Estado ser laico no Brasil, nossa cultura é católica, por isso, a maioria de nós cresceu ouvindo que o dinheiro é sujo e que ser rico é ruim. Descarte essa ideia e substitua-a por esta aqui: o dinheiro não é tudo, mas é capaz de gerar sucesso, tranquilidade e realização.

De modo geral, quem se sente feliz e completo tem muito mais chances de ajudar efetivamente outras pessoas do que quem sofre com dificuldades financeiras e não consegue oferecer boas condições de moradia, saúde e educação para os filhos. As exceções existem, claro, mas geralmente a regra é essa.

Quando está trabalhando, um médico que tem a cabeça livre de preocupações financeiras pode ocupar-se plenamente do paciente que entra em seu consultório e expõe suas queixas. Quando deixa de trabalhar por obrigação de pagar contas, ele pode destinar seu tempo e sua capacidade a iniciativas que tragam mais satisfação pessoal e façam a diferença na vida de mais e mais pessoas.

Essas iniciativas podem ser muito variadas, desde a caridade até o investimento em empresas alinhadas com nossos valores, passando pela dedicação à vida pública até a tentativa de solucionar alguns dos importantes problemas da humanidade. Todas são formas, na verdade, de devolver para a sociedade o que foi recebido dela — de cumprir nosso papel social e ajudar a gerar um ciclo de prosperidade.

Por que Jeff Bezos (da Amazon), Warren Buffett (do Berkshire Hathaway, conglomerado que atua principalmente nas áreas de seguros, energia e varejo) e Mark Zuckerberg (do Facebook) continuam à frente de suas empresas? Porque, mesmo não tendo necessidade de ganhar mais dinheiro, eles se nutrem de um propósito vital, de uma motivação que os impede de simplesmente parar e não fazer nada.

É um jeito de encarar a vida que guarda semelhança com a cultura japonesa. Mesmo que um homem japonês tenha 95 anos, ainda assim ele tem suas responsabilidades perante a comunidade. Pode ser o compromisso de endireitar o retrato de um antepassado pendurado na parede ou manter o canteiro ajardinado em frente à associação dos idosos que frequenta. É o *ikigai*, termo japonês que significa *razão de viver*. Todos nós precisamos do nosso *ikigai*, e encontrá-lo depende de conquistar nossa liberdade financeira e olhar para a vida com a mente clara, sem pressões e preocupações ocasionadas por problemas e dificuldades relacionadas ao dinheiro.

2. TEMPO + DISCIPLINA = LIBERDADE

Essa equação, com apenas duas variáveis, se refere à maravilha que é a renda passiva decorrente do efeito dos juros compostos sobre seu dinheiro investido. Quando o médico entende como funciona a construção de seu patrimônio a partir de investimentos financeiros, ele foca isso e, em troca, adquire sua liberdade.

O tripé que sustenta essa construção são os valores aplicados regularmente, a rentabilidade e o tempo de investimento (método TAR). Dentre esses três pilares, um pesa mais do que os demais em importância: o tempo. É dele que depende a mágica dos juros compostos. Porque, na verdade, não existe mágica nenhuma, somente matemática: sempre os juros do mês seguinte incidem sobre o acumulado, que é a soma dos valores investidos com os juros acumulados anteriormente, conforme explicado no Capítulo 1. Quanto mais meses ou anos, mais juros, o que nos leva a deduzir que nunca é tarde demais para começar a investir — mas sempre, quanto mais cedo, melhor.

Quem não tem essa informação e confia apenas nas orientações dos outros muitas vezes é convencido de que a rentabilidade é o pilar principal, e aí entra naquela loucura de ficar pulando de um produto financeiro para outro, buscando conseguir o maior percentual de juros possível para sua aplicação. Melhor mesmo é perseverar em suas aplicações e pensar no resultado que elas darão no futuro. Quando você começar a entender o mercado, também compreenderá que pode fazer investimentos um pouco mais arrojados que lhe tragam maior rentabilidade — desde que sejam de longo prazo, pois o tempo ameniza os riscos.

3. O BENCHMARKING AJUDA O MÉDICO A DECIDIR ONDE COLOCARÁ SEU DINHEIRO

Segundo o ditado, a gente aprende com os erros dos outros. Mas os acertos alheios também nos ensinam. Ambos servem para traçarmos comparações e entendermos em que estágio estamos e em que aspectos precisamos melhorar. Isso serve para a carreira de cada um e para as empresas. É por isso que empresas e profissionais devem fazer benchmarking,[4] ou seja, estudar as melhores práticas de seus concorrentes e usar o conhecimento resultante dessa análise para se aprimorar e tomar decisões fundamentadas em métricas objetivas.

---

4 Benchmarking é uma análise estratégica das melhores práticas usadas por empresas do mesmo setor que o seu. Benchmarking vem de *benchmark*, que significa *referência*, e é uma ferramenta de gestão que objetiva aprimorar processos, produtos e serviços, gerando mais lucro e produtividade. Para mais detalhes, acesse: https://rockcontent.com/br/blog/benchmarking/.

Quando um médico pensa em abrir um consultório, tem de lembrar que está abrindo um negócio e que precisa agir de forma diferente da esmagadora maioria dos negócios em nosso país, que são abertos sem um mínimo plano de negócios — por exemplo, o lean canvas —, para que tenha uma maior chance de sucesso. Lembre-se de que empreender é, antes de mais nada, planejar!

Uma de suas primeiras providências, então, deveria ser criar um plano de negócios.[5] Mas não precisa ser um plano de negócios tradicional completo, pois isso leva muito tempo para ser desenvolvido, e hoje execução rápida e *timing* são tudo. Então, esse plano deve conter pelo menos o mínimo necessário para que você conheça o território em que estará lutando e as mínimas condições necessárias para entrar nessa batalha com maior chance de sucesso. Entre outros dados, você precisa incluir um plano financeiro — que estima os custos iniciais de abertura da empresa, suas despesas e receitas —, o capital de giro,[6] o fluxo de caixa[7] e, claro, a lucratividade[8] e a rentabilidade[9] esperadas — tudo com base em informações concretas, e não em "achismos".

Fazendo um benchmarking com o mercado financeiro, se o médico fizer o plano de negócios e concluir que seu consultório não renderá nem o equivalente

---

5 O *plano de negócios* serve como um roteiro para os empreendedores — de todos os setores — buscarem informações sobre seus ramos de atuação, produtos e serviços, clientes, concorrentes e fornecedores. Também é o instrumento ideal para avaliar os pontos fortes e fracos do negócio. Tudo isso permite entender se a ideia é viável e diminuir erros na hora de concretizá-la. Para mais detalhes, acesse: https://www.sebrae.com.br/sites/PortalSebrae/artigos/passo-a-passo-para-elaborar-o-plano-de-negocios-de-sua-empresa,d7296a2bd9ded410VgnVCM1000003b74010aRCRD.

6 O *capital de giro* é o dinheiro necessário à manutenção mensal da empresa. Ele é o que sobra em caixa depois que são descontadas as despesas e contas a pagar. Para mais detalhes, acesse: https://www.sebrae.com.br/sites/PortalSebrae/artigos/o-que-e-e-como-funciona--o-capital-de-giro,a4c8e8da69133410VgnVCM1000003b74010aRCRD.

7 O *fluxo de caixa* é um processo de controle financeiro em que todas as entradas e saídas de dinheiro da empresa são registradas. O conceito envolve monitorar todos os detalhes dos lucros e dos gastos, a fim de que se possa prever alguma sobra ou escassez de recursos, e, então, tomar as decisões pertinentes. Para mais detalhes, acesse: https://weel.com.br/blog/o-que-e-fluxo-de-caixa/.

8 A *lucratividade* é um indicador de eficiência operacional obtido sob a forma de valor percentual que indica o ganho que a empresa gera sobre o trabalho que desenvolve. Expressa em percentual, ela é a relação entre o lucro líquido obtido (receitas deduzidas de todas as despesas) e o valor das vendas. Para mais detalhes, acesse: https://www.sebrae.com.br/sites/PortalSebrae/artigos/calculo-da-lucratividade-do-seu-negocio,21a1ebb38b5f2410VgnVCM100000b272010aRCRD.

9 A rentabilidade é um percentual que relaciona o lucro líquido e o investimento feito. Para mais detalhes, acesse: https://www.sebrae.com.br/sites/PortalSebrae/artigos/calculo-da--lucratividade-do-seu-negocio,21a1ebb38b5f2410VgnVCM100000b272010aRCRD.

ao Certificado de Depósito Interbancário (CDI)[10] ao longo do tempo, então certamente deve manter o dinheiro investido no banco. Para você ter uma ideia dos percentuais de que estamos falando, a taxa CDI no acumulado de 2022 ficou em 5,96%.[11]

Espelhar-se no CDI é só o parâmetro inicial para o médico que deseja empreender. Quando abre um negócio, além de investir recursos financeiros no projeto, ele investe seu tempo e trabalho, o que nos leva a afirmar que ele precisa superar pelo menos o que o CDI remunera. Como forma de benchmarking ainda, o ideal é que o médico se informe sobre quanto seus pares estão tendo de lucro em seus negócios.

Outro caminho é focar o Retorno sobre o Investimento (ROI),[12] indicador que permite identificar se a empresa está ganhando ou perdendo dinheiro e em que grau. Se um colega diz que o ROI de seu consultório está em 50%, você sabe que, naquele momento, para cada R$1 investido, ele está gerando R$1,50 de lucro.

A fórmula para o cálculo do ROI é:

ROI = (Receita – Custo / Custo) X 100

ou

ROIC = (LUCRO – VALOR DO INVESTIMENTO) / VALOR DO INVESTIMENTO X 100

Tomando por exemplo uma clínica médica com cinco consultórios, com cerca de dez médicos atendendo em meio período, que tem um custo mensal de R$30 mil (investimento) e gera R$180 mil de faturamento, teríamos que o ROI do investimento seria:

(180 mil – 30 mil / 30 mil) x 100 = 500%

Ou seja, a clínica teve um ganho mensal de cinco vezes o valor investido.

---

10 A taxa CDI lastreia os empréstimos de curtíssimo prazo entre bancos e regula o mercado de renda fixa. Para mais detalhes, acesse: https://blog.rico.com.vc/o-que-e-cdi.

11 https://blog.nubank.com.br/cdi-2019-acumulado-mes-a-mes/.

12 ROI, do inglês Return On Investment, é uma métrica financeira baseada na relação entre o dinheiro ganho e o dinheiro aplicado em um investimento. Para se calcular o ROI, usa-se a seguinte fórmula: ROI = (ganho obtido – valor do investimento) / valor do investimento. Para medi-lo em porcentagem, basta multiplicar o resultado da fórmula por 100. Para mais detalhes, acesse: https://bit.ly/35xpE8x.

O ROI também é uma métrica muito eficiente para avaliar investimentos. Supondo que você esteja em dúvida se deve comprar um equipamento que mede a função pulmonar. Esse aparelho custa R$300 mil, em média, valor que, aplicado em renda fixa a 2% ao ano, dá em torno de R$500 ao mês de lucro. Se você financiar a aquisição desse pletismógrafo pagando R$9 mil mensais e ele lhe trouxer um ganho de R$21 mil por mês — como relatado por um colega pneumologista —, isso significará um ROI de 133%. É um retorno de 133% ao mês contra 2% ao ano de uma aplicação em renda fixa quando esse livro estava sendo escrito. Ao fazer esse benchmarking, você investe na oferta de um novo serviço para seus pacientes sabendo que ele lhe proporcionará alta rentabilidade.

4. INVESTIR EM RENDA PASSIVA CONTRIBUI PARA O CRESCIMENTO DE EMPRESAS

Você pode até não ter planos de se tornar um empresário, mas, quando diversifica sua carteira de investimentos e aplica uma parte de seu dinheiro em ações de companhias privadas, está usando parte de suas economias para apoiar empreendimentos já bem-sucedidos e alavancar negócios menores e promissores, como no caso do *equity crowdfunding*.[13] Além do potencial de crescimento, você também pode ter como critério de escolha os valores e a missão dessas empresas. Em vez de se associar a uma startup que fornece um sistema de segurança patrimonial que dispensa a mão de obra humana, você pode, por exemplo, destinar seu dinheiro à expansão de quem conecta produtores de hortaliças orgânicas a restaurantes e supermercados que ofereçam comida saudável e sem conservantes aos seus clientes. Você escolhe empresas com as quais compartilha um propósito.

Ao fazer isso, você ajuda o país a se desenvolver, aumenta o nível de emprego, melhora a vida de mais gente e gera valor para a sociedade como um todo, e não apenas para si. Esse modo de investir pouco se assemelha ao daquele investidor que olha exclusivamente para os números: o retorno financeiro é importante, mas não basta para quem aposta em deixar algo positivo para o mundo.

---

13 *Equity crowdfunding*, ou crowdfunding de investimento, é uma modalidade de investimento que permite a pessoas físicas investir, via internet, em ações (*equity*) de empresas nascentes, conhecidas como startups. Trata-se de um investimento colaborativo de pessoas físicas. Para mais detalhes, acesse: http://equity.org.br/equity-crowdfunding/.

AS DORES E ASPIRAÇÕES DO DR. JC E DO DR. CI

Uma gripe forte derrubou o Dr. JC e seus planos. Em vez de continuar pesquisando opções de empréstimo para comprar um título do melhor clube de sua cidade, o jovem médico se viu prostrado na cama, sem condições de cumprir meia dúzia de plantões hospitalares já combinados. Mas nem o descanso forçado ajuda o médico a relaxar.

Há pouco, o síndico avisou que o estouro recente de um cano na cozinha gourmet do edifício resultou em uma despesa extra de quase R$1 mil por unidade. O zelador, ciente da doença do sempre generoso Dr. JC, fez o favor de passar por debaixo de sua porta três boletos que haviam chegado havia alguns dias — o do condomínio e os das prestações do apartamento e de sua BMW —, evitando que o morador precisasse descer para retirá-los na portaria. Apesar da gentileza do funcionário, o Dr. JC bem que preferiria mentir para si mesmo, fingindo que as contas simplesmente desaparecem quando ele está incapacitado de trabalhar.

Como os boletos que transpõem a fresta sob a porta, um pensamento invade a mente do médico. "Por essa eu não esperava: ficar doente e, de uma hora para a outra, não fazer meus plantões e deixar de receber um dinheiro com o qual eu contava para cobrir as parcelas que tenho para pagar. Talvez tenha chegado a hora de repensar minha vida financeira e planejar minha carreira e meus gastos. Preciso encontrar uma forma de ganhar dinheiro mesmo quando não estou trabalhando."

Enquanto o Dr. JC faz essa reflexão sozinho em seu quarto, o Dr. CI lamenta o dia em que, pela primeira vez, encarregou outra pessoa de cuidar de suas contas. Vencida essa barreira inicial, terceirizar tudo o que extrapolava o atendimento aos pacientes virou um hábito. E agora que o Dr. CI descobriu o rombo financeiro causado por sua secretária, resolveu mudar de atitude e chamar para si a responsabilidade sobre outras áreas importantes de sua vida.

O casamento acabou e o tempo que teoricamente era preenchido pela família pode ser usado para conhecer um pouco mais sobre administração e investimentos. De fato, o Dr. CI está precisando colocar suas finanças em ordem e saber como aplicar o pouco dinheiro que lhe sobra depois de quitadas a pensão dos filhos e as prestações de cada mês.

Um pensamento positivo faz seus olhos brilharem: "Faz tanto tempo que eu não estudo nada novo... Mas quem conseguiu se formar em medicina certamente vai se sair bem em finanças! É só desenferrujar o raciocínio.

Se eu começar logo, em alguns meses ou, no máximo, em um ano já serei capaz de fazer bons investimentos sem precisar da ajuda de quem não conhece os meus planos."

No próximo capítulo, conversaremos sobre como você pode administrar sua carreira de forma estratégica, produtiva e empreendedora para ter um dia a dia com mais qualidade e equilíbrio entre vida pessoal e trabalho.

07

ADMINISTRANDO SUA CARREIRA DE FORMA ESTRATÉGICA E EMPREENDEDORA

Este capítulo inicia pelo final, ou melhor, pela conclusão a que você chegará quando encerrá-lo: **você precisa saber administrar seu tempo para conseguir gerir bem sua carreira e seu consultório, para poder pensar e planejar suas finanças, para se dedicar a outras atividades (profissionais ou não) e para fazer networking. Esse é o roteiro mais rápido e certeiro para chegar aonde se quer.**

Vamos destrinchar tudo o que está contido nesse único parágrafo. E é pela relação entre tempo e produtividade que começamos. O tempo é o mesmo para todo mundo. O que muda é o que cada um faz com ele. Será que ser muito ocupado significa ser muito produtivo? Em um artigo publicado em julho de 2016,[1] o cientista Jeffrey LePine demonstrou que não. E chegou a essa

1 https://qz.com/726451/the-secret-to-productivity-isnt-working-faster-its-doing-things--in-the-right-order/ Pesquisa realizada em 26/11/2020.

conclusão com base em uma pesquisa que realizou para a NASA, a agência espacial norte-americana.

LePine percebeu que os astronautas, quando em sua rotina no espaço, estão constantemente envolvidos em diversas ocupações, porém costumam ser pouco produtivos. A razão, segundo o pesquisador, estaria na demora para se desligarem, mental e emocionalmente, de uma primeira atividade, para então se dedicarem à seguinte. A mente carregaria um engajamento residual, que se manifesta sob a forma de distração, animação, frustração e até de uma recusa inconsciente a trocar uma obrigação por outra. Reduzir o número de transições entre tarefas seria, portanto, a melhor estratégia para aumentar a produtividade.

O engajamento residual está longe de ser exclusivo dos astronautas. É muito comum ouvirmos alguém dizer que passou o dia inteiro ocupadíssimo, pipocando entre diferentes tarefas, mas que, no fim das contas, tem a sensação de que não fez nada. Só o que resta, quando a jornada acaba, é insatisfação. E os médicos engrossam a lista de vítimas desse mal.

Quem se sente assim deve se organizar. Precisa criar uma agenda de prioridades, com dia, horário, tempo e local para realizá-las — isso, por si só, já aumenta a chance de sucesso. Tem de cumprir as tarefas banais, liberando-se delas para se concentrar no que é significativo e traz realização. Ser produtivo não tem nada a ver com atender dezesseis horas por dia — se sacrificar. Ser produtivo é ser estratégico, é entender que tirar algumas horas para pensar sua carreira, seu negócio e suas finanças também é trabalhar. Um trabalho dos mais indispensáveis.

Quantas vezes você já teve consciência de suas prioridades, decidiu que daria esse ou aquele passo e, depois, precisou admitir que os planos ficaram pelo caminho simplesmente porque não abriu espaços em sua rotina? Enquanto continuar se iludindo com a ideia de que atender um paciente atrás do outro vale mais do que planejar e organizar suas finanças e carreira, você estará perdendo dinheiro. Quer provas do que estamos falando? Então responda: há quanto tempo você contratou seu plano de telefonia celular? Caso não o tenha atualizado nos últimos dois anos, certamente está pagando uma conta mensal muito mais alta do que deveria — talvez o dobro ou o triplo do que custa um plano novo. Se você usar o tempo de uma ou duas consultas para falar com a operadora e resolver essa questão, quanto deixará de gastar por ano? Vamos aos cálculos: com uma economia mensal de R$100 em seu plano, considerando que você aplique mensalmente esse dinheiro durante doze meses na renda fixa a uma taxa de juros mensal real de 1%, você terá, ao final de um ano, R$1.280,93. Se fizer isso durante dois anos, o valor acumulado chegará a

R$2.724,32. Veja o tanto de dinheiro que você está literalmente desperdiçando por não parar para fazer uma ligação que durará o tempo equivalente a uma ou duas consultas de convênio. Lembre-se de que você recebe em valor líquido em torno de R$60 reais por consulta!

AGENDA DE PAPEL É MELHOR DO QUE NENHUMA

Se você estiver empenhado em sair dessa sua duvidosa zona de conforto, nós o convidamos a pegar sua agenda e organizá-la de modo a ter tempo de pensar. Aos poucos, esse novo hábito permitirá que você obtenha um retorno muito mais significativo em todas as áreas de sua vida — dos aspectos pessoais e familiares às questões profissionais e financeiras.

Ah! Agenda mental não serve, pois você precisa visualizar todos seus compromissos. Pode escolher entre agenda no celular, no computador ou até no papel, desde que ela esteja sempre a tiracolo. Nada é tão eficiente quanto registrar uma tarefa na sequência da outra, todas com horário, para ter a noção exata do tempo de que dispõe para cada uma. Aquele tempo que é comum a todos e que não se estende só porque somos médicos.

Talvez você não tenha reparado em um trecho do parágrafo anterior, então o destacamos aqui: *uma tarefa na sequência da outra*. **Sobrepor compromissos é o contrário de se organizar.** Sejamos sinceros: entre os colegas que se atrasam, quase sempre a responsabilidade compete a eles mesmos. O médico programa um paciente para o consultório sabendo que naquele horário ainda estará em outro lugar — talvez em um posto de saúde, talvez na emergência de um hospital. Está ciente de que se atrasará trinta minutos, no entanto, mantém o agendamento e depois acelera as consultas. No fim do turno, recebe a todos e conclui que tudo deu certo. Mas deu certo para quem? Para a imagem dele é que não foi, pois certamente vários pacientes ficaram descontentes com os atrasos, uma parte deles não voltará mais ao consultório e, o pior de tudo, alguns avaliarão negativamente o trabalho do médico nas redes sociais.

Tão primordial quanto não sobrepor compromissos é estruturar sua agenda por blocos de atividades. Se você sabe que em determinado período do dia costuma estar mais alerta e com a cabeça tranquila, reserve esse espaço de tempo às tarefas que exigem pensar e se concentrar. Todas as demais ficam para outra ocasião. Não adianta misturar ocupações importantes com atividades mais operacionais que desviam o foco.

Comece devagar a organizar a rotina e a organizar seu tempo para planejar sua carreira e suas finanças. Se hoje você atende em todos os turnos, a semana inteira, abra duas horas de sua agenda para esse momento e entenda que ele é prioritário. Aos poucos, os sinais positivos aparecerão. E não demorará muito para que se convença de que precisa de mais um par de horas para se dedicar a coisas que façam mais sentido para você.

Outra sugestão para ajudar nesse processo e aumentar a produtividade é criar uma rotina matinal diária. Você acorda, mentaliza suas dores, aonde quer chegar e visualiza a si mesmo resolvendo essas questões. Então, se alimenta bem, faz alguma atividade física e, depois, tira um momento para descansar a mente e planejar seu dia.

O que você faz das 8 horas às 18 horas paga suas contas; o que faz após as 18 horas é o que o enriquece?

Como médicos, temos a ciência de que aquilo que as outras profissões enxergam na medicina como alta remuneração, nós enxergamos como alta carga horária de trabalho. Faz parte, no início de nossa carreira, buscando realizar nossos sonhos, abraçarmos tudo o que vem pela frente de plantões e empregos. No entanto, sem planejamento, ao longo dos anos, essa alta carga compromete nossos relacionamentos e nossa saúde, mostrando desde cedo a importância do papel da agenda (planejamento).

Quando falamos sobre organizar a agenda, não estamos nos referindo somente à agenda em horário comercial, mas também aos horários noturnos, plantões, finais de semana etc. A partir disso, pense em sua produtividade de acordo com seu perfil de agenda e carga horária de trabalho — que, para os médicos, sabemos que há uma grande diversidade e particularidades.

Em sua agenda, por exemplo, precisam constar os períodos de descanso pós plantões; caso esse espaço não exista, você corre o risco de perder a vida ou seus bens materiais, como automóvel, em acidentes de trânsito — que deveriam ser considerados acidentes de trabalho (trajeto). Além disso, se o plantão é na mesma cidade e você, depois dele, correr para atender no consultório ou em outro emprego, estará cansado, às vezes mal-humorado, com dificuldade de atenção, e o rendimento (produtividade) certamente não será o mesmo. E é nessas horas que você pode cometer erros de julgamento e de diagnóstico ou atender mal aos clientes e comprometer sua imagem.

Não queremos dizer, com isso, que você somente deva trabalhar em horário comercial; não entenda mal. Especialmente no início da carreira, teremos mais oportunidades de ganho fora de horários e dias comuns — poderemos fazer um pé-de-meia pegando todos os plantões que ninguém quer em um feriado de Natal, réveillon ou carnaval. No entanto, queremos estimular o pensamento estratégico desde o início. Pense no dia seguinte, coloque na balança os riscos, os custos do deslocamento, as horas não trabalhadas pós-plantão, a previsibilidade de outras oportunidades que tenham mais a ver com seus planos ou que o remunerem melhor para saber a hora de "largar o osso" e seguir avançando na carreira. É sobre isso que falaremos nos próximos tópicos.

Após as 18 horas, existem espaços na agenda que podem e devem ser preenchidos não só com mais trabalho, mas com a hora marcada de sua atividade física, do networking, do estudo, do aprendizado de outras habilidades — como finanças —, da leitura, da espiritualidade, do tempo de qualidade com a família etc. E por que não ter uma agenda fora da caixa, de acordo com sua produtividade, estudar, fazer atividade física, reuniões e networking pela manhã, atender no consultório além das 18 horas e ganhar aqueles clientes executivos ou que têm agenda comercial apertada?

Pode parecer que é muito chato ter tudo na agenda — mesmo os compromissos não profissionais, como o lazer e outros. Na verdade, a chance de que você realmente use aquele tempo para aquela atividade, seja ela profissional ou não, é muito maior se ela ocupar sua agenda. É um compromisso consigo mesmo e garante mais equilíbrio em sua rotina entre as diversas atividades, evitando cair no erro de ser o médico que só vive o *hard work* e se orgulha disso, e não o médico que vive de verdade e age no *smart work*.

COMO FAZER A ANÁLISE DO SEU MOMENTO ATUAL DA CARREIRA

É impossível tratar de análise sem antes falar sobre o diagnóstico de sua vida profissional. Quer você seja autônomo, empregado ou dono de clínica, deve ser minucioso no levantamento de informações relativas à sua prática profissional, buscando-as em sua agenda, prontuário eletrônico, software de gestão financeira e demonstrativos de pagamento ou outros documentos bancários.

Confira, na sequência, as perguntas que trarão evidências para seu diagnóstico.

1. PARA QUEM É EMPREGADO E/OU AUTÔNOMO (SEM CONSULTÓRIO PRÓPRIO)

a. Quais são minhas ocupações hoje?
b. Quantas horas eu dedico a cada uma delas?
c. Qual é o retorno financeiro que cada uma traz?
d. Esses valores são brutos ou já estão livres de impostos?
e. Qual é o nível de realização pessoal ou de incômodo que esses trabalhos geram em mim?

O médico que corresponde a esse perfil precisa olhar para a própria carreira com um olhar de gestor. **Precisa ter um diagnóstico financeiro, saber quanto entra e quanto sai e quais os custos envolvidos na operacionalização de seus trabalhos. Se não fizer isso, entrará na espiral da pobreza do trabalho médico sem perceber nenhuma chance de saída**.

Cada trabalho deve ser avaliado com cuidado, porque aquilo que parece excelente às vezes não é tão bom assim, e vice-versa. Viajar para dar plantão é uma das armadilhas. De modo geral, plantões rendem um bom dinheiro, cerca de R$100 por hora — em doze horas de atendimento, são R$1.200. Mas qual é o custo para realizar essa atividade caso o plantão seja em outra cidade? Será que você não acabará pagando para trabalhar?

Antes de cair na estrada, faça as contas e reflita sobre alguns pontos. É preciso calcular, por exemplo, o gasto com combustível, estacionamento e pedágios ou com passagens de ônibus, sem contar o desgaste do automóvel e dos pneus. Dependendo do tempo para ir e voltar, talvez seja preciso sair mais cedo de um trabalho ou chegar mais tarde a outro. Pior ainda, será que você conseguirá ser produtivo no dia seguinte depois de ter trabalhado durante toda a noite e ainda ter dirigido? Supondo que, ao retornar, você consiga dormir umas poucas horas de manhã e depois vá trabalhar, sua atenção certamente não será a mesma de quando está descansado. Você se exporá a um risco maior de atender mal e de cometer erros, o que pode prejudicar sua carreira para sempre. Esse custo é muito alto. Sempre existe também a possibilidade de um acidente na estrada, aumentada pela fadiga.

Obviamente, pode ser que nada disso aconteça, mas o risco existe. E quanto ele custa? Essa é uma das variáveis do cálculo de custo de oportunidade.

Outra pegadinha pode estar nos próprios valores recebidos. Ao comparar demonstrativos de pagamento, você pode concluir que não vale a pena manter determinado trabalho porque é o que o remunera menos. Mas qual sua dedicação a ele? Pense no número de horas e no quanto ele exige de você. Às vezes, é um plantão em que você atende menos gente e consegue usufruir de intervalos de descanso — e só por isso tem as condições físicas e mentais necessárias para cumprir outra jornada na sequência, em outro lugar. Talvez um lugar em que a remuneração é melhor seja justamente aquele que não valha a pena, pois gera estresse, desgastes e riscos maiores.

Quer mais um ponto de atenção? Ao observar valores, nunca compare um salário líquido, no caso de você ser funcionário CLT — que já teve o imposto de renda e o INSS retidos na fonte — com pagamentos brutos recebidos sem vínculo empregatício — cujos impostos você será obrigado a acertar depois, na Declaração Anual de Imposto de Renda de Pessoa Física ou por meio do imposto sobre nota fiscal emitida em nome de um Cadastro Nacional de Pessoa Jurídica que você abra.

Somente depois de fazer um diagnóstico completo sobre suas atividades e remunerações você poderá tomar decisões inteligentes em relação à sua carreira.

2. PARA QUEM É DONO DE CONSULTÓRIO OU CLÍNICA

a. Quantos pacientes são atendidos por mês?
b. São quantos os retornos mensais?
c. Quantos pacientes faltaram à consulta?
d. Quantos cancelaram a consulta?
e. Quantas pessoas ligaram e não marcaram um horário?
f. Qual é receita mensal no consultório ou na clínica?
g. Quais são e quanto somam os custos fixos do consultório ou da clínica?
h. Quais são os custos variáveis?
i. Qual o lucro líquido de seu negócio?
j. Quais são os convênios que melhor remuneram?
k. Cada convênio rende quantos atendimentos em média?
l. Quanto cada convênio paga mensalmente, somados os procedimentos, os exames e as consultas?
m. Quantas glosas você sofreu de cada convênio e quais os valores que isso representam no total?

Quem é dono de um consultório ou de uma clínica precisa entender que aquilo é um negócio, logo, números como esses aí devem estar sempre sob o foco de uma lupa. A análise dos dados serve para traçar estratégias que direcionarão o negócio rumo ao que foi planejado. O olhar, nesse momento, precisa ser o do administrador — a visão de médico fica reservada à sala de atendimento.

Como administrador, o médico precisa ponderar a respeito de vários aspectos que, à primeira vista, parecem pouco significativos — como aceitar ou não cartão de crédito. Há cinco, dez anos, era simplesmente impensável colocar uma maquininha de cartão sobre a mesa da recepção. Hoje, porém, você perde pacientes se não contar com essa opção de pagamento. Aí você dirá que a maioria das consultas é por convênio. Mas não são todas. E é comum que o paciente tenha a consulta coberta pelo plano, mas não os exames e procedimentos de que necessita e que você oferece.

Se você não aceita cartão, o paciente que não tem disponibilidade de recursos na hora fala que voltará depois e não volta, ou deixa de fazer os exames e procedimentos, ou faz no seu concorrente. No meu caso, Carlos Eurico, cerca de 20% dos exames realizados mensalmente em minha clínica não aconteceriam se eu não aceitasse cartão de crédito.

É uma questão de matemática. O que pesa mais: aumentar em pelo menos 20% a receita descontando a taxa das maquininhas de cartão ou deixar de realizar o exame?

Sobre esse assunto, existe outro fator a ser levado em conta: o percentual das operadoras sobre as transações. Enquanto algumas cobram taxas entre 4% e 5%, outras cobram 2,5%, uma diferença considerável no acumulado. Mais uma vez, quem não vai atrás de soluções mais econômicas — porque não para de atender — está perdendo dinheiro.

Talvez nada seja mais enganoso ou perigoso do que receber na hora, e em dinheiro. O dono do consultório ou da clínica encerra o expediente feliz da vida porque sai de lá com a carteira recheada. Só vê a receita e acredita que está tendo lucro. É uma visão irreal, que se torna ainda mais distorcida quando o colega também presta serviço como plantonista. Tudo vai para o mesmo bolso, e o médico não se dá conta de que o consultório pode estar rendendo menos que os plantões — tudo porque no primeiro ele vê a cor do dinheiro diariamente e, no outro, a cada trinta dias. Nem passa pela cabeça dele que, no consultório, impostos e despesas ainda abocanharão uma grande fatia da receita, enquanto nos plantões talvez eles já tenham sido tributados e não há custos, exceto pelo transporte para chegar lá e pela alimentação no período de trabalho. Quando fizer contas ou deixar os plantões, ele pode descobrir que o consultório é deficitário ou não rende nada, porque tudo o que entra sai em custos fixos e variáveis.

Organizar os diferentes recebimentos e listar as despesas é coisa que todo médico dono de consultório ou de clínica precisa fazer para conseguir analisar o andamento de sua carreira.

ADMINISTRE SUA CARREIRA COMO UM EMPREENDEDOR: QUANTO VOCÊ GANHA POR HORA?

Qualquer médico que deseja realizar-se na profissão e, ao mesmo tempo, ter liberdade financeira precisa gerir sua carreira como um empreendedor. Mesmo que tenha optado por ser empregado e nem pense em montar uma clínica ou qualquer outro tipo de empresa, veja a si mesmo como um negócio. Ao se enxergar dessa forma, sua estratégia pode se tornar mais parecida com a de um colega que é empresário.

Em ambos os casos, é fundamental saber quanto se ganha por hora. Aos poucos, esse valor se tornará uma métrica, e quando o médico for comprar alguma coisa, pensará em quantas horas precisou trabalhar para pagar por aquilo. "Será que vale mesmo a pena?" Essa é a pergunta a ser feita sempre.

Quem é **empregado, no serviço público ou em uma empresa privada**, consegue fazer esse cálculo facilmente. É só pegar o valor líquido recebido e dividir pelo número de horas dedicadas no mês. Vamos a um exemplo de um médico que tem dois empregos.

Emprego A
20 horas por semana
R$8,5 mil por mês
Quando multiplicadas pelo número de dias úteis no mês (21, em média), as 20 horas semanais se transformarão em cerca de 84 horas por mês.
Dividindo-se R$8,5 mil por 84, chega-se a R$101,2 por hora.

Emprego B
36 horas semanais
R$12 mil mensais
Como são cerca de 21 dias úteis por mês, as 36 horas semanais se transformarão em 151 horas por mês.
Dividindo-se R$12 mil por 151, temos R$79,5 por hora.

Para calcular a hora média, é só dividir o total recebido (R$20.500) pelo total de horas (235), o que dará como resultado R$87,23 por hora. Pronto, ele tem o valor de sua hora de trabalho limpinha, ou seja, livre de impostos.

Supondo que esse mesmo médico cumpra mais três **plantões** de 12 horas por mês — cada um por R$1.200, isso lhe dará mais R$3.600 mensais, valor pelo qual ele ainda deverá pagar uma alíquota de 15%[2] de Imposto de Renda na fonte. Como estamos fazendo um cálculo aproximado, vamos desconsiderar a parcela dedutível do IR. Assim, ele ficará com R$3.060 referentes a 36 horas de plantão, o que dá R$85 por hora. Acrescentando-se esse valor recebido e as horas trabalhadas ao cálculo sobre os empregos, chegamos a um total de R$23.560 por 271 horas, ou R$86,94 por hora, em valores líquidos.

Entre os médicos que são **autônomos** ou obtêm boa parte de suas entradas dessa forma, o grande risco é partir do valor bruto para calcular a hora. Alguém que recebe R$20 mil sem nota fiscal nem desconto em folha registra

---

2 https://blog.magnetis.com.br/tabela-do-imposto-de-renda/.

esse número em seu subconsciente e faz todo seu planejamento baseado nele. Não lembra que ainda terá de recolher o Imposto de Renda sobre esse montante, em uma alíquota que não é baixa: 27,5%,[3] menos a parcela dedutível, para pessoa física. De uma certa forma, ele está sempre no vermelho, devendo dinheiro — se não para outros, para si mesmo, porque não admitiu que não ganha R$20 mil, mas, sim, R$15.370.

Esse médico precisa olhar para os valores que recebe da mesma forma que o médico empregado: tem de saber o quanto recebe em cada lugar e por quanto tempo. Dessa maneira, ele descobre o valor da hora de cada lugar e de sua hora média final.

Quando partimos para falar do médico que é **dono de consultório** e atende por convênio, podemos aceitar que o valor médio líquido por consulta é de R$60. Considerando que cada uma dure vinte minutos, em média e que ele atenda trinta pacientes por dia, então serão dez horas de jornada para receber R$1.800. Se ele trabalhar 21 dias por mês, serão R$37.800.

Desse total, porém, ele precisa descontar o salário de um ou dois funcionários, os custos de manutenção da sala (aluguel, condomínio, limpeza, energia elétrica, telefone e internet), mensalidade do sistema de gestão etc. Precisa ficar claro que ele deve definir um pró-labore. Sobre o pró-labore incidem imposto de renda e 11% de INSS. E o próprio consultório, ao remunerar o sócio, precisa pagar mais 20% de INSS sobre o pró-labore. Excluídos todos os custos e despesas do consultório, o que sobrar é lucro, que pode ser distribuído ao sócio (ou aos sócios).

Supondo que o dono desse consultório dedique mais uma hora de seu dia à gestão do negócio, teremos 11 horas diárias de trabalho. Em um mês com 21 dias úteis, serão 231 horas de trabalho. Considerando que seu pró-labore líquido seja de R$18 mil, então ele receberá R$77,92 por hora. Mas é possível que ele ainda receba mais alguma coisa, caso o consultório gere lucro.

Como se nota, a métrica para o dono de consultório é um pouco diferente, mas muito útil para entender se o negócio próprio é rentável ou não. Isso porque, por esses exemplos, a hora desse médico pode valer menos que a de seus colegas que são empregados ou autônomos.

Se o médico empreende e trabalha para a clínica, e não apenas na clínica trocando tempo por dinheiro, ele cria um modelo de negócio que gera valor mesmo sem sua presença. Além dos valores por atendimento (R$77,92/hora), acrescenta-se o lucro sobre exames, produtos e procedimentos realizados por técnicos ou outros médicos.

---

3 Idem.

Por exemplo, um pneumologista como Carlos, que atende de 16 a 20 pacientes ao dia e solicita uma espirometria para 3 ou 4 deles, realiza cerca de 120 exames mensais sem aumentar suas horas de trabalho. Com o valor unitário de R$120 e despesas de R$47,65, o lucro por exame é de R$72,35. Com 120 exames mensais, o lucro total, após o Imposto de Renda, é de R$7.466,52. Dividindo esse lucro por 231 horas de trabalho, acrescentam-se R$32,32 por hora trabalhada, elevando o valor da hora para R$110,24 — superior ao de um empregado ou autônomo. E isso só com um tipo de exame, imagine somando outros procedimentos a esse valor.

COMO O MÉDICO EMPREGADO DEVE ADMINISTRAR A PRÓPRIA CARREIRA?

A experiência mostra que quase nunca um médico faz planos de trabalhar para outros eternamente. O salário, mesmo que no começo pareça muito bom, não o satisfaz o bastante e perde relevância diante da dor constante de trocar tempo por dinheiro. Mas nem sempre ter um emprego é ruim e ponto-final. Garantir um salário fixo — ou mais de um, de preferência — e usá-lo para se capitalizar nos primeiros anos de formado, antes de fazer a residência, é uma estratégia muito boa para quem planeja dar um salto na carreira e nas finanças. Entra o "estar" empregado e sai o "ser" empregado e a dor que isso acarreta.

Foi a escolha que eu, Paulo, fiz. No início da profissão, durante cinco ou seis anos, fui atrás de todas as oportunidades de trabalho com carteira assinada que pudesse conseguir. Não dispensava plantões. Queria acumular um bom patrimônio e vê-lo crescer sendo bem investido. Quando comecei a escrever este livro, dividia meu tempo entre três empregos, preparando-me para o mundo do empreendedorismo, para fazer algo que tivesse mais propósito para mim — esse sempre foi o meu projeto. Eu já enxergava minha carreira como um negócio, por isso não me sentia frustrado.

Dos três empregos que mantinha, um era para minha sobrevivência. O segundo era para bancar alguns luxos e minha plataforma de educação financeira para médicos, o Dr. Invest, presente no Instagram (@eudrinvest) e no YouTube (https://bit.ly/31lJ5K). Já todo o dinheiro recebido no último emprego era direcionado para investimentos em produtos financeiros de renda fixa e renda variável — um dinheiro que trabalha por mim, gerando renda passiva por meio de juros e proventos. Caso não houvesse esse terceiro trabalho, eu não teria conseguido pedir demissão dos demais a fim de embarcar em minha transição de carreira.

Então a ideia é, mesmo que trabalhando para os outros, ter uma estratégia de curto e longo prazo que contemple o investimento desde cedo de uma parte do(s) salário(s) recebido(s) e uma visão de onde se quer chegar no futuro. Também é importante se preparar para esse período, empreendendo desde cedo, seja na(s) empresa(s) onde trabalha (intraempreendedorismo) ou na própria carreira pós-empregos.

COMO O MÉDICO DONO DE CONSULTÓRIO OU DE CLÍNICA DEVE ADMINISTRAR O PRÓPRIO NEGÓCIO?

Aqui trazemos o básico — aquilo que todo médico precisa saber sobre administração de seu negócio a fim de planejar sua carreira. Quem quiser se aprofundar em diversos aspectos da gestão de seu negócio pode ler um livro que eu mesmo, Carlos Eurico, escrevi, Muito além dos plantões e convênios: um guia para empreender, inovar e prosperar na carreira médica, *também publicado pela editora Alta Books, em 2021.*

Sempre que penso no que é fundamental para um colega que tem ou deseja ter um consultório ou para aqueles que já avançaram mais casas nesse jogo e vão abrir sua própria clínica, invariavelmente chego à mesma conclusão: nada é mais importante que enxergar o consultório como um negócio e, consequentemente, ter o controle de todos os dados a respeito dele.

O médico não pode se limitar ao olhar técnico, a chegar ali todos os dias, atender e se interessar apenas pelo que se passa dentro de sua sala, ignorando todo o resto que acontece fora dela. Ele precisa estar a par dos dados do consultório, estar inteirado do número de atendimentos, de retornos, de procedimentos e exames realizados, e de como os clientes são atendidos por sua equipe — desde a chegada ao estacionamento e passagem pela recepção até sua saída do consultório.

Por isso, é imprescindível aderir ao prontuário eletrônico em nuvem. Fichas de papel ou software no computador não servem mais. Um dos atributos da contemporaneidade é a liberdade geográfica, e não se pode pensar nela quando as informações dos clientes estão trancadas no consultório. Além dos dados, a maior parte dos prontuários em nuvem ainda traz algumas ferramentas de gestão muito úteis.

Quem compreende que não é um profissional autônomo, mas alguém que possui um negócio, tem de dar um passo adiante e assumir o olhar de gestor — interessar-se pelas nuances de seu empreendimento. Não precisa assumir o comando de tudo, mas, até para poder delegar, deve entender minimamente bem o que está acontecendo. O negócio pede o olho do dono. Pede que ele verifique se tudo está fluindo como se espera e, quando não está, que esteja apto a identificar os gargalos e, se não souber como resolvê-los, que saiba reconhecer quem pode. Quando o dono do consultório não se mantém informado nem desenvolve suas habilidades como gestor, ele se torna incapaz de conceber um crescimento estratégico para seu negócio.

São cinco as frentes de gestão de um consultório ou clínica que se deve contemplar:

- $ **Gestão de pessoas**: sem uma boa equipe, nem o melhor médico do mundo consegue ter o consultório que deseja. É preciso avaliar não apenas a qualidade do atendimento prestado pelos funcionários, mas também sua postura, a maneira como se comunicam e como entendem o próprio papel na empresa — e, inclusive, o papel da empresa na vida dos clientes. Nesse quesito, a questão chave é contratar certo e manter treinamento constante e feedbacks diários.
- $ **Gestão de vendas**: sai muito mais barato fidelizar do que conquistar novos clientes, e isso deve estar muito claro para o médico que é gestor. É importante o médico entender que vender é proporcionar um produto ou serviço que trará bem-estar para a vida do cliente. Se ele não tiver o perfil vendedor, precisa ter no time pessoas treinadas para isso, que saibam como vender procedimentos, produtos e serviços de forma honesta e técnica. Aqui o aspecto chave é a mudança de mindset, entender que vender é parte do negócio e que está tudo certo em ser vendedor.
- $ **Gestão financeira**: é imprescindível. Os aspectos básicos já foram comentados anteriormente ao falarmos sobre a análise do momento de carreira. Olhar para o consultório e enxergá-lo como um negócio exige verificar constantemente os números.
- $ **Gestão de processos**: as rotinas da clínica, desde o primeiro contato com o cliente até a execução de um exame e a entrega dos resultados, não podem ser ignoradas pelo dono, pois a excelência em cada um desses processos contribui para a fidelização do cliente. Invista tempo em criar fluxos de trabalho e manuais de operação, que trarão clareza para sua equipe, organização e melhoria da experiência do cliente.

$ **Gestão de marketing**: este é o mais recente ramo da gestão incorporado à administração de consultórios e clínicas. Recente e vital. O médico precisa estar atento a como posicionar-se no mercado e saber construir uma comunicação que ressalte os diferenciais de seus serviços. Para isso, deve usar as redes sociais? De que modo? Produzirá e compartilhará conteúdos em vídeo, texto ou ambos? São só algumas das perguntas que pedem sua resposta.

Quando se fala sobre gestão, a cereja no bolo é a implantação de um sistema de Customer Relationship Management (CRM), que realiza o gerenciamento do relacionamento com os clientes. Essa tecnologia centraliza na nuvem nomes, telefone e e-mails da clientela e de possíveis novos clientes. Serve não só para monitorar seus clientes e potenciais clientes, mas para acompanhar processos de vendas, campanhas de marketing, feeds nas mídias sociais e enviar e-mails e mensagens instantâneas. É uma ferramenta excelente, mas que só pode ser plenamente explorada depois que todo o resto estiver funcionando bem, inclusive a gestão financeira.

NETWORKING É ESTILO DE VIDA

Vamos iniciar este tópico contando como nós, Paulo e Carlos Eurico, nos conhecemos. Aconteceu durante um evento do Fórum Médicos S/A em que um de nós deu uma palestra enquanto o outro estava na plateia. Conversamos rapidamente em um intervalo, mas foi o bastante para nascer uma certa admiração mútua. Tempos depois, nos reencontramos em uma expedição à Chapada Diamantina, na Bahia. Estávamos em um grupo de vinte médicos, em uma aventura que durou cinco dias. As trilhas incríveis, as trocas de experiências, as apresentações de trabalhos... tudo isso serviu para nos conhecermos de fato e nos conectarmos. Foi assim que acabamos tendo a ideia de escrever este livro juntos. E aqui está o resultado — ou um dos resultados, esperamos — dessa amizade que brotou porque nós dois sempre valorizamos conhecer pessoas e criar novos relacionamentos.

Para ser bem-sucedido, todo profissional depende de boas conexões. O médico que fica isolado em seu consultório tem muito menos chances de crescer. É por meio dos relacionamentos que a carteira de clientes engorda e oportunidades para novos negócios surgem. Também é por meio do networking que você consegue acesso a pessoas que lhe interessam conhecer e que sua reputação se consolida. Mas não é porque você é médico que deve pensar em fazer networking apenas com colegas de profissão. Pense que você também pode e deve fazê-lo com a turma com quem pedala no domingo, com seus parceiros de futebol, com o pessoal dos laboratórios farmacêuticos etc. Conversando com quem transita em outros setores, existe a chance de você detectar oportunidades muito diferentes, que às vezes podem até ser conjugadas com a sua especialidade. O *boom* de plataformas de serviços médicos não deixa dúvida a esse respeito.

O networking é, ainda, a forma mais rápida e eficiente de encontrar as pessoas certas para necessidades variadas, seja um especialista em ressonância magnética, um consultor de TI ou um empreiteiro. Você joga nas redes sociais e nos grupos de aplicativos de mensagens a sua demanda e, se sua teia de contatos for ampla e diversificada, em minutos recebe indicações confiáveis. Essa é, hoje, uma vantagem competitiva extremamente relevante.

Sem investir na construção de uma boa rede de relacionamentos, interagindo com pessoas de diferentes segmentos e origens, dificilmente sua carreira prosperará em tempos modernos.

NOVAS OPORTUNIDADES DE CARREIRA: A PROMESSA DE MENOS CUSTOS E MAIS RETORNO

A pandemia de covid-19 de 2020 consagrou uma alternativa que vinha brigando para quebrar tabus e se tornar viável: a telemedicina. Por causa do novo coronavírus, alguns colegas passaram a realizar consultas somente a distância e, em alguns meses, já estavam trabalhando mais do que quando mantinham um consultório físico e faziam plantões.

O atendimento por vídeo tem o potencial de revolucionar a medicina, pois resolve uma das principais dores dos médicos (principalmente os jovens): a liberdade geográfica. O profissional pode se sentar de frente para o mar em Waikiki, no Havaí, e cumprir uma agenda de consultas de pacientes que estão no Brasil. Ou pode reforçar seu orçamento nos finais de semana, quando o consultório está fechado, atendendo, por exemplo, durante um turno.

A telemedicina, porém, é só a ponta de um imenso iceberg formado pelas startups de serviços médicos, que começaram a se difundir no país na década passada. É um nicho de mercado tão promissor, que já existe uma tentativa de se articular um ecossistema completo de saúde que reúna todos os diferentes stakeholders. Essas startups, que fazem parte do universo das healthtechs, possibilitam atendimentos a distância e presenciais — no consultório e em domicílios. E devem ser vistas sob dois pontos de vista: o médico tanto pode usá-las como um intermediário que o conecta aos pacientes quanto pode investir nelas. No primeiro caso, ele se beneficia do acesso ao cliente. No segundo, fornece o acesso e é remunerado por isso. É o que acontece com os fundadores da Doctoralia e do Dr. Kids, por exemplo.

O que todas as plataformas têm em comum é a inclusão do perfil do profissional, com suas especialidades, em sites que são acessados por pessoas em busca de atendimento médico. O restante da mecânica difere. Algumas cobram uma assinatura mensal fixa do médico para mantê-lo em sua página na internet. O paciente o escolhe por ali e paga diretamente ao profissional o valor que este estabelece pela consulta. Em outras, o médico é o prestador de serviços que atende o cliente em nome da plataforma — e é esta que o remunera.

Há, ainda, healthtechs que promovem a uberização da medicina: chamar um médico torna-se tão simples quanto chamar um carro para levar você a algum lugar. O paciente entra no aplicativo e pede uma consulta presencial imediata com um especialista de determinada área. O médico vê onde o cliente está e, se estiver livre e nas proximidades, se disponibiliza para o atendimento domiciliar. Ele pode trabalhar no horário que quiser e não precisa manter um consultório e contratar funcionários. As despesas que ele tem são as de deslocamento e um percentual cobrado pela plataforma. Ele só precisa se disponibilizar a atender.

Para quem ambiciona empreender na medicina e ser disruptivo, eis aí um caminho. E outros estão surgindo com enorme velocidade.

AS DORES E ASPIRAÇÕES DO DR. JC E DO DR. CI

A forte gripe que deixou o Dr. JC de cama terminou após uma longa semana. Mas deixou sequelas em sua conta bancária. Impossibilitado de cumprir plantões com os quais já contava, ele se deu conta de que vinha trabalhando no limite do tempo que tinha — e gastando tudo o que entrava. "Eu ganho bem, mas se ficar doente de novo ou acontecer alguma outra coisa que me impeça de pegar mais plantões, já era, entro no vermelho. Aliás, não sei nem como arranjarei tempo para compensar a semana inteira que fiquei em casa."

A palavra "planejamento" faiscou em sua mente. "É isso, preciso começar a planejar o meu futuro se realmente quiser realizar todos os sonhos que tenho. Preciso encontrar uma forma melhor de gerir a minha carreira e o meu dinheiro."

Duas décadas separam o Dr. CI do Dr. JC, mas o dilema é bem parecido: para colocar ordem em sua vida, o Dr. CI decidiu estudar alguma coisa de finanças e gestão. "Se eu entendesse minimamente de administração e investimentos, minha secretária não teria conseguido desfalcar o consultório e tudo estaria um pouco melhor."

Ele iniciou um curso online de gestão e passou a olhar para o próprio consultório como um negócio. Mas não é fácil. Os amigos com os quais convive um pouco mais são todos médicos e acham que ele não precisa entender de números para ter um consultório. "Para isso, você contrata um contador, outra secretária, um software de gestão financeira", dizem. Mas a experiência já fez o Dr. CI desconfiar das soluções fáceis.

É nos colegas do curso online que ele tem encontrado apoio. Ele nunca havia imaginado que a partir da conversa com programadores, donos de restaurantes e lojistas pudesse tirar ideias para sua carreira e gestão de seu negócio, mas isso está acontecendo. De repente, o Dr. CI descobriu que há alternativas fora das paredes de seu consultório.

O problema é que, se ficar apenas nas aulas, pouco ou nada mudará. Então ele começou a pensar em fechar um turno de atendimento, uma vez por semana, a fim de usar esse tempo para organizar o funcionamento do consultório — ou seja, para gerir seu negócio. Mas como fica o receio de renunciar a quinze consultas? Ele pensa: "Pode ser que o dinheiro me faça falta, caso esses pacientes procurem outro médico. E quem garante que, lá na frente, as medidas que eu implantar me trarão retorno?"

Enquanto isso, o Dr. TAR...

No próximo capítulo, o ajudaremos a colocar sua vida financeira em ordem, de modo que você entenda bem quais são seus ganhos (entradas) e gastos (saídas). Ter o controle de sua vida financeira é um pré-requisito importante para você planejar sua independência e liberdade financeira.

08

CONTROLAR O PRÓPRIO DINHEIRO É FUNDAMENTAL PARA O SUCESSO, MAS NEM TODOS FAZEM ISSO

Que tal fazer um teste para avaliar se você cuida bem de sua vida financeira? É um questionário simples, apenas duas perguntas. Responda com sinceridade:

1. **Você sabe o quanto ganha de dinheiro por mês?**
2. **Você sabe o quanto gasta por mês?**

Não temos uma estatística a respeito de qual é o percentual dos "não" e dos "sim" que essas questões recebem, mas quando essas perguntas são propostas aos médicos, estimamos que mais da metade deles não sabe dizer quanto têm de entrada e de despesas no mês. Parece incrível, não? Mas responda: você sabe exatamente o quanto ganha ou gasta por mês? Pois é...

Diferente da maioria dos profissionais liberais, médicos costumam ter contra si algumas peculiaridades financeiras que contribuem para que a administração de seu dinheiro tenha a tendência de fugir do controle. Eles fazem plantões em vários hospitais e prontos-socorros e, por isso, recebem pagamento de fontes diferentes em datas diversas. Muitos são contratados por algumas instituições no regime da CLT, mas também prestam serviços como autônomos. Ter um pé em cada uma dessas diferentes modalidades implica em caminhar em regimes tributários diferenciados, o que torna mais complexo o cálculo dos impostos devidos e descontados e a diferenciação entre o que é rendimento bruto e líquido vindo de cada pagador.

Além desses obstáculos práticos, há também uma variável subjetiva que influencia o comportamento dos médicos. Ela se manifesta porque eles costumam ser mais bem remunerados do que a maioria dos outros profissionais autônomos e liberais. Essa percepção de "abundância" costuma induzi-los a gastar além de suas possibilidades, como se não houvesse um amanhã. Ou melhor, como se o amanhã sempre fosse trazer mais e mais dinheiro.

"Se entrei no negativo da minha conta-corrente, não há motivo para me preocupar", muitos costumam pensar. "No mês que vem vai entrar mais dinheiro e, além disso, tenho meu cheque especial e um limite no cartão de crédito que me deixam tranquilo. Tudo ficará acertado." Não precisamos explicar quais são as consequências[1] de tal comportamento — desse autoengano —, não é mesmo?

Durante algum tempo, esse perigoso ciclo parece capaz de ser prolongado indefinidamente, mas logo ficará evidente sua fragilidade. Chegará o momento em que os bancos não só negarão limites adicionais de créditos e financiamentos diversos, como cobrarão o que lhes é devido. É nesse momento que a Lei de Murphy[2] costuma se manifestar na forma de uma emergência ou imprevisto — com o próprio médico ou com alguém de sua família próxima, ou de uma boa oportunidade que exigirá a disponibilidade de um recurso extra. Mas por mais que o médico se considere bem remunerado, ele não poderá dispor desse recurso tão necessário, já que não se preparou com qualquer reserva e empregou todo seu dinheiro em gastos que ele nem mesmo é capaz de se recordar.

Não há, obviamente, como organizar a vida financeira sem saber exatamente o quanto temos de entrada de recursos e quanto — e com o quê — nós os gastamos. Ter essa informação é o ingrediente fundamental que nos tornará capazes de desenvolver disciplina e gerenciar melhor nosso dinheiro, adquirindo a sabedoria sobre em que vale a pena empregar nosso tão suado

---

1 No ano de 2021, as taxas de juros anuais do cheque especial e do rotativo do cartão de crédito superaram, respectivamente, 120% e 300% ao ano.

2 Misto de lenda urbana e evidências históricas, a Lei de Murphy propõe que, se alguma situação tem o potencial de gerar um resultado ruim, essa adversidade sempre acontecerá. Para mais detalhes, acesse: http://gshow.globo.com/programas/webseries/Extras/noticia/2014/02/a-origem-saiba-quem-foi-murphy-e-conheca-a-historia-da-descoberta-da-lei.html.

dinheiro e, finalmente, permitir que guardemos e invistamos uma parte de nossas entradas para conquistar nossa liberdade financeira.

SÍNDROME DO DESCONHECIMENTO

Eu, Paulo, também passei por essa síndrome do desconhecimento sobre as entradas e saídas de meus ganhos, o que me trouxe muitos problemas. Um dia, no entanto, decidi que deveria virar o jogo e entender como o dinheiro se movimentava em minha vida. Tentei organizar minhas contas. Mas eram muitos extratos, muitos comprovantes. Naquela época, quando estava começando minha residência, não havia aplicativos que facilitassem essa organização, e as contas nos bancos não apresentavam os programas de controle que estão disponíveis atualmente.

A solução que encontrei foi estudar meu Imposto de Renda do ano anterior para tentar desvendar o que estava acontecendo na minha vida financeira. Como fiz isso no mês de março, os lançamentos do ano anterior eram uma mostra razoavelmente atualizada de como era constituída minha receita. Ao analisar minha declaração, eu poderia verificar todas as entradas e saídas — ou seja, meus ativos e passivos e meu patrimônio.

A primeira surpresa foi descobrir que eu havia recebido mais dinheiro do que imaginava — uma notícia boa. Mas também os meus gastos foram muito superiores ao que eu poderia considerar razoável — algo que é ruim. Quando subtraí os passivos de meus ativos para verificar qual era meu patrimônio líquido, descobri que ele era negativo. Eu estava negativo, algo em torno de R$200 mil em dívidas. Foi um choque, mas também um despertar. Ter essa má notícia me motivou, me deu força para que eu sentasse e organizasse meu fluxo de caixa.

Deu algum trabalho. Empilhei todos os contracheques dos lugares em que era contratado. Diferenciei o valor bruto do valor líquido que eu recebia. Eu também prestava serviços como autônomo, principalmente plantões, que eram pagos pelas prefeituras dos municípios para os quais eu trabalhava. Para levantar o quanto esses trabalhos haviam gerado, verifiquei todas as entradas em meu extrato bancário.

Surgiu uma segunda surpresa quando levei todos esses números para meu contador. Descobrimos que eu estava pagando o INSS devido em duplicidade, e, ainda por cima, pelo teto. Essa confusão não é rara, pois, ao contrário dos comprovantes salariais quando se tem um contrato pela CLT, o pagamento feito pelos municípios não traz a descrição dos descontos. Apenas no final do ano eles emitem um documento — chamado Cédula C — que mostra o quanto foi deduzido de seu pagamento. Isso comprovou, mais uma vez, a importância de se fazer essa análise de maneira minuciosa, pois quase sempre estamos incorrendo em despesas que surgem por conta de nosso descontrole e que poderiam ser evitadas.

A partir daquele momento em que decidi fazer um controle preciso de meus gastos e recebimentos, até os dias de hoje, utilizei várias estratégias para registrar esses números. À medida que ia ganhando mais maturidade na forma como estava cuidando de minhas finanças, passei a utilizar recursos mais assertivos.

Desenvolvi, eu próprio, uma planilha simples no Excel que indicava de uma maneira mais direta onde gastava meu dinheiro. Como concentro todas minhas despesas no cartão de crédito — para usufruir dos benefícios dos pontos e milhas —, importei para minha planilha alguns dos cálculos que o banco no qual tenho meu cartão oferece para seus correntistas.

Essa tentativa de organização financeira mostrou que meus principais gastos eram com transporte, moradia e alimentação. Dentro de cada um desses grupos, criei pacotes mais específicos, como, por exemplo, o de moradia, no qual incluí gastos com energia elétrica, água, IPTU. Dessa forma, o controle tornou-se mais simples e capaz de entregar informações de maneira mais clara do que se eu usasse uma planilha com uma configuração e apresentação mais complexa.

Aliás, personalizar nossas planilhas de controle de recebimentos e gastos é fundamental para que consigamos ter sucesso, pois cada um de nós tem seu próprio perfil de prioridades e diferentes compromissos financeiros. Foi o que fiz. Passei a desenvolver estruturas mais fáceis e práticas para registrar meus gastos e ganhos e as coloquei em meu celular. Percebi, pouco tempo depois, que o acesso às informações não estava rápido o suficiente e joguei os dados no bloco de notas — aquele editor de textos disponível na maioria dos smartphones.

MUDANÇA DE HÁBITOS

Assim, durante um bom tempo, eu registrava meu fluxo de caixa no bloco de notas. Comecei a entender o que entrava de dinheiro e para onde ele saía. Esse controle financeiro me fez começar a mudar alguns hábitos. Um deles foi o de pagar todas a contas do mês em um único dia, mesmo que elas vencessem cada uma em uma data diferente. Isso me proporcionou uma maior pontualidade e me permitiu fugir das multas e juros cobrados pelas contas atrasadas. Entendi que não fazia sentido protelar esses pagamentos ao longo do mês, pois isso não mudaria em nada meu patrimônio. Mesmo levando em conta os rendimentos das contas remuneradas, isso produzia mais estresse do que resultados significativos.

Mais tarde, eu conheceria aplicativos que facilitariam o acompanhamento desse fluxo de caixa. Passei a usar o Mobilis[3], embora existam outros que também podem ser de grande valia para ajudar a ter uma vida financeira mais equilibrada.

Outra descoberta inesperada que emergiu do exame de minhas contas foi em que eu gastava dinheiro. Uma grande parte que consumia meu orçamento era a alimentação. E isso era muito mais resultado de uma postura psicológica do que um apetite anormal ou gulodice. Como sempre trabalho muito, assim que chegava em casa, já ia direto para o iFood pedir algo gostoso para compensar minhas longas jornadas.

Essa visão de que "eu sofro com minhas exageradas horas de trabalho e, portanto, tenho direito a uma recompensa" é algo comum entre os médicos. Eles de fato têm um dia a dia puxado, não há como negar, mas esse sentimento de "vou gastar porque eu mereço" é responsável também por um grande descontrole financeiro e gastos desproporcionais à sua real utilidade.

O "eu mereço" acontecia comigo. Quase 30% de meus gastos eram no iFood, com refeições caras e nem sempre saudáveis. Decidi mudar isso contratando uma secretária em casa, para me ajudar com a alimentação, e passei a comprar alimentos no atacado. Com isso, reduzi de maneira significativa os gastos com o iFood, além de começar a consumir comida de melhor qualidade. Essa atitude serviu como um empurrão para repensar outros gastos.

O transporte foi outro item que sofreu mudanças. À época, eu dirigia uma dispendiosa BMW 320i, Sport GP, top de linha. Por que comprei um carro como esse? Explicarei mais à frente, neste livro, como se deu a decisão de comprá-lo. Os gastos mensais que esse carro me obrigava a ter eram semelhantes aos de ter um filho adolescente. Vendi o carro e comprei outro, gerador de despesas bem menores.

Outras despesas também foram repensadas e readequadas. Esse movimento trouxe uma reflexão que me fez pensar sobre se eu estava

---

3 Para mais informações, acesse: https://www.mobills.com.br/.

perdendo o foco do que era importante para mim. Eu considerava que o mais relevante seria aplicar boa parte de meus ganhos para que pudesse, no futuro, alcançar minha liberdade financeira. Ansiava por chegar a um estado em que eu não precisaria mais trocar meu tempo por dinheiro e poderia usufruir dos reais benefícios que os recursos que eu recebia poderiam me proporcionar. Mas, fui obrigado a admitir, não estava agindo no presente de uma maneira que atenderia ao que eu desejava para mim no longo prazo.

DESEJO DE VINGANÇA

Não é correto generalizar, mas o que se observa é que médicos jovens e solteiros, quando começam a ganhar dinheiro, têm a tendência a gastá-lo de modo exagerado em automóveis de luxo, tratamentos estéticos, cirurgias plásticas, viagens caras para o exterior, restaurantes caros e festas nas melhores casas noturnas. Em cada jantar em um restaurante da moda, lá se vão 500, 700 reais. Se, ainda por cima, eles estiverem com um parceiro(a) novo(a), aí a gastança sai ainda mais do controle com presentes e viagens. Como não sabem ao certo de quanto é sua renda mensal, esses gastos são muitas vezes bancados pelo cheque especial ou pelo limite do cartão de crédito.

Esse impulso da gastança é um desdobramento daquele sentimento do "eu mereço" que muitos médicos, mesmo quando já estão na idade madura, alimentam e, dessa maneira, comprometem o controle de suas finanças. O médico recém-formado, quando entra no mercado, quer se vingar de todos aqueles seis, sete ou oito anos em que, durante sua formação, recebia no máximo uma bolsa de estudos — que quase não lhes garantia a sobrevivência. Com o dinheiro na mão, ele quer viajar, comprar do bom e do melhor e, assim, se endivida. Caso não reassuma o controle de sua vida financeira, estenderá esse comportamento até que a idade, tristemente, não lhe permita mais trabalhar.

Mais importante, no entanto, do que desenvolver o melhor método de controle — seja ele anotações no bloco de notas ou um moderno aplicativo — é você firmar um compromisso consigo mesmo, desenvolver a responsabilidade pessoal de que controlará sua vida financeira. O argumento contrário a isso que mais se escuta entre os médicos é o de que eles não têm tempo. Não há dúvida de que nossa vida é corrida e exaustiva, mas é preciso que consigamos, de alguma maneira, o tempo necessário para parar e cuidar de nosso dinheiro, que, lembramos, é ganho com tanto esforço e sacrifício — mesmo que signifique renunciar a algum plantão ou reduzir uma manhã ou tarde de atendimento de consultas. Isso é importante para se ter uma vida profissional organizada. Já que a jornada é dura, não faz qualquer sentido ganhar muito dinheiro e desperdiçá-lo por descontrole. Só de tirar um momento uma vez por semana, uma vez a cada quinze dias ou mesmo uma vez por mês para olhar suas finanças, você será capaz de tomar decisões muito melhores e que lhe renderão muitas vezes mais o que ganha em um plantão ou manhã/tarde atendendo consultas de convênio.

Além da falta de tempo, também se ouve o argumento de que os médicos têm coisas mais importantes do que se preocupar em escolher o melhor dia para pagar as contas ou saber quanto estão gastando com o iFood. Não é uma afirmação que se sustenta. No mundo em que vivemos, todos os bens e serviços que podemos ter à nossa disposição são trocados por dinheiro, pelo suor do nosso rosto. Portanto, pouquíssimas coisas são mais importantes do que controlar seu próprio dinheiro.

Como seus projetos, seus sonhos, poderão ser realizados se você não tiver os recursos financeiros necessários para torná-los realidade? Como você poderá ajudaras pessoas que ama em momentos de necessidade sem ter recursos disponíveis? Todos nós entendemos a importância disso, mas a resistência dos médicos em se envolver com sua própria vida financeira muitas vezes está enraizada na falsa crença de que, por serem bem remunerados, nunca enfrentarão dificuldades financeiras. Além disso, muitos acreditam que não têm a capacidade de gerenciar essa tarefa. Ou será que isso se deve à falta de motivação ou à inadequada priorização financeira?

TENDÊNCIA A TERCEIRIZAR

Infelizmente, a tendência de muitos médicos é querer terceirizar completamente a administração de sua vida financeira. Em um país com uma legislação tributária complexa como a nossa, raríssimos profissionais autônomos conseguem escapar de ter um contador para gerenciar suas finanças. Mas ter um contador não significa entregar para outra pessoa a gestão completa de sua vida financeira. Por mais que outras pessoas tenham boa vontade em ajudá-lo, só você conhece exatamente suas prioridades e seus desejos. Não dá para delegar isso aos outros.

O tema "terceirização" requer, no entanto, uma reflexão mais profunda. Com o passar do tempo, médicos empreendedores costumam ver seu negócio crescer vigorosamente, além de desenvolverem outras empresas e iniciativas paralelas à área da medicina. Esse momento, por consequência, costuma tornar mais complexa a gestão financeira desses empreendimentos.

Eu, Carlos Eurico, estou exatamente nessa etapa em que não sou mais capaz de controlar pessoalmente todos os meus empreendimentos e atender às exigências da gestão deles.

Contratei, além de um excelente gerente administrativo, uma assessoria jurídico-contábil que acompanha tudo o que acontece em minha clínica, como aluguéis de salas, exames, gerenciamento de funcionários e procedimentos, além de minhas outras atividades relacionadas, como palestras, sociedades com outras empresas, mentorias e marketing nas plataformas digitais. É uma assessoria bem proativa, que vai além de cuidar de minha contabilidade e do Imposto de Renda. Essa é, inclusive, uma dica que trago para você: tenha uma assessoria que lhe traga ideias de como diminuir — sempre de maneira legal — sua carga tributária e que seja capaz de sugerir estruturas e processos empresariais mais ágeis e rentáveis. Ou seja, pessoas que vão além das tarefas rotineiras de um contador.

Você precisa ter alguém proativo que esteja olhando para seus números o tempo inteiro e o instruindo sobre quais os melhores caminhos a seguir. Boas ou más decisões em relação às questões tributárias podem fazer com que você economize ou perca muito dinheiro. Isso aconteceu comigo. Quando troquei para a atual assessoria contábil, descobri que, nos anos anteriores, havia perdido em torno de R$50 mil por ano em virtude do regime tributário desfavorável em que estava inserido.

Esse fato deixou claro para mim que contar com pessoas bem qualificadas — ou um escritório — para auxiliar em minha gestão financeira não é um gasto, mas sim um investimento. Hoje eu tenho, por força da extensão que meus negócios atingiram, quatro diferentes CNPJs. É impossível controlar isso sozinho, por mais organizado que eu possa ser. Infelizmente, são muitos os colegas médicos que não concordam com esse ponto de vista e continuam vendo a contratação de especialistas financeiros como uma despesa a ser evitada.

Não os recrimino, é uma decisão difícil a ser tomada, pois, de fato, essa assessoria terá um custo, mas é uma das dores inevitáveis do crescimento. Chegará o momento em que, se seu empreendimento houver progredido de maneira significativa, você precisará de pessoas para apoiá-lo em sua gestão. Precisará de um administrador para sua clínica, uma pessoa para a fazer a gestão financeira do negócio e assessoria jurídica, tributária e financeira. Você não poderá fazer tudo sozinho e, se insistir em resolver tudo com as próprias mãos, correrá o risco de que a empresa pare de crescer e enfrente problemas.

No início, eu ainda não havia despertado para a possibilidade de contratar terceiros para ajudar na gestão de minhas finanças. Fazia tudo sozinho e também utilizava uma planilha do Excel adaptada, como fez o Paulo. Era uma tabela minuciosa, com todos meus gastos e entradas atualizados. Mas não conseguia alimentá-la todo o tempo. Durante uns três meses, eu conseguia atualizá-la de maneira constante. Dessa maneira, via claramente onde estavam os gargalos, e aquilo em que eu poderia melhorar. Mas a planilha não era simples de ser usada, então eu não conseguia estabelecer uma rotina de anotar os dados no longo prazo e acabei desanimando, como fazem muitos colegas.

Quando passei a usar aplicativos, tudo ficou mais fácil. Criei subcategorias — como a movimentação das obras da clínica, as despesas da clínica, os gastos de casa — e agora consigo ter o controle do dinheiro na ponta dos dedos. Assim como o Paulo fez, reúno todas as contas no início do mês e programo o pagamento delas, o que facilita enormemente meu dia a dia.

A recente evolução dos aplicativos financeiros e dos aplicativos dos próprios bancos — que se propõem a controlar a vida financeira — tem ajudado de maneira significativa as pessoas. Mesmo quando elas são médicos recém-formados que não têm experiência em lidar com o próprio dinheiro. As planilhas eletrônicas convencionais são menos amigáveis e, por isso, vistas como pouco práticas. Mas os atuais aplicativos são muito mais intuitivos, facilmente acessáveis nos smartphones. Isso permite que os gastos do dia a dia, como encher o tanque do carro, por exemplo, sejam colocados neles assim que são feitos. Antigamente, costumávamos guardar os recibos em uma caixa de sapatos com o compromisso de lançá-los mais tarde na planilha, mas nunca fazíamos isso. A caixa ficava lá, lotada de papéis antigos, até o dia em que desistíamos daquela ideia e jogávamos tudo fora.

INTELIGÊNCIA INTRANSFERÍVEL

Mas vamos voltar à reflexão sobre os prós e contras de terceirizar o controle de sua vida financeira. Já falamos das vantagens de ter essa assessoria externa, principalmente quando chegamos a uma época da vida em que nossos negócios se tornam maiores e diversificados. Mas há aí uma nuance. O que é aconselhável terceirizar é a parte operacional das finanças, como cuidar para que os boletos sejam pagos na data certa, conferir se os pagamentos devidos foram efetivados e automatizar a realização de aplicações financeiras mensais após você ter avaliado e escolhido os produtos adequados ao seu perfil e objetivos futuros de consumo.

O outro lado, o da inteligência, não pode ser transferido para terceiros. As decisões estratégicas — como investir em outro negócio, adquirir equipamentos para procedimentos e exames ou tornar-se sócio em algum empreendimento — são uma exclusividade do próprio empreendedor. Terceirizar atividades mecânicas e repetitivas é uma decisão correta, na medida em que dispensa o médico dessas tarefas de baixo impacto financeiro e o libera para praticar a medicina.

Mas também se vê acontecer o contrário: vários colegas serem descuidados com suas decisões estratégicas e as delegarem a pessoas que não têm necessariamente o compromisso com resultados de longo prazo que os favoreçam. Em outras palavras, esses médicos terceirizam todos os aspectos da gestão de seu dinheiro. Essa postura traz, inclusive, o risco de esses assessores sugerirem aos médicos que apliquem seus recursos em negócios que são de interesse exclusivo desses próprios terceirizados, o que, no final, poderá trazer prejuízos ou ganhos menores para os médicos.

Há, no entanto, uma situação em que sugerimos que você compartilhe suas decisões e seus sonhos com outras pessoas. Isso será necessário quando você tiver cônjuge e filhos. Não há como uma família progredir e ver seus projetos tornarem-se reais sem que todos seus integrantes compartilhem projetos comuns e se mostrem dispostos a se esforçar conjuntamente para atingi-los. Isso é ainda mais verdadeiro quando se sabe que entre os médicos há cada vez menos daquelas famílias tradicionais, nas quais o único provedor é o homem e à mulher cabe a função de cuidar da casa e dos filhos. Hoje, os dois cônjuges têm compromissos similares diante da trajetória financeira da família.

É necessário, portanto, que atuem juntos, pois estão todos em um único barco e devem remar de maneira coordenada e saber para onde querem ir. Para isso, é preciso que haja na família um diálogo aberto no qual os objetivos de todos estejam alinhados e contemplados. Uma sugestão é a de que os recursos sejam organizados e direcionados para garantir os diferentes projetos dos membros da família. Dessa maneira, haverá uma conta para as despesas da casa, uma outra para os recursos que serão reinvestidos na carreira e negócios do casal, outra para bancar lazer e viagens de férias, uma reserva para os filhos fazerem um intercâmbio no exterior, e assim por diante. Em um ambiente como esse, todos sentirão que seus desejos e sonhos são respeitados e valorizados.

O DR. CI ESQUECE DE COBRAR UMA CIRURGIA

Por falar na relação entre controle das finanças e desejos e sonhos, como o Dr. CI está lidando com as entradas e saídas de seu dinheiro? Bem, houve algum progresso quando ele decidiu finalmente entregar a gerência do dia a dia de suas contas e de seus recebimentos para um escritório especializado. Durante alguns meses, ele coçou a cabeça e se perguntou se valia a pena pagar aquela mensalidade para que gestores profissionais cuidassem de suas entradas e saídas de dinheiro — algo que ele vinha fazendo pessoalmente havia quase duas décadas.

O Dr. CI só se convenceu de que o controle estava escapando de suas mãos depois de descobrir que nunca havia cobrado por uma cirurgia que havia feito um ano antes e, além disso, a última parcela do pagamento de um dos equipamentos de seu consultório foi a protesto. Um susto! Ele jurava que havia quitado todas as prestações, mas procurou em vão pelo recibo do pagamento feito. Aliás, não encontrou nenhum dos comprovantes das seis prestações devidas pelo equipamento. Se a empresa que o vendeu alegasse que ele não havia pagado nada, o Dr. CI não teria como refutar.

Tudo bem, ele não tem mais problemas com atrasos ou esquecimentos de cobrar por consultas, procedimentos e cirurgias, mas não fez o dever de casa completo, deixando de lado as decisões quanto ao futuro de seu negócio. Ele acata todas as sugestões dos profissionais que contratou, sem questioná-las. Essa acomodação faz com que quem decida os rumos de seu empreendimento sejam pessoas que têm seus próprios interesses — que talvez nem coincidam com aqueles do Dr. CI.

O DR. JC QUER UM CARRO INGLÊS

Mais jovem, com mais energia para trabalhar, o Dr. JC tem claro para onde quer ir. Pretende ter sua própria clínica daqui a cinco anos, localizada em um bairro de alto poder aquisitivo na cidade em que mora. Também está em seu radar uma estadia no exterior, para mergulhar no universo das tecnologias e inovações médicas, já que está interessado em criar uma startup ou tornar-se sócio de alguma que já exista. Para isso, precisa ter uma reserva, já que ficará algum tempo sem trabalhar.

São sonhos de médio e longo prazo, mas quando o Dr. JC está acordado para o mundo real, gasta seu dinheiro em bens materiais, principalmente com carros. Ele tem um ponto fraco por automóveis. Decidiu que era hora de realizar um sonho de adolescente, ter um carro muito exclusivo, que chamasse a atenção. Um carro inglês. Um Land Rover estava ainda bem acima de suas possibilidades, mas ele achou que dava para pagar um Mini Cooper financiado, e certamente deixaria os amigos de boca aberta. E foi isso que fez.

As prestações do carro não eram tão mini assim, e o controle do orçamento mensal do Dr. JC sentiu o baque. Ele até que tentava tomar as rédeas de seu dinheiro com planilhas e recibos, mas as contas não fechavam. Seu sonho era ter um carro que chamasse a atenção. Onde exibi-lo? No estacionamento do hospital é que não seria. Portanto, ao pagamento mensal do carro, foram acrescidas suas despesas com idas a restaurantes, festas e casas noturnas. Nesses lugares, sim, seu carro seria devidamente admirado e invejado. Mas nem tudo o que reluz traz só alegrias. O cheque especial, o cartão de crédito e até mesmo um empréstimo pessoal foram necessários para fazer frente àquela dispendiosa futilidade.

O DR. TAR E A VIAGEM AO TAITI

Aflições com a falta de planejamento e com o pagamento de juros não assombram o mundo do Dr. TAR. Certo de que planejar seus movimentos financeiros é a melhor maneira de atravessar as incertezas que desafiam todas as trajetórias profissionais, ele mantém com rigor o controle sobre seus gastos e suas entradas. Desde que recebeu seu primeiro salário, desenhou em uma planilha duas colunas — de um lado, suas entradas em dinheiro, e do outro, suas despesas.

A simplicidade desse controle durou o tempo necessário para que o Dr. TAR se familiarizasse com o ritmo da movimentação de suas próprias finanças. A partir daí, passou a acrescentar novas abas à sua planilha — em algumas constavam reservas para eventuais emergências, e outras seriam usadas para formar um fundo que lhe permitisse aparelhar seu consultório e, no longo prazo, viabilizar sua clínica. Também estava em seu mapa investimentos que seriam revertidos para ações de empreendedorismo, mesmo que ainda não estivesse inteiramente claro para ele que iniciativas poderiam ser essas.

O rigor com seus gastos não transformava o Dr. TAR em alguém avesso a qualquer forma de consumo. Ao se sentar à mesa e desenhar seu mapa de sonhos e objetivos, ele acrescentava itens como a compra de um carro confortável, uma viagem ao Taiti com a namorada — ele sempre teve o hábito de pesquisar bem preços antes de comprar e havia encontrado alguns pacotes bem em conta — e adquirir um imóvel confortável. Mas tudo isso a ser feito de uma maneira sensata e programada. O Dr. TAR sabe que nossa lista de desejos deve ter objetivos de curto, médio e longo prazos, assuntos que serão tratados no próximo capítulo.

09

COMO **MELHORAR** MUITO SUA **VIDA FINANCEIRA**

Com o que você já acumulou de conhecimento até aqui, chegou o momento de iniciar a guinada em sua vida financeira. Duas grandes frentes de ação se abrem: por um lado, você traçará seus objetivos financeiros de curto, médio e longo prazo; por outro, reduzirá seus gastos e os juros decorrentes de empréstimos e financiamentos. O passo a passo para essas importantes etapas são apresentados a seguir.

DEFININDO SEUS OBJETIVOS FINANCEIROS

Atualmente, tudo acontece de modo muito mais rápido do que há duas ou três décadas, o que resulta em uma necessária revisão do que se entende por curto, médio e longo prazo. Se até pouco tempo atrás intervalos de cinco anos marcavam esses cortes, hoje muitos já concordam que o curto prazo foi reduzido para um a três anos, o médio para quatro a dez, e o longo, a partir de dez anos.

Logo, quando estiver refletindo sobre seus objetivos financeiros, considere esses períodos, e não se esqueça de que fazem parte de qualquer meta os gastos com moradia, transporte e alimentação — despesas que integram o perfil de consumo essencial de todo indivíduo. Se esses gastos interferem nos planos de investimento financeiro, viagens, trocas de carro e a aquisição de um apartamento interferem muito mais. Alguém que esteja programando casar-se em três anos, por exemplo, não deveria aplicar o valor para esse fim em ações, porque esse não é o melhor investimento para o curto prazo.

Se você treinar seu mindset de investidor, pode enxergar de modo mais estratégico as escolhas que faz — tanto ao ir a restaurantes, supermercados e lojas de roupas como ao adquirir uma casa ou um veículo. Esse jeito de pensar começa por aprender a distinguir o consumo que agrega valor à sua vida daquele que é impulsivo, o consumo que gera experiências e contempla sonhos daquele que traz satisfação apenas momentânea.

Uma boa dica para lidar com esses dilemas é escrever seus objetivos. Ao visualizá-los, fica mais fácil compreender a necessidade de poupar, investir e não comprar mais um eletrônico dispensável ou mais uma dúzia de camisas — porque você percebe que os gastos com esses pequenos prazeres podem retardar a realização daquilo que trará felicidade e satisfação muito maiores.

Quando faz o exercício de colocar no papel seus objetivos, você passa a se planejar, e quem se planeja pesquisa opções, compara preços. E, então, se programa para executar a meta: calcula quanto tempo tem para juntar o dinheiro, quanto precisa economizar e aplicar por mês e qual será o efeito dos juros sobre esse valor investido — ou seja, já começa a entender como funcionam os juros compostos. Esse passo a passo vale para todo tipo de objetivo financeiro, seja a participação em um congresso internacional de medicina, uma festa de casamento, a compra do primeiro apartamento... E vale igualmente para metas de menor monta: você planeja e realiza, planeja e realiza, e isso vai se tornando rotina.

A RODA DA VIDA APLICADA À VIDA FINANCEIRA

Criada nos anos 1960, a Roda da Vida[1] nasceu como forma de uma pessoa visualizar as várias áreas de sua vida e tentar identificar quais estão indo no rumo desejado e quais precisam de mais atenção. Não à toa, a ferramenta

---

1 A *Wheel of Life*, ou Roda da Vida, é um disco geralmente dividido em oito ou doze áreas e serve para identificar prioridades e pontos de atenção. Ajuda a definir um plano de ação que busque o equilíbrio entre os aspectos importantes da vida de quem utiliza a ferramenta.

creditada ao palestrante norte-americano Paul J. Meyer, fundador do Success Motivation Institute,[2] até hoje está entre as mais indicadas por coaches a quem busca se desenvolver pessoal e profissionalmente.

Outros autores também criaram seus próprios esquemas na forma de uma Roda da Vida. Neles, são abordadas mais ou menos as mesmas dimensões da vida humana, tanto aquelas voltadas para a vida profissional quanto outras, que tratam de relacionamentos, qualidade de vida e equilíbrio emocional. O círculo é dividido em fatias, e cada uma delas corresponde a itens como realização e propósito, recursos financeiros, contribuição social, trabalho e carreira, espiritualidade, saúde, criatividade, hobbies e diversão, intelecto. Os exercícios com a Roda da Vida propõem, em geral, uma reflexão sobre o domínio que a pessoa tem sobre cada um desses aspectos da vida, para que ela possa identificar o que pretende mudar e, a partir disso, determinar as ações que empreenderá.

Nossa sugestão é a de que você utilize a Roda para traçar seus objetivos financeiros de acordo com os vários setores de sua vida. Assim, em relação à sua formação profissional, qual sua meta de curto prazo? E de médio e a longo? O que você deseja em termos de desenvolvimento de seus conhecimentos sobre finanças? Como quer morar nos próximos três anos? E depois disso? Quais são os planos para sua carreira?

O médico que desde o início de sua vida profissional projeta ter a própria clínica, delineará, por exemplo, metas para alcançar esse objetivo.

Foi o que eu mesmo, Carlos, fiz. Minha prioridade nos primeiros anos de minha carreira foi ter uma vida mais simples para constituir uma reserva financeira que desse o mínimo de tranquilidade para minha família. Depois de alguns anos, foquei em ter minha própria clínica e comprar minha casa.

Para abrir meu primeiro consultório, eu não queria pagar aluguel, então me planejei para comprar duas salas em um mesmo prédio: em uma, trabalharia, e a outra, alugaria para colegas. Fiz todos os cálculos para saber em quanto tempo teria o retorno financeiro sobre aquele investimento. Também calculei quanto precisaria economizar mensalmente para quitar as parcelas diretamente com a construtora, sem financiamento. E assim fiz, antes me certificando da confiabilidade da

2 Para conhecer o trabalho do Success Motivation Institute, consulte: http://www.lmi-world.com/smi/.

empresa e negociando tudo quando o empreendimento ainda estava na planta. Quando você se planeja para adquirir um imóvel, pode agir de modo estratégico e colher os resultados de seu planejamento.

Hoje, meu objetivo de longo prazo é conquistar minha liberdade financeira. Para alcançar essa meta, tenho investido já há algum tempo em imóveis e, mais recentemente, em diferentes produtos financeiros que me geram renda passiva via proventos — como ações e cotas de fundos de investimento imobiliário. E confesso, é algo viciante — e uma satisfação acompanhar o aumento progressivo dos dividendos recebidos mensalmente rumo ao meu objetivo maior.

Com o passar dos anos, venho ampliando minha clínica e construindo novas salas, que tenho alugado para colegas. Quando começamos a escrever este livro, a taxa de juros Selic estava baixa, e eu obtinha um retorno interessante com a locação desses espaços, e embora agora, quando revisamos o texto para enviá-lo à editora, os juros estejam altos, ainda assim os valores recebidos mensalmente como aluguel seguem sendo interessantes. Apesar de o custo de oportunidade em investimentos financeiros mais seguros ser mais atrativo, com juros mais altos, os aluguéis ainda funcionam para mim como forma de diversificação e de gerar mais entradas para aportar novos valores em investimentos todos os meses. Mas isso só acontece porque fechei contratos de aluguel que me pagam pelo menos 0,7% do valor do imóvel todos os meses. Se for menos do que isso ou se eu perder inquilinos ou, ainda, se alguns deles se tornarem inadimplentes, posso ficar em desvantagem de um dia para o outro. Por isso tenho aplicado os rendimentos de aluguéis não mais somente em novos imóveis, mas em ações e cotas de FIIs, para poder receber proventos e não ficar dependente apenas dos aluguéis que recebo das salas.

Para poder ampliar a clínica e construir essas salas, uma de minhas estratégias foi me desfazer de alguns imóveis comprados no passado. Alugo as salas já mobiliadas e equipadas por turnos, como um coworking, multiplicando por cinco ou seis o aluguel que eu receberia em uma locação convencional. Não sei se essa tática funciona em todos os lugares, porém está dando certo em uma cidade como Santa Cruz do Sul — que tem 133 mil habitantes e é a 15ª mais populosa do Rio Grande do Sul.

O CRITÉRIO DO CUSTO DE OPORTUNIDADE

Se para Carlos o retorno financeiro sempre foi o principal parâmetro ao tomar decisões envolvendo dinheiro, para mim, Paulo, a clareza a esse respeito veio com uma pergunta que passei a me fazer frequentemente, quando estou diante de algo que fico tentado a comprar: "Quantas horas preciso trabalhar para pagar isso aqui?" É óbvio que esse questionamento só faz sentido porque me dediquei a saber quanto ganho por hora.

Depois de um tempo aprendendo sobre investimentos, aprimorei meu critério de consumo refletindo também sobre o custo de oportunidade. E me fiz outra pergunta, seguida da resposta: "Se não comprar tal coisa, o que farei com esse dinheiro? Investirei nesse ou naquele tipo de aplicação e farei esse recurso trabalhar para mim, gerando juros e proventos. Assim me aproximarei de meu objetivo principal, que é a minha liberdade financeira."

Tudo muda quando você passa a raciocinar desse jeito! Você começa a entender o real significado que as coisas têm para você — desde a compra da casa própria até o supermercado. O ponto de alerta, aqui, vai para não se deixar levar para o extremo de não querer gastar com nada, de não aproveitar a vida só para ficar juntando dinheiro. Se você não se permitir realizar alguns sonhos, chegará um momento em que jogará todas as coisas para o alto e passará a gastar tudo o que ganha e, possivelmente, até mais. Planejar seus objetivos e colocá-los no papel é importante até para lembrar que você tem um plano de voo, que sabe como e quando atingirá seus principais sonhos de consumo e suas metas financeiras. Nunca abra mão daqueles objetivos ligados à sua realização e ao seu prazer de viver.

É especialmente importante que os médicos mais jovens entendam que existe o caminho do meio. Isso significa que vocês não precisam gastar tudo que ganham em festas, viagens, roupas e carros, ou seja, não devem esbanjar o dinheiro que entra, nem precisam adiar todos os sonhos e poupar praticamente tudo o que recebem. Vocês estão trabalhando e ganhando bem? Então que também usufruam — com parcimônia — dos benefícios econômicos que sua profissão oferece. O ponto aqui é: guarde e invista entre 10% e 30% do que você ganha e adeque seu padrão para viver com os 90% a 70% restantes.

O que não se pode fazer é deixar para pensar em constituir uma reserva quando se chega aos 40 ou 50 anos, como faz a maioria dos colegas. Quanto mais jovem um médico desenhar seus objetivos financeiros, mais fácil será, já que tem o tempo a seu favor, e provavelmente ainda não terá família com a qual se preocupar. Mais tarde, casado e com filhos, o cálculo das despesas e do quanto se pode economizar torna-se mais complexo — além de ser preciso chegar a um acordo com os familiares sobre as prioridades.

ESCOLHA SER PRAGMÁTICO

Qualidade de vida e relacionamento pessoal são aspectos muito subjetivos, sobre os quais é difícil tentar estabelecer regras ou fazer recomendações. No âmbito profissional, no entanto, podemos e devemos ser pragmáticos. Há pelo menos dois momentos que são determinantes na vida de todo médico: a especialização e a abertura do próprio consultório.

Apesar de toda a paixão envolvida nessas escolhas, é obrigatório analisar o custo de oportunidade de cada uma delas. No caso da especialização, não só a escolha da especialidade precisa ser considerada, mas o momento ideal de iniciá-la também deve ser levado em conta. É aquilo sobre o que falamos no início deste livro, a possibilidade de focar o trabalho nos primeiros anos de carreira e deixar para fazer a residência médica quatro, cinco ou seis anos depois.

Estamos partindo do princípio de que o jovem médico pode se planejar para ter uma vida menos estressante enquanto estiver fazendo a residência ou outro tipo de especialização. E, claro, poderá aproveitar essa fase para aprender e se qualificar bem, pois, como terá uma reserva financeira para se sustentar, não precisará se sacrificar dando vários plantões. Você não precisa trabalhar loucamente, ter um burnout ou entrar em depressão. Pode ser mais estratégico em relação à sua carreira, calculando antes quanto terá de juntar — e investir! — a fim de poder se sustentar com tranquilidade durante sua segunda etapa de formação médica. Pode computar quanto consegue economizar mensalmente e quantos anos levará trabalhando até acumular o total necessário para se sustentar durante sua residência.

É estranho ser pragmático e pensar dessa forma? Parece que não, pois existe uma lógica amparando o raciocínio. A mesma lógica pode ser aplicada à intenção de deixar de ser um assalariado ou autônomo que se sacrifica em incontáveis plantões, sem estabilidade alguma, para se tornar o dono do próprio negócio: talvez um consultório, no início, mas, depois, uma clínica ou um laboratório — ou quem sabe até um hospital.

QUESTÃO DE EXPERIMENTAR E APRENDER

Antes de começar a investir, suas finanças devem estar em ordem, isto é, não pode haver dívidas — e seus consequentes juros abusivos — que superam os rendimentos de qualquer tipo de aplicação financeira. Mas isso explicaremos logo mais.

Por ora, precisamos falar sobre reserva de emergência e sobre algo que faz parte dela, a reserva de aprendizado. A reserva ou fundo de emergência é aquele colchão que todos nós precisamos ter tão logo comecemos a ganhar o próprio dinheiro. Estabeleça o aporte mensal com o qual pode se comprometer e só recorra a sua reserva de emergência em situações realmente de extrema necessidade (por exemplo, se você estiver impossibilitado de trabalhar). O valor a ser acumulado em sua reserva de emergência deve ser equivalente a três a seis vezes do quanto você gasta mensalmente.

Constitua também uma reserva pequena — de um a três meses do valor que você gasta mensalmente – para aplicar no mercado financeiro e começar a entender o funcionamento de seus principais produtos. Vale muito a pena ter a sua reserva de aprendizado. O que você aprender aplicando inicialmente R$1 mil, R$2 mil ou R$5 mil produzirá um impacto que teoria nenhuma é capaz de produzir. Você descobrirá que os juros compostos podem jogar no seu time caso esteja determinado a poupar e investir. E fazer isso vai ajudá-lo a evitar futuras dívidas. Não importa o montante aplicado: importa que você viva a satisfação de ver suas aplicações lhe proporcionando renda passiva e visualize o custo de juros sobre um financiamento ou empréstimo e quanto sua carteira de produtos financeiros rende. É essa comparação que trará a visão do custo de oportunidade.

Para exemplificar, há alguns meses, eu, Paulo, montei uma seleção com quinze ações que considerei as ideais naquele momento, os meus top picks. Alguns meses depois, enquanto o índice Ibovespa[3] havia subido 4%, minha carteira de ações havia valorizado[4] 10%. Foi um desempenho excelente, que não deixou dúvidas de que minhas escolhas estavam

[3] O Ibovespa é um índice composto por uma seleção das ações de empresas mais negociadas na B3, a bolsa de valores brasileira. Para mais informações, acesse: http://www.b3.com.br/pt_br/market-data-e-indices/indices/indices-amplos/ibovespa.htm.

[4] Você pode ganhar dinheiro investindo em ações de duas formas: com a valorização futura de suas ações em relação ao preço pago por você na data de compra delas, e com o recebimento de proventos (dividendos e juros sobre capital próprio), a parte dos lucros gerados pelas empresas que são distribuídos aos acionistas.

melhores do que a média. Isso me empolga e me faz ter ainda mais empenho em estudar e entender o mercado. O mesmo acontece com quem está no início do aprendizado: entre alguns ganhos e perdas, você vai se desenvolvendo. Para ser um bom investidor ao longo do tempo, o número de boas decisões de investimento precisa ser um pouco maior do que as más decisões. Os melhores investidores vivos cometem erros, mas são bem-sucedidos porque acertam mais do que erram.

ELIMINANDO GASTOS FIXOS

Chegamos ao segundo tema central deste capítulo. Todo médico que percebe a importância de se tornar um investidor precisa antes colocar um fim em suas dívidas e nos juros que elas acarretam, além de cortar ou diminuir despesas que não acrescentam valor à sua vida.

Foquemos na questão da redução de gastos fixos — de uma certa forma, mais simples de resolver. Antes de mais nada, observe sua planilha de despesas ou seu aplicativo de controle de entradas e saídas (se ainda não tiver uma dessas opções, está mais do que na hora de começar) para identificar os drenos de dinheiro, quer dizer, onde está havendo desperdício.

Provavelmente você encontrará uma ou mais **anuidades de cartão de crédito**. Nos dias de hoje, quando existem tantas ofertas de cartões sem anuidade, faz sentido tirar dinheiro do bolso para esse tipo de despesa? Não, não faz. Portanto, comece o corte por aí, ligando para a administradora (ou as administradoras) de seus cartões de crédito e avise que quer cancelar o serviço. De forma quase automática, eles retirarão ou reduzirão a cobrança da anuidade. Muitos cartões de crédito estão atrelados a programas de benefícios por pontos, portanto, vale mais a pena concentrar os gastos neles do que pagar com cartões de débito ou PIX. No entanto, é preciso saber aproveitar os pontos — seja para usufruir de passagens aéreas ou diárias em hotéis, seja para ter descontos no supermercado ou na farmácia, por exemplo.

Vale a pena ter um cartão de crédito do tipo *black*. Essa modalidade disponibiliza um alto limite de crédito e acumula pontos mais rapidamente. A anuidade, por sua vez, é mais cara, e somente os bancos de grande porte oferecem esse tipo de cartão. Então, reforçamos a importância de vincular esse cartão à conta em que você recebe o seu salário ou concentrar a maior parte dos gastos nele. Tudo isso faz parte do que os bancos chamam de um bom relacionamento com o cliente — e é essa relação que será considerada para que seu cartão seja isento de anuidade.

Hoje, com os bancos digitais, não existe mais necessidade de você pagar tarifa mensal de manutenção de conta-corrente. As contas dos bancos Inter, Nubank, C6 e outros são isentas de tarifas de manutenção mensal,[5] pelo menos enquanto escrevemos este livro, e você também pode solicitar cartões de crédito isentos de anuidades — alguns contam até com *cashback*,[6] caso você pague a fatura integralmente até a data de vencimento, embora seus benefícios ainda deixem a desejar em relação aos cartões da modalidade *black*. Os bancos digitais também são interessantes para você ter acesso a uma ampla variedade de produtos financeiros para investir: você não paga taxas e corretagens para produtos como fundos de investimento, FIIs, títulos públicos, LCI/LCA, CRA/CRI, CDBs e debêntures. O banco Inter, por exemplo, também não cobra corretagem para a compra e venda de ações.

Com o PIX, não faz mais sentido você pagar tarifas para DOCs e TEDs. Se você ainda não cadastrou seu PIX, faça isso o mais rápido possível e economize um belo dinheiro mensal não pagando mais para fazer transferências. Com o PIX, você realiza suas transferências 24 horas por dia de forma totalmente gratuita. Isso é garantido pelo Banco Central. O PIX funciona muito bem e é totalmente confiável.

Outro dreno sugador de dinheiro são os diversos **planos de assinatura**. A gente vai adquirindo porque cada um deles custa pouco, até que descobre que gasta R$400, R$500 ou mais por mês com jornais impressos ou online, revistas, streaming de músicas, filmes, séries, futebol, games e programação infantil. Há, ainda, os clubes de assinatura de queijos, cervejas, vinhos, guloseimas, cafés, livros, artigos de papelaria etc. E, muitas vezes, nem aproveitamos ou aproveitamos muito pouco tudo isso.

A sugestão é tirar uma manhã para cancelar todos os serviços que você usufrua muito pouco ou não tenham utilidade. Uma dica é você acessar seu ID Apple — Assinaturas, e verificar ali quais são e quando renovam ou expiram suas assinaturas. Se for emocionalmente complicado fazer essa seleção, seja radical: corte todos — seja ligando para cada um deles, seja bloqueando o cartão de crédito em que são feitas as cobranças. Com o passar dos dias, você perceberá quais são imprescindíveis e poderá retomá-los, às vezes até em melhores condições, porque frequentemente as operadoras lançam planos novos mais baratos que os antigos.

---

5 Algumas dessas fintechs oferecem também contas PJ livres de tarifas, como é o caso do banco Inter.

6 Saiba mais em: https://neilpatel.com/br/blog/cashback-o-que-e/.

Esse raciocínio também vale em relação às despesas com **débito automático em conta**, que podem passar totalmente despercebidas no dia a dia. Para quem tem imóveis locados, por exemplo, essa pode ser uma fonte importante de perda de dinheiro: em um intervalo em que um apartamento ou sala fica vago, você coloca as contas de consumo no débito automático e depois esquece de cancelá-las quando aluga o espaço novamente. Às vezes o inquilino dá o alerta, às vezes não. Para quem está fazendo uma reestruturação financeira, é importante rever todas essas autorizações.

Não basta cortar ou reduzir despesas já feitas se você continuar contratando novos serviços. Para não cair em tentação nem ficar às voltas com insistentes **chamadas de telemarketing**, bloqueie ligações desse tipo. No site www.naomeperturbe.com.br, você cadastra seu número de telefone para não receber a oferta de produtos e serviços de prestadoras de serviços de telecomunicação (telefonia móvel, TV por assinatura e internet) e de instituições financeiras (empréstimos consignados, financiamentos imobiliários, títulos de capitalização e cartões de crédito).

Por meio dos sites dos órgãos de proteção e defesa do consumidor de cada estado, como o Procon, é possível bloquear ligações de todos os tipos de telemarketing — se quiser abrir exceção para uma empresa específica, você terá de incluir essa informação quando cadastrar sua linha no serviço de bloqueio.

PARA SE LIVRAR DE DÍVIDAS OU REDUZI-LAS, COMPARE TAXAS

Empréstimos bancários, financiamentos imobiliários ou de veículos, uso do cheque especial, pagamento do valor mínimo da fatura do cartão de crédito: tudo isso é dívida. E, se é dívida, tem juros (deixemos de lado os excepcionais empréstimos de pai para filho). Uma recomendação importante para prestar atenção daqui para a frente e que você avalie muito bem antes de contratar um empréstimo ou financiamento. Pergunte-se: de 0 a 10, quanto bem-estar e qualidade de vida essa dívida trará para mim nesse momento para comprar determinado bem ou serviço? Quantas horas terei de trabalhar para pagar o principal e os juros da dívida? Se eu guardar e investir todo mês um pouco, em quanto tempo consigo fazer a compra à vista? Se eu comprar à vista, quanto conseguirei de desconto?

Outro cuidado: tendo dívidas ou não, busque não atrasar o pagamento de boletos.

Às vezes, na correria do dia a dia, ou por não se lembrar de acessar sua conta pelo aplicativo do banco, o médico deixa de pagar uma fatura de **cartão de**

crédito ou entra no **limite do cheque especial**. Descuidos assim podem trazer um grande prejuízo. Atrasar o pagamento do cartão de crédito, por exemplo, leva ao pagamento de juros que podem chegar a 20% ao mês; atrasos no cheque especial levam a juros de 8%. Pagar juros é o suor e o sangue de seu trabalho indo pelo ralo. Compare as taxas de juros de empréstimos e financiamentos com as taxas de juros recebidas de uma aplicação em produtos financeiros de renda fixa e entenda que encontrar tempo para cuidar de suas finanças é uma questão de sobrevivência.

Alguns meses atrás, eu, Paulo, viajei para um evento em São Paulo e me esqueci de programar o pagamento de um de meus cartões, justamente aquele em que concentro a maior parte de minhas despesas — e eu pago tudo com cartão de crédito. Quando me dei conta, estava com cinco dias de atraso. Entre a multa e os juros diários acumulados, eu já devia algumas centenas de reais. Fiquei tão indignado com aquilo que liguei para a central de atendimento e fiz uma queixa. O funcionário consultou o sistema e, por fim, disse que abonaria a multa e os juros devido ao bom relacionamento que tenho com o banco. "Perdi" uns trinta minutos nessa ligação, mas ganhei o dia! Se acontecer algo parecido com você, em vez de engolir o prejuízo, negocie uma solução mais favorável.

FINANCIAMENTOS QUE ENTRAM PARA A LISTA DE DESPESAS

Dívidas como essas mexem com o equilíbrio financeiro de qualquer um e impõem uma carga juros altíssima. Mas há outras dívidas, com juros mais baixos do que os cobrados no cheque especial, cartão de crédito e CDC,[7] que se alongam tanto que às vezes não percebemos que elas simplesmente poderiam não existir. Nos habituamos a elas e pagamos mensalmente as parcelas como se estivéssemos pagando o condomínio, o plano de saúde ou a mensalidade escolar.

É o que acontece com os financiamentos imobiliários e os empréstimos consignados. Essa situação é tão comum entre os médicos que não raro eles pedem dicas de aplicações financeiras por disporem de um valor para investir — R$100 mil, por exemplo. Quando questionados sobre sua vida financeira, contudo, explicam que têm dois ou três financiamentos em aberto e um ou

7 Crédito Direto ao Consumidor (CDC) se refere àqueles empréstimos disponíveis, automaticamente, nas contas-correntes para contratação.

mais empréstimos consignados. Antes de pensar em investir, quem está nessa situação precisa fazer uma **simulação para tentar reduzir os juros** dessas dívidas, aproveitando que pode dispor desse capital. Certamente o benefício financeiro de antecipar o pagamento de uma dívida será, em geral, superior ao de aplicar o montante em uma aplicação de renda fixa. Também ocorrem casos de médicos que já possuem imóveis quitados e assumem outros financiamentos imobiliários e empréstimos variados a juros médios de 10% ou mais ao ano. Se a soma dessas dívidas for de R$1 milhão, isso significa pagar cerca de R$9 mil mensais só de juros! Enquanto isso, um dos imóveis quitados está fechado e o outro está rendendo 3%, 4%, 5% ao ano de aluguéis, na melhor das hipóteses. Pensando no custo de oportunidade, não há dúvida de que é preferível **vender um desses bens e, então, eliminar as dívidas**.

Até aqui, propusemos soluções para quem, por um lado, tem financiamentos e empréstimos e, por outro, dispõe de algum capital líquido ou imóvel quitado. Mas qual a saída para o médico que arca com uma dívida cara, porém não tem dinheiro nenhum e só conta com um imóvel financiado ou um carro financiado? A resposta está na diminuição dos juros cobrados. Caso o banco não aceite negociar a taxa ou propuser uma redução insignificante, pode-se recorrer à **portabilidade da dívida** — ela é transferida para outra instituição financeira que ofereça melhores condições de pagamento. Se o médico obtiver uma redução dos juros de 10% ao ano para 8% ou 5%, por exemplo, deixará de gastar uma soma e tanto.

AMARRAS EMOCIONAIS

No tópico anterior, indicamos a venda de um imóvel para quitar o financiamento de outro. No entanto, sabemos que muita gente tem aversão a esse tipo de recomendação, pois sente que está perdendo um bem. Mas, na verdade, o que está perdendo é o potencial de ter dois ou mais bens, já que o valor pago de juros ao banco no longo prazo, considerando um financiamento acima de vinte anos, seria suficiente para adquirir não um, mas dois imóveis. Uma mudança de mindset se faz necessária para que se enxerguem casas, apartamentos e terrenos como dinheiro, e não como propriedades.

Quando ajustamos nosso modo de pensar, não há mais espaço para o apego afetivo. Talvez o que mais impacte as pessoas seja considerar que aquela casa de lazer na praia ou no campo também precisa ser encarada como um bem que pode ser transformado em dinheiro para se aproveitar oportunidades de novos negócios, quitar dívidas caríssimas ou fazer frente a situações de perda de emprego e outros abalos na vida financeira.

Se for para manter sua casa na praia ou no campo, avalie o quanto custa esse prazer e se você está realmente usufruindo dela. Pondere também se você pode bancá-la. Se concluir que é um prazer que vale muito a pena e pelo qual pode pagar, então continue com o imóvel. Mas, como dissemos, tenha em mente que esse é o primeiro bem do qual deve se desfazer em caso de necessidade de dinheiro. Também considere que essa mesma casa pode render algum dinheiro quando você não a estiver usando-a.

Foi raciocinando assim que eu, Carlos, e minha família adquirimos nossa casa de praia. Durante muitos anos, ficamos só no desejo, porque sempre colocávamos os pés no chão e argumentávamos: "Por que imobilizar um valor alto em um imóvel de veraneio? Por que arcar com os custos de manutenção e com o condomínio de uma casa que usaremos poucas vezes por ano? Isso é perda de dinheiro." Até que, um dia, além de considerarmos todas essas questões, levamos em conta também o fato de que aquela seria uma importante realização para nós. E agimos com a cabeça: nossa casa foi toda planejada para ser facilmente alugada, sempre que não a estamos usando, desde o local onde se encontra até a estrutura que oferece. Fica em um condomínio onde outros amigos têm casa, e quem não tem sempre procura uma para alugar na temporada, pagando por dia. E desde que comprei o imóvel, ele já se valorizou 40% em relação ao que me custou. No nosso caso, foi um ótimo investimento.

Para quem tem vontade de comprar um imóvel – seja para lazer ou não –, a dica é: não se apaixone pelo imóvel, mas pelo resultado que ele trará, inclusive financeiro.

No próximo capítulo, nosso assunto são os riscos pessoais e profissionais aos quais os médicos estão expostos. E, claro, falaremos sobre as formas de gerir esses riscos e analisar as vantagens e desvantagens de contratar seguros.

10

GERIR COM HABILIDADE OS RISCOS DA NOSSA PROFISSÃO É TÃO CRÍTICO QUANTO DOMINAR AS TÉCNICAS DA MEDICINA

Digite na busca da internet a frase "profissões mais perigosas do mundo" e várias listas surgirão. A maioria citará ocupações sabidamente arriscadas: policiais, lenhadores, eletricistas, instaladores de telhas e pilotos de avião.[1] Há outros empregos ainda mais arriscados dos quais dificilmente nos lembramos como um trabalho ao qual alguém se dedica e tira dele seu sustento: participantes de rodeios, dublês de cenas perigosas em filmes,[2] domadores de leões, desarmadores de explosivos e garotas no circo que atuam como alvo de atiradores de facas.[3]

---

1 https://www.bls.gov/iif/oshwc/cfar0020.pdf.

2 https://www.rd.com/list/dangerous-jobs-around-world/.

3 https://www.oddee.com/item_97224.aspx.

Em tais listas, são mais raras as menções aos profissionais da área de saúde, embora saibamos que estamos entre aqueles que correm elevados riscos por nos ocuparmos de curar os outros. Quando lembrados, os profissionais da área da saúde entram nesse rol por conviverem diariamente com os vírus e as bactérias que ameaçam seus pacientes e, por essa razão, seriam candidatos, com uma probabilidade bem acima da média das pessoas, de também eles adoecerem.[4]

No entanto, há mais perigos específicos para os médicos do que a maioria das pessoas costuma saber. Além dos desafios comuns a qualquer um — como o de ficar doente, ter a casa assaltada ou envolver-se em um acidente que provoque invalidez ou morte —, os médicos enfrentam um risco sério de irem à ruína financeira caso sejam impedidos de trabalhar.

PROFISSIONAIS AUTÔNOMOS

Isso é especialmente preocupante porque um número significativo de profissionais da área da saúde é formado por profissionais liberais autônomos, que trabalham por sua própria conta. Assim, não dispõem dos benefícios previstos na CLT, como a licença médica, por exemplo, um direito dado àqueles com carteira assinada.

Essa foi a situação pela qual passou um colega conhecido nosso, um médico autônomo que, no fim de semana, foi jogar futebol com os amigos. Na disputa por uma bola, levou a pior e caiu por cima da mão direita, sofrendo uma dolorosa luxação. Resultado: com o braço imobilizado, sem conseguir segurar uma caneta ou digitar no computador, ele precisou se afastar do trabalho, pois não conseguiria prescrever receitas ou tratamentos.

Sua condição de saúde não era grave, mas as consequências econômicas viriam a causar bastante dor a esse médico. De molho em casa, ele não teria como fazer os plantões — que eram sua única fonte de renda. Naquele mês, seus rendimentos sofreram uma grande redução. Descuidado, ele não tinha qualquer reserva de emergência. Sentado no sofá, ele se arrependia de não ter feito um DIT,[5] o seguro que cobre as perdas de renda diárias provocadas por

4 https://www.infomoney.com.br/carreira/conheca-10-das-profissoes-mais-perigosas-do-mundo/.

5 Diária por Incapacidade Temporária (DIT), é uma cobertura que proporciona o pagamento dos proventos que o segurado deixará de receber, caso fique doente ou sofra algum acidente que o impeça de trabalhar. O pagamento do benefício é realizado por meio de diárias, de acordo com valor estipulado na apólice. Saiba mais em: https://mag.com.br/blog/educacao-financeira/artigo/diaria-por-incapacidade-temporaria.

algum contratempo. Era um seguro que muitos de seus colegas haviam feito, e nem era tão caro assim.

Médicos e jogadores de futebol — mesmo os amadores, que caem com maior facilidade — têm em comum o fato de trabalharem utilizando o próprio corpo. Precisam de seus ouvidos para auscultar, das mãos para examinar os pacientes, dos olhos para fazer cirurgias. Sua jornada costuma ser puxada e exigir esforço físico, como se estivessem sempre em meio a uma disputada partida esportiva. Médicos trabalham um número de horas muito maior do que a população de modo geral e morrem mais cedo. Estudos indicam que os médicos homens vivem dois anos a menos do que a média brasileira. Para as mulheres médicas, a expectativa de vida chega a ser, por razões ainda pouco compreendidas, dez anos menor do que dos demais brasileiros do sexo feminino.[6]

Em um documento publicado em 2012, o Conselho Regional de Medicina do Estado de São Paulo (CREMESP) apontava que os fatores que impactavam diretamente a qualidade e expectativa de vida do médico eram

> "além da natureza já estressante da profissão (...), a presença dos convênios médicos que oferecem baixa remuneração pelas horas de trabalho, a criação incessante de novas escolas médicas, levando ao aumento do número de profissionais (...) e a promulgação de novas normas e leis que favorecem o aumento do número de processos na esfera judicial."[7]

Ou seja, a necessidade de trabalharem um exagerado número de horas para garantir o sustento e a ansiedade com os riscos ao exercício da profissão fazem com que os médicos tenham motivos para serem mais propensos a sofrer com estresse, o burnout e outros tormentos mentais provocados pelo pouco tempo de lazer, pela distância da família, pela desorganização da vida pessoal e pelo cansaço excessivo. E, como aponta o estudo feito pelo CREMESP, há uma judicialização maior da profissão e o consequente aumento de conflitos entre clientes e profissionais.

Muitos colegas estão crescentemente mais expostos à possibilidade de sofrer violência no local em que atendem as pessoas. Quem trabalha em prontos-socorros, em postos de saúde e hospitais localizados em bairros problemáticos

---

6 https://diariosm.com.br/colunistas/colunistas-do-impresso/voc%C3%AA-sabe-que-estatisticamente-os-m%C3%A9dicos-vivem-menos-do-que-a-popula%C3%A7%C3%A3o-em-geral-1.2158117.

7 https://www.cremesp.org.br/pdfs/Mortalidade%20v%20220312.pdf.

ou se dedica a realizar perícias médicas tem esse risco real pela frente. Isso sem contar que os profissionais da área da saúde também correm um risco semelhante àqueles vividos pelos caminhoneiros, uma profissão que sempre consta na lista das mais perigosas.

Isso acontece porque é comum que muitos colegas façam plantões em municípios distantes de onde moram, algo que se vê principalmente entre aqueles que moram em cidades médias, que são polos de influência regional. Alguns chegam a dirigir por até 300 km para darem um plantão de 24 horas. Findo o período de sua escala — no qual não dormiram —, voltam para casa ou vão para outra cidade dirigindo, com sono, pelas estradas.

SEGURO DE RESPONSABILIDADE CIVIL

Talvez ainda tenhamos de esperar algum tempo para que tais desafios à carreira médica sejam superados. Mas até lá, o que esses profissionais podem fazer para minimizar esses riscos e evitar os graves transtornos que eles podem trazer é se proteger contratando seguros — assunto deste capítulo. Não é algo simples afirmar de maneira definitiva qual é o tipo de seguro mais relevante que você deve contratar. Isso dependerá dos riscos aos quais está mais exposto.

Entre os desafios específicos que podemos controlar via um seguro está o do erro profissional. Pode-se dizer, e não há nisso exagero, que cada vez mais os pacientes e os órgãos encarregados de fiscalizar a profissão médica estão dispostos a nos acusar de negligência ou incompetência quando alguma enfermidade evolui de maneira desfavorável.

Talvez a raiz disso esteja paradoxalmente no grande avanço da medicina, que vem conseguindo domar doenças até então consideradas incuráveis. Por acreditarem ingenuamente que qualquer enfermidade pode ser curada, as pessoas não se conformam quando alguém próximo falece ou é vítima de alguma grave sequela, e acabam colocando a culpa no médico que a tratou.

Mesmo sabendo que estamos vivendo em um mundo em que há essa desconfiança quanto às habilidades médicas, o número de médicos que se protege com um seguro de responsabilidade civil ainda é baixo. Entre os quase 500 mil médicos existentes no Brasil até 2019, 89 mil deles tinham um seguro RC Profissional, como é conhecido esse seguro de responsabilidade civil.[8]

---

8 https://www.revistaapolice.com.br/2019/11/apenas-19-dos-medicos-brasileiros-tem-seguro-de-responsabilidade-civil/.

Este número — equivalente a 19% da categoria[9] — é baixo, quando se sabe que há casos em que o médico é responsabilizado por falhas em atendimentos que ele, muitas vezes, nem realizou.

Eu, Carlos Eurico, acompanhei um caso assim de perto. Tudo aconteceu na esteira de um acidente bizarro, ocorrido em uma pequena cidade próxima a Santa Cruz do Sul, que acabou por provocar problemas graves para um médico aqui de meu município. O fato se deu na zona rural. Uma vaca estava amarrada com uma corda em uma árvore ou cerca e, ao caminhar, esticou a corda que a prendia. Um homem que passava próximo pilotando uma motocicleta não enxergou a corda, que pegou seu pescoço, quebrando-o.

Na cidade, só havia um posto avançado, incapaz de prestar o socorro necessário. Um técnico de enfermagem colocou a vítima em uma ambulância, e o trouxeram para Santa Cruz, à noite. No entanto, o município no qual ocorreu o acidente não tinha convênio com o pronto-socorro de minha cidade — que não era referência para o SUS. A enfermeira que estava no plantão não permitiu, por essa razão, que a vítima do acidente fosse atendida.

No impasse que se seguiu, com aquele "atende, não atende, telefona para um, telefona para outro", o acidentado morreu dentro da ambulância, sem ter recebido atendimento. Foi aberto um inquérito. E quem foi processado? O médico, que estava atendendo outras pessoas durante todo aquele tempo. E ele nem mesmo sabia que havia alguém na ambulância com o pescoço quebrado, já que a vítima foi examinada dentro do veículo por um enfermeiro.

Como resultado, o médico perdeu o emprego no pronto-socorro e teve de responder a um processo. Em resumo, passou por um grande incômodo. O enfermeiro que teve contato com o paciente foi realocado na instituição, retirado do pronto-socorro, e o hospital nada sofreu. O médico terminou sendo absolvido, mas certamente ter o nome envolvido em uma questão grave como essa prejudicou sua reputação de maneira contundente. Afinal, ser processado por pretensamente ter se omitido de prestar socorro é algo extremamente grave no meio médico.

9 Idem.

EMPATIA E TALENTO

As acusações que são feitas contra nós costumam ser, muitas vezes, parecidas com o fato relatado: carentes de qualquer fundamento e infladas por uma certa animosidade gerada por normas excessivamente restritivas. Nesse caso, o seguro de responsabilidade civil é, de longe, o cuidado obrigatório a ser tomado por nós.

No entanto, há outras maneiras de reduzir a possibilidade de vir a ser vítima de algum processo por erro médico. A primeira providência é você escolher muito bem os funcionários que trabalham em seu consultório ou em sua clínica. Muitos dos processos contra médicos têm sua origem no mau atendimento, na má vontade e nas displicências dos funcionários com os clientes.

Temos que nos mirar no exemplo dos CEOs das grandes empresas, que passam 90% de seu tempo se dedicando a contratar gente talentosa. Precisamos decididamente ter gente boa, habilidosa, que gosta de trabalhar conosco e está sempre pronta para nos proteger e defender quando algo sai da rotina.

Temos de trabalhar com colaboradores que tenham iniciativa, estejam bem treinados e sejam empáticos com os clientes. Uma boa equipe já será capaz de diminuir bastante o risco de termos clientes insatisfeitos a ponto de nos processar. Mesmo assim, de novo, é fortemente indicado que o médico se resguarde de possíveis problemas contratando um seguro de responsabilidade civil.

Somos capazes, ainda, de diminuir em muito o risco de termos algum paciente insatisfeito diante de nós praticando a empatia e a boa comunicação com eles. Em um texto do autor norte-americano Daniel Goleman — conhecido por artigos e livros em que trata da inteligência emocional —, é dito que os médicos que sofrem um maior número de processos são aqueles que pior se comunicam com seus clientes, e não os que têm mais complicações. Esse é o profissional que não escuta os pacientes e que faz as consultas mais rápidas.

Quanto mais simples e direta for a linguagem que você emprega, maior será a chance de que estabeleça uma boa relação com os pacientes, que, assim, não só compreenderão suas orientações, como também confiarão que há uma relação sincera e transparente entre vocês. Desconfianças de que o médico quer enganar o cliente e "arrancar seu dinheiro" — como, infelizmente, ainda se costuma dizer com certa frequência — serão reduzidas e desaparecerão. Isso criará um ambiente que tornará pouco provável o surgimento de ressentimentos futuros.

Daniel Goleman afirma também que a empatia é a chave que abre os corações dos clientes. Em um artigo escrito para a *Harvard Business Review*,[10] ele descreve três qualidades de empatia: a empatia cognitiva, a empatia emocional e a preocupação empática. A primeira delas é aquela em que somos capazes de entender a perspectiva da outra pessoa, reconhecemos os sentimentos que ela está experimentando, mas não nos envolvemos diretamente com eles.

A empatia emocional dá um passo à frente, e passamos a compartilhar os mesmos sentimentos que estão entusiasmando ou entristecendo o outro. Isso pode gerar um problema para o médico, caso ele se envolva em demasia com o paciente e misture os papéis, o que poderá trazer dificuldades quando for necessário tomar decisões importantes.

Finalmente, a preocupação empática é o movimento que faz com que não só nos preocupemos com as dificuldades que o cliente pode estar vivendo, como também tomemos a iniciativa de nos mobilizarmos para ajudar de uma maneira efetiva essa pessoa. Sentimos que ela está precisando de nossa ação e nos dispomos a prestar a ajuda necessária.

A importância de manter uma boa comunicação com os pacientes é especialmente relevante por sabermos que os fatores psicológicos têm uma influência direta sobre os distúrbios das funções orgânicas e corporais.

Eu, Carlos Eurico, me atrevo a dizer que essa relação é particularmente presente na área respiratória. Há muita falta de ar, muita dor torácica, e alguma tosse que tem origem única e exclusivamente psicológica.

Doenças crônicas, como o enfisema em estágio avançado, costumam carregar um componente depressivo, um enorme sofrimento psíquico, um sentimento de culpa. Dessa maneira, a empatia é algo indispensável. Não podemos ficar apenas assistindo ao desenvolvimento do sofrimento. É preciso ser transparente com o paciente quanto ao seu real estado de saúde e executar com rigor todos os procedimentos técnicos requeridos. Essa é, inclusive, a melhor rede de segurança contra a possibilidade de sermos processados.

PARENTES REVOLTADOS

Esses cuidados provaram ser os mais corretos em uma complexa situação que eu, Carlos Eurico, vivi em minha clínica com uma paciente. Ela se consultou comigo queixando-se de falta de ar. Era uma mulher jovem,

10 Fonte: https://hbrbr.com.br/o-que-e-empatia/.

com pouco mais de 30 anos. Foram feitos rigorosamente todos os exames possíveis, inclusive afastada a possibilidade de embolia pulmonar, e o que ficou evidente é que a dispneia era psicogênica — ou seja, a falta de ar era claramente de origem psicológica. Além de uma hipertensão, a paciente não sofria de mais nada que pudesse justificar organicamente a dispneia.

Infelizmente, ela acabou por ter uma parada cardíaca em um hospital e faleceu. Fui avisado da morte da paciente e de que os parentes estavam revoltados — chegaram, inclusive, a ameaçar quebrar as instalações do pronto-socorro. Fui até lá com todos os exames em mãos. Eles vieram para cima de mim, alguns tentaram me agredir. Mas eu não me intimidei. Expliquei que a ansiedade e o estresse da paciente eram tão intensos que seriam provavelmente as causas da arritmia e da parada cardíaca. Não fora uma causa respiratória, garanti. E que fizessem uma perícia para comprovar.

Obviamente era uma situação extremamente desagradável, constrangedora, delicada. Mas eu estava convicto de que havia agido de maneira correta e honesta. Se não houvesse tomado a atitude de ir lá, ter me posicionado, teria sido processado. Era noite, me vesti e fui até lá sem medo, pois não tinha nada a esconder. Eu sabia o que enfrentaria. Cheguei de cara limpa e exigi respeito. No final, com tudo o que conversei, mostrei e provei, a situação se normalizou.

É preciso sempre conversar. Se a pessoa está deprimida, se é alguém que tem ansiedade, temos de abrir um espaço para que o paciente manifeste seu sofrimento psíquico. Se você não percebe esses sinais e trata o cliente apenas de maneira orgânica, ele irá, ao final, querer processá-lo — pois se ressentirá pela queixa dele não ter sido devidamente considerada.

Conflitos como esse que vivi no meio da noite no hospital em Santa Cruz do Sul vêm se tornando tristemente comuns em todo o Brasil. Há um descontentamento com a qualidade do atendimento que as pessoas recebem nos hospitais ou prontos-socorros, e acontece com certa frequência de elas descontarem sua revolta nos médicos que as estão atendendo. O fato de você estar ali há horas, sozinho, atendendo cinquenta pessoas não é levado em conta.

AMEAÇAS E AGRESSÕES

Ameaças e agressões não se restringem aos colegas que prestam pronto atendimento ou atendimento de urgência, mas se estendem também àqueles que se ocupam de avaliações mais burocráticas. É o caso dos peritos médicos, que também correm riscos de serem vítimas de agressões. Entre suas atribuições, o perito médico é responsável por examinar alguém que esteja afastado do trabalho por alguma questão de saúde para determinar se essa pessoa está ou não apta a voltar ao seu trabalho.

Há duas situações capazes de gerar conflitos. A primeira é quando a pessoa tem a expectativa de que o médico determine que ela não tem condições físicas ou mentais para exercer suas funções, o que pode gerar um afastamento remunerado ou o pagamento de uma indenização trabalhista. Na segunda hipótese, ela teme que o parecer do perito informe que ela tem alguma condição crônica que seja incompatível com a ocupação e a impeça de manter seu emprego. Quando não se conformam com o resultado apresentado, essas pessoas podem discutir, agredir ou até mesmo atentar contra a vida do perito.

Em maio de 2007, o assassinato de um médico em uma agência do INSS na cidade de Patrocínio (MG) fez com que o Ministério da Previdência Nacional anunciasse que seus 1.400 postos de atendimento pelo país receberiam reforço de segurança e alarmes para evitar esse tipo de violência recorrente contra médicos peritos. Na ocasião, o médico José Rodrigues de Souza foi baleado por um homem que reivindicava sua aposentadoria alegando ser alcoólatra e portador de depressão. Ao ter o pedido negado, atirou contra o médico e o matou.[11]

Há ocasiões em que as ameaças contra os médicos partem até mesmo das autoridades policiais.

> *Eu, Paulo, vivi uma experiência que deixou claro que nossa ocupação de médico merece mesmo estar na relação das profissões mais perigosas do mundo. O fato ocorreu quando eu fazia plantão em uma pequena cidade no interior do Pará. Durante o expediente, apareceram policiais trazendo uma pessoa detida, e a solicitação do delegado era para que fosse feita uma perícia física do preso.*
>
> *Essa é uma exigência legal: antes de alguém que esteja detido ser transferido para o encarceramento, é preciso que algum médico ateste*

---

11 http://g1.globo.com/Noticias/Brasil/0,,MUL44369-5598,00-APOS+MORTE+DE+MEDICO+INSS+TERA+REFORCO+NA+SEGURANCA.html.

seu estado físico. Nas cidades maiores, isso é feito no Instituto Médico Legal, mas não era o caso ali onde eu dava meu plantão. No entanto, eu conhecia uma norma do Conselho Federal de Medicina que determinava que médicos não habilitados para fazer tal exame não deveriam fazê-lo.

Decidi seguir à risca essa resolução e expliquei aos policiais que pedia desculpas, mas não assinaria o atestado. Não era um capricho, o que acontecia é que eu não queria me responsabilizar por um ato que não conhecia, não sabia e não me sentia habilitado a praticar. Os policiais ligaram para o delegado explicando a situação, e este ordenou que eles me avisassem que, se eu não assinasse o atestado, eu também seria preso. Passado um momento, o próprio prefeito da cidade me ligou, pressionando. Entrei em contato, então, com o sindicato dos médicos em Belém. Eles me instruíram a não assinar o documento e, se a situação continuasse assim, enviariam alguém até a cidade para me dar apoio. Como eu batia o pé, me recusando, por fim, um médico morador da cidade acabou assinando o atestado.

Essa experiência me deu a certeza de que buscar o apoio do sindicato em situações profissionais desafiadoras é uma excelente decisão. Os advogados do sindicato têm experiência em causas médicas, pois fazem isso todo o tempo. Além disso, as mensalidades pagas ao sindicato podem ser deduzidas na declaração de seu Imposto de Renda. Ou seja, é uma boa opção de proteção jurídica e oferece também a possibilidade de você contratar um seguro saúde por um preço bem mais em conta.

SEM ATENDIMENTO GRÁTIS

Aliás, já que falamos a respeito de seguros de saúde, é importante desmentirmos um mito que ainda persiste para muitas pessoas, o de que podemos nos dar ao luxo de não contratarmos um seguro de saúde "porque, se ficarmos doentes, os colegas nos atenderão de graça ou a preços módicos". Isso não é verdade. E talvez nunca tenha sido. O atendimento médico, especialmente quando há atos mais complexos — como cirurgias e internações —, movimenta muitos prestadores de serviços e instituições, que funcionam de maneira impessoal. Eles não levarão em conta, mesmo se quiserem, laços de amizade e de coleguismo e cobrarão pelos seus serviços, que, em alguns casos, têm custos elevados.

Mesmo os tratamentos feitos pelo SUS tornaram-se mais restritivos. Como ficou claro naquele exemplo do motociclista que sofreu um acidente em uma pequena cidade e não foi atendido em Santa Cruz do Sul porque os dois municípios não tinham um convênio nesse sentido. Antigamente você poderia telefonar para um hospital de outra cidade e intervir para que algum paciente fosse internado rapidamente até que ele providenciasse a papelada requerida. Mas não é mais assim, o SUS tornou-se municipalizado, ele não atende qualquer pessoa que o procure, é preciso que o paciente se encaixe em alguns parâmetros exigidos.

Por tudo isso, não investir em um seguro-saúde por considerar que ser médico o torna alguém especial diante de uma doença ou necessidade de pronto atendimento é uma decisão insensata e potencialmente muito perigosa. A parcela mensal de um plano de saúde gira em torno de R$1 mil, dependendo do seu perfil (idade, histórico de saúde etc.). É um gasto modesto, especialmente quando nos lembramos que a caução que deve ser paga para alguém se internar em uma enfermaria pode chegar a R$50 mil; para uma UTI, R$100 mil, sem contar o custo de exames complexos. Necessitar de uma internação pode exigir que você — e talvez até sua própria família — tenha que se desfazer de bens para poder bancar um tratamento.

Seguro-saúde é um investimento estratégico para todos nós e nosso núcleo familiar. Porém, em vários casos, não só. Muitos dentre nós somos responsáveis por nossos pais, por exemplo. Garantir um plano de saúde para eles pode evitar dores, arrependimentos e despesas. Uma emergência com esses entes queridos pode nos pegar despreparados e ter consequências econômicas desastrosas.

> ***Eu, Carlos Eurico, passei por uma situação como essa. Quando estava ainda no início de minha carreira, minha mãe foi acometida por um câncer de mama. Ela não tinha um seguro-saúde, nem eu a havia colocado como minha dependente em meu plano. Mesmo tendo sido agraciado com o privilégio de ela ter sido tratada por médicos que haviam sido meus professores e, por isso, cobraram honorários bem menores do que o preço usual pelos seus serviços, fui obrigado a usar toda minha reserva financeira e, ainda, a fazer um empréstimo. Foi um equívoco de minha parte não ter contratado desde o início um plano de saúde para ela. Todas aquelas grandes despesas teriam sido evitadas.***

DR. JC, DR. CI E DR. TAR

E quanto aos doutores JC, CI e TAR, como eles se posicionam quando a questão de como gerir os riscos profissionais é colocada diante deles? O Dr. JC — o mais jovem entre os três — acaba de passar por um grande susto. Em um feriado prolongado, aceitou fazer plantões por três dias seguidos em uma cidade distante 60 km de sua casa. Do segundo para o terceiro plantão, decidiu passar rapidamente em casa e, ao voltar para o local de trabalho, cochilou na direção. Saiu da estrada e foi parar no meio dos arbustos, a menos de 50 metros de uma ponte. Foi uma sorte. Por muito pouco não aconteceu uma tragédia.

O susto serviu para lhe mostrar uma obviedade: ele não era infalível nem imortal. A reflexão fez com que o Dr. JC contratasse imediatamente três seguros: de vida, de saúde e o DIT. Como não pode abrir mão inteiramente dos plantões, o Dr. JC entendeu que a atitude mais sensata que deveria tomar era diminuir os riscos inerentes à sua agitada vida profissional, e os custos desses seguros seriam um investimento irrisório, comparado com os possíveis prejuízos que teria no caso de algum sinistro. Em relação ao seguro de vida, embora não tivesse esposa e filhos, ele decidiu contratá-lo. Assim, no caso de um acidente, estaria protegido caso ficasse fisicamente incapacitado. Ele também foi orientado a fazer isso por um colega médico, que explicou sobre a importância dessa modalidade de proteção para a garantia da segurança financeira de seus pais, já que dependiam dele para o pagamento de seus planos de saúde.

Também o Dr. CI aprendeu a duras penas que não se pode ser autônomo sem contar com a rede de proteção que um DIT pode proporcionar. Vítima do coronavírus, ele passou vários dias internado e outros tantos convalescendo-se. No total, ficou dois meses sem trabalhar e sem receber qualquer entrada. Como pouco antes havia queimado suas reservas para comprar mais um imóvel — sua forma quase exclusiva de investir seu dinheiro —, passou, junto com a mulher e filhos, por um grande aperto. Só conseguiu contornar o problema porque os irmãos se cotizaram para fazer um empréstimo.

Sabemos como o Dr. TAR cuida de seus negócios com equilíbrio e atenção. Ele escapou desses embaraços graças ao cuidado que teve — desde que começou sua carreira — em ter pelo menos os quatro seguros essenciais para os médicos: saúde, DIT, responsabilidade civil e de vida. Ao longo de sua carreira, viu vários colegas queridos se envolverem em problemas, alguns gravíssimos, por conta de terem sido relapsos ou tratado os riscos da profissão com soberba.

Um posicionamento como o dele, atento e realista quanto às possibilidades e os desafios do quotidiano, é indispensável para o desenvolvimento de boas estratégias para cuidar de nosso dinheiro. Inclusive aquelas que nos possibilitam aproveitar os benefícios que podem ser oferecidos pelo sistema financeiro, assunto que será abordado no próximo capítulo.

11

BENEFÍCIOS FINANCEIROS PARA QUEM UTILIZA AS ESTRATÉGIAS CORRETAS

O que há em comum entre um cartão de crédito, um cartão de débito e uma dor de cabeça? A resposta rápida é a de que a preocupação com gastos em excesso faz doer a cabeça de qualquer um. Isso é uma verdade, não há como negar. Se você fosse um estudioso de neuroeconomia,[1] diria que existe uma linha que une as decisões de compra com uma região do cérebro na qual se dá a experiência da dor. E essa resposta estaria certa também.

[1] Estudo que envolve várias disciplinas no esforço de compreender o comportamento na tomada de decisão e suas implicações nas escolhas que envolvam questões relacionadas à economia e negócios. Saiba mais em: http://www.economiacomportamental.org/nacionais/neuroeconomia-o-que-e-e-para-que-serve/.

Estudos demonstram[2] que decisões que tenham alguma possibilidade de perda financeira — como costuma acontecer quando sentimos aquela dúvida clássica sobre se devemos pagar a despesa com o cartão de débito ou com o de crédito[3] — trazem um sentimento de angústia que pode nos causar uma sensação nítida de desconforto e de dor. Se pagamos com o cartão de débito, ficamos incomodados com o fato de que o dinheiro sairá imediatamente de nossa conta e alguma parte do corpo pode literalmente doer.

Já a opção do cartão de crédito, que permite que a despesa seja empurrada mais para a frente, nos vende a ilusão de que não pagamos nada pelo produto que compramos.[4] Escapamos, dessa maneira, temporariamente da dor, até chegar o dia fatídico de vencimento da fatura do cartão. Aí, se você tiver perdido o controle de seus gastos, a dor pode torturar sua cabeça, seu coração, seu estômago e sua consciência.

Apesar de todo o mal-estar que a má administração do dinheiro pode gerar, há muitos que mereceriam ser chamados de masoquistas econômicos, tamanha é a displicência com que lidam com seu próprio dinheiro. O já citado cartão de crédito é um dos instrumentos financeiros que costumamos utilizar para fazer os mais inacreditáveis desaforos com nossos suados recursos.

Muita gente usa o cartão de crédito quando está endividada por enxergá-lo como uma boa alternativa de crédito — algo que ele não é. Essa é uma das piores decisões que alguém pode tomar, quando se sabe que até recentemente os juros do rotativo do cartão de crédito variavam na faixa de 220% a 250% ao ano,[5] dependendo da instituição financeira emissora. Embora tenha entrado em vigor em 3 de janeiro de 2024 uma nova legislação que limita os juros e encargos cobrados até um máximo de 100% do valor original da dívida, ainda assim, segue sendo um péssimo negócio utilizar-se desse recurso.[6]

---

2 https://www.virtusrh.com.br/black-friday-como-o-cerebro-do-consumidor-reage-a-uma-promocao/.

3 Fonte: http://thinkimr.com/emotional-framing-cash-vs-credit-card-payment-gain-vs-loss/.

4 https://www.virtusrh.com.br/black-friday-como-o-cerebro-do-consumidor-reage-a-uma-promocao/.

5 Dados do Banco Central do Brasil para o período de 25/02/2021 a 03/03/2021. Saiba mais em: https://www.bcb.gov.br/estatisticas/reporttxjuros?path=conteudo%2Ftxcred%2FReports%2FTaxasCredito-Consolidadas-porTaxasAnuais.rdl&nome=Pessoa%20F%C3%ADsica%20-%20Cart%C3%A3o%20de%20cr%C3%A9dito%20rotativo&parametros=tipopessoa:1;modalidade:204;encargo:101&exibeparametros=false&exibe_paginacao=false.

6 Notícias Banco Central do Brasil. Saiba mais em: https://www.bcb.gov.br/detalhenoticia/775/noticia.

Desta forma, se a fatura que chega no final de um mês parece estar salgada demais, decidir-se pelo pagamento do valor mínimo será um dos maiores e mais destrutivos equívocos que podemos cometer. Por que fazemos isso? Porque são muito poucos aqueles que têm autocontrole, sabedoria financeira e evitam agir com impulsividade.

Portanto, a primeira providência para fugir desses caminhos perigosos é organizar sua vida financeira. Parece um conselho óbvio, não é mesmo? E é. Mas, se olharmos para nós mesmos de maneira honesta, vamos nos lembrar de que tomamos decisões erradas, desperdiçamos dinheiro em coisas inúteis, descuidamos de nossas contas e agimos várias vezes tomados pela emoção em questões financeiras, deixando de lado a razão. Não há nada de organizado nisso.

FALTA DE TEMPO

Mesmo sabendo que não temos cuidado com atenção de nossas decisões econômicas, costumamos justificar nossos atos alegando que nossa dificuldade é que não temos tempo para olhar para a gestão de nosso dinheiro. Já dissemos algumas vezes neste livro que não ter tempo para cuidar de nosso próprio dinheiro é um luxo que não estamos autorizados a ter. Temos de dedicar tempo para organizar nossa vida financeira, e ponto-final. Não há outra opção. Nem mesmo terceirizar tal tarefa é aceitável. A função é nossa e de mais ninguém.

Essa é uma verdade que se aplica principalmente aos médicos. Por trabalharmos muito e ganharmos mais dinheiro do que outros profissionais, a maioria de nós costuma ter uma visão equivocada sobre nosso papel na gestão de nossos recursos financeiros. Não nos preocupamos em nos organizar por acreditarmos que sempre estaremos em uma situação privilegiada. Sem organização, nunca alcançaremos a independência — e muito menos a liberdade — financeira.

Se você não tem tempo para cuidar de seu dinheiro, também não encontrará tempo para usufruir de tudo que lhe traz satisfação, como passar mais tempo com sua família, acompanhar o crescimento de seus filhos ou desenvolver novas atividades e cultivar conhecimentos que darão mais sentido à sua vida. No lugar disso, você desperdiçará toda sua energia em longos e cansativos plantões ou continuará aprisionado na linha industrial de produção do atendimento diário de dezenas de pacientes de planos de saúde — que lhe pagam pouco e não permitem que você saia da corrida diária dos ratos.

Mas por que nós, médicos, não temos tempo? Eu, Paulo, costumo dizer para meus alunos, mentorados e seguidores de minhas postagens nas redes sociais que o médico não tem tempo para nada por justamente não reservar tempo para organizar sua vida. Caso dedique uma manhã ou mesmo algumas horas da semana para verificar coisas simples — como em que está gastando o seu dinheiro, se os plantões que faz em cidades distantes dão um retorno compatível com todo o desgaste que você sofre, o quanto paga de juros no cheque especial e em outros financiamentos —, você finalmente terá uma visão clara do que é preciso mudar em sua vida financeira. Enfim, ter a vida organizada é um pré-requisito indispensável para usufruir dos frutos do dinheiro que lhe custa tanto esforço para ganhar.

A boa notícia é que há estratégias relativamente simples que podemos adotar para fugir dos maus resultados gerados pela nossa omissão ou por más decisões. Vamos continuar no tema cartão de crédito. Ele pode ser uma ótima ferramenta, principalmente pelos benefícios com que pode recompensar seus usuários, como o *cashback*, que é o retorno em dinheiro de um percentual da fatura quando paga em débito automático pelo total até a data de vencimento ou descontos em compras para os clientes — uma prática comum sobretudo entre os cartões emitidos por fintechs.

No entanto, o benefício mais conhecido dos cartões de crédito ainda é a pontuação, que pode ser convertida diretamente em milhas, descontos ou usada na compra de produtos e serviços. A quantidade de pontos que são obtidos como recompensa aos usuários depende da qualidade do cartão e, naturalmente, do volume de compras feito.

Mesmo sabendo que os pontos podem ser trocados por ótimos produtos e serviços, há várias ocasiões — principalmente na aquisição de bens e serviços de maior valor — em que não vale a pena comprar com o cartão de crédito. Você deve primeiro fazer uma pesquisa de preço e condições de pagamento em diferentes vendedores. Por exemplo, se vamos comprar algo e o comerciante oferece um desconto de 5% a 10% para pagamento à vista, devemos colocar o cartão de crédito de volta na carteira e fechar o negócio no débito. Afinal, o que vamos gerar de pontos com uma compra a prazo no cartão de crédito dificilmente superará o valor economizado que descontos assim proporcionam.

Como tudo que fazemos com nosso dinheiro, o cartão de crédito deve ser usado com sabedoria. É provável que todos nós já tenhamos passado pela experiência de gastar mais do que podemos pela facilidade e comodidade que é usar o cartão de crédito. Principalmente quando fazemos compras online. Se tivermos aquele recurso de compra com 1-Clique que alguns sites e aplicativos oferecem, podemos fechar uma compra por impulso em questão de segundos e, depois, nos arrepender por meses.

O cartão de crédito pode ser uma ferramenta positiva para nos ajudar a controlar nosso consumo ou uma arma perigosa, que pode nos levar a um endividamento prejudicial. Quando se trata de inteligência financeira, subentende-se que o cartão de crédito deve ser usado de maneira comedida, inteligente e proativa. Isso significa investigar de maneira permanente não só os seus gastos, mas também quais são os possíveis riscos para sua vida financeira que o uso dele traz.

Se concentra mensalmente um bom volume de gastos em seu cartão e seu nível de renda é elevado, isso lhe dá certo poder para negociar as taxas, formas de parcelamento e anuidades que a administradora do cartão cobra de você. Verifique no comprovante de despesas o que está sendo cobrado.

Não se sinta constrangido em ligar para a operadora e pedir uma redução ou isenção completa no valor da anuidade. O valor total das anuidades pode custar mais de R$1 mil por ano. Diga à operadora que você não quer mais pagar essa taxa ou, pelo menos, deseja um bom desconto. Caso eles afirmem que não é possível reduzir o valor, fale que cancelará o cartão e solicitará um novo em outro banco. Se você for um bom pagador e tiver um nível de renda razoável, a possibilidade de ter sua solicitação atendida é grande.

Devemos saber, no entanto, que a flexibilidade das operadoras de cartão vem diminuindo no que tange à negociação de taxas de juros, formas de pagamento parcelado e anuidades. Principalmente quando os cartões são emitidos pelos grandes bancos. O poder de alçada dos gerentes de conta já não é mais o mesmo de tempos atrás, e muitos deles não têm mais o poder de reduzir ou mesmo isentar bons clientes do pagamento de algumas taxas.

No universo dos cartões de crédito, há outro mundo, formado por cartões premium e exclusivos, que oferecem possibilidades de ganhos e benefícios bem maiores para seus portadores. São produtos, entre outros, como Mastercard Black, Visa Infinite, Elo Nanquim, American Express Centurion. Esses cartões são oferecidos para pessoas que têm renda mensal alta e, principalmente, gastos elevados — entre R$10 mil e R$20 mil por mês.

TAXA DE ROLHA

Além das milhas, que podem ser transformadas em passagens aéreas — de longe a vantagem mais cobiçada pelos usuários —, esses cartões podem oferecer seguro-viagem gratuito, desconto no aluguel de carros, acesso a salas VIP nos aeroportos, descontos na contratação de seguros para carros e até mesmo benesses pouco conhecidas. Entre elas está o direito de levar seu próprio vinho para degustá-lo em um restaurante e ser isento de pagar a taxa de rolha[7] — o que pode significar uma boa economia quando se sabe que é usual nos grandes centros que os restaurantes cobrem valores de R$50 a R$100 pela rolha.

Essas vantagens são especialmente atraentes para aquelas pessoas que viajam com frequência, por lazer ou a trabalho.

Eu, Paulo, por morar em Belém, no Pará, e me deslocar frequentemente para o sudeste do país, considero essas vantagens bastante relevantes. Com os cartões, tenho o seguro-viagem, seguro-bagagem e descontos na locação de carros. Se a viagem for para fora do Brasil, posso usufruir de assistência médica no exterior e ter direito a um chip de celular em qualquer país.

Mesmo antes de embarcar no avião, ainda no aeroporto, o benefício de poder usufruir das salas VIP faz uma grande diferença. Em alguma delas, você tem direito a buffet com comida de ótima qualidade — o que traz uma economia diante dos altos preços nos restaurantes dos aeroportos —, uma boa e segura rede de wi-fi, conforto para fazer reuniões online e embarque prioritário. Quando a espera pela conexão é excepcionalmente longa, é possível até mesmo tomar um banho nessas instalações, evitando gastos com um hotel. Ou seja, todos esses serviços, se fossem contratados, teriam um valor significativo.

Usufruir verdadeiramente desses benefícios exige, no entanto, uma sólida maturidade financeira: saber calcular com acerto a própria capacidade de se endividar e lidar com sabedoria com o crédito, sempre pagando a fatura até o vencimento pelo valor total, para evitar os juros elevadíssimos. Desde que você tenha o domínio sobre sua vida financeira, será estratégico fazer o maior número possível de compras exclusivamente no cartão de crédito e passar a usufruir de todos os benefícios que ele proporciona.

É possível até mesmo transferir gastos fixos — como conta de luz, de água, do celular e plano de saúde — e até o IPVA dos automóveis para serem pagos pelo cartão. Essa é uma boa tática para ter o nível de gasto exigido por alguns cartões que vinculam os benefícios que oferecem ao valor da fatura mensal.

---

7 A *taxa de rolha*, ou simplesmente *rolha*, é cobrada pelos restaurantes dos clientes que trazem seu próprio vinho ao estabelecimento, em vez de adquiri-lo da adega local. Saiba mais em: http://blog.vinhosite.com.br/entenda-o-que-e-e-como-funciona-a-taxa-de-rolha-cobrada-nos-restaurantes/.

Há pelo menos duas vantagens em incorporar essas contas no cartão de crédito. A primeira delas é que, dessa maneira, podemos aumentar o valor da fatura sem termos de fazer gastos extra exagerados e, assim, nos tornarmos elegíveis para receber benefícios. A segunda vantagem — o que é inclusive recomendado por planejadores financeiro — é que, a partir do momento em que concentramos todas nossas despesas no cartão de crédito, torna-se mais fácil controlar nossos gastos, que estarão reunidos em um mesmo lugar. Se bem usada, a fatura é preciosa para entendermos nossa vida financeira.

Os cartões que trazem vantagens mais parrudas estão, na maioria das vezes, ligados aos bancos tradicionais, os chamados "bancões". As fintechs — aqueles bancos que operam exclusivamente via aplicativos e não costumam ter agências — oferecem cartões que, de modo geral, não trazem benefícios como pontos para passagens aéreas, seguro-viagem, acesso a salas VIP ou descontos para aluguel de carros, pelo menos enquanto escrevemos este livro.

Suas vantagens se restringem, por exemplo, a oferecer *cashback* para os clientes que concordam em colocar a fatura do cartão em débito automático. Ou seja, depositam um percentual das compras feitas na conta bancária do cliente. Nesse sentido, para quem prefere usufruir de passagens aéreas, descontos em restaurantes e locação de automóveis, manter uma conta nos bancos tradicionais ainda é um bom negócio.

Por outro lado, ter um *cashback* pode ser uma boa para aqueles portadores de cartões de crédito distraídos que muitas vezes se esquecem de resgatar os seus pontos e perdem o direito de utilizá-los. Isso equivale a perder dinheiro. Eu, Carlos, já passei por esse problema algumas vezes.

CHEQUE ESPECIAL

Talvez seja um exagero chamar de "falso amigo" o cheque especial. Ele, como o cartão de crédito, é um produto financeiro que não tem vontade própria e é uma fonte de financiamento caríssima. Mas, quando é desafiado, o cheque especial costuma provocar ferimentos profundos em nossa conta bancária e fraturas sérias em nossa vida financeira. Da mesma maneira como ocorre com o cartão de crédito, o cheque especial costuma ser entendido erroneamente como parte integrante da contabilidade empresarial e pessoal.

Esse equívoco é compartilhado por um número assustador de empresas, sobretudo as de pequeno e médio porte. Uma pesquisa realizada pela fintech

Nexoos em 2019 e publicada pelo *Valor Invest*[8] mostrou que 78% das empresas com faturamento entre R$100 mil e R$500 milhões utilizaram o cheque especial para fechar suas contas.

O dado, além de mostrar a precariedade do planejamento financeiro da grande maioria dessas empresas, indica que a escolha de endividamento delas é a pior possível, já que, dentre todas as possibilidades de empréstimo do mercado, a taxa de juros do cheque especial é uma das mais altas. Em setembro de 2019, época em que a pesquisa foi feita, a taxa de juros anual média nessa modalidade era de 330,2%, enquanto naquele mesmo mês outros tipos de empréstimos, como as linhas para capital de giro, estavam por volta de 15,7%.[9]

Olhando para esses números, parece uma escolha sem qualquer lógica, não é mesmo? O poder hipnotizante que o cheque especial tem sobre as pessoas está na facilidade com que ele pode ser acessado. Não é preciso conversar com o gerente, esperar pela análise de um comitê de crédito ou dar garantias de qualquer espécie. É um dinheiro que está à sua disposição para uso imediato. No entanto, ele não é seu e cobrará juros elevadíssimos se você decidir usá-lo.

> *Para mim, Carlos Eurico, não se deve nunca utilizar o cheque especial a não ser em uma eventualidade em que você, distraído, não tenha percebido que faltou dinheiro na sua conta e está na iminência de, por exemplo, dar um cheque sem fundos ou precisar fazer um pagamento m uma situação de emergência durante o fim de semana. Eu encaro o cheque especial dessa maneira, uma boia de emergência para você manter sua credibilidade e reputação acima da linha-d'água e não prejudicar um eventual credor. Mas tenho certo para mim que, fora essas situações, não se deve nunca contar com esse recurso, pois é um dinheiro que pode levá-lo à ruína.*

DEZ DIAS SEM JUROS

Uma tendência que vem surgindo entre os bancos é a de oferecerem o uso do cheque especial por, por exemplo, dez dias sem que sejam cobrados juros sobre o montante do limite que foi usado. Em geral, a oferta dessa facilidade

---

8 https://valorinveste.globo.com/objetivo/empreenda-se/noticia/2019/11/18/78percent-das-empresas-recorreram-ao-cheque-especial-nos-ultimos-18-meses.ghtml.

9 Idem.

é condicionada à compra de algum produto do banco ou um relacionamento financeiro diferenciado por parte do correntista.

Essa modalidade pode ser uma estratégia de emergência. Eu, Paulo, já a utilizei algumas vezes, principalmente com a intenção de preservar alguma aplicação que havia feito, cuja data de resgate não coincidia com a data de recebimento de meus ganhos. Mas é algo que deve ser tratado com muita cautela.

Se por acaso o saldo negativo não for acertado naquele prazo de dez dias, no dia seguinte não será cobrado apenas um dia do uso do cheque especial, mas, sim, os onze dias em que aquele dinheiro extra foi utilizado. Isso significa que o prazo de carência de dez dias — ou qualquer outro que a instituição financeira tenha estabelecido — transforma-se em dez dias de cobrança de juros no saldo em descoberto, caso a dívida não tenha sido honrada no prazo estabelecido.

Alguns parágrafos atrás, falamos do "poder hipnotizante" que o cheque especial exerce sobre as pessoas.

Eu, Paulo, posso confirmar a existência desse feitiço. Houve uma época em minha vida que eu pagava R$1 mil de juros todos os meses no cheque especial. O que me deixa perplexo atualmente é me lembrar que isso, à época, não era uma dor para mim. Eu percebia aquela despesa como um recurso de rotina para manter minhas contas.

O que acontecia era que eu não tinha uma organização que me permitisse manter minha conta com saldo positivo de um mês para o outro. Recebia meu salário no dia 25, mas enquanto o dinheiro não era depositado, ia pagando minhas contas com cheque, cartão de débito e cartão de créditos, e quando o salário voltava a ser depositado, já havia usado grande parte do limite do cheque especial — algumas vezes por até vinte dias.

Essa é a rotina da maioria dos médicos. Já vi muitos colegas agindo exatamente dessa maneira. Suas contas caem nos dias 5, 10 ou 15, e, sem dinheiro em conta, vão pagando tudo com o cheque especial. O ponto que queremos destacar aqui é que o cheque especial não é uma renda complementar, mas, sim, um empréstimo que cobra juros muito altos. Se puder evitá-lo, melhor será para você.

Talvez esses médicos, que ficam momentaneamente com o saldo descoberto, poderiam se beneficiar desse tal recurso oferecido pelos bancos que oferecem esse prazo de dez dias sem cobrança de juros. Mas não são todos os bancos que têm essa facilidade em seus cardápios. Mas, então, por que não mudar de banco?

MUDAR PARA FINTECHS

Sim, para algumas pessoas, essa pode ser uma boa estratégia para lidar com seus compromissos bancários. Muita gente, no entanto, se sente desanimada com a ideia de mudar de bancos. Você já conhece a instituição, tem várias contas em débito automático registradas ali, todas as senhas terão de ser trocadas... Puxa, isso dará trabalho! Os benefícios oferecidos por outra instituição precisam ser muito vantajosos para que tomemos a decisão de abandonar nosso banco e migrar para outro.

Isso sem falar que os bancos têm departamentos de marketing eficientes e vigilantes e acabam todos adotando mais ou menos os mesmos serviços que são oferecidos no mercado. Quando algum deles apresenta uma novidade, não demora muito para que ela seja copiada por todos os outros *players*. No entanto, há como mudar de banco sem sair de sua antiga instituição. Uma decisão inteligente é a de abrir uma conta bancária em uma fintech. As fintechs trazem algumas vantagens sobre os "bancões".

Algumas delas são: não cobram tarifas de manutenção de conta; emissão gratuita de um determinado número de boletos por mês; isenção da cobrança de TEDs e taxas de juros em empréstimos e financiamentos mais baratas. Outra vantagem que as fintechs têm sobre os "bancões" é que praticamente não existem no mundo material. Seus serviços são exclusivamente digitais e suas agências, balcões, filas, caixas, gerentes, transferências, empréstimos e aplicações ficam em seu bolso, no chip de seu celular.

É possível, inclusive, manter mais de uma conta em fintechs sem ter qualquer despesa de manutenção de conta, algo que não acontece nos bancos feitos de vidro, aço e concreto. Como já foi dito, "bancões" ainda oferecem serviços que não estão no portfólio das fintechs — os cartões de crédito diferenciados, por exemplo. É necessário ainda convivermos com essas instituições tradicionais, embora tudo indique que a tendência seja a de que os bancos digitais aumentem gradativamente sua oferta de produtos, diminuindo sua diferença para seus pares mais velhos.

Portanto, quando olharmos para nosso extrato bancário e enxergarmos todas aquelas taxas que nos foram cobradas, devemos nos lembrar de que existem bancos que não cobram esses serviços de seus clientes. Com isso em mente, podemos examinar os benefícios e as perdas que uma migração poderia provocar e, a partir daí, tomar nossas decisões.

COOPERATIVAS PERSONALIZADAS

Entre "bancões" e fintechs, há outra entidade financeira, que costuma ter um perfil mais modesto, mas é capaz de oferecer benefícios relevantes para os médicos. Estamos falando das cooperativas de crédito às quais os médicos podem se filiar. Ao contrário das fintechs, elas cobram taxas pelos serviços que prestam, mas estas costumam sair bem mais em conta do que as dos bancos tradicionais. Os juros que cobram pelos eventuais empréstimos também são mais camaradas e os cartões de crédito oferecem vantagens similares aos dos "bancões".

Há, ainda, uma vantagem a mais nessas cooperativas, principalmente nas cidades menores, como Santa Cruz do Sul onde eu, Carlos Eurico, moro. Trata-se de um serviço personalizado semelhante àquele que existia nos bancos do passado. O gerente conhece você, o rapaz do caixa também, sabem que você é um bom pagador e movimenta seu dinheiro ali. Isso facilita o relacionamento, dá mais transparência aos entendimentos e permite que, em emergências, os problemas sejam solucionados de uma maneira personalizada, sem a intermediação impessoal das centrais de atendimento ou de gravações automatizadas.

Posso dar um bom exemplo disso. Antes do surgimento do PIX, houve um dia em que fui a Blumenau, em Santa Catarina, a trabalho. Deixei meu carro no estacionamento do aeroporto em Porto Alegre. Depois que o avião aterrissou no aeroporto de Navegantes, estava indo pegar o ônibus para ir até Blumenau, a 53 km de distância, quando me dei conta de que havia esquecido a minha carteira no console do carro. Não tinha um centavo no bolso, nem cartão de crédito, nem de débito. Liguei para a cooperativa, falei com a gerente, e imediatamente fizeram uma transferência para mim. Algo assim seria impossível com algum desses bancos de grande porte. Nem mesmo com alguma fintech.

Outra questão que favorece as cooperativas é que toda movimentação financeira que é feita com elas gera uma participação nas sobras.[10] *Ao final do ano, há uma assembleia geral em que é decidido que destino dar a esse lucro. Ele pode ir para algum fundo específico ou ser distribuído para os cooperados. Já recebi algo em torno de R$3 mil como sobra da cooperativa.*

---

10 Na contabilidade das cooperativas, o resultado positivo (lucro) apurado no exercício denomina-se *sobra*. No caso de prejuízo, utiliza-se o termo *perda*. Saiba mais em: http://www.portaldecontabilidade.com.br/tematicas/sobras-ou-perdas-liquidas-da-cooperativa.htm.

Da mesma maneira que podemos trocar de instituição financeira para alguma que nos pareça mais adequada — inclusive para aquelas que eventualmente nos tirarão de apertos quando esquecermos nossa carteira —, também é possível que renegociemos eventuais dívidas com os bancos dos quais somos correntistas. Se tivermos financiamentos contratados há mais tempo e verificarmos que estamos pagando juros demasiado altos, podemos tentar renegociar essas taxas com nosso banco. Se não conseguirmos reduzir os juros na negociação, podemos fazer a portabilidade de nossas dívidas para outra instituição financeira.

Em momentos econômicos em que os juros estão mais baixos, torna-se obrigatório que tentemos renegociar a dívida ou transferi-la para um banco que ofereça taxas menores. Essa renegociação e todas as outras oportunidades de readequar nossa vida financeira exigem, no entanto, aquela atitude à qual já nos referimos mais de uma vez neste livro: dedicar tempo para examinar sua vida financeira. Sem se dar esse período de observação das próprias contas, seu dinheiro fugirá de suas mãos sugado pelo saco sem fundo dos juros, dos contratos malfeitos e dos ganhos não realizados.

DR. CI, DR. JC E DR. TAR

Depois de ouvir o relato de todos os perigos que se escondem no mundo financeiro aqui relatados, o Dr. CI coçou a cabeça e tentou escolher bem as palavras a dizer, mas deu uma risadinha e decidiu falar na lata: "Não sei por que tanta preocupação assim com o cheque especial. Sempre o usei e nunca passei por nenhum problema grave. Além disso, me dou muito bem com o gerente do meu banco, posso até dizer que ele é meu amigo. Sempre me oferece alguns produtos do banco, o que eu acho ótimo, pois não tenho tempo para pensar nessas coisas."

No entanto, há vezes em que o Dr. CI se assusta com a anuidade de seu cartão *black* ou com o quanto paga de tarifas bancárias. Mas isso acontece muito raramente, pois seu tempo é corrido. Uma vez, comentou isso com o gerente, mas foi convencido de que os valores estavam de acordo com o mercado. Acabou saindo do banco com mais um "investimento" no CDB de liquidez diária sugerido pelo gerente, um produto que rende próximo à taxa básica de juros — e que, em alguns cenários, fica até mesmo abaixo da inflação projetada. Decidiu deixar suas desconfianças para lá. Havia ocasiões em que ele nem mesmo encontrava tempo para examinar o saldo bancário. Vez ou outra, ia para o negativo e, aí, usava boa parte de seu limite de cheque especial. "Isso deve sair caro", ele pensava. "Uma hora dessas preciso dar uma estudada nesses extratos."

O Dr. JC também não está pensando em extratos bancários. Sua mente está longe, ocupada com sua nova namorada. Eles haviam combinado de ir para um hotelzinho na praia, coisa fina. O Dr. JC havia dobrado alguns plantões, mesmo assim, o dinheiro extra talvez não desse para pagar as despesas. Era um hotel caro, e a namorada ainda estava na faculdade, o que tornava impossível para ela rachar a conta. "É", ele pensava, "talvez o dinheiro não dê. Mas tenho o cheque especial, vai dar tudo certo".

Alguns dias antes, o Dr. JC estava lendo alguns blogues e assistindo vídeos no YouTube que tratavam da disciplina financeira. "É preciso controlar o nosso dinheiro", dizia um post de um dos blogues — e ele estava de acordo com a afirmação. Mas ele era jovem, tinha muito tempo pela frente. Não seriam quatro dias na praia que comprometeriam seu futuro. Precisava descansar. Praia, hotel bom, namorada divertida e bonita. Quem sabe no meio do ano não dava para irem até Bariloche esquiar?

O Dr. TAR também vai viajar com a namorada. Um hotel muito bom, caro também. Mas isso não o preocupa muito, afinal, ele conseguiu um belo desconto nas diárias com os pontos de seu cartão, que também garantiram as passagens aéreas gratuitas. Tudo isso, ele pensava, graças à sua determinação em pagar o máximo de contas e despesas com seu cartão para aproveitar os benefícios oferecidos. O cartão está vinculado a um "bancão" no qual ele mantém uma conta, mas há dois anos ele vem economizando bastante em taxas bancárias, concentrando todas as operações — como transferências e emissão de boletos — em uma fintech.

Foi também no banco digital que ele conseguiu renegociar um financiamento imobiliário e, graças à portabilidade, transferi-lo de seu "bancão" para esse banco digital. O que mudou? Os juros baixaram de 10% ao ano para 6% ao ano. A diferença em um ano pagaria uma viagem, dele e da namorada, para Paris. Mas o Dr. TAR não está pensando em Paris. O foco é aproveitar o momento, mas continuar de olho em suas finanças.

No próximo capítulo, trataremos das estratégias para uma gestão inteligente de impostos.

12

PAGAR **MENOS IMPOSTOS** É POSSÍVEL QUANDO SE USA A **INTELIGÊNCIA TRIBUTÁRIA**

Pagar impostos é nossa obrigação. Deveríamos ficar felizes por termos essa oportunidade. Além de ser um gesto absolutamente necessário para manter a sociedade funcionando de maneira adequada — do mesmo modo que a taxa de condomínio de um edifício permite que ele seja habitável —, pagar impostos é um sinal inequívoco de que você está ganhando dinheiro, produzindo. Se seu imposto vem aumentando nos últimos anos, parabéns, você é um sucesso profissional!

Somos, portanto, inteiramente a favor que se paguem impostos. No entanto, legislações tributárias de todos os países — e talvez a brasileira em particular — costumam ser complexas e até ambíguas. O emaranhado de leis, portarias e resoluções pode nos induzir a pagar mais impostos do que deveríamos. No entanto, é possível diminuir o peso dos tributos devidos colocando em funcionamento a inteligência tributária, a nossa própria e a dos contadores ou das assessorias jurídico-tributárias, e manter-se estritamente dentro da legalidade.

Não precisamos entender de maneira aprofundada as leis que regem o pagamento dos tributos, mas um conhecimento básico do assunto já é capaz de evitar que façamos escolhas incorretas, pagando além do necessário ao Fisco.

Eu, Paulo, sou testemunha dessa falta de conhecimento dos médicos sobre como lidar com impostos. Lembro-me de que, quando fui receber o pagamento pelo meu primeiro plantão, alguém me explicou que aquele montante era o valor líquido e os impostos já haviam sido descontados. Eu, claro, já havia ouvido falar sobre o Imposto de Renda, mas não fazia ideia de como ele era cobrado ou qual era o valor que eu deveria pagar por ele.

Na faculdade de medicina, ninguém explica o que você terá de pagar de impostos, muito menos quais são as melhores alternativas para o médico acertar suas obrigações com a Receita Federal. Se não vier de casa com essa orientação, se alguém da família não lhe explicou antes o que são esses tributos, você começa a trabalhar sem entender nem mesmo o que é o desconto de um imposto na fonte. Esse desconhecimento poderá facilmente levá-lo a tomar decisões incorretas, com o potencial de lhe trazer prejuízos.

VÍNCULOS DIFERENTES

Para aumentar a confusão, existem diferentes vínculos de trabalho possíveis que podemos assumir em nossa carreira profissional. Se for contratado, por exemplo, com carteira de trabalho assinada por um hospital, instituto ou clínica para realizar plantões ou consultas, você será regido pela Consolidação das Leis do Trabalho (CLT), a lei que regulamenta as relações entre patrões e empregados.

Você também pode receber o pagamento diretamente do município para o qual trabalhará. Uma terceira possibilidade é ter uma empresa, um Cadastro Nacional de Pessoa Jurídica (CNPJ). Nesse caso, os pagamentos que receberá pelos serviços que prestou serão feitos para essa empresa da qual você é dono ou sócio. Cada uma dessas possibilidades tem seu próprio regime tributário, o que exige que você recolha seus impostos e faça sua declaração anual de IR de maneiras diversas.

Em geral, considera-se que trabalhar com carteira assinada em uma empresa que siga à risca o que propõe a CLT é o melhor dos mundos. Há um debate crescente na sociedade brasileira se essa legislação — sancionada em 1943 pelo então presidente Getúlio Vargas[1] — não estaria há muito defasada em relação às novas exigências do mercado de trabalho.

Essa discussão foge do escopo deste livro, mas não há dúvidas de que benefícios como o direito a trinta dias de férias pagas, 13º salário, a possibilidade de ter uma licença remunerada em caso de doença e depósitos de FGTS feitos pelo empregador, que podem ser de grande relevância quando se decide comprar um imóvel, são vantagens tentadoras para qualquer profissional.

O imposto devido mensalmente por aqueles que têm seus contratos de trabalho regidos pela CLT são descontados na fonte, ou seja, o próprio empregador remete os percentuais correspondentes às obrigações tributárias diretamente para a Receita Federal. O Imposto de Renda está entre esses "descontos na fonte" e varia de acordo com o valor do salário.

Profissionais autônomos, que não sejam pessoas jurídicas, também têm desconto na fonte e são obrigados a recolher impostos sobre seus ganhos. Para quem é autônomo ou trabalha com carteira assinada, as alíquotas correspondentes à faixa de renda são as mesmas, como mostra o quadro a seguir.[2]

QUADRO 1 Tabela progressiva de Imposto de Renda[3]

Rendimento (*)	Alíquota do IR	Parcela a deduzir do IR
até **R$1.903,98**	Isento	-
de **R$1.903,99** até **R$2.826,65**	7,5%	R$142,80
de **R$2.826,66** até **R$3.751,05**	15%	R$354,80
de **R$3.751,06** até **R$4.664,68**	22,5%	R$636,13
acima de **R$4.664,68**	27,5%	R$869,36

(*) Referente ao imposto de 2020/2021.

1 http://www.guiatrabalhista.com.br/tematicas/clt.htm.

2 https://www.jornalcontabil.com.br/clt-principais-impostos-sobre-a-folha-de-pagamento/.

3 https://www.gov.br/receitafederal/pt-br/assuntos/orientacao-tributaria/tributos/irpf-imposto-de-renda-pessoa-fisica.

Saber que parte do que os médicos assalariados recebem mensalmente é automaticamente descontada para a Receita Federal foi uma surpresa para mim, Paulo. A dúvida que eu tinha a respeito do salário era bem básica. Não entendia o que era o "salário líquido", que é o resultado do "salário bruto" subtraído dos descontos obrigatórios relativos ao INSS e IR.

Penso que outros colegas tenham dúvidas assim, o que é um problema. Em primeiro lugar, porque, se não souberem que, ao fazer suas declarações anuais de Imposto de Renda, poderão ter acesso a restituição de parte dos valores de IR já recolhidos pelo empregador, e, assim, não receberão um dinheiro de volta — o que é um direito seu. Gastos com dependentes, educação, saúde, doações, pensão e previdência privada também podem ser deduzidos, em percentuais determinados, na declaração anual do IR na modalidade completa.

Todas as vezes em que uma pessoa jurídica — ou seja, uma empresa — remunera uma pessoa física por algum serviço prestado, a pessoa jurídica é obrigada a recolher o imposto devido junto à Receita Federal. O percentual recolhido varia de acordo com o valor do pagamento, como é mostrado no Quadro 1.

O mesmo acontece se o médico é pago por algum município ou estado para o qual tenha prestado, por exemplo, um plantão. Nesse caso, é assinado um contrato entre o médico e o órgão público. Não há nenhum contracheque ou qualquer outro documento que mostre o que está sendo descontado mensalmente para a Receita. No final do ano, o município ou o estado apresenta para o médico um demonstrativo de tudo o que foi recolhido de impostos, um documento que é chamado de Cédula C, no qual constam todas as informações dos pagamentos feitos ao longo de um ano.

DESCONTOS DISTINTOS

Você já deve ter se perguntado: se recebo meus salários líquidos todo mês, por que ainda tenho de pagar mais imposto na declaração de ajuste anual no início do ano seguinte? Um dos motivos para isso acontecer é o fato de o médico habitualmente ter vários vínculos empregatícios, o que fica claro quando olhamos os dados da demografia médica de 2020.[4] O percentual de profissionais com quatro ou mais vínculos passou de 24,2% em 2014 para 44% em 2019.

O que acontece é que seu chefe paga seu imposto à Receita Federal mensalmente por faixas, conforme o Quadro 1. E quando você prestar conta no início

4 SCHEFFER, M. *et al. Demografia médica no Brasil 2020*. São Paulo: FMUSP; CFM, 2020. 312 p.

do ano com a Receita Federal, ela utilizará o Quadro 2 para calcular o seu imposto devido daquele ano — a maioria dos médicos atinge a última alíquota do quadro por receber um montante anual superior a R$55.976,16. Então, se por um acaso alguns de seus recolhimentos mensais retidos na fonte forem inferiores à alíquota de 27,5% — apesar de ser o devido para aquele mês —,na declaração no final do ano, a Receita Federal recalculará a partir do Quadro 2. Vamos para um exemplo prático.

Imagine um médico que receba de duas fontes pagadoras. No emprego 1, seu rendimento mensal foi de R$3.600 para um turno de visita em enfermaria, e no emprego 2, recebeu R$7.200 em sua escala de plantão em urgência e emergência. O imposto recolhido na fonte nesse mês para cada emprego, respectivamente, usando o Quadro 1, foi de R$185,20 (alíquota de 15%) e R$1.110,64 (alíquota de 27,5%). Caso esse médico e mantenha tais salários por 12 meses, seus rendimentos serão de R$129.600. Acompanhando no Quadro 2, veremos que isso supera o valor de R$55.976,16, então a alíquota final será de 27,5%, sendo que no emprego 1 ele estava retendo na fonte mensalmente uma alíquota de 15% — inferior ao imposto devido anual —, fazendo com que ele tenha de pagar mais imposto na declaração anual. Perceba que, se ele não retiver o teto em seus empregos mensalmente, terá de recolher a mais na declaração de ajuste anual, porque é nesse momento que realmente é calculado o valor devido de imposto daquele ano.

Aqui está a segunda razão pela qual você deve saber que seus impostos devidos são descontados diretamente pela fonte de pagamento. É comum recebermos de várias fontes pagadoras, recebendo de mais de um hospital, entidades públicas ou cooperativas. Isso implica, portanto, na possibilidade de o imposto retido na fonte mensalmente por cada fonte pagadora não ser o valor devido que você usará para prestar contas para a Receita Federal em sua declaração de ajuste anual no mês de maio do ano seguinte. Se por um plantão paga-se, por exemplo, R$3.600, a alíquota do imposto será de 15%; caso a remuneração seja maior, digamos, R$9 mil, o valor do desconto subirá para 27,5%.

Quando você trabalha para diferentes empresas e entidades públicas, maior é a chance de os impostos retidos na fonte mensalmente terem valores diferentes. Essa particularidade costuma causar confusão quando vamos calcular o montante que devemos acertar com a Receita Federal na declaração de ajuste anual. Isso acontece porque o tributo que foi retido mês a mês na fonte separadamente para cada fonte pagadora poderá ser menor do que o valor a ser pago quando se somam todas as remunerações vindas de fontes diferentes no ano.

Um exemplo pode deixar isso mais claro. Vamos voltar àqueles valores de R$3.600 e R$9 mil citados anteriormente e que foram pagos para o médico plantonista em um mês de trabalho. De acordo com o quadro, o primeiro plantão, no valor de R$2 mil, exige o pagamento de 7,5% de imposto, ou seja R$150. Para o segundo plantão, R$2.900, a tabela indica um imposto de 15%, equivalente e R$435. Somados esses dois valores, teríamos R$585 em impostos a serem pagos, que foram retidos na fonte pelas pessoas jurídicas que contrataram os serviços do médico.

No entanto, ao levarmos em conta o pagamento dos dois plantões — de R$2 mil e R$2.900 —, você terá recebido R$4.900 pelo seu trabalho. Esse valor tem, na tabela do IR, uma alíquota de 27,5%, o que corresponde a R$1.347,50. Há, então, dois cenários. No primeiro, o imposto retido pelos valores isolados soma R$585. No segundo, o tributo exigido para a soma do que foi pago pelos dois plantões é de R$1.347,50.

Há, portanto, uma diferença para mais de R$762,50 de imposto devido, o qual a Receita Federal cobrará de você na próxima declaração de reajuste. Sabemos que médicos fazem dezenas de plantões ao longo do ano. Essas diferenças, portanto, podem se tornar significativas. Se não ficar atento a esse valor a mais, certamente levará um grande susto quando for calcular sua declaração de ajuste anual.

Os médicos costumam ganhar por mês bem mais do que os R$4.900 que utilizamos neste exemplo, o que os coloca na quinta faixa da base de cálculo do IR, na qual estão os rendimentos anuais acima de R$55.976,61 e para a qual a alíquota é de 27,5%. É possível observar esse fato no Quadro 2.

QUADRO 2 Tabela anual de Imposto de Renda[5]

Base de cálculo	Valor rendimento anual (*)	Alíquota do IRPF	Parcela a deduzir do IR
1ª Faixa	até **R$22.847,76**	**Isento**	-
2ª Faixa	de **R$22.847,77** até **R$33.919,80**	7,5%	**R$1.713,58**
3ª Faixa	de **R$33.919,81** até **R$45.012,61**	15%	**R$4.257,57**
4ª Faixa	de **45.012,62** até **R$55.976,16**	22,5%	**R$7.633,51**
5ª Faixa	acima de **R$55.976,16**	27,5%	**R$10.432,32**

(*) Referente ao imposto de 2020/2021.

5 Idem.

Tanto no Quadro 1 quanto no Quadro 2, há um detalhe que deve ser considerado com atenção por você e sobre o qual ainda não falamos. Trata-se da coluna "parcela a deduzir". Ela se refere à fração que a Receita Federal deduz do imposto que é devido mensalmente para cada pagamento feito ao contribuinte. É um desconto — o que é sempre bom —, mas se não for entendido com precisão, poderá também provocar pesados e gastos inesperados para você.

IMPACTO NOS COFRES

Por que a Receita Federal dá esse "desconto"? Ele é proveniente do método de cálculo. Como o imposto é cobrado por faixas, não se pode simplesmente pegar o valor total e aplicar alíquota percentual, deve-se ir aplicando alíquota por cada faixa até chegar no valor final da tabela progressiva, conforme Quadro 1. Para simplificar o cálculo, aplica-se a alíquota no valor total e subtrai-se o desconto fixo da tabela.

Esse potencial problema, no caso das parcelas a deduzir — semelhante ao que acontece no exemplo anterior dos descontos de IRPF —, também surge do fato de que muitos médicos trabalham para várias instituições diferentes, ou seja, têm mais de uma fonte pagadora. Como a Receita Federal não tem o controle mensal de quantas empresas diferentes estão pagando àquele médico específico, ela deduz a parcela automaticamente para todos os pagamentos feitos.

Se em um dado mês você deu um plantão no hospital A e no B, a Receita Federal credita o desconto referente a esse pagamento em ambos os hospitais.

Isso seria ótimo para você, caso não criasse uma distorção, já que, de acordo com a legislação, a dedução deve ser dada exclusivamente a cada contribuinte — ou a cada CPF —, não importando quantas fontes o pagaram. Se o desconto, no mês ou no ano, tiver sido maior do que o permitido pela Receita Federal, você terá de devolver o que foi deduzido equivocadamente.

O exemplo a seguir mostra como se dá essa situação. Imagine que você trabalha para três diferentes empregadores. Cada um deles lhe paga mensalmente acima de R$4.664,68. Tomados individualmente, esses pagamentos dão direito a uma dedução de R$869,36 por mês (confira no Quadro 1). Como são três os pagamentos mensais, você recebe automaticamente da Receita Federal R$2.608,08 em deduções todos os meses — ou seja, R$31.296,96 ao ano. Mas esse desconto, como já foi dito, deveria se restringir a R$869,36 por mês, ou R$10.432,32 em um ano (veja no Quadro 2).

Portanto, houve ali uma dedução indevida, maior do que deveria ser dada. Você não tem direito a tantos descontos assim. A Receita Federal detectará esse pagamento a mais ao processar os impostos que lhe são devidos. Ela descobrirá que você foi beneficiado com R$20.864,64 acima do que era seu direito. Você será, então, obrigado a devolver essa quantia para os cofres da União. Não há, necessariamente, qualquer malícia de sua parte em relação a esse desconto indevido. Se você não tiver feito uma reserva prevendo essa situação, o prejuízo será o fruto que colherá pelo seu desconhecimento sobre a dinâmica da cobrança de impostos.

Por essa razão, eu, Paulo, recomendo em minhas postagens do canal Dr. Invest no YouTube[6] *que você, para cada trabalho adicional que inicie, calcule o valor da dedução mensal que a Receita Federal está concedendo a mais. Feitas as contas, deve colocar aquilo que foi concedido a mais em uma aplicação segura, como provisionamento para o pagamento futuro dos impostos devidos.*

A RECEITA FEDERAL NÃO ESQUECE

Agindo assim, quando chegar o momento de apresentar o ajuste anual, você terá uma reserva garantida para fazer frente a esse pagamento exigido. Não haverá surpresas. Sempre é importante manter na cabeça que aquele dinheiro investido não lhe pertence, e, sim, à Receita Federal, que nunca se esquecerá de cobrá-lo.

Esse cuidado — de construir um provisionamento para pagar impostos na época do ajuste anual — ainda é, infelizmente, uma prática que pouquíssimos colegas têm. O impulso do médico é o de fazer cada vez mais plantões, sem se importar com o impacto disso sobre suas finanças. Aceitam trabalhos sem nem mesmo se lembrar de que em algum momento terão de prestar contas ao Fisco pelos serviços que prestaram.

Na verdade, muitos médicos sabem que há um desconto de imposto na fonte, mas se confundem por pensar que aquela cobrança já os deixou em dia com a Receita Federal. Se esquecem ainda de que, ao serem somados, os rendimentos podem passar para uma faixa tributária mais elevada e gerar um imposto que terá de ser pago na declaração anual. Também costumam desconhecer o fato de que a parcela da dedução cedida pela Receita Federal beneficia exclusivamente o CPF do contribuinte, não podendo ser multiplicada pelo número de fontes pagadoras da qual ele recebe.

---

6 Acesse o canal por meio do link: https://www.youtube.com/watch?v=WuwLx_gadEM&list=PLF3UbsoALBTm91kES5_5x0KX9o-2gJW9j&index=6.

Essa distração custa caro. O tributo tem um valor alto para aqueles que ultrapassam a barreira dos R$4.664,68 mensais: 27,5%, quase um terço do recebimento do trabalho feito. Por um imposto menor do que este, 20%, os mineiros se revoltaram contra o domínio português no século XVIII, prepararam uma insurreição e tentaram libertar o Brasil Colônia do domínio de Portugal.[7]

Ao contrário do pagamento a mais de imposto e recebimento incorreto dos descontos padrão oferecidos pela Receita Federal, você também precisa ficar atento à possibilidade de estar contribuindo para a previdência oficial acima do que deveria ser feito. Isso pode ocorrer com a contribuição para o INSS, que também é descontada automaticamente na fonte. Assim como o IR, o INSS também é determinado de acordo com uma tabela progressiva, conforme pode ser visto no Quadro 3, a seguir.

QUADRO 3 Tabela de contribuição dos segurados[8]

Salário de contribuição	Alíquota para recolhimento do INSS
até R$1.100,00	7,5%
de R$1.100,01 até R$2.203,48	9%
de R$2.203,49 até R$3.305,22	12%
de R$3.305,23 até R$6.433,57	14%

(*) Referente à tabela de 2021.

Cada vez que você receber seu pagamento como pessoa física, a alíquota correspondente à sua faixa de remuneração será descontada automaticamente pelo contratante. A partir do momento em que o médico atinge o teto — que em 2021 era qualquer salário a partir de R$6.433,57 —, ele não precisará mais recolher o tributo.

7 Na década de 1780, no movimento que seria conhecido historicamente como Inconfidência Mineira, a elite de Ouro Preto (MG) — à época cidade de grande importância econômica no Brasil — tentou organizar uma insurreição contra o poder colonial de Portugal, pois estava revoltada contra a obrigatoriedade de pagar o "quinto", ou seja, 20% sobre a produção de ouro da região. O movimento foi descoberto e desbaratado antes da sua eclosão. Líderes foram presos, alguns foram exilados na África, e um deles, Joaquim José da Silva Xavier, o Tiradentes, foi enforcado no Rio de Janeiro, em 21 de abril de 1792. Saiba mais em: https://escolakids.uol.com.br/historia/a-inconfidencia-mineira.htm.

8 http://normas.receita.fazenda.gov.br/sijut2consulta/link.action?visao=anotado&idAto=114841.

O que deve ser feito para evitar pagamentos a mais é levar um comprovante para os outros pagadores mostrando que uma das fontes já recolhe o valor referente ao teto e solicitar que eles não descontem o INSS em fonte, conforme seria sua obrigação. Evitar esse pagamento duplo permitirá um aumento no valor de seu recebimento pelo trabalho feito. Mas esse cuidado não precisa ser tomado caso você pretenda fazer uma doação para o país. Pagar o INSS acima do teto não fará com que o contribuinte se aposente mais cedo ou ganhe uma aposentadoria mais gorda.

E para o médico que não conhecia esse seu direito com a previdência oficial, é possível receber de volta o valor pago a mais nos últimos cinco anos, o que pode ser solicitado administrativamente à Receita Federal. No entanto, esse pode ser um processo lento, que frequentemente se estende por mais de um ano para que o ressarcimento seja feito — também é possível solicitar por via judicial, que pode ser uma opção mais rápida. Melhor mesmo é em janeiro já correr e enviar o documento de recolhimento sobre o teto da instituição que lhe paga mais — ou de duas somadas que atinjam o teto — antes que os descontos aconteçam. E fique tranquilo, não precisa enviar todos os meses, só uma vez por ano, sobrando, assim, mais dinheiro no bolso. Isso é inteligência financeira, receber mais recursos trabalhando a mesma quantidade de horas

DUAS DECLARAÇÕES

O momento de acertar a vida com a Receita Federal e receber a restituição do que foi recolhido a mais ou pagar o que deixou de ser honrado é na declaração anual de Imposto de Renda. As pessoas físicas podem optar por duas formas de fazê-lo: a declaração simplificada ou a completa.

A declaração simplificada é a melhor estratégia para quem não tem dependentes nem muitos gastos dedutíveis do IR. Ela oferece um limite máximo de dedução de R$16.754,34,[9] ou 20% sobre o rendimento declarado. Além disso, não é necessário apresentar comprovantes.

Caso esse limite não seja suficiente para contabilizar todos os descontos possíveis, a declaração completa, que é mais detalhada, passa a ser a mais indicada. Nesse tipo de declaração, não há limite para o total da dedução. Mas nessa hipótese, é necessário apresentar todos os comprovantes que mostrem os gastos que são passíveis de serem abatidos do imposto a ser pago.

---

9 https://oglobo.globo.com/economia/imposto-de-renda-2021-declaracao-completa-ou--simplificada-veja-resposta-para-seu-caso-24893113.

Uma estratégia que permite conseguir com mais segurança esses descontos é a apresentação do livro-caixa.[10] Nele, são anotadas todas as despesas relativas ao exercício da profissão pelo médico, cujo valor pode ser abatido do imposto devido. São vários os gastos que podem gerar menos impostos:

- $ Despesas trabalhistas.
- $ Serviços de terceiros.
- $ Despesas com custeio e funcionamento.
- $ Publicidade.
- $ Passagens aéreas e hotéis para congressos.
- $ Assinatura de jornais e revistas técnicas.
- $ Taxas de cursos.
- $ Roupas médicas especiais.
- $ Contribuições a entidades de classe.
- $ Aluguel de imóvel residencial e profissional.
- $ Manutenção e conservação.
- $ Máquinas e equipamentos.[11]

Os comprovantes de todos esses gastos devem ser guardados, pois a Receita Federal pode requisitar esse livro-caixa para comprovar se aquelas despesas foram, de fato, realizadas. Esse dispêndio pode ser descontado de maneira integral em relação ao imposto a ser pago, o que, de novo, torna o livro-caixa um importante recurso contábil.

Outra medida, também estratégica, para reduzir o impacto tributário sobre seus recebimentos são as aplicações no Plano Gerador de Benefícios Livres (PGBL). O PGBL é uma modalidade de previdência privada, incentivada pelo governo, que, se não é uma boa opção como previdência, em comparação com o que é oferecido de rentabilidade em outros produtos financeiros disponíveis no mercado, traz a vantagem de poder reduzir em até 12% o imposto devido, caso você aplique no PGBL esse mesmo percentual do que é devido à Receita Federal.

A vantagem é que é um dinheiro que de qualquer maneira sairia de sua conta, mas que, colocado em uma aplicação, pode ser resgatado algum tempo mais tarde. A estratégia do PGBL é restrita à declaração de renda completa da pessoa física. Pessoas jurídicas não podem se valer desse benefício fiscal.

---

10 https://www.medcapital.com.br/blog-medcapital/tudo-o-que-voce-precisa-saber-sobre-livro-caixa-para-medico-autonomo.

11 Idem.

PJ EM ALTA

A relação de trabalho entre o médico e seus empregadores vem se transformando rapidamente. Cada vez mais estamos nos organizando como pessoas jurídicas e oferecemos nossos serviços como empresa, ou seja, recebemos por meio de nosso CNPJ. Nessa relação, já não há mais retenção na fonte nem os descontos calculados pelas faixas de rendimentos. Também não existem as férias remuneradas, 13º salário ou pagamento do FGTS pelo empregador. Certamente há quem lamente a perda desses benefícios, mesmo assim, a modalidade PJ vem crescendo entre nós.

A percepção é a de que esse modelo é vantajoso tanto para os empregadores quanto para os empregados. Do lado da empresa que contrata nossos serviços, ela não precisa arcar com os custos trabalhistas pesados da legislação brasileira. Já nós, médicos, que tradicionalmente temos ganhos mais altos que a média das demais profissões, nos beneficiamos dos impostos menores que são cobrados, em comparação com aqueles pagos pelas pessoas físicas. Em alguns mercados, como em São Paulo, o médico que não tiver um CNPJ para receber pelos seus serviços dificilmente conseguirá trabalho.

O Simples Nacional costuma ser o regime tributário mais recomendável para o médico que planeja tornar-se uma pessoa jurídica.[12] Como diz o nome desse regime, o propósito é simplificar o pagamento de tributos — que são unificados, evitando que a empresa tenha de pagar guias separadas para as instâncias municipal, estadual e federal. O limite de faturamento para ser enquadrado como Simples é bastante amplo: R$4,8 milhões por ano.[13]

Há diversas modalidades previstas no Simples que permitem diminuir o percentual de impostos devidos. Também nesse regime, o faturamento, o número de funcionários e o montante que é pago ao INSS permitem que se façam composições que poderão reduzir o valor sobre o imposto a ser recolhido.

Uma questão frequente que gera dúvidas para os médicos é sobre onde recolher menos Imposto de Renda? Na pessoa física ou na pessoa jurídica? Vale ressaltar que, para o médico que é empregado ou prestador de serviço, isso normalmente não é uma opção dele; é o contratante quem define as regras para pagamento. Já quando você abre seu consultório ou clínica, terá de decidir essas questões. Dito isso, geralmente a menor carga tributária é para a pessoa jurídica, usando o regime tributário do Simples Nacional ou lucro

---

12 http://www8.receita.fazenda.gov.br/SimplesNacional/Arquivos/manual/PerguntaoSN.pdf.

13 https://blog.vhsys.com.br/o-que-e-simples-nacional/#Limite-de-Faturamento-do-Simples-Nacional-2021.

presumido, a depender de cada caso. Há exceções. Caso você faça o dever de casa na pessoa física, sua alíquota de Imposto de Renda pode, sim, ser menor que na pessoa jurídica, e, ainda, você pode usufruir dos benefícios de uma CLT.

Eu, Paulo, mesmo começando a carreira sem entender basicamente nada sobre gestão tributária, tive uma ótima curva de aprendizado. Nos primeiros anos, usava o modelo de declaração simplificada — o que limitava minhas deduções —, mas nos últimos anos, dominei os itens da declaração completa e passei a fazer eu mesmo minha declaração de ajuste anual, com a supervisão de um contador. Hoje não deixo de bater a meta de aporte no plano de previdência privado do tipo PGBL, faço o livro-caixa e calculo o imposto que é realmente devido de cada mês para não ter surpresa no início do ano. Dessa forma, obtenho o máximo de desconto, a menor carga tributária e posso ter o gostinho de restituir dinheiro, em vez de pagar na declaração de ajuste anual.

À medida que o médico avança na carreira, seus negócios vão se tornando mais complexos, exigindo um gerenciamento fiscal mais detalhado. Já se falou neste livro da necessidade de você reservar tempo para cuidar de sua carreira e de seus negócios, especialmente de suas finanças. Sempre insistiremos em que você não deve delegar a gestão de seu consultório ou de sua clínica para terceiros, mas a questão tributária pode ser uma exceção para essa recomendação.

ASSESSORIA JURÍDICO-TRIBUTÁRIA

A área tributária exige um conhecimento técnico específico e é regulamentada por diretrizes repletas de exceções, superposições e interpretações. Alguém que não tem uma ampla experiência no assunto teria de investir um tempo enorme para encontrar as melhores alternativas para o negócio e, além disso, dificilmente escaparia dos erros e das omissões, que podem custar muito caro ao contribuinte.

Se é quase impossível manter um empreendimento no Brasil sem contar com a ajuda do contador, uma assessoria jurídico-tributária é uma alternativa ainda melhor para você lidar com eficácia com seus impostos e garantir um bom desempenho financeiro a partir do desenvolvimento de uma inteligência tributária.

Para mim, Carlos, o primeiro passo que você deve dar, quando se trata de sua vida fiscal, é ter interesse em conhecer suas obrigações e possibilidades no que concerne ao pagamento de impostos. Logo que se sai da residência médica, as relações de trabalho não são tão complexas, embora já se deva estar atento aos impactos — sobre os quais falamos — de se receber pagamentos de duas, três até quatro fontes diferentes.

Mais tarde, quando você montar seu consultório ou clínica, haverá convênios, funcionários e outros detalhes que tornarão mais complexo o pagamento de taxas e impostos. Nesse momento, você já não será capaz de dar conta de todos esses compromissos sozinho — seja por falta de tempo ou de oportunidade de dominar o assunto. Mas mesmo antes de evoluir para um consultório, contratar um contador já é algo necessário e que apresenta um excelente custo-benefício.

Sindicatos e outras entidades médicas costumam fornecer o serviço de contadores gratuitamente. Minha esposa, que também é médica, escritura o livro-caixa dela por intermédio do Sindicato Médico do Rio Grande do Sul.

O contador, portanto, é um profissional relevante para nós. No entanto, não devemos falar com ele apenas quando chegar o momento de fazermos nossa declaração anual de Imposto de Renda, mas conversar todos os meses, para estarmos sempre atentos a possibilidades de melhorar nosso desempenho fiscal. O fato de se mostrar interessado também estimula seu contador a ficar mais atento a você como cliente. E não deixe de cobrar proatividade de seu contador — eu mesmo troquei algumas vezes de contador por não existir esse movimento e envolvimento constante de inteligência tributária por parte deles.

Agora, quando seus negócios crescem e ficam mais complexos, mais do que o contador, uma assessoria jurídico-tributária será necessária para apontar estratégias de maneira a termos as melhores opções no pagamento de impostos e taxas diante dos muitos eventos que surgirão no consultório ou clínica. A demissão de um funcionário, por exemplo, pode trazer gastos, multas e dúvidas — que uma assessoria jurídica será capaz de evitar e solucionar de uma maneira favorável às duas partes.

O relacionamento com sócios, a distribuição de lucros, assinatura de contratos, todos esses itens têm detalhes que, para quem não tem conhecimentos sobre a legislação, podem parecer obscuros e, portanto, induzir a erros. Uma boa assessoria sempre nos trará soluções melhores do que as que seríamos capazes de imaginar.

Estar bem assessorado para enfrentar as exigências tributárias ganha mais relevância quando se sabe que nossas obrigações com o Fisco costumam mudar ao longo de nossa vida profissional e das escolhas que fizermos. Eu, Carlos, sou testemunha disso. Passei por um processo de reestruturação de minha sociedade por um motivo que é comum entre os médicos: meu sócio, cirurgião, alcançava ganhos maiores do que os meus em algumas prestações de serviço, como no hospital da cidade.

Essa disparidade de ganhos criou uma distorção, pois quando chegava o momento de acertar os impostos com a Receita Federal, eu acabava pagando parte dos tributos que diziam respeito ao que ele havia gerado. Não havia como dividir os gastos de maneira clara, pois eu e ele usávamos o mesmo CNPJ. Já vi esse tipo de disparidade de ganhos entre sócios acontecer com outros médicos.

Se meu sócio e eu fizéssemos o mesmo trabalho, na mesma especialidade, se fôssemos os dois anestesistas, por exemplo, seria bem provável que nossos ganhos fossem próximos. Mas eram as produções completamente diferentes de um cirurgião e de um pneumologista que se desenvolviam em ambientes, com remunerações diversas. Ele faz procedimentos cirúrgicos, eu só realizo procedimentos menores de diagnóstico e atendimento clínico.

A solução que encontramos foi a de constituirmos CNPJs diferentes. Continuamos sócios na clínica, já que algumas despesas são rateadas. Temos um CNPJ como se fosse de um condomínio, no qual cada um paga a parte que lhe cabe. Mas nossas notas fiscais pelos serviços que prestamos são dadas com CNPJs diferentes. A partir disso, fazemos nossas declarações de renda separadas.

DR. CI, DR. JC, DR. TAR

Quando chega a época de fazer seu ajuste anual de renda, o Dr. CI costuma se lembrar de uma conversa que teve com o cunhado alguns anos antes. Quando se queixava, no almoço de domingo, do quanto deveria pagar de tributos — que sempre exigia que entregasse à receita 27,5% de seus ganhos com os aluguéis dos vários móveis que sempre adquiriu como investimento —, o cunhado lhe aconselhava que abrisse uma *holding*, para que pagasse um percentual menor de impostos.

Aquilo lhe pareceu complicado. Aquele seu cunhado sempre tinha ideias estranhas. Mas ele lhe explicara que aquela era também uma boa maneira de assegurar que a sucessão para os filhos e, provavelmente, para a esposa se daria de uma maneira mais fácil e barata quando o Dr. CI lhes faltasse. "Sucessão? Quem está pensando em morrer?" O Dr. CI batia três vezes na madeira e mudava de assunto. E pensava que o cunhado, irmão de sua esposa, devia estar era de olho em sua possível herança.

Mas neste último ano, já com seus 50 anos completados, ele passou a examinar essa possibilidade de uma maneira mais serena. Procurou uma assessoria jurídica e contábil e passou os imóveis para a *holding*, conforme fora orientado pela assessoria. Com isso, passou a pagar menos Imposto de Renda. "Por que meus antigos contadores nunca me falaram isso?", ele se perguntava. "Poderia ter gastado muito menos com o Fisco." Internamente, ele era grato ao cunhado, mas nunca admitiria isso para aquele falastrão.

O Dr. JC, bem mais jovem, não tem a palavra "sucessão" em seu dicionário. O que lhe interessa é saber o quanto receberá de pagamento líquido pelos plantões que faz. Se alguém comenta que há possibilidades de pagar menos impostos, o Dr. JC não se envergonha em dizer que não entende nada sobre impostos.

Sem se preocupar em montar qualquer estratégia tributária, ele recolhe, sem saber, INSS a mais — gerado a partir do pagamento dos vários plantões que faz em lugares diferentes. Assim, acaba perdendo a oportunidade de aumentar o valor líquido de seus ganhos, algo que ele tanto preza. Sempre que apresenta sua declaração, leva um susto ao ver que terá de desembolsar muito mais do que esperava. Nesse momento, promete a si mesmo que ainda vai se sentar e verificar com detalhes como pode fazer para ter uma vida tributária mais saudável. Mas, depois, olha para o relógio e vê que está na hora de correr para o próximo plantão, e esquece o assunto.

Postura bem diversa é a do Dr. TAR. Lá atrás, quando deu seu primeiro plantão, já foi até o serviço de RH do hospital e pediu uma declaração atestando que o INSS já havia sido recolhido. Dali a alguns dias, faria outro plantão, em outro hospital, explicou para a secretária que o atendeu. Não queria que o imposto da previdência fosse cobrado em duplicidade. Certo dia, quando foi até o banco, o gerente lhe ofereceu um PGBL. O Dr. TAR recusou, pois ele já tinha o seu em outro banco, que cobrava uma taxa de administração mais baixa, explicou.

O gerente ofereceu um cafezinho. Na conversa, o Dr. TAR também contou para o gerente que fazia uma aplicação simples, com liquidez imediata, para reservar o montante que teria de pagar de imposto no ano seguinte. Isso era necessário, explicou, já que os recursos que recebia, quando somados, lhe colocavam na faixa mais alta de imposto. Com a reserva, não haveria surpresas, e ele teria como honrar a diferença do que havia retido na fonte durante todo o ano, com o imposto devido cobrado na declaração de ajuste anual.

O gerente prestava atenção. Nunca tinha ouvido falar que os pagamentos de mais de uma fonte podiam gerar essa discrepância tributária. Ele trabalhava no banco em apenas um período e, na parte da manhã, fazia um pequeno trabalho em um escritório de contabilidade, ali perto. Recebia, portanto, de duas fontes pagadoras. Será que o Dr. TAR não lhe explicaria como calcular essa diferença de impostos?

No próximo capítulo, falaremos de alguns hábitos em relação ao dinheiro que podem ser evitados ou abandonados para você melhorar sua vida financeira.

13

ERRAR NA GESTÃO DE SUAS FINANÇAS É ALGO COMUM, MAS PODE SER O INÍCIO DO CAMINHO PARA O SUCESSO

É provável que não se lembre, mas quando ainda era uma criancinha e aprendia a andar, você caiu dezenas de vezes. Algumas dessas quedas foram tão de mau jeito, que a dor o fez chorar. Também já estão guardadas nos arquivos mais remotos da memória as vezes em que aqueles que se chamam "Carlos" escreveram *Calos* quando rabiscavam pela primeira vez o próprio nome; enquanto os "Paulos" se identificavam como *Palo* ou *Pulos* nos cadernos escolares. E quem já não deixou o carro da autoescola morrer quando parava em um sinal de trânsito — pelo menos quem aprendeu a dirigir em carros manuais — ou subia na calçada enquanto aprendia a estacionar?

Errar é algo próprio da natureza humana. Não há como fugirmos dos equívocos. A boa notícia é que, se tivermos sabedoria, conseguiremos aprender com eles. Assim, nos tornaremos pessoas mais sábias e partiremos para cometer outros enganos inéditos, talvez menos danosos. E temos a oportunidade de continuar aprendendo com eles.

Neste capítulo, descreveremos alguns enganos que nós, Carlos Eurico e Paulo Henrique, cometemos em nossa vida financeira. São erros adultos. Todos os tropeços que são descritos aqui provocaram perdas financeiras e, com maior ou menor intensidade, atrasaram a construção de nosso patrimônio. Contá-los é uma decisão movida pela generosidade. Acreditamos que nossos enganos podem ser cometidos por você e outros colegas. Talvez possam evitá-los ou minimizá-los ao entender o que nos induziu aos erros. Já adiantamos que os principais foram a falta de planejamento na gestão das finanças, não dedicarmos o tempo suficiente para entender para onde nosso dinheiro estava caminhando e algumas doses de vaidade.

Mas a maior preciosidade do que contaremos está na possibilidade de que essas histórias inspirem você a aceitar, de maneira proativa, que erros em sua trajetória ao lidar com o dinheiro serão, inevitavelmente, cometidos. Que eles sejam entendidos por você como oportunidades de aprender a fazer o que é correto e desenvolver a confiança em seu próprio poder de alcançar uma vida confortável e significativa.

A seguir, abrimos nosso coração.

BMW BRANCO-PÉROLA

O maior erro que eu, Paulo, cometi em minha trajetória financeira tem forma, cor, nome e sobrenome: uma BMW 320i Sport GP Active Flex, cor branco-pérola, interior caramelo e, de quebra, com teto solar. Mas antes de entrar nos detalhes de como se desenrolou essa história, é preciso voltar um pouco no tempo e entender o contexto em que tudo aconteceu.

Nos dois últimos anos do Ensino Médio que antecederam minha aprovação no vestibular para o curso de medicina da Faculdade de Medicina da Universidade Federal do Pará (UFPA), posso dizer que eu não vivi para outra coisa que não fosse estudar, preparando-me para o concorrido exame. O esforço compensou. Entrei para a faculdade logo na primeira tentativa.

Os seis anos da graduação em medicina foram mais tranquilos. Estudava com regularidade e me divertia com os colegas sempre que possível, mas passava por uma privação financeira muito grande. De todos os desafios que a falta de dinheiro impunha, o que mais me doía era o tempo que o deslocamento de casa para a faculdade exigia.

Sempre morei distante do centro de Belém. A casa de minha família sempre esteve nos bairros mais afastados da cidade. Moramos até mesmo em um município vizinho à capital. Por conta dessa situação, eu sempre estava no transporte público no horário de pico.

Com certeza, ninguém gosta, mas talvez muitas pessoas não se importem tanto em enfrentar um ônibus lotado todos os dias para ir trabalhar ou estudar. Mas para mim, essa situação incomodava bastante. Por conta disso, coloquei em minha cabeça que compraria um carro assim que me formasse e começasse a trabalhar. Era meu primeiro objetivo, aquilo estava entranhado em mim.

E, finalmente, esse dia chegou! Eu me formei. A carteirinha do Conselho Regional de Medicina — o passaporte para o mercado de trabalho — estava em minhas mãos. Na minha cabeça, e sei que também na de muitos outros recém-formados, quando chega esse momento, pensamos que logo estaremos ricos. Não nos lembramos de que temos um passivo de quase dez anos nos quais enfrentamos muitas privações e, acima de tudo, que nossos parentes se sacrificaram para nos bancar durante todo esse longo período de formação.

Não levamos em consideração nada além do desejo de nos vingar daquelas vacas magras que nos atormentaram por tanto tempo. Para mim, naquele momento, a vingança era comprar um carro. Minha meta inicial era adquirir um Honda Civic ou um Toyota Corola. Como esses são sedãs médios que têm um design um pouco mais conservador, meus amigos criticaram minha escolha. Aqueles eram automóveis de taxistas ou de coroas, eles diziam.

SEIS HORAS NA REVENDEDORA

"Esses não são carros para você, tem que ir para uma Mercedes, uma BMW." Esses amigos eram pessoas mais velhas, mais experientes, haviam se formado antes de mim. Influenciado por suas opiniões, dei ouvidos ao que eles diziam.

"Nada de Honda ou Toyota", concordei, e fui até uma revendedora da BMW. Passei seis horas dentro da loja. Todos me trataram como um cliente VIP, padrão Classe A. A vendedora entrou no carro comigo, mostrou tudo que o automóvel oferecia.

Passei praticamente a tarde toda dentro da BMW. Finalmente, me levantei do banco do motorista. Caminhei até a vendedora, bati na mesa e disse: "Em dois meses, no máximo, vou voltar e levar este carro." A vendedora deu um sorriso. Disse que deixaria o carro reservado. E que carro, eu pensava. Top de linha! Só havia um daquele modelo em Belém! Não havia nada mais exclusivo! Estava decidido: compraria aquela BMW, ainda que no momento eu não tivesse o dinheiro necessário para isso.

Naquela mesma época, recebi uma proposta para trabalhar em um hospital em Tailândia, cidade localizada 300 km ao sul de Belém. Os médicos do hospital da cidade haviam se demitido em massa por não concordarem com uma proposta da direção em reduzir seus salários. Sem profissionais, o hospital precisava sair rapidamente daquela situação e propunha, inclusive, pagar os salários antecipados, e à vista.

Era o que me faltava para fechar o negócio da BMW! Organizei-me para poder passar uma semana de folga do posto no qual trabalhava e voei para lá. Trabalhei por duas semanas naquele hospital em Tailândia. Eu corria de um município para o outro. Foi o mês em que eu consegui o melhor rendimento até então: R$50 mil.

Aquela jornada foi puxada, mas eu estava cheio de energia. Havia me formado havia quatro meses. Viajar não era um grande problema, estava habituado a ir para o interior. Dava plantões de 24 horas seguidas dentro do hospital. Eu tinha sangue nos olhos, parecia nunca me cansar. Durante uma semana, fiquei direto no hospital, e morava ali mesmo para economizar. Recebia R$2.800 por plantão.

Nessa maratona, consegui o dinheiro para comprar a BMW. Lembro bem: dei R$50 mil de entrada, mais dois cheques de R$5 mil cada, e financiei R$100 mil no banco, que, acrescentados os juros, se transformaram em R$160 mil. Na nota fiscal, o valor do carro à vista era de R$158.850,00. O financiamento foi feito em um prazo de três anos.

No final, feita toda a soma, o carro me custou R$230 mil, ou seja, 50% a mais do que o valor na nota fiscal. Além disso, o seguro saía por mais de R$7 mil por ano; o IPVA, por R$3 mil. A cada seis meses, levava o carro para a revisão, e a conta nunca ficou abaixo dos R$3,5 mil.

EXAGEROS E DESPERDÍCIOS

Mas esses custos ainda não passavam pela minha cabeça. Eu estava voando, fora deste mundo. Depois que comprei o carro, comecei a viajar, tanto para fazer meus plantões como por lazer e, claro, para mostrar meu carro para os amigos e as garotas. Afinal, quando se tem uma BMW 320i Sport GP Active Flex, você quer que todos saibam disso.

Era um período de exageros e desperdícios. Mas, à época, minha percepção era outra. Os amigos me invejavam. As pessoas olhavam quando eu passava, apontavam. Eu me impressionava com como as conversas e o olhar das garotas subitamente se transformavam no exato momento em que elas se sentavam no banco ao lado do meu naquela máquina.

Havia outros sintomas associados àquela síndrome da BMW. Eu me deslocava em um roteiro de ostentação. Todo final de semana, ia para o mesmo camarote, na melhor festa da cidade. Os promoters me conheciam. Eles me apresentavam as garotas que circulavam por ali. Cheguei mesmo a pagar seguranças para ficar por perto de mim. Tudo corria por minha conta: a bebida, os aperitivos, os jantares. Saía de uma festa e ia para outra.

Com 25 anos na época, justificava para mim mesmo aquele estilo de vida que estava levando. Era uma vingança. Durante bastante tempo, fui o mais "quebrado", o mais "duro" de minha turma de amigos — que era da escola onde estudei, e não da faculdade. Um era gerente de banco, o outro administrava uma loja, havia quem trabalhasse em várias empresas. Entre eles, quem recebia a menor renda mensal ganhava os seus R$5 mil, R$6 mil. Eu, por minha vez, contava apenas com uma bolsa de R$300 por mês. Essa disparidade de ganhos é o preço que pagam os médicos por terem de enfrentar uma formação acadêmica longa e em horário integral.

Mas eles eram meus amigos. Eu vivia no meio daquele pessoal. Sentia dificuldades em acompanhar o ritmo deles. Quando me convidavam para acompanhá-los, sabiam que iam ter de bancar meus gastos. Eram amigos generosos. No entanto, depois que um médico começa a ganhar dinheiro — e isso acontece rapidamente assim que ele se forma —, seus rendimentos rapidamente se tornam o dobro do que aqueles amigos recebiam até então. É quando chega a sua vez. O jogo muda. Agora são eles que o acompanham, empolgados.

Dentro daquela BMW, eu transportava todos esses significados. Talvez por isso eu não queria parar de viajar com o carro. Os amigos diziam que era loucura ir para o interior, fazer os plantões, com um automóvel daqueles. "Você está maluco? Este carro é só para dar uma voltinha, exibi-lo na cidade", eles aconselhavam.

Eu pensava de outra maneira. Eu me lembro de que estava com uma namoradinha nova e peguei a estrada. Fomos de Belém até Paranaíba, no litoral do Piauí, onde há praias incríveis. Depois, fiz um tour pelo

Nordeste. De Belém a Natal, no Rio Grande do Norte; de Natal a Fortaleza, no Ceará; dali até São Luís, no Maranhão, e de volta a Belém. Um circuito de mais de 3.000 km.

CAI A FICHA

Ao voltar para casa, levei a BMW até a concessionária. Fui aconselhado a trocar os pneus — uma despesa de mais R$8 mil. Foi quando surgiu para mim, talvez pela primeira vez, a percepção de que tudo aquilo era um grande exagero. A ficha caiu. Eu estava trabalhando quase que exclusivamente para manter aquele carro. Estava desperdiçando o meu dinheiro.

Eu era um médico formado havia quase dois anos e meu passivo já estava em R$200 mil. E o mínimo que recebia por mês como salário eram R$30 mil. Ou seja, se havia todas aquelas dívidas, eu estava gastando mais do que R$30 mil todos os meses. Não era apenas o carro que drenava meus recursos.

Eu pagava por um resort em Salinas, cidade turística no litoral paraense, distante 220 km de Belém. Havia financiado boa parte da reforma da casa de meu pai. Colocava algum dinheiro no trabalho de minha mãe e de meu pai, que são autônomos. Vez ou outra, emprestava um dinheiro para meu irmão. Todas as viagens que fazia eram pagas no cartão de crédito, cujo limite dado pelo banco era de incríveis R$100 mil! Como o pagamento dos plantões pelas prefeituras quase sempre atrasava, isso me obrigava a usar, de maneira constante, o cheque especial e seus juros altíssimos.

Foi então que os fatos se precipitaram. Eu havia sido aprovado na residência médica e coloquei a BMW à venda. Na mesma época, havia assumido a direção de um hospital em Curuçá, cidade a 140 km de Belém. Em um determinado final de semana, trabalhei no sábado e no domingo nesse hospital. Terminado o plantão, voltei para a capital. Mas não dirigi direto para casa. Havia um aniversário de um amigo da família. Não poderia deixar de ir.

Enquanto estava na festa, senti um sono profundo, consequência do cansaço devido ao plantão e de duas cervejas que tomei. Despedi-me e segui para casa. Eram 8 horas da noite. Dormi no volante e bati o carro. Perda total. Eu tentava vender a BMW por R$100 mil, um bem que me havia custado mais de R$200 mil. Mas a melhor oferta que eu havia *recebido era de R$90 mil. Talvez não fosse exatamente um consolo, mas o seguro me ressarciu em R$100 mil pelo que sobrou do carro.*

Mesmo em suas horas finais, a BMW fez jus à sua fama de produto de qualidade. Não me machuquei graças aos airbags e outros dispositivos de segurança. O próprio carro ligou automaticamente para a ambulância e para os bombeiros. Uma telefonista atendeu e começou a conversar comigo, perguntando se estava tudo bem. Sim, eu estava bem, respondi.

Não havia mais como continuar a manter aquele estilo de vida. Primeiro porque, ao iniciar minha residência, meu ganho fora reduzido de R$30 mil para os R$3 mil mensais — valor que era pago pela bolsa para a residência em clínica médica. Em segundo lugar, porque eu havia desenvolvido uma nova visão sobre como deveria levar minha vida financeira. O resultado dessa decisão seria surpreendente.

Com a grande queda em meus recebimentos e incapaz de continuar a fazer tantos plantões, em razão das exigências da residência, pensei: "Tenho de aprender a lidar com o dinheiro, ou precisarei desistir da residência." Posso dizer que foi naquele momento que a ficha caiu. Passei a acompanhar seriamente quanto entrava de dinheiro e quanto saía; qual era meu custo fixo e quanto tinha de dívida.

IMPACTO NA FORMAÇÃO

O resultado de todas as somas e subtrações mostrava que eu teria de recalibrar de alguma maneira o foco que eu colocava na residência, pois teria de continuar a fazer alguns plantões. No lugar de estar ali ativamente estudando e me qualificando, eu teria de trabalhar mais do que os colegas de residência, em virtude das dívidas que havia contraído. A realidade é que uma vida financeira mal gerenciada impacta até mesmo a qualidade de sua formação profissional.

Eu havia começado aquele período da residência com uma dívida de R$200 mil, mas no final de dois anos, eu não só já havia pagado meus credores como estava com R$100 mil investidos. Ou seja, eu consegui poupar R$300 mil em dois anos, graças ao controle que passei a ter sobre minhas finanças.

No final daqueles dois anos, no entanto, tomei a grande decisão sobre a qual já contei neste livro e venho defendendo em meus treinamentos e em minha plataforma de educação financeira para médicos.

Decidi adotar, como método, uma estruturação financeira antes de me dedicar à residência. O que me propus foi alargar a base da pirâmide financeira, para só depois me tornar subespecialista. Decidi, portanto, não seguir direto da clínica médica para a residência em cardiologia. Aqueles dois anos de estudos já haviam me qualificado como especialista em clínica médica. "É hora de acumular capital, criando primeiro um colchão financeiro para, depois, continuar os estudos", foi o que disse a mim mesmo.

Enquanto fazia dois anos de residência junto com plantões para pagar minhas dívidas, eu me atormentava com a dúvida sobre se a minha formação havia sido prejudicada por conta desses plantões que fui obrigado a fazer. Mas, não. Não havia acontecido isso. Fui avaliado como um dos melhores residentes de minha turma e contratado pelo hospital no qual eu trabalhava. Além da especialização em clínica médica, já havia recebido minha certificação de pós-graduação em saúde da família — uma qualificação que é dada aos médicos que trabalham em estratégia de saúde da família no programa do Governo Federal, como era meu caso nos dois primeiros anos de carreira antes de entrar para a residência de clínica médico.

LAÇOS DE FAMÍLIA

Nesse processo de mudança de mentalidade financeira surgiu uma questão que é delicada e bastante desafiadora para a maioria dos jovens médicos. Trata-se de como lidar com os compromissos que temos com nossa família. Acredito que, além dos laços de afetividade que nos unem aos nossos pais e parentes próximos, devemos também considerar que temos uma dívida de gratidão para com eles.

Com poucas exceções, os estudantes de medicina precisam ter o apoio financeiro de seus pais por, pelo menos, o período em que estão na graduação. Caso o aluno de medicina decida iniciar sua especialização logo após a formatura, isso poderá exigir, para algumas profissões, quase dez anos de dedicação exclusiva aos estudos.

Portanto, muitas famílias se esforçam durante muitos anos para bancar a vida acadêmica do filho ou da filha. Esse período pode exaurir as finanças da família, obrigando todos a uma vida de austeridade. Quando sua situação financeira progride no futuro, o médico sente-se no dever de recompensar a família com pelo menos parte do que investiu em sua formação.

Uma segunda situação que surge nesse contexto diz respeito ao médico que, por força de seus ganhos — e vamos lembrar que sempre temos uma renda acima da média das outras profissões —, torna-se o esteio da família. Muitas vezes, ele é o único capaz de suprir as necessidades de seus parentes e quem tem renda suficiente para ajudá-los em alguma emergência. E a melhor maneira de fazer frente a essas eventualidades é criar uma reserva específica para esse fim.

Não ter tomado esse cuidado foi um erro que eu, Paulo, também cometi. Logo no início de minha carreira, ainda sob a influência dos gastos descontrolados, costumava atender aos pedidos de ajuda dos meus familiares de uma maneira impulsiva, sem fazer qualquer conta para verificar a real possibilidade de assumir aqueles gastos.

Esse comportamento fez com que algumas vezes eu precisasse lançar mão de minhas reservas, ou mesmo me endividar, para atender a alguma necessidade de proteção ou conforto para os familiares. Conheço colegas que dão cartão de crédito para os pais gastarem à vontade, pagam o plano de saúde dos parentes idosos, arcam com tratamentos dentários, assumem a conta de um plano familiar de celular... Compromissos como esses costumam ser vistos como naturais pelos médicos.

DIZER "NÃO"

No entanto, há uma linha tênue que separa, de um lado, o pedido de apoio para questões que têm grande importância para o bem-estar de familiares com limitações de recursos e, do outro lado, mais inquietante, situações em que as reivindicações podem se tornar abusivas. Eu enfrentei essas situações de duas maneiras: criando uma reserva de emergência para assuntos da família e passando a dizer certos "nãos".

Nem sempre é possível dizer "não" para seus familiares. Afinal, eles sempre estiveram ali do seu lado, dando o seu apoio. Mas se todos os pedidos forem atendidos sem qualquer critério, você além de não conseguir formar a necessária reserva de emergência familiar, terá as suas contas em um eterno desarranjo.

Eu, Carlos Eurico, sei como é algo difícil delimitar onde termina a ajuda à família e começa o abuso. Decidir onde construir esse muro é algo que se aprende a duras penas e com alguma dose de sofrimento. Passei por um dissabor desses. Um familiar próximo enfrentava dificuldades. Tudo começou quando financiei em meu nome um automóvel — que felizmente não era uma BMW — para esse parente. A intenção era ajudá-lo em uma nova empreitada, para a qual ele precisava ter um automóvel.

O que havia sido acertado é que ele pagaria as prestações e, assim que fosse possível, transferiria o veículo para o seu nome. Contudo, as coisas não aconteceram exatamente dessa maneira. Aparentemente, esse parente infringiu todas as leis de trânsito que eram possíveis de ser desobedecidas e, como consequência, levou várias multas pesadas.

Descobri isso quando fui notificado de que minha habilitação havia sido suspensa. "Como? Mas esse não é o meu carro!" O que havia acontecido é que esse parente não havia transferido o carro para o nome dele e nem me alertado sobre as multas que havia recebido.

Isso me provocou um grande transtorno. Eu precisava trabalhar, viajava com frequência para cidades vizinhas a Santa Cruz do Sul, e minha habilitação estava suspensa. Além disso, fui obrigado a pagar todas as multas, pois meu parente não tinha o dinheiro necessário. Conversei seriamente com essa pessoa, que se comprometeu a vender o carro para me ressarcir sobre os gastos que eu havia tido.

O carro foi vendido e recebi algum dinheiro. Dois anos mais tarde, descobri que estava com meu nome registrado no Serasa pela falta de pagamento das parcelas daquele financiamento. Novamente, um susto. O combinado era que as prestações fossem pagas por aquele meu familiar. Era mais uma decepção. Liguei para ele: "Mas eu vendi para fulano e ele garantiu que passaria o financiamento e o carro para o nome dele."

Fulano não havia feito isso. Tudo continuava em meu nome, e as parcelas não haviam sido pagas! Eu também tinha minha parcela de responsabilidade, pois não confirmei se a transação havia sido feita da maneira necessária. Confiei nesse parente e sofri grandes prejuízos. No final de tudo, para minha sorte, eu conhecia a pessoa que havia comprado o automóvel de meu parente. Conversamos e consegui, finalmente, resolver toda aquela situação.

Como já disse, errei por não ter acompanhado de perto o desenrolar do negócio. Mesmo quando estamos lidando com alguém da família, é preciso se certificar de tudo, pois é seu nome que está lá. Eu havia caído naquela armadilha sobre a qual estamos sempre falando neste livro. Eu corria de um plantão para outro, atendia muitos pacientes e não dedicava qualquer tempo para olhar para os negócios de natureza financeira.

Ao contrário do Paulo, não tive nenhuma BMW na minha história. Sempre fui alguém mais comedido, do tipo "certinho" mesmo. Lembro-me de que o sonho que realizei com meu primeiro salário foi algo bem mais modesto. Comprei uma TV com controle remoto — à época, ainda uma novidade. Eu tinha um modelo antigo, daqueles que vinham com seletor manual de canais. Quando assistia à TV deitado no sofá, mudava os canais com o dedão do pé, enquanto dizia para mim mesmo: um dia vou ter uma TV de controle remoto.

GERENTE DO BANCO

Mas, se não me rendi ao consumismo, não escapei de outros equívocos que me fizeram perder muitas oportunidades financeiras. O maior deles — que, confesso, ainda perdurou até há poucos anos — foi o de buscar orientação financeira, depois que minha clínica e outros negócios já me rendiam um bom dinheiro, com o gerente do banco. Ele era minha referência, alguém em quem eu acreditava e que faria crescer minhas economias, que eu ganhava com tanto suor.

Esse é um grande equívoco. Não que os gerentes de banco sejam pessoas más que têm como intenção arruinar os clientes. O que não os faz pessoas confiáveis para nos orientar para bons negócios é que eles estão ali para, em primeiro lugar, defender os interesses das instituições financeiras que os empregam, e não os dos clientes.

Se formos resumir de modo bastante curto, os bancos querem que você deixe o máximo de dinheiro na mão deles, pelo maior tempo possível, e aceite receber juros modestos em troca. É assim que eles se tornam as empresas bilionárias que são.

Os gerentes de banco recebem de seus superiores metas de vendas de produtos financeiros. Parte de seus salários vem do sucesso com que fazem isso. Por esse motivo, quando alguém lhes pede sugestões de investimentos, eles olham a lista de metas que lhes foi passada e oferecem aqueles produtos com baixíssima rentabilidade para o correntista e alto retorno para o banco. E, claro, não dizem isso aos seus ingênuos investidores.

Eu ia até o banco, me sentava à mesa do gerente, e dizia: "Tenho esse dinheiro, o que devo fazer com ele?" O gerente dava um sorriso e dizia que havia um título de capitalização maravilhoso. Se eu dissesse que queria diversificar, ele me oferecia um fundo de investimento de renda fixa com uma taxa de administração elevada, que comia boa parte da rentabilidade. Eram opções muito ruins de investimentos. Cheguei a colocar grande parte de meu dinheiro de reserva de emergência em produtos ruins como esses.

De alguns anos para cá, comecei a estudar as possibilidades de como aplicar meu dinheiro. Se aos 20 anos de idade eu dominasse os mesmos conhecimentos que tenho hoje, meu patrimônio seria agora cinco ou seis vezes maior. Eu já teria conquistado minha liberdade financeira.

FAZER DÍVIDAS

Parte dos erros que cometi foi devido a crenças incorretas que eu mantinha. Durante muito tempo, acreditei, por exemplo, que deveria sempre ter alguma dívida, pois isso significava que estava adquirindo algum bem. Eu ouvia as pessoas dizerem que, caso não tivesse o compromisso de honrar um financiamento ou um empréstimo, gastaria meu dinheiro em coisas sem sentido. Chegava a ponto de ter dinheiro no banco para pagar um bem à vista, mas preferia fazer uma dívida para adquiri-lo. Em decorrência de tal visão, eu estava sempre entrando em negócios ruins, como consórcios de carros, por exemplo.

O que fazia com que eu não soubesse onde investir meu dinheiro era que não reservava um tempo para estudar as possibilidades que existiam no mercado. Não parava de trabalhar, de atender as pessoas. Era isso que eu enxergava como empregar bem meu tempo. Na verdade, eu não investia todo o dinheiro que sobrava em consórcios de automóveis. Também contratava financiamentos imobiliários para comprar imóveis e terrenos. Essas eram as opções para fazer crescer meu dinheiro, financiamentos e consórcios que estavam na minha cabeça.

Foi assim que comecei a comprar imóveis. Terminava de pagar um terreno, uma sala, um apartamento e já financiava o próximo. Durante muitos anos, passei todo o tempo pagando mensalidade de algo comprado na planta, pagando juros ao banco pela compra de um automóvel ou algum imóvel.

Eu não estava sozinho na escolha dessa forma de agir. Um médico conhecido meu fechou sua clínica e abriu uma imobiliária para administrar os muitos imóveis que havia adquirido ao longo da vida. Outro médico, um oncologista, não fechou a clínica, mas passou à mulher dele a função de administrar um enorme portfólio de imóveis. A escolha por esse tipo de investimento sempre foi mais comum do que se pensa entre nós, médicos.

Não que investir em imóveis seja algo fundamentalmente ruim. Não é. Mas hoje existem muitas outras possibilidades que têm um retorno e uma liquidez mais interessantes. Há dez ou vinte anos, no entanto, pouco se falava da Bolsa de Valores. Quando alguém comentava sobre o assunto, era para contar histórias de pessoas que haviam perdido dinheiro e de que tudo ali era muito volátil, muito perigoso. Você ia a um banco e ouvia que ali era o único lugar seguro para manter o dinheiro — mais precisamente, na caderneta de poupança.

Meu patrimônio poderia ser muito maior caso não tivesse sido drenado pelos juros bancários e pelas más decisões que tomei por não dedicar tempo para cuidar de minha vida financeira. Quem enriqueceu às minhas custas foram os bancos, as operadoras de cartões de crédito, as administradoras de consórcios. Há, com certeza, alguns momentos pontuais na vida em que talvez não se possa fugir dos juros. Mas devemos sempre — para evitar a tentação de fazer dívidas — imaginar que pagar juros equivale a rasgar dinheiro, jogar fora os recursos que tanto esforço exigiram para ser conquistados.

DR. JC, DR. CI E DR. TAR

O Dr. JC percebeu isso de uma maneira não muito confortável. Durante um tempo, talvez longo demais, ele confundiu seu CRM com uma varinha mágica de fazer dinheiro. Chegou quase a acreditar que tinha um poder sobrenatural em mãos e que sua renda seria sempre crescente em direção ao infinito e além. Mas de um mês para o outro, sua renda diminuiu mais de cinco vezes logo após começar sua residência, encolhendo de R$40 mil mensais para R$8 mil, visto que ele não conseguia conciliar o número elevado de plantões que dava antes da especialização. Durante a residência, reduziu o número de plantões em um terço.

Essa virada de chave foi um baque. Mas parecia mesmo haver alguma fada mágica o protegendo, pois o Dr. JC conseguiu entender sua nova realidade em uma velocidade que surpreendeu todos os que o conheciam. Em vez de se abater, refletiu sobre a maneira com que vinha conduzindo sua vida, tão dependente de gastos supérfluos e prazeres passageiros. Mergulhou profundamente no estudo financeiro e, não muito tempo depois, passou a ser procurado por amigos que perceberam mudanças importantes em seu comportamento e começaram a pedir alguns conselhos para melhorar suas vidas financeiras.

Também o Dr. CI enfrentou um choque de realidade. Alegria dos gerentes de banco — os quais ajudava a cumprir metas ao adquirir investimentos irrelevantes para seu crescimento financeiro — o Dr. CI também entendeu que precisava dedicar tempo e estudos para se livrar de um estilo de gestão de seu dinheiro que, ele mesmo admitia, era completamente ineficaz.

Seu empenho lhe trouxe recompensas. Há cinco anos, deu uma guinada na gestão de seus recursos. E foi além ao entender que uma gestão financeira de ponta é mais do que saber escolher bons investimentos. O Dr. CI passou também a empreender, ainda que cautelosamente, em startups ligadas à inovação na área da medicina. Um grande avanço. Mas, de tempos em tempos, enfrenta suas recaídas. Se algum folheto de um lançamento imobiliário — de preferência ainda na planta — cai em suas mãos, seu coração aumenta os batimentos, e ele pensa: "Opa, isso parece um bom investimento!"

Livre desse tipo de tentação, desde que recebeu o CRM, o Dr. TAR não se deixou hipnotizar pelos bons ganhos que passou a usufruir. "Não é porque acabei de me formar que fiquei rico. Tenho muita coisa ainda a conquistar, preciso me especializar, estudar tanto medicina quanto finanças, mas primeiro quero trabalhar pelo menos cinco anos para poupar boa parte dos meus ganhos e formar um patrimônio entre R$700 mil e R$1 milhão. Assim terei dinheiro para me sustentar com tranquilidade durante a residência que quero fazer e poderei me dedicar totalmente a ela, sem precisar me preocupar em fazer plantões para complementar minha renda", diz ele.

Sua família também se sacrificou por ele e tinha algumas fragilidades econômicas, que o Dr. TAR queria diminuir ao máximo. Por isso, desde o primeiro momento, passou a formar uma reserva para possíveis necessidades e emergências familiares. Estando ainda no início de sua trajetória profissional, o Dr. TAR não tem à sua disposição grandes recursos para investir, mas isso não o impediu de procurar conhecimento para fazê-lo. "Saber como investir é um dos requisitos fundamentais para a independência financeira", diz ele. E é esse o assunto de que trataremos no próximo capítulo.

14

POR QUE VALE MUITO A PENA APRENDER A INVESTIR?

Houve uma época na nossa história em que grande parte dos brasileiros se tornou bastante atenta ao seu dinheiro e à evolução da economia. Foram capazes de fazer com que se alcançasse rendimentos diários. Parecia que muitos e muitos brasileiros haviam se colocado de pé e decidido tirar o máximo proveito das ferramentas que estavam à sua disposição para gerar para si os maiores ganhos que o sistema financeiro lhes pudesse proporcionar.

Dito assim, essa afirmação parece se referir a uma época de ordem e progresso. Um rico Eldorado econômico no qual nos tornamos um povo abastado e com acesso à abundância. E, mais ainda, éramos *experts* em economia. Essa época em que os brasileiros se esmeraram em acompanhar de maneira ativa o vaivém das marés econômicas de fato existiu, mas nada teve de glamorosa. Na verdade, foram anos sombrios, sofridos, que se estenderam principalmente da segunda metade da década de 1980 até 1994, quando a inflação brasileira chegou a alcançar inacreditáveis 4.922% ao ano[1].

Em um cenário de desorganização econômica como esse — em geral visto apenas em países que foram vítimas de guerras devastadoras —, as pessoas passaram a acompanhar com lupa o comportamento dos preços, as declarações das autoridades monetárias e as possibilidades oferecidas pelo mercado financeiro. Tentavam, assim, garantir um mínimo de capacidade de compra ao dinheiro que estava em suas mãos.

Com o valor do dinheiro mudando diariamente, foram lançados índices que tentavam dar alguma estabilidade, ainda que nominal, aos instrumentos monetários em circulação. Donas de casa e até crianças estavam familiarizadas com siglas como URV (Unidade Real de Valor)[2] e ORTN (Obrigações Reajustáveis do Tesouro Nacional),[3] que passaram a ser usadas para indexar preços de bens de consumo, aluguéis e até salários. Ser capaz de fazer regras de três e calcular porcentagens de cabeça quando se ia às compras passou a ser uma habilidade quase tão necessária quanto fazer as operações aritméticas de soma e subtração.

Os brasileiros que tinham conta-corrente em algum banco — e nessa época não eram muitos[4] — aplicavam seu dinheiro diariamente no *overnight*, com os recursos que guardavam nas instituições financeiras. Essa era uma aplicação financeira que rendia taxas de juros diárias — melhor dizendo, noturnas. Os correntistas, pessoas de classe média, como nós, autorizavam os bancos a colocar seus recursos nessa aplicação no período noturno.

Quando iam dormir, o saldo de sua conta tinha um determinado valor. Quando acordavam, o dinheiro havia aumentado. Algumas vezes, o rendimento do *overnight* chegava a até 1% no período de 24 horas.[5] Parecia mágica, mas era um pesadelo. A operação permitia, portanto, garantir alguns ganhos financeiros que diminuíam a corrosão constante da inflação sobre o poder de

---

1 Esse percentual, o mais alto em todo o período inflacionário brasileiro, correspondeu ao período de junho de 1993 a junho de 1994, véspera da entrada em circulação da moeda Real, o que se daria em 1 de julho de 1994, colocando um fim à disparada inflacionária. Saiba mais em: https://www.bcb.gov.br/controleinflacao/planoreal.

2 Para saber mais, acesse: https://maisretorno.com/portal/termos/u/urv-unidade-real-de-valor.

3 Para saber mais, acesse: http://repositorio.ipea.gov.br/handle/11058/6058.

4 Em dezembro de 1990, o número de contas bancárias no país correspondia a 10% da população. Em agosto de 2019, 86,5% dos brasileiros com mais de 15 anos de idade tinham alguma conta bancária. Fonte: https://www.bcb.gov.br/controleinflacao/planoreal.

5 Saiba mais em: https://www.consumidormoderno.com.br/1970/01/01/sete-aspectos-da-vida-no-brasil-que-mudaram-com-o-real/.

compra do dinheiro. Mas ao longo do dia, o dinheiro voltava a se desidratar. À noite, a operação no *overnight* era repetida, em um ciclo contínuo, sempre frágil e que deixava todos inseguros e alarmados.

A inflação sempre tem um efeito corrosivo sobre a sociedade, semelhante ao da ferrugem sobre o ferro. Reduz a renda das pessoas, desorganiza o sistema econômico, tornando difícil o planejamento financeiro pelas empresas, e inibe o investimento, freando o crescimento do país e aumentando o desemprego.[6]

OLHAR AS OPORTUNIDADES

Não devemos ter saudades daquele cruel período inflacionário, mas talvez devêssemos nos inspirar no olhar atento que os brasileiros mantiveram durante aqueles anos sobre as possibilidades que o mercado financeiro abria para quem quisesse proteger seus recursos e fazê-los crescer. Algo que deveria ser imitado por nós, médicos, que, sujeitos a uma carreira que nos exige muito — tanto física e psicologicamente como economicamente[7] —, pois temos uma excelente alternativa de organizar nossas finanças, desenhando um planejamento de nossa vida financeira em longo prazo que nos permite alcançar nossa liberdade financeira. E um dos principais pilares para atingirmos isso é entendermos sobre investimentos para aprendermos a multiplicar nossos aportes.

Nos países desenvolvidos, os médicos sabem, em sua maioria, qual é seu ganho anual, conseguem prever com maior precisão até que idade terão de continuar a trabalhar e quando o capital que pouparam e investiram ao longo do tempo tornará possível para eles diminuir sua carga de trabalho. Esses profissionais têm a boa sorte de viver em economias mais estáveis, nas quais não há tantas reviravoltas como aqui — que impactam o valor das consultas e a capacidade dos clientes em pagar pelos nossos serviços.

Além de precisar enfrentar, como todos os demais brasileiros, esses desafios estruturais, temos enfrentado os efeitos nocivos da mercantilização da medicina. Esse processo surgiu por meio da atuação de grandes operadores de planos de saúde que estrearam há algumas décadas no mercado, remunerando os médicos que aderiam aos seus convênios com valores próximos aos das consultas particulares.

---

6 Saiba mais em: https://www.bcb.gov.br/detalhenoticia/356/noticia.

7 Vale lembrar que nós investimos muitos recursos financeiros em nossa carreira desde o seu início, na graduação, e depois, na residência, para montar nosso consultório, adquirir instrumentos de trabalho, equipamentos de exames, participação em congressos etc.

Isso atraiu a grande maioria de nós, médicos, que imaginamos poder nos beneficiar tanto da remuneração quanto do grande fluxo de clientes que chegaria até nossos consultórios trazidos por essas empresas que conseguiram fazer crescer rapidamente as adesões aos seus planos. No entanto, os valores pagos pelas consultas foram sendo paulatinamente reduzidos. Dispersos e sem disposição para nos organizarmos ante tamanha desvalorização de nosso trabalho, nós nos sujeitamos a essa situação desfavorável. Hoje, enfrentamos uma carga de trabalho monstruosa e amargamos a queda em nossos recebimentos. O resultado foi a precarização de nossa qualidade de vida, que se tornou inferior à daquela que outras gerações de médicos desfrutaram.

Ao somarmos esse achatamento econômico ao desconhecimento sobre como fazer crescer nossos recursos com o auxílio das aplicações financeiras, muitos de nós veem diante de si poucas alternativas para escapar dessa deterioração econômica. Contar com a aposentadoria do INSS não é uma opção para garantir a sobrevivência no futuro quando você não quiser — ou não puder — continuar a trabalhar. O valor da aposentadoria oficial, mesmo quando paga pelo teto, representará uma queda brutal em seu padrão de vida, caso não tenha à sua disposição uma renda complementar.

Como sempre repetimos neste livro, trabalhando como médico, você consegue muito bons recebimentos, que podem lhe garantir uma vida confortável e, inclusive, a independência e liberdade financeiras em um tempo muito menor do que aqueles que exercem outras profissões — desde que crie o hábito de poupar e investir, de preferência mensalmente, e faça isso durante pelo menos durante um período de dez a vinte anos. Mas muitos colegas podem perder ou nunca realizar esses objetivos, caso não se dediquem a aprender como tirar proveito dos investimentos disponíveis no mercado financeiro, enquanto estão ativos, saudáveis e gerando renda.

SAIR DA CORRIDA DOS RATOS

Aplicar parte de seus ganhos não só fará crescer seu patrimônio, como também permitirá a você ter controle sobre o quanto, de fato, seu trabalho lhe traz em dinheiro, algo que muitas vezes você ignora. Ter essa informação é vital para que você se planeje, afinal, precisa saber até quando deverá trabalhar para conseguir conquistar sua autonomia financeira e livrar-se da corrida dos ratos — dar vários plantões, realizar muitos atendimentos no consultório e outras formas de prestação de serviços para gastar tudo o que ganha com dívidas e um estilo de vida caro em termos de consumo.

Quando falamos em separar parte de seus ganhos para investir em produtos financeiros que possam garantir um futuro econômico confortável, é comum surgirem objeções por parte dos colegas. Mesmo que pareça um argumento difícil de endossar, há quem defenda que nosso olhar deveria estar muito mais voltado para aproveitarmos o máximo no presente aquilo que nossos ganhos podem nos proporcionar, afinal, já passamos a maior parte de nosso tempo acordados trabalhando.

Em uma conversa que presenciamos durante um curso de orientação financeira para médicos, um dos jovens participantes defendeu a tese de que, sim, se deveria sempre pensar em investir alguma parte do dinheiro ganho. No entanto, a prioridade talvez não devesse ser essa, mas sim consumir artigos ou serviços que trouxessem satisfação aos participantes que tanto esforço fizeram para receber sua remuneração. Por que deixar para depois, quando estaremos velhos demais para gozar os prazeres da vida?

É claro que não há qualquer lógica em defender uma vida monástica, na qual o consumo devesse se restringir à manutenção mais básica possível da sobrevivência. No entanto, acreditamos que o investimento deve ser visto como um ato de amor a si mesmo, em todas as fases de sua vida. No momento, esse jovem médico tem disposição para trabalhar. Embora haja o risco de acidentes de trânsito por cansaço, percorrer longas distâncias de uma cidade a outra para cumprir plantões, por exemplo, não é um problema quando se tem energia.

Faz pouco sentido, no entanto, investir doze, quatorze horas diárias de trabalho, trocar o tempo por dinheiro e transformar todo esse sacrifício em consumo de produtos e serviços que são capazes de fornecer recompensas apenas imediatas, mas que logo perderão sua utilidade, validade ou sensação de prazer. Agindo dessa maneira, você, que está hoje com seus 30, 35 anos de idade, não demonstrará qualquer amor e consideração pelo seu "eu" que, em menos tempo do que você será capaz de imaginar, estará com 55, 60, 70 anos de idade e provavelmente sem paciência e energia para continuar trabalhando em um ritmo intenso de muitas horas para sustentar um estilo de vida de consumo elevado. Nessa época da vida, você provavelmente já não terá como produzir a mesma renda de hoje e poderá não ter a saúde e o bem-estar dos quais poderia desfrutar, caso houvesse olhado para o futuro de maneira mais estratégica.

CASAMENTO TERCEIRIZADO

Há médicos que, sim, entendem que é importante aproveitar seus anos de maior produtividade e investir parte do capital que geram para garantir que seu dinheiro trabalhe efetivamente para eles, aumentando seus ativos. Mas por falta de tempo — ou por comodismo —, acabam por delegar essa função a terceiros.

Quase sempre, como eu, Carlos Eurico, já relatei, escolhem o gerente de seu banco como o responsável por essa tarefa.

Esse é um grande erro. Cuidar das próprias finanças é algo tão pessoal e intransferível como um casamento. Ninguém convida terceiros para sua vida de casado. O médico tem essa tendência a terceirizar. Ele diz: "Quero ser investidor, quem pode me ajudar?" A primeira oração da frase é louvável, mas, ao abrir mão de ser também o sujeito da segunda oração, ele não desenvolve o mindset do investidor, e sua trajetória financeira se torna algo acessório, sem grande relevância para ele.

Ninguém melhor do que você próprio para pensar em seu conforto e em sua segurança. Só você é capaz de saber a dor que significou trabalhar para produzir sua renda. Afinal, são seu patrimônio e sua família que estão na linha de frente. Cabe a você a responsabilidade por esses cuidados essenciais. Além disso, ninguém mais, além de você próprio, poderá saber qual é o retorno que deseja obter com seu capital investido — e o tamanho do risco que está disposto a correr para obtê-lo.

Há, ainda, outro tema para reflexão. Se o médico arrumar alguém para cuidar de seus investimentos — um agente autônomo de investimentos vinculado a uma corretora, por exemplo —, ele terá de repassar parte de seus ganhos para esse agente e corretora. Ninguém trabalha de graça nesse mercado.

CAMINHO SIMPLES

Dúvidas, temores e a percepção equivocada de que entender sobre produtos financeiros é difícil costumam ser os mais frequentes obstáculos que atravancam a caminhada do médico como investidor. No entanto, o sucesso dos investimentos está exatamente na simplicidade. Qualquer fonte confiável de informação que você consultar para saber quais são as características fundamentais de um bom investimento apontará três delas: aporte, rentabilidade e tempo. Um caminho simples e direto, não é mesmo?

O aporte é o montante que você separa de sua renda para aplicar nos diferentes produtos financeiros que escolheu. A rentabilidade é o percentual de juros que você espera que sua carteira de investimentos gere. O tempo diz respeito ao número de meses ou anos em que você deixará seus recursos aplicados nesses investimentos, gerando juros e reinvestindo-os.

Eu, Paulo, considero que o tempo e a consistência dos aportes são os itens que devem ser prioritários para o investidor — mais do que a rentabilidade. É claro que um investimento que tenha uma rentabilidade pífia é algo a ser evitado. Há escolhas que são desastrosas para quem pretende formar um patrimônio consistente. A caderneta de poupança é um desses investimentos dos quais se deve fugir. Sua rentabilidade há vários anos tem ficado abaixo da inflação.[8] *Ou seja, a poupança é um desinvestimento: ao aplicar nela, você está perdendo dinheiro — ela faz seu dinheiro decrescer de valor ao longo do tempo.*

Imagine, então, alguém poupar e aplicar, disciplinadamente, todo mês, uma quantia na poupança. Depois de vinte anos fazendo aportes regulares, essa pessoa descobrirá que, na verdade, aquele montante cresceu a uma taxa menor do que a inflação e ela deixou de ganhar dinheiro — o que é o mesmo que perder dinheiro, já que havia opções bem mais interessantes, e igualmente seguras, para aplicar o capital.

Feita essa ressalva da rentabilidade — que deve sempre proporcionar juros líquidos acima da inflação e já descontados de impostos e taxas —, o tempo e a constância dos aportes é que contribuem significativamente para que seu capital investido cresça e se multiplique ao longo dos anos. Se nossa meta for sempre termos rentabilidades elevadas e, para tanto, nos aventurarmos em investimentos excessivamente arriscados, isso pode, no final das contas, provocar prejuízos e perdas de capital.

Recomendo, portanto, que você pense seus investimentos de uma maneira simples. Você não precisa tornar-se um superespecialista no mercado de capitais, saber tudo sobre investimentos financeiros. O que é necessário é focar a energia no trabalho para que você se mantenha sempre capaz de aportar parte de seus recebimentos de maneira consistente.

O que queremos com esses ativos é que eles gerem renda ao longo do tempo. Riscos, no entanto, fazem parte da natureza de qualquer ativo financeiro.

8 Em 2020, a inflação oficial registrada no país foi de 4,52%. Naquele período, a caderneta de poupança encerrou o ano com um rendimento de 1,4%, ou seja, não houve ganho real, mas um retorno negativo de 2,30%. Fonte: https://g1.globo.com/economia/noticia/2021/01/12/poupanca-perde-para-a-inflacao-em-2020-tem-pior-rentabilidade-em-18-anos.ghtml.

No entanto, a cada tipo de risco corresponde um diferente grau de rentabilidade. Quanto mais segurança o investimento oferecer, menor será o quanto ele renderá. Quanto menos segurança, maior será a possibilidade de aquele investimento gerar mais dinheiro.

Investimentos em ações e cotas de FIIs — produtos de renda variável negociados na Bolsa de Valores — normalmente oferecem uma rentabilidade maior para seu dinheiro do que os produtos de renda fixa no longo prazo. Além da possibilidade de receber proventos periódicos dessas ações e cotas de FIIs, você pode ganhar também com sua valorização, ou seja, obter ganhos de capital. Porém, no curto e médio prazos, são aplicações que apresentam risco real de perdas, pois o sobe e desce de suas cotações são influenciados pelas notícias do dia a dia — principalmente sobre a política e a economia. Já no longo prazo, sua valorização depende da lucratividade e da expansão dos negócios das empresas e se os fundos imobiliários são bem-administrados. Jamais invista em ações e cotas de FIIs com um horizonte de curto tempo. No curto e médio prazos, você pode avaliar as aplicações em produtos de renda fixa: sua rentabilidade costuma ser menor do que a dos produtos de renda variável, sua rentabilidade é previamente conhecida, seus riscos são menores e vários produtos contam com a proteção do Fundo Garantidor de Créditos (FGC) para um teto de até R$1 milhão aplicados, considerando o limite de R$250 mil por CPF e instituição financeira.

EQUILÍBRIO NA GANGORRA

É uma gangorra na qual entram outros atores que fazem a altura dos dois lados se alternarem. A liquidez, por exemplo. Se o investimento escolhido permite que o dinheiro que está ali aplicado seja resgatado em um curto espaço de tempo, o lado da gangorra em que está a rentabilidade ficará mais baixo. Já o contrário, maior prazo exigido para os recursos serem mantidos intocados — cinco anos, por exemplo —, fará com que a rentabilidade suba para alturas maiores.

Depois que você estiver familiarizado com a dinâmica do mercado financeiro, chegará o momento em que poderá responder com segurança àquela pergunta clássica que os consultores financeiros costumam nos fazer: "Seu perfil, como investidor, é conservador, moderado ou arrojado?"

Até lá, a recomendação é colocar em bons ativos o dinheiro que foi separado para investir. Mas o que são esses bons ativos e onde encontrá-los? Não há um lugar único, mas uma pesquisa na internet é capaz de mostrar quais são esses ativos. Em geral, são ações de grandes empresas já sólidas, cotas de FIIs diversificados, que contam com um portfólio de diferentes imóveis e localizações ou uma carteira diversificada de LCIs e CRIs, e consagradas pelo tempo, ou investimentos protegidos pelo FGC. Todos aqueles que apresentam rentabilidades acima da inflação são, a princípio, bons ativos. É neles que você deve focar sua atenção e, depois, deixar o tempo transformar suas decisões em aumento do patrimônio.

É importante essa lembrança de que o tempo é o mais relevante diferencial para o investidor. Muita gente tem aquela ideia equivocada de que investir é praticar aquele compra e vende no mesmo dia de ações e outros ativos que vemos nos filmes. Esse cenário até existe, é chamado de *Day Trading*, que é a realização de operações de compra e venda de ativos financeiros em um único dia. É uma estratégia de altíssimo risco, em que a grande maioria daqueles que a praticam sofre prejuízos e apenas uma minoria muito restrita de profissionais experientes alcança bons resultados.

Cabe destacar agora o que entendemos por investir: investir é aplicar seu dinheiro em diferentes produtos financeiros de renda variável e renda fixa e dar tempo — ter paciência — para que ele cresça ao longo dos anos por meio de ganhos de capital e recebimento de juros e proventos, os quais devem ser direcionados para a compra de mais ativos. O investidor é aquele que aprende a dar o devido tempo para que o efeito bola de neve dos juros compostos cresça a seu favor.

Houve uma época em que eu, Carlos Eurico, comprava ações com a intenção de especular, ou seja, reter essas ações por um ano ou alguns meses e depois vendê-las por um valor maior. Pelo menos não cometi a loucura de vender e comprar no mesmo dia, e nunca teria tempo para acompanhar o sobe e desce de hora em hora. Atualmente, as ações e cotas de FIIs que tenho em minha carteira são ativos de qualidade, dos quais pretendo ser sócio pelos próximos dez anos.

Arriscar-se comprando produtos de alto risco que você pouco ou nada entende e fazer Day Trading são irresponsabilidades com o próprio dinheiro e com as pessoas que eventualmente dependam dele para sua sobrevivência. É um campo no qual só marcam gols os profissionais experientes da área financeira. A meu ver, você deve eleger a estratégia do buy and hold. *O termo, "comprar e segurar", em português, significa colocar seus recursos em investimentos sólidos e mantê-lo nesses ativos por um longo período.*[9]

Esse é o nosso conceito de investidor que, acreditamos, deveria servir de inspiração para os médicos. Bons investidores são aqueles que escolhem — após uma análise cuidadosa — ativos que sejam capazes de proporcionar rentabilidade no longo prazo. Devemos ter a paciência necessária para aguardar nossos investimentos renderem resultados ao longo do tempo e usar o efeito bola de neve, que é proporcionado pelos juros compostos que surgirão à medida que mantivermos nossas aplicações nesses ativos por um prazo longo e façamos o reinvestimento dos dividendos recebidos.

PERCORRER ETAPAS

Não há como ter uma gestão competente de seus investimentos sem percorrer determinadas etapas. A primeira é a de nos convencermos de que precisaremos, de fato, de dinheiro em uma fase mais avançada da vida, quando talvez já não tenhamos a disposição para trabalhar no mesmo ritmo de décadas e anos anteriores.

Mesmo que isso pareça uma conclusão óbvia, pois sabemos, pelo menos em teoria, que um dia envelheceremos e perderemos parte de nosso vigor físico e intelectual, é preciso, de fato, introjetarmos essa verdade. Dessa maneira, começaremos a tomar decisões tendo como base esse mindset de prosperidade. Se não estivermos absolutamente convencidos disso, por que iríamos nos privar de parte de nossos ganhos para investir em algo que só trará resultados consistentes daqui a vinte ou trinta anos?

A segunda etapa é buscar conhecimento não só sobre os diferentes produtos financeiros disponíveis no mercado, mas, principalmente, sobre seus próprios números, sua própria realidade financeira. Qual será o percentual do que você recebe pelo seu trabalho que direcionará para investimentos? Quanto seus gastos — seu estilo de consumo atual — permitem você guardar e investir parte do que ganha?

Essas são boas perguntas que não só o ajudam a decidir sua estratégia de investimento, mas trazem também uma reflexão sobre seu custo de vida individual. Esse diagnóstico financeiro pode revelar uma situação econômica bem

---

9 Para saber mais, acesse: https://www.capitalresearch.com.br/blog/investimentos/buy-and-hold/.

diferente daquela que era imaginada por você. Pode haver dívidas que precisam ser administradas antes de dar início aos seus investimentos.

Também pode-se detectar a existência de muitos gastos supérfluos e desnecessários. Talvez haja um sério desperdício de grande quantidade de dinheiro que poderia ser investida e multiplicada ao longo dos anos, garantindo uma vida futura de liberdade financeira. Pode ser, ainda, que as escolhas tributárias que foram feitas não tenham sido as melhores e, com a ajuda de um bom profissional da área tributária, seja possível pagar menos impostos.

O financiamento feito para a aquisição de um automóvel excessivamente caro poderia ter dado lugar à compra à vista de um carro mais barato. Uma análise cuidadosa poderia ter mostrado, caso o médico houvesse dedicado algum tempo a isso, que a portabilidade das prestações daquele apartamento para outro banco diminuiria os custos mensais com juros de maneira significativa.

Outro passo importante é conhecer sua tolerância aos riscos. Riscos, em menor ou maior grau, são inerentes a todos os tipos de investimentos. Aqueles que estão começando sua carreira de investidor talvez fizessem melhor se optassem por correr pouco risco. Nesse sentido, investir em produtos de renda fixa é um bom início, pois, como dissemos, são produtos que apresentam riscos menores e grande previsibilidade de rentabilidade.

A partir do momento em que começar a investir e caminhar — passo após passo — em seu entendimento sobre os diferentes produtos financeiros, você entenderá mais sobre a relação riscos *versus* retorno que todos os produtos apresentam. Adquirirá malícia para não cair em armadilhas que são oferecidas, por exemplo, pelos bancos, que podem anunciar como um bom negócio uma aplicação que paga 98% ou até 100% do CDI. Não é um bom negócio! Algumas certezas financeiras também poderão ser desmistificadas, como o entendimento de que o melhor investimento que se pode fazer é comprar imóveis. Há alternativas mais atraentes.

BOLO NA CHUVA

Nunca nos cansaremos de sugerir a você que reserve um dia — ou uma tarde — na semana para examinar as próprias contas e decidir onde aplicar, afinal, aquele percentual de seus ganhos que será investido. Deixar o dinheiro parado em sua conta-corrente é um gesto tão insensato quanto esquecer um bolo que você assou e decorou com carinho sobre uma mesa ao ar livre quando começa a chover.

A partir desse aprendizado, você poderá começar aplicando 80% ou mais de seu dinheiro direcionado para investimentos em ativos de renda fixa para ir se familiarizando com os produtos e destinar 20% ou menos para investimentos em renda variável de menor risco. De início — e correndo menos riscos — poderá investir, por exemplo, em fundos de ações ou em ETFs (fundos que seguem algum índice de ações) por meio de alguma corretora. É preciso ir devagar, estudando o histórico desse fundo ou ETFs, verificar o quanto rendem, comparar esse rendimento ao que é gerado pelas aplicações em renda fixa. Caminhar, enfim, a um ritmo em que o mais relevante é a aprendizagem. À medida que você passar a sentir-se mais seguro, já será possível aumentar gradativamente o aporte em produtos de renda variável e migrar dos ETFs para a escolha de ativos individuais — seja de ações ou fundos de investimento imobiliários (FIIs).

Se olharmos para o passado, para aquela inacreditável inflação anual de 4.922%, deveríamos nos entusiasmar com as boas perspectivas que temos a nosso dispor atualmente para construir uma vida financeira estável e recompensadora. Naquela época — em que aplicações rendiam 1% ao dia no esforço de impedir que o dinheiro das pessoas não perdesse por completo sua capacidade de compra e desmanchasse, como uma colher de açúcar se dissolve sem deixar rastros em um copo d'água —, a economia nada tinha de transparente.

Investir não é mais algo restrito a uma pequena parcela da população. Com a democratização da informação a partir do advento da internet, isso mudou radicalmente. Todos podem entender o funcionamento do mercado financeiro e decidir em que e quando investirão simplesmente consultando seus smartphones. As corretoras oferecem aplicativos simples e amigáveis para que façamos nossos investimentos. As empresas que têm ações negociadas em Bolsa mostram de maneira cristalina seus resultados financeiros. Há tutoriais disponíveis em linguagem acessível até mesmo para jovens e adolescentes.

Este é um momento único. Qualquer um de nós é capaz de ser o principal protagonista da própria história financeira, o dono do próprio destino. Não dependemos mais dos palpites do gerente de nosso banco. Se nos informarmos, não seremos presas fáceis e ingênuas dos maus conselhos financeiros. Com tantas facilidades como essas, organizar a vida financeira e ter uma vida confortável em relação ao dinheiro está ao nosso alcance. Não devemos deixar escapar essas oportunidades.

DR. JC, DR. CI E DR. TAR

Nossos três doutores têm idade, perfil e comportamento bastante diferenciados entre si no que se refere à maneira como se relacionam com seu dinheiro. Em comum, têm a intenção de planejar a vida financeira e corrigir eventuais desvios de rumo para os quais foram empurrados por maus hábitos do passado. Essa mudança de mindset não é algo simples de se fazer, e eles estão sujeitos a recaídas.

O jovem Dr. JC está convencido de que precisa deixar de lado o número excessivo de plantões que faz e colocar parte do dinheiro que já está recebendo — e que não é pouco — para trabalhar para ele. Para isso, está consultando amigos mais experientes e fazendo alguns cursos pela internet para investir em bons produtos financeiros e não ser enganado por aquelas falsas promessas dos bancos e de seus gerentes a que sempre nos referimos aqui.

Como ele ainda está às voltas com a consequência de alguns gastos impensados (uma maneira discreta de dizer que está endividado), ainda não é possível reservar uma parte significativa dos seus ganhos para investir. Mesmo assim, o Dr. JC não se deu por vencido e separou R$1 mil por mês para os primeiros movimentos. Comprou algumas ações, cotas de fundo imobiliário e um título público que lhe servirão como aprendizado de como o mercado se comporta. Entusiasmado, mal vê a hora em que suas dívidas lhe permitirão começar, finalmente, a dar um impulso à sua vida financeira.

O Dr. CI também esteve se lamentando nos últimos dias por algumas decisões tomadas no passado que, agora, ele vê como investimentos ruins. Sua esposa tentou consolá-lo dizendo que as escolhas que ele fez — basicamente investir exclusivamente na compra de imóveis e, pior, ouvir conselhos dos gerentes de banco — foram influenciadas pela mentalidade da época em que ele começou a ter sobras de capital que poderiam ser investidas. "Seria pior se você tivesse feito como o Rubens, aquele seu amigo, que comprou aquela lancha enorme, o casarão na serra gaúcha, aquelas duas Mercedes caríssimas e hoje está atolado em dívidas", disse ela.

O Dr. CI, que beira os 50 anos, se sentiu grato pela solidariedade. Escondeu da esposa a informação de que ele também andou pensando, no passado, em comprar uma lancha maior ainda do que a de Rubens. Mas ele se sente revigorado pela determinação de mudar sua postura de investidor a partir de agora. Nunca é tarde para isso.

Passou a tomar decisões por si mesmo, sem gerentes de banco ou assessores financeiros. Não quer mais ter sempre uma dívida para financiar a compra de algum imóvel, como acontecia no passado. Já há algum tempo — não muito — está reservando mensalmente parte de seu dinheiro para investir no mercado financeiro. E está feliz com isso. No mês passado, mesmo estando em um ano de crise provocado pela pandemia do coronavírus, conseguiu 11% de retorno médio para os investimentos que fez. Já está até selecionando alguns de seus imóveis para vendê-los e reinvestir em diferentes produtos financeiros de renda variável. Faça isso, mas com calma, Dr. CI!

Mais disciplinado e com mais habilidade para planejar suas decisões de investimentos, o Dr. TAR não está arrependido de nada. Está na praia, aproveitando o sol, mas daqui a pouco vai voltar para casa, ali mesmo, a 200 metros de distância, pois fará uma teleconsulta com um cliente. O Dr. TAR está trabalhando em home office e usufruindo de uma excelente entrada de dinheiro com a telemedicina.

Com a confortável sobra de renda que vem surgindo — o aluguel da casa na praia, pelo Airbnb, foi um achado incrivelmente barato —, ele vem reforçando sua já bem-sucedida há um bom tempo carteira de investimentos, mantendo o foco na estratégia, blindado dos noticiários. Muitos conhecidos estão se desfazendo de suas ações e cotas de FIIs por conta de algumas notícias sobre o futuro da economia no próximo ano, mas ele não só mantém seus investimentos como está comprando mais desses ativos. Ele dedica pelo menos uma tarde toda semana para cuidar de sua vida financeira e de seus investimentos.

No próximo capítulo, conversaremos sobre os riscos em nossa vida financeira e como podemos administrá-los para evitar ou, pelo menos, minimizar prejuízos.

15

COMO LIDAR COM OS **RISCOS** AO INVESTIR SEU **DINHEIRO**

No dia 24 de janeiro de 1971, Paulo Maluf, então prefeito de São Paulo, inaugurou a mais controversa obra da cidade: uma via elevada de 3,5 km que ligava as regiões Oeste e Leste da cidade passando por uma das áreas mais adensadas da capital.[1] O elevado, que, por serpentear sua enorme estrutura de concreto entre prédios, casas, praças, ruas e avenidas, logo ganhou o apelido de Minhocão, provocou um enorme estrago já na sua construção, quando cerca de oitenta imóveis — entre eles um prédio de oito andares —, foram demolidos.[2]

---

1 ASSUNÇÃO, Eduardo Luiz de Lima. *Minhocão e arredores: construção, degradação e resiliência (1970–2016)*. Dissertação (Mestrado em Arquitetura e Urbanismo). São Paulo: Universidade Presbiteriana Mackenzie, 2016. Disponível em: http://tede.mackenzie.br/jspui/handle/tede/3089.

2 "Via elevada terá 3,4 km", *O Estado de S. Paulo*, p. 36, edição de 12 de outubro de 1969. Disponível em: https://acervo.estadao.com.br/pagina/#!/19691012-28992-nac-0036-999-36-not.

As quatro pistas do viaduto — duas em cada direção — foram construídas a 17 metros do solo, o que as colocava à altura aproximada do quarto andar dos prédios vizinhos. Em alguns lugares, a pista corria a menos de 5 metros de distância da fachada dos edifícios.[3] Os andares mais baixos dos prédios e todas as lojas e negócios que estavam no nível da rua foram cobertos por uma sombra permanente. Os moradores respiravam o gás carbônico do escapamento dos carros, que corriam no mesmo nível de suas janelas e os ensurdeciam com seu ruído constante. Dos automóveis era possível enxergar as pessoas dentro dos seus quartos, na cozinha ou saindo do banho.

Ao longo de toda a década de 1970, a demografia e a dinâmica da região próxima ao Minhocão foram se transformando de maneira profunda. Os moradores de classe média que originalmente ocupavam os edifícios daquela que era uma região valorizada foram substituídos por uma população mais pobre. Os estabelecimentos comerciais se popularizaram, voltados para um público de renda mais modesta. Os baixos do viaduto passaram a ser frequentados por moradores de rua.[4] Os prédios se esvaziaram e se deterioraram esteticamente. Muitos se tornaram cortiços.[5]

Em sua edição de 1º de dezembro de 1970 — dois meses antes da conclusão da via elevada —, o jornal *O Estado de S. Paulo* trazia uma reportagem imaginando como seria o futuro da região quando o Minhocão entrasse em operação. Uma das previsões dizia respeito à venda dos imóveis próximos ao trajeto do grande viaduto. Abaixo de um anúncio escrito "vende-se", a reportagem afirmava: "A placa nem tem mais sentido. Os prédios estão quase todos vazios. Quem vai querer morar aqui?"[6]

Não poderia ser mais certeiro o presságio daquela bola de cristal. Uma grande parcela dos moradores deixou seus imóveis e apressou-se em vendê-los ou alugá-los, sempre por valores inferiores àqueles praticados em outros bairros semelhantes da cidade.[7] Quem investiu em imóveis na região — e ali havia inúmeros apartamentos cujos proprietários tiravam sua renda e seu lucro dos

---

3 Ibidem.

4 Ibidem.

5 Ibidem.

6 "Elevado, o triste futuro da avenida", *O Estado de S. Paulo*, p. 23, 1º de dezembro de 1970. Disponível em: https://acervo.estadao.com.br/pagina/#!/19701201-29342-nac-23-999-23-not/.

7 FRAU, Fernanda Marafon; SILVA NETO, Manoel Lemes. "O destino do Elevado Costa e Silva, o Minhocão — Uma decisão à luz do urbanismo", Arquitextos. Disponível em: https://vitruvius.com.br/revistas/read/arquitextos/17.200/6394

aluguéis[8] — sofreu um prejuízo devastador. Praticamente não houve tempo para qualquer tipo de adaptação. Entre o primeiro anúncio público do plano de se construir o elevado, em agosto de 1969,[9] e sua conclusão, em janeiro de 1971, passou-se apenas um ano e cinco meses.

NÃO HÁ CERTEZAS

A saga do Minhocão e suas graves repercussões sobre seu entorno — e nele estavam bons bairros paulistanos — deveria estar gravada na mente de todos aqueles que acreditam que comprar imóveis é um investimento absolutamente seguro, no qual é possível colocar as economias de toda uma vida e usufruir de um retorno financeiro estável e constante. E isso não é um fato que deveria assombrar apenas os proprietários de imóveis. Os riscos sempre estarão presentes em qualquer investimento que fizermos. Não há certezas neste mundo.

Eu, Paulo, acredito que nós, médicos, não temos alternativa além de aprender a lidar com o risco. Ele sempre estará presente em nossa vida financeira. Saber como enfrentar as incertezas que estão associadas aos investimentos passa obrigatoriamente por conhecermos nossa própria capacidade e nosso apetite por correr esses onipresentes riscos. Ao aperfeiçoar essa nossa "personalidade investidora", seremos capazes de construir um portfólio de investimentos que nos tornará confiantes e confortáveis para gerir nossos recursos.

É preciso, ainda, acreditar que riscos não são necessariamente ruins e ameaçadores. Eles têm uma relação direta com o retorno que um investimento é capaz de proporcionar. Risco alto tem o potencial de trazer um retorno igualmente alto. Risco baixo, retorno baixo. Essa é a lógica do mercado — quase uma lei da natureza. Quem quer maior rentabilidade deverá se preparar mental e emocionalmente para correr mais riscos. Aqueles que quiserem segurança precisarão se conformar em alcançar retornos menores.

Poucas pessoas dirão que gostam de correr riscos, mas eu, Carlos, acredito que para os médicos essa ideia pode surgir de uma maneira ainda

---

8 FRANCO, Ruy Eduardo Debs. *Artacho Jurado: arquitetura proibida*. São Paulo, Senac, 2008. p. 138.

9 "Via expressa até a Pompéia", O Estado de S. Paulo, p. 23, 21 de agosto de 1969. Disponível em: https://acervo.estadao.com.br/pagina/#!/19690821-28947-nac-0023-999-23-not.

mais perturbadora. Afinal, a motivação básica entre aqueles que atuam na área da saúde é justamente minimizar riscos. Na verdade, fugir de riscos que possam afetar nossos pacientes.

Em se tratando de investimentos, esse mindset que nos faz sentir desconfortáveis diante de ameaças se manifesta também quando percebemos os riscos inerentes ao mundo financeiro. Essa postura é um obstáculo para sairmos de nossa zona de conforto — que é o mesmo que correr riscos —, algo que acredito ser fundamental para termos sucesso em nossos empreendimentos pessoais e profissionais.

INERENTES E CONJUNTURAIS

Todos os ativos financeiros, sejam eles imóveis, produtos de renda fixa, fundos de renda fixa ou variável, ações, moedas e cotas de FIIs têm dois tipos de riscos: os inerentes e os conjunturais. Os riscos inerentes são aqueles colocados pela própria natureza do ativo. Se você aplica seu dinheiro em um fundo de renda fixa cuja carteira é composta por títulos públicos, ele poderá ter uma rentabilidade maior ou menor de acordo com a variação da SELIC e da inflação, por exemplo. Esse é um risco inerente de investimentos influenciados por índices variáveis.

Já um risco conjuntural é aquele que é trazido por algum acontecimento extraordinário, que esteja "fora" da dinâmica interna e previsível de um ativo. Voltando ao exemplo dos imóveis, um risco inerente seria o desgaste natural de um apartamento com o passar do tempo, que exigiria gastos ocasionais para pintá-lo ou eventualmente adequar seu sistema hidráulico ou elétrico. Um risco conjuntural ou circunstancial poderia gerar um grave prejuízo, caso fosse construído um viaduto que passasse a poucos metros de sua sala de estar — como fez o Minhocão —, ou seu valor de mercado e do aluguel que você recebe por ele subir para as alturas se inaugurassem um hospital ou faculdade nas proximidades.

Riscos, portanto, podem também trazer ótimos resultados. Mas como saber se o que o aguarda na próxima esquina é um monstruoso viaduto ou um bem-vindo hospital ou faculdade? Não é possível saber. Alguns riscos aparecem do nada, são completamente inesperados. Quem poderia prever a pandemia da covid-19, que paralisou o mundo de 2020 a 2021? Poucos escaparam de seu impacto.

Mesmo em cenários catastróficos, sempre é possível preservar, se não todo, pelo menos boa parte de seu patrimônio. Para isso, você deve ser capaz de analisar de maneira serena os fatos que surgem à sua frente. Investidores profissionais, que aprenderam como jogar esse jogo, não acompanham aquele efeito manada — tão comum quando a multidão investe naquele momento em que as ações na bolsa estão batendo recordes e recordes de alta e se desfaz de suas posições em pânico assim que os preços das ações despencam.

COMPORTAMENTO CÍCLICO

Quem age assim está sendo levado inteiramente pela emoção, algo que em nada combina com a gestão de investimentos. Aqueles que têm mais experiência no mercado financeiro sabem que este tem um comportamento cíclico e que a volatilidade (o sobe e desce diário dos preços de diferentes ativos, principalmente de renda variável) é uma característica sempre presente. Assim, para se proteger dessas oscilações, você deve investir sempre com o foco no longo prazo, pois é nele que estão os retornos mais recompensadores — por conta do efeito bola de neve de acúmulo dos juros sobre juros. O investidor de longo prazo não se deixa impressionar pelos eventos de curto prazo.

Um exemplo é o desempenho da Bolsa de Valores de São Paulo. De 1968 — ano que foi criada — até 2017, o índice Ibovespa passou por inúmeras altas e baixas. Algumas quedas foram assustadoras, como os 74,11% negativos em 1990. Também se viram altas significativas, como os 85,31% de 2009. Mas, nesse longo período, a média anual foi de 6,88% positivos.[10] Talvez poucas pessoas mantenham seu dinheiro aplicado por cinco décadas em renda variável, mas o exemplo pretende mostrar que, no longo prazo, são muitos os investimentos que alcançam resultados positivos — mesmo com hiperinflação, como na década de 1980, e cisnes-negros,[11] como a covid-19.

A maioria de nós costuma ser apanhada de surpresa quando reviravoltas no mercado acontecem. Algumas pegam a todos desprevenidos, mas há outras tendências e transformações que são detectadas com antecedência por algumas poucas pessoas brilhantes, com muito conhecimento sobre determinado mercado e/ou uma capacidade muito apurada de análise de cenários, e outras

10 "Desempenho do Ibovespa, 50 anos de história". Disponível em: https://insight.economatica.com/desempenho-do-ibovespa-50-anos-de-historia/.

11 *Cisne-negro* é um conceito criado pelo filósofo líbano-americano Nassim Taleb para designar eventos extremamente raros (como costumavam ser os cisnes de cor negra) que provocam um impacto violento sobre a economia e sobre o dia a dia das pessoas — como a pandemia da covid-19. REIS, Tiago. "Cisne-negro: conceito muito utilizado atualmente para eventos improváveis". Disponível em: https://www.sunoresearch.com.br/artigos/cisne-negro/.

que têm acesso a informações privilegiadas e se valem disso para realizar ganhos de oportunidade.

No mercado de capitais, quem se valer de informações internas, as chamadas *inside trading*, cometerá um crime, previsto em lei, capaz até de levar à prisão. Casos típicos são os dos executivos de alguma empresa que está prestes a se fundir a outra e que se valem dessa informação — que só eles possuem — para comprar ações da própria organização. Dessa maneira, compram as ações por valores mais baixos e as revendem quando seu preço sobe no mercado assim que a fusão for comunicada ao público, dando-lhes ganhos significativos. Isso acontecerá porque as ações da empresa à qual pertencem tendem a se valorizar, pois a fusão diminuirá a concorrência naquele mercado, trará ganhos de escala e maiores lucros, tornando, assim, mais atrativos os papéis da organização.[12]

No entanto, nem todo conhecimento prévio sobre um possível comportamento de mercado é ilegal. Investidores bem-informados e experientes são capazes de prever se o mercado — para um determinado produto, serviço ou solução — irá se fortalecer e adquirir participações ou comprar ações das organizações que produzem tais bens. Ou são capazes de pressentir que alguma área da cidade tem vocação para se expandir verticalmente e, baseados nesse *feeling*, comprar terrenos vazios ali, enquanto estão baratos, para revendê-los quando as incorporadoras e construtoras chegarem.

Os melhores investidores costumam ter acesso a mais informações e saber quais são os melhores produtos em que devem colocar seu dinheiro do que as pessoas comuns, pois dedicam boa parte de seu tempo ao estudo e à análise de mercados, setores e empresas. Mas isso não elimina a necessidade de que todos nós — que pretendemos aumentar nosso patrimônio — procuremos nos informar e estudar as tendências em investimentos em curso. Ao contrário, devemos aprender com a experiência deles para dedicar mais tempo para aprender a cuidar de forma cada vez melhor de nosso dinheiro ganho com tanto esforço. É inevitável que todos que investem e desejam construir um patrimônio que lhes permita alcançar a liberdade financeira terão, em alguma medida, de se arriscar, já que não há retorno inteiramente garantido para qualquer produto financeiro.

12 REIS, Tiago. "Insider Information: veja como ela pode garantir vantagens indevidas". Disponível em: https://www.suno.com.br/artigos/insider-information/.

PRIMEIROS DEGRAUS

Mesmo produtos que costumam ser a primeira opção de quem está começando a aplicar seu dinheiro, como investimentos em renda fixa, têm também seus riscos. Há vários produtos — como a poupança, CDB, tesouro direto, LCI, LCA, CRI, CRA, debêntures e letras de câmbio[13] — que têm uma composição de rendimentos de juros pré-definida. Em geral, seus retornos acompanham a variação de algum índice, e, portanto, é possível ter algum grau de previsão do quanto o dinheiro crescerá em um determinado período.

À exceção de títulos públicos do tesouro direto, debêntures, CRAs e CRIs, os demais produtos citados são protegidos pelo Fundo Garantidor de Créditos até um teto de R$1 milhão por pessoa física — considerando R$250 mil por CPF e instituição financeira — no caso de instituições financeiras emissoras dos produtos virem a quebrar. Mesmo assim, também podem perder valor de acordo com a flutuação de índices de inflação ou da repercussão das decisões macroeconômicas feitas pelo governo (por exemplo, as decisões de política monetária conduzidas pelo Banco Central). No entanto, os investimentos em renda fixa não costumam passar por variações bruscas, por isso, podemos considerá-los como os primeiros degraus a serem acessados por aqueles que querem começar a aplicar seu dinheiro.

Para os principiantes, que costumam ter um grau de ansiedade maior e sempre querem saber quanto o dinheiro renderá, a renda fixa oferece alguma previsibilidade de ganho. Os ativos de renda fixa são capazes, portanto, de dar uma certa tranquilidade a quem ainda não se sente inteiramente à vontade diante de riscos — embora nunca devamos nos esquecer da sempre possível presença de cisnes-negros que podem impactar o mercado.

Há, por exemplo, os chamados ativos de renda fixa com marcação a mercado que são atrelados a riscos, como a performance dos investimentos em renda variável na Bolsa.[14] Eles mudam seu preço diariamente, de acordo com a oferta e a demanda do mercado e as projeções da curva de juros. Dessa maneira, sofrem a mesma volatilidade que outros produtos financeiros, não sendo possível determinar exatamente o quanto eles gerarão de retornos antes do vencimento. Um exemplo seria o tesouro IPCA+, em que, pela marcação

---

13 "Renda fixa: o que é, como funciona, dicas para investir". Disponível em: https://blog.rico.com.vc/o-guia-completo-sobre-renda-fixa-1.

14 "O que é marcação a mercado". Disponível em: https://warren.com.br/blog/o-que-e-marcacao-a-mercado/?gclid=CjwKCAjwm7mEBhBsEiwA_of-TLnBNaIbaQVbfxFAef-sa-NI2cdTZPJEzhFqlk FjriVyNSztP2AtLrBoCs0wQAvD_BwE.

a mercado, se você for se desfazer dele antes do vencimento, pode ganhar ou perder dinheiro, dependendo da taxa e do preço deste quando o comprou e quando o vendeu.

Se não devemos nos esquecer de que há riscos em todos os lugares, também precisamos nos lembrar de que os títulos públicos do tesouro direto ofertados pelo governo aos investidores — pessoas físicas e jurídicas — são instrumentos de dívidas. Quando investimos neles, apesar de serem uma das opções mais seguras que existem, estamos, na verdade, comprando dívidas, ou seja, tornamo-nos credores do Governo Federal. De maneira simples, emprestamos um dinheiro ao Tesouro Nacional, que, por sua vez, promete nos devolver aquele dinheiro com juros e correção de inflação, no caso de boa parte dos títulos disponíveis. Mas como todo devedor, também o Governo Federal pode ter dificuldade em honrar seus compromissos. É algo raro, como também eram os cisnes-negros.

O RISCO DA INFLAÇÃO

Há outro risco que também não convém negligenciarmos: o risco da inflação. O Índice de Preços para o Consumidor Amplo (IPCA),[15] que é calculado mensalmente pelo IBGE e mede a inflação para as famílias, é o mais usado no mercado financeiro. É preciso saber de quanto foi a inflação de determinado mês e comparar o valor com a rentabilidade prometida para as aplicações antes de decidirmos se investimos ou não o dinheiro em determinado ativo.

O IBGE fornece esse dado publicamente todos os meses, em seu site.[16] Caso as aplicações estejam prometendo um percentual de retorno abaixo da inflação, você perderá dinheiro — se investir em um desses produtos ruins. A rentabilidade real, a que de fato faz seu investimento crescer, só acontecerá caso o produto financeiro no qual seu dinheiro esteja aplicado dê juros reais acima da inflação.

Se o IPCA projetado, por exemplo, for de 4,5% e sua aplicação promete entregar 3,2% em um ano, seu dinheiro investido estaria 1,3% menor do que quando você o aplicou no começo do período. Em vez de aumentar, seu dinheiro diminuiu, ou seja, você perdeu seu poder de compra. Esse é um ponto importantíssimo que deve orientar a escolha de seus investimentos. É de se

15 "IPCA: conheça o principal índice brasileiro de inflação". Disponível em: https://www.infomoney.com.br/guias/ipca/.

16 Disponível em: https://www.ibge.gov.br/explica/inflacao.php.

lamentar que são poucas as pessoas que estão atentas à importância dessa informação.

A melhor ferramenta para você tomar boas decisões financeiros que de fato façam seu dinheiro ter crescimento real ao longo do tempo é o conhecimento. Devemos saber que a economia se comporta em ciclos. Ora temos um período de euforia, ora um momento de depressão. Não é por acaso que há quem diga que o mercado se comporta de uma maneira maníaco-depressiva.

Lidaremos bem com essas oscilações de humor quanto mais capazes formos de conhecer as características de um determinado produto financeiro. Quanto mais soubermos sobre ele, menor será nosso risco. Se ele nos for desconhecido, e o buscarmos simplesmente porque todo mundo está fazendo isso, estaremos apenas fazendo apostas com um risco altíssimo de trazer maus resultados. Nunca evitaremos completamente o risco, mas poderemos diminuir em muito o peso que ele é capaz de colocar sobre nossos investimentos simplesmente adquirindo conhecimentos sobre o funcionamento dos diferentes produtos financeiros. Para nós, você deve entender o risco como sendo proporcional ao conhecimento que tem de algo, e vice-versa. Por exemplo, quanto mais entendo as características do mercado de ações, as diferentes estratégias de investimento (tais como ações de crescimento, valor ou pagadoras de dividendos) e estudo os números, o setor de atuação e o modelo de negócios das empresas, mais capaz me torno de tomar melhores decisões de investimento em ações, e, consequentemente, meu risco de perdas será muito reduzido e terei boas possibilidades de obter retornos consistentes no longo prazo. Por outro lado, aquele que pouco ou nada entende sobre investimento em ações tende a tomar decisões equivocadas, e, assim, o risco de sofrer prejuízos é imenso.

Quando você está dando os primeiros passos em aplicar em ativos de renda variável, o mais recomendável é adotar um comportamento *buy and hold*, ou seja, comprar e segurar seus ativos e esperar com paciência e segurança durante um bom número de anos até que eles gerem resultados acumulados positivos no período. Evite especular, comprando e vendendo freneticamente no curto prazo, fazendo operações de trading. Você não é especialista nessa estratégia e tem mais de 90% de chance de incorrer em prejuízos. Nesse momento, queremos lembrar uma famosa frase do investidor Warren Buffett sobre como lidar com os riscos em seus investimentos: segundo ele, a regra número um dos investimentos é buscar não perder dinheiro, e a regra número dois é nunca se esquecer da regra número um. Sábias palavras! Lembramos que você trabalha duro para ganhar seu dinheiro e deve cuidar dele com muito zelo. Por isso, cuidado para não se lançar em aventuras que não entenda com a promessa de altos retornos no curto prazo.

Quando investimos diretamente em ações ou fundos de ações, devemos ter em mente que estamos nos tornando sócios de empresas. Ao comprar uma ação, você está adquirindo o menor pedacinho de propriedade de uma empresa, ou seja, você se torna dono dela. Sendo assim, devemos procurar escolher ações de companhias que sejam muito bem estabelecidas no mercado e fugir das montanhas-russas especulativas — da mesma maneira que faríamos se estivéssemos escolhendo alguém com quem abrir um consultório em sociedade. Quem ficaria feliz em ter um sócio instável que a cada dia surgisse com uma decisão e um humor diferentes? Por isso, reforçamos que você deve evitar participar do frenesi especulativo do trading. Você não tem a capacidade de prever se as ações subirão ou cairão de preço amanhã, na próxima semana ou no mês seguinte.

O PODER DA DIVERSIFICAÇÃO

Há uma frase famosa do ganhador do Prêmio Nobel em Economia Harry Markowitz:[17] "O único almoço grátis existente é a diversificação." Markowitz é conhecido no mercado financeiro mundial por ter desenvolvido um modelo que permite calcular o risco existente em uma carteira de investimentos.[18] Ele defende a diversificação da carteira como uma única e poderosa arma ao alcance dos investidores para minimizar os riscos inerentes do sobe e desce dos preços dos ativos. É também famosa a máxima que ensina a não colocar todos os ovos em uma única cesta. Se a cesta cai, todo nosso investimento virará uma omelete e perderemos nossos recursos.

Uma das alternativas de diversificação dos investimentos, para você que é iniciante e deseja investir em renda variável, são os fundos de ações Exchange Trading Fund (ETF),[19] formados por uma cesta de ações que têm como referência um determinado índice de ações da Bolsa de Valores. Há vários ETFs disponíveis — índices de ações famosos da nossa bolsa, bolsas dos EUA, da Europa e de outros mercados, inclusive criptomoedas — dos quais podem ser adquiridas

---

17 O norte-americano Harry Markowitz (1927–2023) recebeu o Prêmio Nobel de Economia em 1990. "Harry Markowitz — Biographical". Disponível em: https://www.nobelprize.org/prizes/economic-sciences/1990/markowitz/biographical/.

18 "Economistas — Harry Markowitz". Disponível em: https://www.suno.com.br/tudo-sobre/harry-markowitz.

19 "ETF: O que é, rentabilidade, como investir, quais os melhores". Disponível em: https://blog.rico.com.vc/.

cotas.[20] A gestão das ações constantes na cesta de ativos do índice é feita por um gestor profissional contratado pelo fundo, o que livra os investidores ainda pouco experientes, ou cujo tempo seja escasso, de decidir em quais ações investirão. Quando você investe, por exemplo, em um fundo ETF que segue o índice Ibovespa, o gestor compra exatamente as mesmas ações e suas proporções presentes no índice para o fundo. Ou seja, ao deter ETFs dessa modalidade, você obterá o retorno médio das mais de sessenta ações que compõem o Ibovespa.

Da mesma maneira que o mercado financeiro é um universo dinâmico, em que lucro e prejuízo giram constantemente no espaço influenciados pelos períodos de crise e abundância econômica, você também é alguém que está em constante transformação. Ou seja, à medida que conhece melhor os riscos embutidos nas decisões de investimento, você vai se tornando mais experiente e capaz de fazer escolhas acertadas de modo crescente.

Junto com o acúmulo de experiência, seu perfil de risco se transforma. De acordo com a evolução de sua inteligência emocional e do autoconhecimento adquirido, você não temerá o risco com a mesma intensidade e passará a enxergá-lo com outro olhar, cada vez com maior segurança em suas decisões.

O conselho óbvio é o de que você comece seus investimentos adotando uma postura mais conservadora, mas de forma alguma deverá acreditar que essa postura será permanente. Já falamos neste livro sobre a necessidade de se ter, além da reserva de emergência, a reserva de aprendizado. Nesta última, estarão recursos que não são indispensáveis ao seu sustento, com os quais você experimentará o mercado tendo como prioridade não a obtenção de retornos imediatos, mas, sim, a de conhecer a si mesmo como um investidor. Conforme for ampliando seus conhecimentos sobre produtos financeiros e diferentes estratégias, você pode, aos poucos, caminhar e assumir um pouco mais de risco.

MUDANÇAS NO TEMPO

Com o tempo, talvez a camisa de conservador possa ser trocada por outras, como a de moderado ou arrojado. O apetite e a racionalidade em investir são influenciados por algumas outras características dos investidores, embora não sejam determinantes e excludentes. Uma delas é a capacidade — a depender do estágio da vida em que o médico investidor está — de gerar renda com seu trabalho.

---

20 Para conhecer os ETFs negociados na B3, acesse: http://www.b3.com.br/pt_br/produtos-e-servicos/negociacao/renda-variavel/etf/renda-variavel/etfs-listados/.

Pessoas mais velhas costumam ter a seu favor a experiência e a serenidade que a idade traz, mas talvez já não tenham o mesmo ritmo de produção para o trabalho que lhe permitiria tomar riscos que pudessem ameaçar seriamente o capital acumulado. Caso tivessem uma grande perda financeira, talvez já não teriam a disposição e o tempo necessários para recuperar os recursos perdidos por meio de seu trabalho. Outros fatores, como compromissos familiares ou o estado de saúde do investidor, também são variáveis importantes para se determinar o tamanho dos riscos que podem ser assumidos.

Há, inclusive, um cálculo consagrado no mercado financeiro que relaciona idade e perfil de investidor. De acordo com essa fórmula, toma-se a idade do potencial investidor e a subtrai do número 80. O resultado indica o percentual dos investimentos que se recomendaria investir em renda variável. Por exemplo, alguém que tenha 60 anos de idade deveria colocar, no máximo, 20% de recursos em renda variável — onde os riscos podem eventualmente frustrar as expectativas de retorno e até causar prejuízos.

Uma pessoa mais jovem, digamos, com 30 anos, poderia destinar 50% de seus recursos para investimento em produtos de renda variável. Caso os resultados fossem desfavoráveis, ela teria, em tese, mais tempo para recompor seu capital. Essa é a lógica da fórmula que, no entanto, é uma mera indicação, visto que muitas outras variáveis influenciam as decisões de investimento.

Eu, Paulo, costumo propor uma reflexão para aqueles que pedem minhas sugestões. Se você se sente confortável à noite, quando coloca a cabeça no travesseiro, com o investimento no qual alocou seu dinheiro, então está tudo bem, eu digo. Mas se você não consegue dormir pensando no assunto, talvez seu perfil de risco necessite ser mais bem calibrado.

Outro ponto — e este é especialmente crítico para nós, médicos — diz respeito ao tempo. Quanto tempo você quer, ou pode, dedicar a dar atenção aos seus investimentos? Isso é fundamental para entender o quanto de risco você é capaz de querer enfrentar com aquele dinheiro que você ganhou tão duramente. Será o tempo dedicado à sua vida financeira que trará o conhecimento, a inteligência emocional, a energia e a capacidade de tomar boas decisões para passar, de fato, a investir bem seu dinheiro.

Há, ainda, outras questões que terão influência no nível de risco que é razoável assumir. A extensão patrimonial, por exemplo. Quem tem uma reserva de R$100 mil irá, naturalmente, fazer escolhas e ter acesso a opções de investimento diferentes daqueles que têm ao seu dispor R$10 milhões para investir. A carreira é outro fator de influência. Um médico especialista, já com anos de atuação profissional, será capaz de correr mais riscos do que o profissional recém-formado, cuja renda é mais volátil e depende de plantões e consultas mal remuneradas dos planos de saúde.

DR. JC, DR. CI E DR. TAR

Depois de ouvir muitas conversas dos amigos e participar de algumas *lives* em que o tema eram os riscos de investimentos e, principalmente, depois de ver um conhecido próximo perder quase todas suas reservas com decisões financeiras ruins, o Dr. JC decidiu encarar a gestão de seus investimentos de maneira mais ajuizada. Ele construiu uma reserva de aprendizado com o dinheiro que estava guardando para surfar em Porto Rico (a alta do dólar o fez adiar essa aventura) e vem experimentando alguns investimentos em ETFs.

Mesmo que esse fundo de aprendizado tenha sido destinado a eventuais perdas e enganos, o Dr. JC se sente aflito quando os resultados não saem como esperado. Ele vive, portanto, um processo em que está "afinando" sua inteligência emocional, como ele gosta de dizer, para mudar a dinâmica de risco do portfólio de investimentos que tem mantido até agora.

Por sua vez, o Dr. CI também está em um processo de mudança. Depois de muitos anos, ele se convenceu de que o gerente de seu banco não é o melhor conselheiro para os investimentos que pretende fazer. Também — e isso foi mais doloroso — já não procura avidamente por lançamentos de imóveis, os quais sempre acreditou que gerariam uma renda segura para os anos em que já não estivesse mais disposto a trabalhar.

Por ter começado a estudar um pouco mais sobre investimentos, decidiu que é hora de diversificar seus investimentos — também pesou o fato de que seus dois apartamentos e uma sala de escritório que estavam alugados estão vazios há alguns meses e as despesas com o IPTU e condomínios estão pesando. Isso o preocupa, mas ele se sente feliz por ter dado um passo decisivo na procura por investimentos mais rentáveis e líquidos: abriu uma conta em uma corretora independente que não é ligada a qualquer banco. Nada mais de conselhos de gerentes! Ele está em busca de pessoas isentas que possam orientá-lo em relação aos melhores investimentos.

Sempre à frente dos demais colegas, o Dr. TAR continua firme na montagem de seu curso de investimentos para médicos que não têm tempo — como ele descreve o perfil de seu público-alvo. Na verdade, ele define essas aulas e *lives* que está começando a fazer como um esforço para formar uma comunidade de colegas que queiram se aprofundar nas possibilidades que o mercado financeiro lhes oferece para construir um patrimônio que proporcione liberdade financeira no longo prazo.

O Dr. TAR pode ser disciplinado em seus gastos, metódico com suas finanças e até mesmo ousado nos investimentos que escolhe, mas sabe que ainda há muito caminho pela frente para adquirir a experiência que o faça entender bem os riscos que o mercado esconde e transformá-los em oportunidades consistentes de retorno no longo prazo. Entre as questões que vem discutindo com seus colegas e alunos, estão as estratégias para formar a reserva de emergência — uma iniciativa fundamental para dar tranquilidade aos médicos para investirem em produtos mais rentáveis, e que é um dos temas de nosso próximo capítulo.

16

QUATRO CAIXINHAS PARA **CONSTRUIR** SUAS **RESERVAS**:

reserva de emergência, reserva de oportunidade, reserva de aprendizado e reserva de sonhos

Você já parou para pensar sobre o porquê de algumas pessoas gostarem de um alimento específico e outras quase sentirem náusea quando são colocadas diante desse mesmo prato? Um filé de fígado frito, por exemplo. Há quem adore, enquanto outros não conseguem nem mesmo ficar na cozinha quando esse alimento está sendo preparado. Até mesmo pessoas da mesma família, com o mesmo *background* cultural e que tenham compartilhado experiências idênticas, na hora de ir à mesa, reagem diante do que está sendo servido como se vivessem em lados opostos do planeta.

Não há uma boa explicação sobre as razões que fazem com que a gente goste dê um certo prato e deteste outros — e que são inversamente odiados e amados por alguém que está ao nosso lado. Há várias abordagens científicas que tentam decifrar esse enigma. Um trabalho publicado em 2013 pela New York University que analisava as razões de as pessoas considerarem os brócolis (ugh!) tão amargos indicou como possível responsável por essa reação desagradável a expressão do RNA mensageiro PAV-TAS2R38[1] em nossas papilas gustativas. Mas a descoberta dessa sopa de letrinhas (aliás, outro prato polêmico) é incapaz de dar uma resposta a esse mistério para pessoas leigas em biofísica química, que é a especialidade dos autores do trabalho.

Mais fácil de entender é o que explica a professora de ciência do alimento e nutrição humana na Florida University, Linda Bartoshuk, para quem nossa preferência por um ou outro alimento é determinada pelo aprendizado. "Nós aprendemos a gostar das coisas. Algumas das nossas preferências são biologicamente determinadas, mas a maior parte delas é aprendida ao longo da vida", ensina Linda.[2]

Embora pareça não haver nenhuma relação direta entre RNAs mensageiros, nossa mãe insistindo para que experimentássemos aquela linda salada de alface e nossa maior ou menor predisposição ao risco quando tomamos a decisão de investir, parece não haver dúvidas quanto ao peso dos fatores psicológicos e da aprendizagem na escolha de onde colocar nosso dinheiro. E isso diz respeito também às nossas preferências ao escolhermos em quais produtos investiremos.

Ou seja, ter um perfil mais conservador, moderado ou ousado diante das várias opções de produtos financeiros disponíveis no mercado se parece, de alguma maneira, com a reação que temos quando estamos diante de uma mesa com vários tipos de pratos. Se somos conservadores, talvez fiquemos no arroz com feijão do mercado e nos restrinjamos àqueles ativos de renda fixa, protegidos pelo FGC e com riscos e rendimentos baixos. Se somos moderados, podemos até acrescentar alguma pimenta ao nosso prato. Se nosso apetite for mais arrojado, além do arroz com feijão e pimenta, também investiremos nas trufas e no caviar do mercado financeiro — ou seja, nos produtos mais sofisticados e recompensadores que estarão à nossa disposição, desde que tenhamos o conhecimento e o destemor para saboreá-los.

Em resumo, cada pessoa tem, por assim dizer, um estilo absolutamente próprio no que diz respeito ao comportamento diante do gerenciamento do próprio dinheiro. Como acontece com nossas preferências culinárias, esse

---

1 LIPCHOCK, Sarah; MENNELL, Julie; SPIELMAN, Andrew; REED, Danielle. "Human Bitter Perception Correlates with Bitter Receptor Messenger RNA Expression in Taste Cells". *The American Journal of Clinical Nutrition*, setembro de 2013. Disponível em: https://www.ncbi.nlm.nih.gov/pmc/articles/PMC3778862/.

2 LUNA, Kaitlin. "Speaking of Psychology: Why We Like the Foods We Like". Disponível em: https://www.apa.org/research/action/speaking-of-psychology/foods-we-like.

estilo é determinado por nossa personalidade e construído com as experiências passadas, que sempre deixam aprendizados que repercutirão em nossos comportamentos. E esse estilo não é fixo, vai se transformando ao longo do tempo à medida que ganhamos conhecimento e experiência na gestão de nossa carteira de investimentos.

Estamos, no entanto, completamente convencidos de que, mesmo diante de todas as inúmeras possibilidades de investir nosso dinheiro que o mercado nos oferece, precisamos construir e manter, ao longo de nossa vida profissional, pelo menos quatro tipos de reservas financeiras: a reserva de emergência, a reserva de oportunidade, a reserva de aprendizado e a reserva de sonho.

RESERVA DE EMERGÊNCIA

Já mencionamos anteriormente a relevância da reserva de emergência. Ela é especialmente estratégica para os médicos que trabalham como autônomos e, portanto, não têm como contar com uma licença médica remunerada — a exemplo do que ocorre com os profissionais que trabalham com contratos regidos pelo regime CLT. Caso o médico autônomo tenha um problema de saúde ou qualquer outra eventualidade que o impeça de trabalhar, não terá com o que contar para suas despesas do dia a dia.

A função da reserva de emergência é, portanto, assegurar que você terá de onde tirar seu sustento — e o de sua família — no período em que estiver impedido de produzir o suficiente para sua sobrevivência. O que sugerimos é que essa reserva corresponda a, no mínimo, a soma de seis meses de seus custos fixos mensais.

Se você tem o custo fixo de vida em média R$20 mil por mês, só deve considerar que tem uma reserva de emergência adequada quando tiver R$120 mil aplicados em produtos de renda fixa com a maior liquidez possível (por exemplo, fundos DI e títulos públicos do tesouro direto), para que possa sacar o dinheiro imediatamente em caso de necessidade. Esse fundo será de grande utilidade não apenas nas situações em que você esteja impedido de trabalhar, mas também para atender a alguma necessidade imediata, como no caso de um parente que venha a adoecer e sobre o qual você tenha responsabilidade.

Além da inquestionável vantagem de poder proporcionar um alívio material em momentos nos quais estaremos imersos em dúvidas e medo, a reserva de emergência apresenta uma importante — e pouco compreendida — vantagem: ela se revela como um alerta sobre como estamos administrando nossa vida financeira. Em outras palavras, quando você se dispõe a começar a separar parte de seu dinheiro para constituir esse fundo para momentos difíceis, ficará bem nítido qual é o grau de controle que você tem sobre suas entradas e saídas em seu dia a dia.

Isso acontece porque o que você aplicará nesse fundo de segurança — o qual deve ser tratado sempre como imexível e, portanto, deixado a salvo de nossos gastos cotidianos — será o dinheiro que sobra de seus gastos mensais.

É aqui que entra o lado de educação financeira que a constituição da reserva de emergência proporciona. Você pode descobrir que não está sobrando dinheiro algum porque está gastando com itens supérfluos que trazem benefícios e bem-estar limitados para você, ou, pior, nem mesmo sabe para qual ralo seu dinheiro está indo. Se seu estilo de consumo está comendo todo seu dinheiro e exigindo até mesmo a contratação de empréstimos pessoais para chegar até o final do mês, é preciso mudar e começar a formar sua reserva de emergência... com urgência. **Não a ter é o mesmo que navegar em alto-mar sem colete salva-vidas ou dirigir sem o cinto de segurança. Uma hora o imponderável dá suas caras, e você estará desprotegido.**

Pela sua grande importância, a reserva de emergência é o primeiro movimento a ser feito por você para providenciar um colchão de liquidez para sua vida financeira.

No entanto, eu, Carlos Eurico, acredito que não é necessário que você invista exclusivamente nessa reserva até alcançar o montante mínimo de seis vezes seu recebimento líquido mensal. Sugiro que separe — mesmo que seja uma pequena quantia — recursos todos os meses para montar uma reserva que servirá para outros propósitos, como aproveitar oportunidades de negócios ou mesmo comprar algo que deseje, como um novo carro ou uma viagem com a família.

Há quem recomende que o passo mais ajuizado a se tomar seja o de, após atingir o equivalente a seis meses de trabalho, acumular mais seis meses de reserva, completando, assim, um ano de rede de proteção para as traições da sorte.

Mas o que eu, Carlos Eurico, proponho é que esses recursos a mais sejam vistos também como uma reserva de oportunidade, ou seja, é também um dinheiro que você deixará disponível para aproveitar a circunstância oportuna de um bom negócio, que poderá ser, por exemplo, a compra de um imóvel por um preço muito bom, a aquisição de um equipamento

para o consultório ou tornar-se sócio de algum empreendimento promissor. Recentemente, aproveitei parte de minha reserva de emergência/oportunidade para investir e me tornar sócio de uma healthtech.

Este ponto deve ser bem compreendido. A reserva de emergência deve ser vista como algo obrigatório. Provavelmente você já ouviu falar do infortúnio de alguém que sofreu um revés e perdeu grande parte ou todo seu patrimônio. Caso você comece imediatamente a construir essa proteção, desastres como esses não irão abalá-lo. Uma coisa é passar sem dinheiro por uma situação turbulenta, na qual a angústia e o sofrimento são potencializados exponencialmente pela falta de dinheiro, e outra é enfrentá-la passando por níveis muito menores de angústia e sofrimento devido a não precisar se preocupar tanto com dinheiro.

POUPANÇA TAMBÉM VALE?

Nada mais lógico que essa reserva de emergência seja constituída por investimentos que possam ser rapidamente resgatáveis e estejam aplicados em produtos de renda fixa em elevada liquidez. Afinal, fatos desafiantes não têm hora para acontecer. Seria admissível até mesmo que a poupança — um investimento sabidamente ruim e que tem uma rentabilidade inferior aos índices inflacionários — seja considerada para a constituição dessa reserva.

Isso pode fazer sentido de acordo com os possíveis riscos que você enxergue no horizonte. Se você tem, por exemplo, parentes já bastante idosos que dependerão de sua ajuda, caso alguma dificuldade surja, talvez seja uma boa solução ter a maior liquidez possível para essa reserva. Uma mostra de como isso pode ser útil é imaginarmos ter de procurar um hospital no sábado à noite e precisarmos deixar uma caução pesada — digamos R$100 mil — para garantir um procedimento de emergência para alguém querido.

Há instituições da área da saúde que são irredutíveis e não aceitariam que o depósito fosse feito na segunda-feira seguinte. Como ninguém carrega R$100 mil na carteira ou têm essa quantia imediatamente no cartão de débito, o dinheiro guardado na poupança, que tem resgate imediato, poderia ser decisivo em um momento estressante como esse.

Mas é preciso ter em mente que, além de rendimentos abaixo de qualquer outro investimento de renda fixa, perdendo inclusive para a inflação — ou seja, o dinheiro na poupança perde valor ano a ano —, a segurança da poupança é um mito, pois desde 1995 ela não é mais garantida pelo Governo

Federal, apesar de fazer parte do FGC (Fundo Garantidor de Crédito) no valor até R$250 mil por CPF por instituição financeira. A segurança da caderneta de poupança de um "bancão" é praticamente a mesma de um CDB de um banco médio ou pequeno.

Outro mito da poupança é em relação à liquidez, uma vez que o rendimento da poupança é debitado na data de aniversário desta, e no caso de sacar o dinheiro por uma necessidade antes dessa data, além do menor rendimento, perde-se ainda o rendimento do mês.

Como já dissemos, o gosto pela formação de uma carteira de investimento pode ser algo tão pessoal quanto é a preferência por um ou outro alimento. Para alguns, investir em poupança ou em outro ativo — como os CDBs — pode parecer tão difícil de engolir quanto uma salada de brócolis ou jiló cozido. Por isso, há quem decida balancear os investimentos entre ativos mais conservadores, como os de renda fixa, e outros capazes de remunerar com um pouco mais de generosidade o dinheiro aplicado, mesmo que isso implique em correr algum risco.

Mas mesmo para médicos com um perfil um pouco mais ousado, constituir uma reserva de emergência deve ser prioridade.

> ***Como disse Carlos — e eu, Paulo, concordo —, você deve priorizar a formação de sua reserva de emergência junto com a separação de uma pequena fração de seu dinheiro para outras reservas, conforme falaremos a seguir.***

Vamos imaginar um colega que, bem remunerado, dispusesse de R$20 mil mensais para investimentos. Caso tenha um perfil mais conservador, ele poderia colocar R$19 mil em sua reserva de emergência todos os meses e os R$1 mil restantes em uma reserva de aprendizado, por exemplo. Falaremos mais à frente sobre esta modalidade de reserva, mas, em sua essência, esses recursos são destinados exatamente a proporcionar ao investidor a oportunidade de experimentar o mercado e aprender sobre produtos e estratégias que envolvam maiores riscos e maiores possibilidades de retorno.

VISÃO FLEXÍVEL

Uma configuração um pouco mais arrojada seria a daqueles que, mesmo estando convencidos de que ter uma reserva de emergência é algo inegociável, não veriam necessidade de só passar a investir em outras modalidades depois que a de emergência estivesse integralmente montada. Assim, em uma visão mais flexível, também dirigiriam uma parte maior do que têm para investir para as reservas de oportunidade, de aprendizado e para se permitir algum gasto pessoal um pouco maior.

Por exemplo, daqueles R$20 mil que todos os meses seriam destinados a investimentos, o médico separaria R$14 mil (ou seja, 70% daquele montante) para a reserva de emergência, R$4 mil (20%) para a reserva de oportunidade, e os R$2 mil restantes (10%) seriam destinados para a reserva de aprendizado. Lembrando, ainda, que a reserva de emergência e oportunidade se confundem até certo ponto, o que deixaria essa carteira que usamos como exemplo relativamente conservadora, já que 90% do total das sobras em dinheiro estaria aplicado em renda fixa — como fundos DI, tesouro Selic ou até uma conta-corrente remunerada que garanta pelo menos 100% do CDI.

Em caso do surgimento de alguma emergência, as oportunidades serão, com certeza, deixadas em segundo lugar na lista de prioridades para atender àquelas necessidades mais prementes. Mas há um argumento a mais a favor dessa compreensão de que emergência e oportunidade em alguns momentos podem se confundir: uma circunstância favorável para se investir em uma boa e segura oportunidade de negócio pode exigir uma decisão rápida para que não seja perdida. Por melhor que sejam essas oportunidades que surgirem, os recursos dos seis primeiros meses de emergência devem ser preservados, enquanto os seis meses extras da reserva de emergência podem ser usados para aproveitar essas oportunidades.

Uma estratégia que eu, Carlos Eurico, acredito ser de grande valia para evitar que você comprometa sua reserva de emergência, caso fique tentado a investir esse dinheiro, é manter os dois montantes aplicados em diferentes instituições financeiras. Seus fundos destinados a manter o valor do dinheiro para alguma excepcionalidade ficam, por exemplo, em uma corretora independente e devem ser praticamente esquecidos ali. Já o dinheiro para algum negócio que surja inesperadamente estará na corretora ligada à sua conta em alguma fintech que não cobre taxas. Com a proliferação de fintechs no país que não cobram taxas de manutenção de conta-corrente e nem mesmo taxas de corretagem para a realização de investimentos em diferentes produtos financeiros, fica muito fácil de você separar suas diferentes reservas e administrar seus investimentos dessa maneira.

RESERVA DE APRENDIZADO

De novo, a decisão de como repartir o dinheiro que se tem para investir entre as diversas caixinhas em que estarão as reservas sobre as quais falamos aqui dependerá muito de seu apetite para, eventualmente, até mesmo perder dinheiro. Dizer isso neste livro, no qual estamos a todo momento sugerindo formas de gerir com sucesso sua vida financeira, pode parecer algo fora de questão. Contudo, estamos falando aqui da reserva de aprendizado, na qual é quase inevitável que, por não ter ainda a devida experiência, você possa tomar decisões de investimento equivocadas que causem prejuízos. Levar em conta a possibilidade real de que erros podem ser cometidos enquanto se está adquirindo conhecimento sobre os diferentes produtos financeiros e estratégias de investimento faz parte do bom senso. Você sabia que os melhores investidores vivos erram um bom número de vezes nas decisões que tomam ao investir seu dinheiro? Mas como eles alcançam sucesso? A resposta é que eles acertam mais do que erram. Portanto, se até os melhores erram, tenha a certeza de que você falhará muitas vezes, mas, com o passar do tempo, se você se dedicar em seu aprendizado, conseguirá acertar mais do que errar em suas decisões de investimento.

Se R$2 mil — ou mesmo R$500 — parecerem excessivos para você aplicar na reserva de aprendizado, isso não deve ser um problema. Caso você não tenha expectativa de alcançar retornos expressivos em suas aplicações, por estar na fase inicial de seu aprendizado, destine, então, R$200 ou até R$150 por mês para sua reserva de aprendizado e invista em diferentes produtos financeiros de renda variável. O que você receberá como retorno será, principalmente, experiência — algo precioso quando se pretende ganhar familiaridade com as diversas opções de ativos. Mais relevante do que ganhar com a valorização de ativos de renda variável, receber juros e dividendos é reservar tempo para examinar e entender as possibilidades que estão à sua disposição e como funcionam os produtos financeiros.

As vantagens de constituirmos as reservas de emergência, de aprendizado e de oportunidade não é um assunto sobre o qual ouvimos falar com frequência. É muito mais comum sermos incentivados a aplicar nosso dinheiro em produtos financeiros específicos, sem termos uma visão clara das razões de estarmos investindo.

Essa falta de planejamento de o que fazer com nosso dinheiro nos leva ao nosso padrão usual, que é o de guardar recursos para comprar algo. É nosso costume, quando sobra algum dinheiro, inventar um uso para ele, comprando coisas de que não necessitamos e as quais logo deixaremos de lado. Guardar recursos para adquirir bens é algo completamente aceitável, mas é um movimento diferente de investir recursos para fazer frente a alguma adversidade ou ter dinheiro suficiente para aproveitar alguma boa oportunidade que surja à sua frente.

Se você está economizando para comprar algo, é apenas isso que você está fazendo: economizando para comprar algo. Você não deve confundir essa economia para adquirir determinado bem ou serviço com as carteiras de investimento relacionadas às reservas de emergência, oportunidade e aprendizado. Nós, médicos, principalmente quando somos recém-chegados ao mercado de trabalho e passamos a ter bons ganhos com nosso trabalho, colocamos nossos projetos de consumo de curto prazo sempre como a primeira opção de destino para nosso dinheiro. Compramos carro, apartamento, viagem para o exterior... e, não raro, tentamos fazer tudo isso ao mesmo tempo. O resultado — já comentamos nos capítulos anteriores — são dívidas enormes, descontrole financeiro e desperdício de oportunidades.

RESERVA DE SONHOS

Nunca proporemos que você renuncie a ter uma vida confortável e não desfrute de bons prazeres e alguns luxos. Afinal, você dedicou muito tempo e privações para seus anos de formação. Nada mais justo do que usufruir agora das benesses de uma situação financeira que se tornou mais favorável. Para que as reservas financeiras relevantes — como as que apresentamos aqui — sejam preservadas, o que propomos é a criação de uma quarta caixa, a reserva de sonhos.

> *Ter uma reserva de sonhos, que também poderia ser chamada de reserva de consumo, é algo que eu, Paulo, acredito ser estratégico. Poucas pessoas vão se dispor a passar anos acumulando capital para montar suas reservas de emergência e de oportunidade sem usufruir de algum bem-estar que o dinheiro possa proporcionar. Essa reserva, se destinada para algum consumo de curto prazo, que será realizado em até um ano, deve ser formada por ativos com alta liquidez — como tesouro Selic, fundos DI e CDBs. Mas, insisto, ela não deve ser colocada à frente da reserva de emergência. O que você deve fazer é ir guardando todo mês uma pequena parte do total que destina aos investimentos para a reserva de sonhos. É como dissemos: enquanto estiver constituindo*

sua reserva de emergência, direcione pelo menos de 60% a 70% do valor mensal para esse fim e distribua os 30% a 40% restantes entre as reservas de oportunidade, aprendizado e sonhos.

Há vários tipos de sonhos. Comprar um automóvel ou fazer uma viagem para algum destino paradisíaco são desejos de consumo de curto prazo. Um casamento pode ser chamado de um sonho de médio prazo. Fazer uma pós-graduação nos EUA ou na Europa entraria na categoria de sonho de longo prazo. Essa gradação de sonhos exige de você saber com precisão o valor do sonho que deseja comprar, definir quanto investirá por mês e durante quanto tempo, assim como escolher produtos financeiros que ofereçam uma relação riscos-retorno adequada de acordo com esse horizonte de tempo. Talvez não seja possível realizar todos imediatamente. Mas são projetos que estão perfeitamente ao seu alcance, desde que você minimamente se organize e se planeje. E cabe reforçar que você deve criar e manter a cultura de aportar de maneira disciplinada seus recursos em todas essas caixas das quais falamos neste capítulo.

DR. JC, DR. CI E DR. TAR

Cada vez mais distante da vida financeira desestruturada em que esteve envolvido por longo tempo, o Dr. JC já está prestes a completar sua reserva de emergência. Dentro de mais alguns meses, ele terá acumulado o correspondente ao que ganhou com seu trabalho nos últimos seis meses, mas agora se impacienta para ampliar esse fundo para o equivalente a um ano de seus recebimentos. A partir desse momento, ele pretende ir além dos investimentos conservadores que vem fazendo, sobretudo no tesouro Selic, e quer começar a investir em fundos multimercados e de ações.

Ele acompanha diariamente as cotações de ações, cotas de FIIs, ouro e criptomoedas e considera que poderia estar conseguindo retornos mais robustos. Portanto, o que ele mais quer é investir nesses produtos. Mas há momentos em que o Dr. JC vacila. Mesmo já estando com sua reserva de emergência bem encaminhada, a imagem de um mercado volátil, sujeito a períodos de fortes oscilações de preços — como foi durante a pandemia da covid-19 —, no qual ganhos parecem evaporar de um dia para o outro, ainda lhe causa temores.

O Dr. CI também tem suas angústias, mas elas são de uma natureza diversa daquelas do Dr. JC. O que o aflige é sua já conhecida atração por imóveis. Ele vem, já há alguns, anos tentando montar sua reserva de emergência, mas sempre que começa a fazer isso em um ritmo mais constante, um imóvel interessante passa pela sua frente. São aqueles corretores que já o conhecem e telefonam falando sobre algum apartamento com um preço especial e imperdível ainda na planta. Como se fosse vítima de uma dependência psicológica, o Dr. CI esquece de todas as promessas que fez a si mesmo, tira recursos de seu fundo de emergência e acrescenta mais um imóvel à sua coleção.

Aliás, promessas também foram feitas à sua esposa. Ele jurou para ela que não iria mais investir em imóveis. Mas a promessa foi quebrada. Há pouco tempo, ele comprou mais um terreno na praia, escondido da esposa. O Dr. CI sofre com essa mania, mesmo assim, nos últimos tempos, vem se sentindo mais encorajado.

Tem lido e estudado a respeito do mercado financeiro e já decidiu que venderá alguns imóveis para engordar sua ainda combalida reserva de emergência. Melhor ainda, pela primeira vez em sua vida, ele acessou o *home broker*, que o deixa conectado ao pregão eletrônico do mercado de capitais. Por enquanto, só está olhando. Mas logo, ele promete, começará a fazer suas primeiras investidas em ações. Tomara que não surja mais nenhum lançamento imobiliário quente.

O Dr. TAR continua inabalável em sua determinação de fazer bem todos os deveres de casa. Já tem sua reserva de emergência formada e começou recentemente a formar sua reserva de oportunidade, assim como a destinar uma parte de seus aportes para uma carteira de investimentos focada na construção de um patrimônio que lhe permita alcançar a tão sonhada liberdade financeira. Começou de maneira modesta sua reserva de aprendizado. Investiu em ativos de riscos variados e perdeu alguma coisa — nada importante —, mas em compensação, ganhou bastante em experiência.

Disciplinado, já vem diversificando seus aportes em ativos mais sofisticados, como ações no mercado norte-americano, ouro e bitcoins. Mas segue caminhando com cautela por esses campos. Ainda percebe que tem muito a aprender para desenhar uma estratégia consistente de ganho de capital e construir um patrimônio que lhe dê liberdade financeira, o tema de nosso próximo capítulo.

17

MIRAR NO **GANHO** DE **CAPITAL** É UMA BOA ESTRATÉGIA PARA **CONSTRUIR** SEU **PATRIMÔNIO**

Certo dia, um nosso amigo, Jorge, decide: quero ser rico. E rápido. Ele sai de casa, vai até uma casa lotérica, paga R$4,50 por uma aposta de seis números na Mega-Sena. Naquela semana, ela traz um prêmio de R$10 milhões. Pode haver investimento melhor? Um retorno de 2.200.000% sobre o capital aplicado. Jorge volta para casa e espera pelo resultado do sorteio e... nada! Não acertou nenhum número. Perdeu 100% do capital investido.

Isso não chega a surpreendê-lo. A probabilidade de acertar os seis números com uma aposta simples, conforme ele pesquisou, era mesmo baixa: uma chance em 50.063.860.[1] Mas Jorge não desiste. Se ele marcar, no lugar dos seis números, quinze algarismos na cartela, a possibilidade de levar o prêmio principal aumenta de maneira exponencial.

1 Probabilidade. Disponível em: http://loterias.caixa.gov.br/wps/portal/loterias/landing/megasena/.

Agora a chance passa a ser de um para 10.003! Está certo que o valor da aposta será bem maior: R$22.522,50,[2] e o retorno sobre o capital investido para os mesmos R$10 milhões de prêmio, menor: 44.400%. Mas, uau!, onde encontrar algo assim no mercado? Ele raspa o que havia guardado em uma aplicação e faz a aposta. Nada! Dessa vez só acertou um número! Jorge se arrepende do que fez. Quase chora. Jura que nunca mais fará uma loucura como essa. Se sente um tolo e decide que não contará nada disso aos amigos.

Passa um mês, e Jorge pensa: "Se não me arriscar, nunca vou ganhar. O mundo recompensa os ousados!" Ainda há outra aplicação que ele havia feito no passado e estava quase esquecida. O valor que está ali: R$25 mil. Jorge decide, aquela é a última tentativa. Ele tem um palpite forte de que agora o prêmio sai! Liga para seu gerente, saca o dinheiro, e lá vai Jorge descendo a ladeira mais uma vez...

Se esse cenário parece insano e improvável para você, saiba que muita gente decide onde aplicar seu suado dinheiro com a mesma imprudência e desaforo com os próprios recursos como Jorge fez.

> ***A esse respeito, eu, Carlos Eurico, gosto de trazer a metáfora do cassino. A casa não perde nunca, sempre ganha. Quem aposta pode ganhar hoje, mas amanhã acabará perdendo. Ao longo do tempo, os apostadores sempre saem perdendo.***

Por apostadores, entendemos aqueles que fazem investimentos nos quais o risco é elevado, sem ter conhecimento suficiente de como funciona o mercado — sobretudo o de renda variável, como é o caso das ações negociadas na Bolsa de Valores. Até podemos ter apetite para o risco, mas devemos transformar essa característica em uma prática racional amparada na dedicação e no estudo sobre como se movimenta e se comporta o mercado financeiro.

GATILHO DA GANÂNCIA

Há períodos em que investir na Bolsa de Valores atrai um número maior de pessoas. Essa é uma tendência cíclica. Nesses momentos em que os preços da maioria das ações estão subindo rapidamente e índices famosos, como o Ibovespa, batem recordes, surgem várias empresas fazendo seus IPOs, há abundância de recomendações de agentes autônomos de investimento e

2 Idem.

analistas de bancos e corretoras sobre onde colocar o dinheiro — inclusive muitas informações exageradas e outras tantas duvidosas. Nesse cenário, são muitos os que, contaminados pela euforia, e pelos noticiários, se deixam levar pelo gatilho da ganância. Esse sentimento é o maior inimigo do que propomos aqui, que é investir tendo uma estratégia de longo prazo e, como objetivo mais relevante, atingir sua liberdade financeira.

Para isso, é preciso que encontremos bons ativos, com potencial de crescimento ao longo do tempo, que sejam sólidos o suficiente para trazer bons resultados, apresentem riscos baixos a moderados e proporcionem um bom potencial de ganhos de capital. Tal ganho de capital acontecerá se o valor de boas ações e cotas de FIIs, após algum tempo, for maior do que o preço que se pagou por elas. Por exemplo, se você comprou ações de determinada empresa por um valor unitário de R$10 e, dois anos depois, ela estava cotada em R$22, a diferença entre os dois valores — R$12 — é a valorização que o mercado deu a esse ativo.

Aqueles que aprendem os fundamentos para se fazer uma boa análise financeira e uma boa avaliação das qualidades e perspectivas dos negócios de uma empresa, por exemplo, conseguem formar uma opinião sobre se vale a pena comprar suas ações e segurá-las por alguns anos para que se valorizem à medida que os resultados da companhia cresçam. Uma boa empresa é aquela que aumenta suas vendas e seus lucros ao longo dos anos. Quando isso acontece, existe uma boa chance de suas ações valorizarem, pois a valorização das ações no longo prazo tende a acompanhar o crescimento das vendas e dos lucros das empresas. Tal conhecimento sobre como se avalia empresas só se adquire com estudo e dedicação de tempo. Você pode, por exemplo, aprender os fundamentos para se investir em ações de empresas lendo relatórios de boas casas de *Research* ou estudando livros clássicos, como *O investidor inteligente*, de Benjamin Graham, *O jeito Warren Buffett de investir*, de Robert Hagstrom, *Análise fundamentalista*, de José Kobori, *Guia suno de contabilidade para investidores*, de Tiago Reis e Jean Tosetto, e *O mercado de ações em 25 episódios*, de Paulo Portinho. Reforçamos a mensagem de que, quanto mais tempo você dedicar para entender os diferentes produtos financeiros e estratégias de investimentos, melhores decisões de investimento você tomará — o que tornará possível alcançar maiores rentabilidades para seu dinheiro aplicado.

Para ter chances reais e favoráveis de obter ganhos de capital consistentes que multiplicarão seu capital investido no longo prazo, sugerimos que invista em ações e cotas de FIIs usando a estratégia *buy and hold*. Ou seja, invista em ações de empresas comprovadamente sólidas e com um histórico de desempenho conhecido e mantenha essas participações acionárias por um período longo.

Arriscar-se na compra de ações de empresas que ainda não mostraram ao que vieram, se valer de opiniões de corretores, jornalistas, gerentes de banco ou confiar apenas em seu feeling é algo muito parecido com que nosso amigo Jorge fazia ao tirar dinheiro de uma aplicação para apostar na Mega-Sena. Os riscos de perder seu suado dinheiro são enormes.

É preciso se dedicar ao estudo do mercado de capitais, tanto para fazer investimentos mais ousados — nos quais a possibilidade de ganhos e o risco são, ambos, maiores —, como também para se tornar um *buy and hold*. A diferença é que comprar ações de empresas sólidas e usar o tempo a seu favor para esperar pela sua valorização exige muito menos conhecimento e dedicação do que especular e tentar buscar ganhos de curto prazo por meio do *trading*, comprando e vendendo ações e outros ativos no mesmo dia, na mesma semana, depois de poucas semanas ou meses na Bolsa de Valores.

QUALITY E *GROWTH*

Mesmo alguém que decida atuar no estilo *buy and hold* e que, portanto, navegará por mares menos turbulentos também terá de fazer escolhas e entender a dinâmica dessa estratégia. O mercado usa uma nomenclatura para designar as ações de dois tipos de empresas, os quais devem constar no portfólio daqueles interessados em ganhos de capital (valorizações) de longo prazo: *quality*[3] e *growth*[4].

Empresas cujas ações são classificadas como *quality* são aquelas organizações de grande porte e consolidadas que já dominam grande parte de seu mercado de atuação. São companhias com bom grau de previsibilidade de receitas e lucros e que já se provaram sólidas com o passar do tempo. Essas são, em geral, empresas do setor de *utilities*,[5] infraestrutura, grandes bancos, mineradoras, siderúrgicas e construção pesada, entre outras.

Mesmo que as ações dessas organizações possam igualmente enfrentar oscilações para cima e para baixo, tais variações tendem a ser menores. Isso porque essas empresas já foram colocadas à prova pelo tempo. Elas têm, como dissemos, bom grau de previsibilidade de receitas e lucros. Os investidores

---

3 Em português, *qualidade*.

4 Em português, *crescimento*.

5 Exemplos de *utilities* são energia elétrica, gás, água e saneamento e petróleo. Disponível em: https://www.cpqd.com.br/mercado/utilities/.

já sabem o quanto elas normalmente pagam como dividendos. Não é de se esperar que tenham valorizações acentuadas em suas cotações no curto e médio prazos. Sua característica é a da estabilidade, mas costumam trazer bons resultados anuais quando somamos os proventos e sua valorização ao longo do tempo.

Já as ações *growth* são aquelas de empresas que têm provado serem capazes de proporcionar uma boa entrega de resultados, mas ainda não se tornaram negócios de porte imenso, e que tenham enorme fatia de mercado — ou seja, não caminharam ainda tempo suficiente pela estrada. Nessa lista, tipicamente estarão alguns grandes varejistas, operadores de planos de saúde de presença nacional, empresas de tecnologia da informação, companhias do agronegócio e outras que já estão se mostrando rentáveis, com bom potencial de crescimento e ganho de participação de mercado. Em raros casos, distribuem dividendos elevados, pois reinvestem a maior parte de seus lucros em seus próprios negócios, visando sua expansão no mercado. Algumas delas se tornarão imensas no futuro e passarão a ser ações *quality*.

> ***Eu, Carlos, sempre reforço que não devemos olhar apenas para os dividendos entregues por organizações já consolidadas. Há outras empresas que têm possibilidade de crescer bastante ao longo do tempo, e você pode investir nas ações delas. É preciso não esquecer de que, quando adquirimos ações de uma companhia, nós nos tornamos sócios dela. Então, pode ser boa ideia sermos também sócios de empresas em crescimento e que no futuro terão um desempenho tão relevante quanto as maiores empresas atuais.***

TRACK RECORD E AÇÕES DE EMPRESAS DE ELEVADO POTENCIAL DE CRESCIMENTO

A estratégia *buy and hold* também exige que você se inteire do *track record*[6] dessas empresas. Esse cuidado tem grande relevância. Há empresas que fazem um forte trabalho de marketing que dá a elas grande visibilidade no mercado, e suas ações podem ser percebidas por investidores mais apressados como um ativo promissor.

Isso está especialmente presente no universo das startups e criptomoedas, que experimentaram — principalmente estas últimas — uma forte oscilação

6 Em português, *histórico*.

para o alto e para baixo no período da pandemia da covid-19. Examinar o comportamento histórico desses ativos pode mostrar que eles não têm, por exemplo, gerado resultados positivos nos últimos anos ou, então, que eles tenham oscilado de maneira exacerbada, o que não os credencia para fazerem parte da carteira daqueles que pretendem adotar o *buy and hold*.

Sem essa análise racional do *track record* de longo ou mesmo médio prazo, você dificilmente conseguirá discernir entre o que é um movimento de alta gerado simplesmente pela especulação do mercado do que realmente quanto vale aquele ativo que pretende adquirir.

Seu olhar que investe esperando resultados que amadureçam ao longo do tempo não precisa necessariamente estar voltado apenas para empresas de grande porte. Existem ações de empresas menores, com valores de mercado de médio a pequeno — chamadas de *middle caps* e *small caps* — que, exatamente por serem organizações ainda em "fase acelerada de crescimento", têm potencial de dobrar ou mesmo experimentar uma valorização percentual de três dígitos em períodos entre dois e cinco anos, conforme a consistência do aumento de seus resultados.

De novo, ser capaz de identificar quais são as *middle* e *small caps* que carregam o DNA do alto crescimento é uma habilidade que apenas o estudo das empresas, setores e a experiência poderá proporcionar. Essas ações merecem, no entanto, atenção, porque, se em muitos casos ainda não garantem uma constância na entrega de resultados por ainda não terem um *track record* consolidado, têm aquela perspectiva de crescimento rápido e explosivo que as grandes empresas dificilmente seriam capazes de entregar.

É esse potencial que habilita as *middle* e *small caps* a comporem uma pequena parte de uma carteira de investimentos na qual estejam presentes produtos financeiros de renda fixa e variável com diferentes níveis de risco-retorno. A mescla de diferentes ativos proporciona a você boas condições para que obtenha ganhos de capital consistentes ao longo dos anos.

CONSTITUIR PATRIMÔNIO PARA A RESIDÊNCIA OU ALGUM SONHO DE CONSUMO

Dessa maneira, é possível ter estratégias de longo prazo, como aquela de um médico recém-formado que vai para o mercado, mas pretende primeiro trabalhar para construir uma reserva que lhe permita cursar, três ou cinco anos mais tarde, uma especialização, mantendo um padrão de vida equivalente ao que vinha usufruindo até então.

Digamos que, para isso, ele decida se engajar na construção de uma reserva de R$1 milhão em um prazo de cinco anos antes de, efetivamente, começar sua residência médica, na qual terá como praticamente única remuneração uma modesta bolsa de estudos. Caso contasse apenas com a rentabilidade dos ativos de renda fixa para construir esse colchão, ele dificilmente atingiria esse objetivo em um prazo assim.

Como seu objetivo principal é o de ter uma renda que seja capaz de cobrir seus custos enquanto se dedica completamente à residência — sem precisar sacrificar a qualidade de sua formação pegando plantões para garantir seu sustento —, e caso sua carteira de investimentos seja composta, por exemplo, por 30% em renda fixa e 70% em renda variável (metade em ações de grandes empresas pagadoras de bons dividendos e cotas de FIIs de papel que paguem rendimentos entre 0,8% e 1% ao mês), ele poderia ir vendendo mês a mês seus ativos de renda fixa e somar os valores obtidos aos proventos das ações e cotas de FIIs para compor sua renda mensal e, assim, sustentar-se normalmente durante todo o período de residência. Ter R$1 milhão é mais do que suficiente para um médico poder fazer uma ou mesmo duas residências com tranquilidade. Os pontos importantes aqui são postergar a residência e ter a paciência e a disciplina para focar o trabalho e fazer aportes mensais durante anos seguidos para construir um patrimônio que traga tranquilidade para você poder fazer sua especialização.

Essa mesma reserva de R$1 milhão pode ser o objetivo de um outro perfil de médico. Aquele que se sente atraído pelo "game", como é muitas vezes chamado o movimento de compra e venda de ações e outras estratégias em que a especulação financeira de curto prazo está presente. Nesse caso, haverá um percentual de ações *small caps*, cotas de FIIs menores e outros ativos "nervosos" de maior oscilação e risco (criptomoedas, moedas fortes, ouro etc.) nessa carteira, mas que não devem ultrapassar metade dela. A outra metade pode ser composta por ações *blue chips*[7] (o mesmo que *quality*, ou seja, grandes empresas com desempenho linear e boas pagadoras de dividendos), cotas de grandes FIIs e ativos de renda fixa. Se na carteira anterior o foco estava principalmente na geração de renda passiva via proventos, aqui o foco maior estará

---

7 Em português, *fichas azuis*. É o nome dado às ações das maiores e mais rentáveis empresas da Bolsa de Valores. O nome é uma alusão às fichas de cor azul usadas nos cassinos dos EUA, que têm os maiores valores para realizar apostas.
BONA, André. "O que são blue chips e as principais ações do tipo na bolsa brasileira". Disponível em: https://www.btgpactualdigital.com/blog/coluna-andre-bona/o-que-sao-blue-chips.

nos ganhos mais elevados de capital ao longo do tempo (ou seja, valorizações mais acentuadas).

Quando olhar para os fundos imobiliários, esse investidor não dará preferência para aqueles fundos maiores e já sólidos, mas focará outros menores, capazes de oferecer uma rentabilidade muito maior e rápida. O que esse tipo de investidor quer é chegar ao R$1 milhão para empregá-lo como uma reserva de sonho, com a qual adquirirá um bem específico.

Para ele, não há necessariamente o desejo de transformar esse montante em uma renda mensal ou em um complemento para seu orçamento. Por força de sua composição via maiores ganhos de capital, essa será uma carteira na qual a dose de risco é superior à daquela do perfil anterior — que buscava uma rentabilidade menos afeita a riscos, mais constante e focada em proventos para proporcionar renda passiva por um determinado período.

O TEMPO É ALIADO

Esses dois perfis de investidores — aquele que quer formar uma reserva para ser consumida durante um tempo determinado e o que mira o sonho e quer poupar para gastar em um bem específico — ainda não incorporaram ao seu estilo de vida o investimento para construir um patrimônio de longo prazo que garanta a liberdade financeira.

Nenhum dos dois captou a mensagem principal, que é a de que o tempo é o principal aliado na construção desse patrimônio, seja por meio da capacidade de geração de renda por meio do trabalho, permitindo a realização dos aportes mensais, seja mediante o poderoso efeito bola de neve dos juros compostos e de todas as liberdades que virão disso. Quando acabamos nossa graduação, temos a nosso favor muitos anos à nossa frente para trabalhar, gerar renda e investir. O tempo é o mais precioso de todos os recursos. Por isso, independentemente de sua idade, e do tempo de carreira que tem pela frente, não gaste com dívidas e consumo tudo o que você ganha trabalhando, direcione pelo menos 10% a 30% para investimentos visando construir o patrimônio que lhe proporcionará a liberdade financeira no futuro.

Eu, Paulo, já testemunhei muitos médicos a quem oriento mudarem sua mentalidade de investidores. Eles pararam de mirar seus investimentos apenas na realização de sonhos ou na produção de recursos destinados a projetos de curto e médio prazo e transformaram seu impulso de investir em um duradouro estilo de vida de forma a alcançar sua liberdade financeira. Eles entenderam que não terão a mesma disposição, energia, saúde e interesse em manter um ritmo de trabalho intenso lá na frente, quando forem mais velhos.

Há um momento em que eles guardam dinheiro pensando em comprar uma casa, fazer uma residência médica na Europa, adquirir um carro, fazer a tão sonhada viagem para o exterior, estruturar a vida dos pais etc. Mas, com o passar do tempo, passam a se familiarizar com a possibilidade de obterem a liberdade financeira e começam a olhar para os investimentos de outra maneira. É quando eles se transformam em investidores buy and hold e procuram ativos que tragam ganhos mais constantes e riscos moderados. Sempre existirão aqueles com apetite para o risco querendo entrar no jogo financeiro. Isso não é condenável, mas eles precisam ter clareza e bom preparo para saber o que estão fazendo.

Há, ainda, uma terceira possibilidade de transformar esse R$1 milhão em uma fonte de geração de renda passiva. É o perfil do investidor que mira o longo prazo. Seu objetivo é, assim que atingir essa marca, passar a usufruir dos rendimentos que os ativos poderão proporcionar sem, necessariamente, comprometer (consumir) o principal dessa reserva. Você passa a consumir os ovos botados pelas galinhas frequentemente sem precisar matá-las para se alimentar. Para garantir que isso aconteça, essa reserva será formada por ações *blue chips* de empresas já estabelecidas e terá um percentual importante de ativos de renda fixa e cotas de fundos imobiliários consagrados.

A estratégia de equilibrar investimentos de risco baixo e moderado com outros em que o potencial de ganhos e as incertezas são maiores é algo que pode trazer bons resultados para uma carteira de investimentos. Já defendemos que isso seja feito.

No entanto, eu, Paulo, tenho algumas dúvidas se essa é uma atitude viável para todos os médicos, já que não são muitos aqueles que terão tempo para a necessária dedicação e estudo das forças que movimentam o mercado financeiro.

Há várias formas de proteger investimentos contra riscos, como estratégias de opções e a colocação de travas. São operações até certo ponto sofisticadas. Elas proporcionam ganhos de capital maiores, mas a contrapartida exigida é, por exemplo, dispor de muito mais tempo de dedicação e entender como lidar com ativos de maior volatilidade.

Eu mesmo aprendi algumas técnicas que me exigiram muito tempo de estudo.

Mas estou convencido de que, para a maioria dos médicos, o buy and hold, colocar o dinheiro em bons ativos e não se preocupar com ganhos de capital no curto prazo, é o que deve ser feito. Quanto mais simples for sua forma de investir, melhores e mais seguros serão os resultados que virão.

DR. JC, DR. CI E DR. TAR

Neste momento, em que decidiram construir seu patrimônio a partir dos ganhos de capital, nossos três médicos favoritos se comportam de maneiras distintas. O Dr. JC, que já tem estabelecido em seu *mindset* a certeza de que investir é uma necessidade para alcançar sua liberdade financeira, está formando sua carteira em grande estilo. Está comprando fundos imobiliários e ações inclusive de empresas que sempre admirou e consome seus produtos e serviços — empresas de serviços de saúde que ele próprio utiliza, indústrias da área da alimentação, cujos produtos frequentam sua mesa.

Aliás, vem levando com tanta seriedade a noção de que ele agora se tornou sócio dessas organizações, que até mesmo os amigos estão fazendo piadas a esse respeito. Por exemplo, um dia, ele chamou um conhecido para ir até o shopping dizendo "Meu shopping, do qual sou sócio, por meio das cotas do meu fundo imobiliário, administrador e proprietário do imóvel". A afirmação viralizou entre seus conhecidos, principalmente depois que ele revelou que entram todos os meses em sua conta cerca de R$1.500,00, que é o total de aluguel (proventos) que ele recebe das duas mil cotas que possui do FII. Ele explicou aos amigos que esses proventos são literalmente os aluguéis pagos mensalmente ao fundo pelos lojistas, os quais são, por sua vez, distribuídos a todos seus cotistas. "Dr. Shopping" é como os amigos passaram a chamar ele, para azucriná-lo.

Mas o Dr. JC diz isso meio de brincadeira, meio convencido de que, sim, ele se tornou sócio dos FIIs e das empresas das quais compra cotas e ações. "É uma maneira saudável de se ver como acionista", segundo ele. "Faz com que você acompanhe com a atenção de um dono o desempenho financeiro da organização. E isso com a vantagem de que sempre será possível abandonar a sociedade e investir em outro ativo que se mostre mais lucrativo, pois apresentam ótima liquidez."

Por sua vez, o Dr. CI está feliz consigo mesmo, pois vem conseguindo avançar em seu propósito de diversificar seus investimentos e se afastar daquele movimento quase compulsivo de comprar terrenos, salas comerciais e apartamentos na planta — que ele sempre praticou ao longo do tempo.

A procura por outros ativos veio principalmente da certeza de que precisa ter ganhos de capital mais firmes, mas também porque alguns imóveis que ele adquiriu há cinco, seis anos já não estão mais se justificando como investimentos. Eles vêm perdendo valor de maneira constante — algo que se soma a uma queda no valor dos aluguéis em um mercado mais vendedor e pouco comprador.

Ele ainda não se animou a fazer algum curso mais profundo para entender o mercado de capitais, mas está seguindo com atenção, no YouTube e no Instagram, pessoas que são especialistas certificados e autorizados pela CVM a trazer orientações de investimento. Também comprou alguns livros sobre investimentos e outros que falam do norte-americano Warren Buffet, considerado o mais bem-sucedido investidor de todos os tempos.[8] Warren Buffet tornou-se seu guru. O Dr. CI até mesmo já pensou em colocar uma foto de seu ídolo em sua mesa, no consultório, mas desistiu. Achou que as pessoas poderiam achar que ele está mais preocupado com a Bolsa de Valores do que com a saúde dos pacientes.

O Dr. TAR, sempre alguns passos à frente dos dois colegas, já está com sua carteira formada e, vez ou outra, pensa até que deveria refrear um pouco seu interesse pelo mercado financeiro, o que, em alguns momentos, parece que está se transformando em um vício. A formação de sua carteira contempla diferentes ativos geradores de renda passiva — por meio de proventos — e outros voltados para sua estratégia de obter ganhos de capital. Ele se sente tão seguro no comando do próprio dinheiro, que decidiu criar um Curso Online Básico de Investimentos e Comportamento Financeiro para Médicos.

Alguns amigos acharam o título grande, mas o Dr. TAR decidiu que o nome deveria ser esse mesmo, por ser autoexplicativo. A adesão a esse infoproduto tem sido um sucesso. Ele criou uma turma para vinte participantes, divulgou o curso em suas redes sociais, e em apenas alguns dias, a turma estava completa. Agora a pressão é para que ele abra mais vagas.

Essa boa recepção teve um sabor especial para o Dr. TAR. Não apenas pelo dinheiro extra que entrará com o pagamento das inscrições, mas também pelo prazer de fazer algo diferente na área da saúde. No entanto, vem pensando

8 Warren Buffet. Disponível em: http://www.incademy.com/courses/ten-great-investors/-warren-buffett/1/1040/10002.

seriamente em ampliar cada vez mais essa vertente educativa. Os infoprodutos, ele vem percebendo, proporcionam um lucro bastante interessante e receitas recorrentes.

"Por que não dedicar mais tempo aos infoprodutos?", ele se pergunta. Serão mais recursos para suas reservas e lhe possibilitarão fazer com que o dinheiro trabalhe para ele. Uma estratégia de renda passiva, na qual o dinheiro funciona como um colega que trabalha todo o tempo para você. Como fazer isso acontecer será o assunto do próximo capítulo.

18

RENDA PASSIVA:

seu dinheiro trabalhando para você, 24 horas por dia, 7 dias por semana

No começo de sua carreira, Carlos Eurico aproveitava os momentos de ociosidade no consultório — quando um horário não havia sido preenchido ou algum paciente faltava — para fazer desenhos em blocos de papel. Não eram figuras aleatórias, para matar o tempo. Ele rabiscava como imaginava a planta de sua futura clínica, que, naquele momento, existia apenas em sua imaginação.

Nos desenhos, estavam os móveis, os corredores, as salas de espera e as de consulta. Setas se cruzavam indicando o caminho que os pacientes deveriam percorrer ao sair da sala do médico para realizarem, alguns metros à frente, os exames necessários e, depois, voltarem para a consulta. Os metros eram medidos, e os trajetos mais curtos e lógicos, calculados, para que ninguém perdesse tempo. Muitos pacientes, ele previa, viriam de cidades vizinhas e estariam cansados ou ansiosos para voltar para casa. Assim, tudo deveria ser o mais confortável possível.

O passar do tempo foi confirmando cada vez mais a possibilidade de Carlos Eurico ampliar o negócio e construir sua imaginada clínica. Aquele primeiro consultório estava instalado em um edifício. Quando o número de clientes começou a aumentar, já não era mais possível que ele fizesse os exames pessoalmente. Era preciso contratar um técnico para fazer esse trabalho. No entanto, não havia espaço no pequeno consultório para mais uma pessoa. A solução encontrada foi alugar uma sala extra, dois andares abaixo, e colocar ali o equipamento de espirometria. Os pacientes desciam até lá, faziam o exame e, depois, voltavam com os resultados nas mãos.

Aquele sobe e desce incomodava Carlos Eurico. Colegas que já eram donos de clínicas o incentivavam. "A vida muda completamente depois que você tem uma clínica", eles o encorajavam. Mais reflexões, mais desenhos nos blocos de papel, e ele finalmente decidiu reunir todas suas economias, chamar outros colegas, construir e inaugurar o Centro Médico de Especialidades Klinik, onde está situada a Respirare, sua clínica em Santa Cruz do Sul.

Como era esperado, o empreendimento trouxe ótimos resultados para Carlos Eurico e seus sócios. Em poucos anos, o Klinik e a Respirare tornaram-se uma referência em atendimento de alta qualidade e excelência em exames e procedimentos não só na especialidade de pneumologia, mas em várias outras na cidade de Santa Cruz do Sul, no Rio Grande do Sul. Uma clientela fiel foi se formando ao longo do tempo. Os bons resultados financeiros também acompanharam o bom desempenho do negócio, remunerando de maneira bastante satisfatória os investimentos feitos na clínica e a dedicação profissional de Carlos Eurico e seus sócios.

GERADOR DE RENDA

Após algum tempo, a Respirare superou até mesmo as melhores expectativas financeiras dos sócios. A partir de determinado ponto de sua expansão, o empreendimento tornou-se um gerador de renda passiva para Carlos Eurico. Essa renda suplementar ao seu trabalho como médico vinha das salas extras que ele havia construído especialmente para alugar a outros colegas, na modalidade de coworking — inclusive de especialidades diferentes da sua, a pneumologia.

Eu, Carlos Eurico, e meus sócios construímos um imóvel bem chamativo, com arquitetura moderna, instalações amplas, e selecionamos os melhores colegas para ocupar o espaço. Essas qualidades repercutiram de

forma bastante positiva, o que valorizou o posicionamento dos médicos que se instalaram aqui.

O prédio tem três andares, com espaço para três clínicas distintas. No primeiro andar, atendemos saúde da mulher, cirurgia plástica, estética, ginecologia e obstetrícia. O segundo andar, no qual estou instalado, é dedicado à parte respiratória e especialidades afins. Somos, no momento em que escrevo estas linhas, quatro pneumologistas adultos, um pneumopediatra e um cirurgião torácico, além de cardiologistas, psiquiatras, endocrinologista, entre outras especialidades. O terceiro andar estava alugado inteiramente para uma outra clínica durante muitos anos e está em reforma. Após o término da ampliação do prédio, ele terá cerca de 3 mil metros quadrados de área construída. Temos hoje cerca de 40 médicos e 30 especialidades distintas no mesmo edifício, clínica de vacinas e injetáveis, laboratório de função pulmonar completo, espaço para hospital dia, diversos exames de diagnóstico, além de outras facilidades, tudo em um só lugar.

Essa grande diversidade de especialidades é capaz de trazer, por si só, um valor adicional para todos os profissionais envolvidos, por meio das referências e contrarreferências, o que proporciona uma ocupação relevante de pacientes em suas agendas. Ao contrário do que poderia parecer para algumas pessoas, que inclusive se apressaram a alertar Carlos Eurico para esse "perigo", a presença desse time de médicos em um único espaço gerou muito mais sinergia do que uma concorrência predatória entre eles.

Essa soma de habilidades proporcionou maiores ganhos para todos. Isso sem contar que a oferta de diferentes especialistas na clínica acabou por transformá-la em um poderoso atrativo para os clientes de toda a região em torno de Santa Cruz do Sul.

Eu, Paulo, acredito que os bons resultados financeiros que Carlos Eurico colhe em sua clínica são fruto de um mindset de abundância. Em vez de valorizar a escassez e tentar impedir que os concorrentes também pudessem usufruir de boas entradas financeiras, ele criou um espaço onde todos conseguem ganhar bem. Não deu ouvidos àqueles que puseram em dúvida os resultados, por estar convencido de que a iniciativa fortaleceria a todos. E isso, de fato, aconteceu, criando-se um ambiente de abundância, compartilhamento e boca a boca para a clínica e seus médicos.

ALUGUEL POR TURNO

Mas de volta ao ponto que mais nos interessa neste capítulo, que é a geração de renda passiva, neste caso, por meio de aluguéis, Carlos Eurico estabeleceu um regime de locação que potencializou seus ganhos.

> *Eu não costumo alugar uma sala inteira no sistema tradicional de locação. Isso porque o aluguel de uma sala aqui em Santa Cruz está em torno de R$1.500 a R$2.000 mensais. Eu alugo as salas mobiliadas, com toda infraestrutura e serviço de secretaria, por turno: R$850 mensais por um turno semanal pelo período da manhã ou da tarde. Cada sala é, portanto, um coworking que é capaz de gerar R$1.700 por dia. Em apenas cinco dias de ocupação, o valor gerado com os aluguéis será de até R$8.500— de três a quatro vezes maior do que o valor mensal.*

Carlos Eurico é o proprietário de 70% do Klinik e, portanto, fica com esse percentual de todos os recebimentos gerados pelo pagamento dos aluguéis das salas. Os médicos locatários não pagam qualquer fração do que recebem com seu trabalho. Remuneram Carlos Eurico e seus sócios exclusivamente pela utilização das salas da clínica.

E essa renda passiva aumentou ainda mais após a conclusão dos trabalhos de ampliação do Klinik.

> *Atualmente, no novo prédio, houve a preocupação com a diversificação de áreas de atuação para não concentrar tudo na área da saúde. Para tanto, foram dedicados novos espaços para áreas de tecnologia — já totalmente locados por uma empresa de telecomunicações e seus franqueados. Por ser uma empresa com muito potencial de crescimento, uma parte dos primeiros dois anos de locação foi negociada em troca de participação (equity) na empresa, tornando-se, então, Carlos Eurico sócio desta. Ainda conta o novo prédio com espaço gourmet para recepções e festas no rooftop, o que será uma nova fonte de renda.*

As perspectivas de ganhos adicionais, além daqueles gerados pela atuação de Carlos Eurico como médico, são ótimas. Mas por que investir novamente em imóveis, ampliando a clínica? Não seria melhor diversificar a renda passiva gerada pelos aluguéis e investi-la em outros ativos, da área financeira? Seria menos trabalhoso, não é verdade?

Um ponto que eu, Carlos Eurico, defendo é que o potencial de conseguirmos bons resultados em nossos investimentos é maior quando investimos naquilo que conhecemos bem. No meu caso, sei como administrar uma clínica e entendo as necessidades dos colegas médicos e como eles costumam se comportar, e tenho atuado fortemente nos últimos anos em inovação e tecnologia.

Portanto, a chance de aumentar minha geração de renda passiva com aluguéis ao investir na ampliação de um negócio que já conheço é bem maior do que se aplicasse meu dinheiro em, por exemplo, formação de florestas de eucaliptos ou engorda de bois, como já vi colegas fazerem. Não entendo nada de árvores ou de como os bois engordam, certamente acabaria metendo os pés pelas mãos e teria prejuízos.

Este é um conselho para você levar em conta. Só invista seu precioso dinheiro em ativos que você conheça bem! Observamos com frequência médicos que decidem colocar seus recursos em negócios exóticos ou em produtos financeiros de alto risco no mercado de capitais, atuando como se fossem *traders* experimentados. Eles se esquecem de que esse é um universo complexo no qual há a possibilidade de reviravoltas financeiras capazes de gerar prejuízos graves para quem não tem experiência na área.

RENDA PASSIVA

Há uma poderosa frase que define o que é renda passiva e o resultado que ela pode trazer para quem for capaz de alcançá-la: "Renda passiva é deixar seu dinheiro trabalhar para você." Não é delicioso pensar que, enquanto você dorme ou relaxa em um momento de lazer com a família, seu dinheiro está ali, dia e noite, sábado e domingo, gerando juros para você? Ele trabalha no seu lugar, enquanto você descansa. O que pode haver de melhor?

Essa é a estratégia da renda passiva. Para você, ela significa uma maneira de ganhar dinheiro sem depender de seu tempo e esforço de trabalho contínuo. Além dos resultados de investimentos financeiros, são considerados formas de renda passiva, por exemplo, o lucro de empresas, os aluguéis obtidos, royalties, direitos de imagem ou autoral e pensão.

Fica óbvio que o conceito não é totalmente verdadeiro, uma vez que a maioria dessas formas de renda exigiu em algum momento mais ou menos esforço ou dedicação — como em busca de conhecimento na hora de criar um livro ou obra de arte, ou de construir um imóvel para aluguel. Mas o conceito de renda passiva é a construção de algo, patrimônio investido, imóveis alugados, empresas ou negócios que não exijam sua presença e dedicação exclusivas, como na geração de renda dependente exclusivamente do seu atendimento médico. Para nós, médicos, isso tem um sabor ainda mais especial, pois o grande volume de trabalho que abraçamos leva muitos de nós a prestar pouca atenção a estratégias que poderiam gerar, no longo prazo, mais valor financeiro para nossa vida.

Referimo-nos a este mau hábito várias vezes neste livro: a maioria dos médicos não costuma reservar espaço em sua agenda para cuidar de sua carreira, de seus negócios e da gestão financeira. Entre os poucos que se dedicam a isso, a maioria terceiriza e conforma-se com soluções de prateleira, padronizadas e que muitas vezes não correspondem aos seus objetivos e suas expectativas sobre o que desejam para si.

Para mim, Carlos Eurico, devemos mudar essa forma de pensar de que nós, médicos, não temos tempo para ganhar dinheiro, embora sejamos remunerados acima da maioria das demais profissões. Quanto mais cedo dedicarmos um pouco de nosso tempo — que seja, no começo, uma ou duas horas por semana — para administrar melhor nosso dinheiro, visando formar uma reserva que possa nos proporcionar uma renda passiva, mais bem-sucedidos seremos, pois teremos lá na frente condições de trabalhar menos e disporemos de mais tempo para aproveitarmos mais outras áreas da vida.

A maneira de conseguirmos fazer o dinheiro trabalhar para nós é por meio de investimentos inteligentes, especialmente de longo prazo. Investir em imóveis também é uma maneira de termos uma renda passiva, mas não é a única. Há outras possibilidades, inclusive, menos trabalhosas que lidar com contratos, aluguéis, inadimplência, baixa liquidez para venda e o tempo de desocupação dos imóveis.

Ainda que aplicar seus recursos em imóveis possa trazer essas dificuldades e amolações operacionais — às quais Carlos Eurico se refere —, trata-se de uma modalidade de investimento reconhecidamente capaz de proporcionar uma consistente renda passiva. Mas ela está longe de ser a única forma de resguardar seus recursos e fazê-los render.

DEMOCRATIZAÇÃO DA INFORMAÇÃO

No passado, investir em imóveis era uma das poucas alternativas disponíveis de geração de renda passiva. Isso mudou de maneira radical. Há hoje uma democratização das informações financeiras, em grande parte resultado da expansão da internet e de suas mídias sociais.

Anteriormente, só os poucos operadores na Bolsa de Valores, os profissionais diretamente envolvidos com finanças e investimentos e as diretorias financeiras de conglomerados tinham acesso às informações que lhes permitiam investir com segurança no mercado financeiro. Isso se transformou, e as pessoas comuns estão, hoje, muito mais empoderadas.

Com o aumento do conhecimento e da transparência do mercado financeiro, aos investimentos em imóveis foram acrescentadas várias opções de produtos financeiros: títulos públicos, que pagam cupons semestrais; fundos imobiliários, que remuneram o capital investido com proventos mensais, isentos de IR; ações de empresas que distribuem dividendos mensais, trimestrais, semestrais ou anuais,[1] e outros. Entre eles, há uma infinidade de produtos com retornos e riscos variados que são oferecidos por bancos e corretoras.

Não temos a intenção aqui de fazer recomendações de investimento. Quando pensamos em produtos — ou mesmo em empresas capazes de gerar juros e proventos interessantes —, devemos nos lembrar de que todos estão sujeitos a riscos no curto prazo de mudanças trazidas pela condução da política econômica ou eventos que tenham fortes repercussões locais ou globais. Estão na caixinha de surpresas do mercado financeiro eventos como mudanças climáticas, pandemias e reviravoltas políticas e macroeconômicas. Por isso é que você deve sempre orientar suas decisões de investimento com foco no médio e longo prazo, para minimizar os possíveis impactos dos riscos no curto prazo.

Mas é aceitável que se fale em termos amplos da montagem de uma carteira de ativos financeiros diversificada — um *asset allocation*[2] — que possa sinalizar uma escolha dos tipos de produto financeiro nos quais você pode investir para gerar renda passiva a ser usufruída por você. De maneira simplificada,

---

1 MAIA, Gabriela. "Tudo sobre o mercado financeiro: entenda como funciona!" Disponível em: https://conteudos.xpi.com.br/aprenda-a-investir/relatorios/mercado-financeiro/.

2 Destinação de ativos, em português, é a maneira como são distribuídos os recursos entre os diferentes ativos que formam uma carteira de investimentos. "Asset allocation: como ter a carteira ideal". Disponível em: https://www.mundofinanceiro.com.br/o-que-e-asset-allocation/.

podemos dizer que há três alternativas acessíveis para se formar uma carteira com vistas à renda passiva: títulos públicos, fundos imobiliários (ou, de certa maneira, também investimentos em imóveis) e ações.

Cada uma dessas classes de ativos é composta por vários produtos que têm rentabilidades e riscos particulares, prazos de resgate e investimentos mínimos próprios e incidência de impostos diferenciada. Uma carteira equilibrada poderá ser dividida, portanto, em partes iguais entre esses três tipos de ativos: 33% em títulos públicos, 33% em fundos imobiliários e outros 33% em ações. De novo, cada um desses grupos é composto por muitos ativos com características e comportamentos próprios — que devem ser conhecidos para que gerem os resultados desejados.

No capítulo anterior, foi destacada a diferença de potencial de retorno sobre o investimento que é proporcionado por ações de empresas grandes, já estabelecidas, daquelas de companhias de menor porte. Enquanto organizações de grande porte, que dominam grandes porções do mercado, tendem a proporcionar retornos mais estáveis e previsíveis, as demais são capazes de oferecer um potencial de valorização acentuado de suas ações. Por outro lado, essas empresas de menor porte estão sujeitas a riscos de mercado, por conta, por exemplo, de concorrência, que podem fazer com que suas ações desabem e causem fortes prejuízos aos seus investidores. **Por isso, aqui vale relembrar que o risco será sempre proporcional ao conhecimento que você tem do ativo no qual investe.** Para aplicar em ações de empresas menores, você deve primeiro estudar o mercado em que determinada companhia atua, analisar seus números, ver como ela está posicionada no mercado, se tem marcas, produtos e serviços reconhecidos e muito comprados pelos seus clientes etc.

BLUE CHIPS PREVISÍVEIS

Essa constatação aponta para uma estratégia de escolha de ativos que gerarão renda passiva. Nela, devem-se incluir ações *blue chips*, pois elas oferecem uma previsão de resultados e proventos muito mais previsível. Essas são características que qualificam esse perfil de ações a constarem de uma carteira voltada para a formação da renda passiva. São ações que costumam remunerar muito mais do que os títulos de renda fixa.

Já os retornos proporcionados pelas ações de empresas menores — as *middle* e *small caps* —, embora em alguns momentos possam se expressar em valorizações bem acima das blue chips, não devem integrar a carteira destinada à renda passiva. Isso porque elas têm uma imprevisibilidade maior.

Interiorizar essa maneira de selecionar diferentes ativos em carteiras com intenções diversas é algo relevante para fazer frente à eventual ansiedade do médico em realizar o mais rapidamente possível seus ganhos e colocá-los em caixa para financiar seus projetos de sonho de curto prazo.

Outra diferença entre as *blue chips* e as ações das empresas menores diz respeito a como sua administração gerencia a distribuição de seus lucros. Enquanto as empresas de maior porte tendem a distribuir grande parte dos lucros como proventos, por não necessitarem de um grande reinvestimento de lucros para manter sua posição competitiva no mercado, as empresas menores pagam o percentual mínimo obrigatório por lei, de 25% de seus lucros, para os acionistas e reinvestem todo o restante em seu crescimento, buscando ampliar suas operações e sua participação de mercado — para ganharem mercado.

Os fundos de investimento imobiliário também são muito interessantes para a geração de renda passiva, já que eles pagam rendimentos mensais. No momento em que escrevemos este livro, há um bom número de fundos que pagam entre 0,7% e 1% ao mês por cota livres de Imposto de Renda.

Em relação aos títulos públicos, gostamos da opção IPCA+ com juros semestrais e vencimentos mais em médio e longo prazo, pois protegem nosso dinheiro da variação da inflação, pagam juros semestrais e oferecem uma remuneração de juros maior do que aqueles que vencem no curto prazo.

Por fim, para você potencializar a força de sua máquina de geração de renda passiva, está o hábito de reinvestir os proventos e juros recebidos para comprar mais ações, cotas de FIIs e títulos públicos. Esse movimento permitirá que a carteira seja engordada com os juros rendendo sobre juros — o efeito bola de neve, ou seja, o crescimento exponencial. Isso é ter seu dinheiro trabalhando para você, em um plantão de 24 horas, sete dias por semana.

Eu, Paulo, acredito que esse é um entendimento crítico para o médico investidor. O crescimento do capital impulsionado pelo efeito de juros sobre juros produzirá uma dinâmica na qual você tenha sempre capital disponível para adquirir, sem meter a mão no bolso, novos ativos, que se somarão ao bolo inicial. Os proventos e juros recebidos com regularidade e reaplicados na compra de mais ações, cotas de fundos imobiliários e títulos públicos engordarão seu patrimônio ao longo do tempo. É um efeito exponencial fantástico que leva seu dinheiro a se multiplicar no longo prazo. Sem contar que, além desses juros e proventos reinvestidos, há, ainda, um potencial interessante de valorização de suas ações e cotas de FIIs — o que engorda ainda mais seu bolo.

DR. JC, DR. CI E DR. TAR

Depois de uma fase em que foi tomado por uma sensação de deslumbramento com a possibilidade de adquirir ações de empresas as quais ele admirava, o Dr. JC decidiu que deveria fazer algumas adaptações à sua carteira para agregar ações de companhias mais sólidas e cotas de fundos de investimento imobiliário que paguem proventos de, pelo menos, 0,7% ao mês. Não que ele viesse colocando seu dinheiro em ativos de elevado risco, mas depois de refletir sobre o assunto e ouvir alguns colegas mais experientes em investimentos, convenceu-se de que, para ter em algum momento uma renda passiva robusta, deveria ser um pouco mais conservador e aplicar em ativos com maior previsibilidade de geração de juros e proventos.

Não foi fácil esse ajuste de postura. Influenciado por algum espírito rebelde que havia dominado sua mente nos tempos da faculdade, ele resistia a investir em empresas da "velha guarda" e "caretas" — ou seja, aquelas grandes empresas atuantes em setores tradicionais da economia e com ampla dominância de mercado. Mas tomou alguns sustos com algumas aplicações excessivamente arrojadas que havia feito e decidiu que pelo menos parte de sua carteira deveria mirar produtos mais tradicionais.

Dessa maneira, ele começou a colocar em prática duas estratégias. De um lado, entendeu que poderia construir seu patrimônio de uma maneira mais rápida ao associar a estratégia de ganho de capital com ações de empresas menores que têm uma pitada de risco maior e apresentam grande potencial de crescimento. De outro, garantirá a geração de renda adquirindo ativos que remuneram seu dinheiro de maneira mais constante, como ações *blue chips* e produtos de renda fixa garantidos pelo governo.

No entanto, aquele espírito rebelde de vez em quando ainda ressurge para recriminá-lo por essa cautela. "Você está ficando velho e conservador", diz a voz interna. "Só falta começar a surgir alguns cabelos brancos na sua cabeça." Dr. JC se impressionou com isso. Seus cabelos continuam negros, ainda não tem nenhum fio grisalho. Mas dia desses assustou-se com o grande número de fios no travesseiro. "Vou ficar careca!!", horrorizou-se.

Com uma cabeleira que já foi mais densa no passado, o Dr. CI não tem mais tantas preocupações estéticas. O que o faz às vezes querer arrancar os cabelos é a sua dificuldade em livrar-se da tentação de querer adquirir imóveis — um impulso que vem tentando mudar ao longo deste livro. Mas o que o consola é que, ao longo de tempo, adquiriu um conhecimento razoável dessa modalidade de investimento. Portanto, pareceu-lhe um movimento natural e desejável colocar parte de seus recursos voltados para gerar renda passiva em fundos imobiliários.

Já o Dr. TAR caminha livre de angústias. Está cada vez mais empenhado nos cursos, palestras, podcasts e *lives* nos quais trata principalmente de temas voltados para auxiliar os médicos a gerenciarem suas finanças. Está sempre atento ao surgimento de novas mídias sociais capazes de aglutinar colegas interessados em acompanhar suas aulas. O Dr. TAR já tem grande parte de sua carteira de investimentos organizada. Os juros de suas aplicações crescem exponencialmente, e o dinheiro que seus cursos online trazem começa a ser cada vez mais relevante e é reinvestido na compra de mais ações e cotas de FIIs.

Melhor ainda, ele vem descobrindo que essas novas tecnologias de comunicação trazem bastante aprendizado, principalmente por meio de um networking qualificado que essas plataformas permitem que seja construído. Ele faz contatos cada vez mais estreitos com pessoas as quais admira e que pensam de maneira próxima à sua e experimentam experiências similares como investidores. O resultado de tais interações e dos novos conhecimentos obtidos vem se refletindo em sua carteira, que hoje tem ativos mais ousados, com potencial de rentabilidade maior. E, de uma maneira inédita, o Dr. TAR está mais atento ao perigo dos investimentos ruins e tem aprendido como escapar das armadilhas que se escondem no mercado financeiro, assunto que trataremos no próximo capítulo.

19

FUJA DOS INVESTIMENTOS RUINS, ELES PODEM COLOCAR EM RISCO O PATRIMÔNIO QUE VOCÊ ACUMULOU

Gerentes de banco são pessoas iguais a todos nós. Há, entre eles, os que são simpáticos e extrovertidos e os reservados e pouco dados a conversas. Assim como nós, trabalham duro, pagam seus impostos, têm alegrias e tristezas — idênticas a de qualquer outro ser humano. Gerentes de banco têm namoradas e namorados, maridos e esposas, filhos, tios, primos, sogras e sogros, mães e pais, e os amam e têm dificuldades de relacionamento da mesma maneira que acontece conosco.

Os gerentes de banco merecem toda nossa consideração, e não fazemos favor algum em tratá-los de maneira gentil e respeitosa. No entanto, sempre que um deles nos sugerir aplicar nosso dinheiro em algum produto financeiro que o banco oferece, devemos dar um sorriso e dizer: "Não, muito obrigado." Por que isso? Porque os investimentos que são propostos pelos gerentes têm quase sempre como principal objetivo trazer lucro para os cofres da instituição, e não para o bolso do investidor.

Isso significa que as aplicações que mais trazem retornos às instituições financeiras são as que menos ganhos proporcionam às pessoas físicas. E estas, por pouco conhecerem o funcionamento do mercado financeiro, aplicam seu dinheiro confiando na indicação dos gerentes de banco. Não será explicado a elas que um determinado produto trará retornos abaixo da inflação ou que, em uma emergência, um pesado imposto será cobrado para que o dinheiro aplicado seja resgatado antes do vencimento. Além disso, eles dificilmente irão avisá-las de que há outros investimentos muito mais rentáveis no mercado. O que move os gerentes é trazer dinheiro para os bancos — que são seus empregadores — e não para os correntistas.

Em vez de termos raiva dos gerentes, o que devemos fazer é nos educar financeiramente para podermos investir bem nosso dinheiro e aprender qual é a melhor maneira de defender nossos recursos contra a erosão da inflação e — sim, isso é muito possível — fazer com que eles se multipliquem a partir de escolhas inteligentes.

Os gerentes de banco cresceram em importância para muitos entre nós porque houve um tempo em que eles eram a única "autoridade financeira" que estava ao nosso alcance. A Bolsa de Valores parecia algo destinado apenas aos milionários, aos gestores de fundos de investimentos e às diretorias financeiras de grandes empresas. Mas esse tempo já vai longe. Na época atual, o acesso à internet, a existência de casas de *research* — que produzem relatórios com orientações e recomendações de diferentes produtos de renda fica e renda variável —, as plataformas de investimentos de corretoras independentes e uma gama muito maior de produtos financeiros disponibilizados pela B3 democratizaram o acesso ao conhecimento e abriram portas para fazermos bons investimentos no Brasil e no exterior.

Esse amplo acesso às possibilidades que o mercado financeiro oferece vem gerando um movimento que é conhecido por um termo em inglês, *financial deepening*.[1] Traduzido para o português como *aprofundamento financeiro*, esse fenômeno é visto como o desenvolvimento pelo mercado de cada vez mais produtos financeiros para atender a um número crescente de pessoas interessadas em obter retornos consistentes em seus recursos investidos.

Por estarem tornando-se cada vez mais bem informados sobre o funcionamento do mercado, os investidores dessa nova geração estão deixando de aplicar em produtos de renda fixa — como a poupança e CDBs — para aplicar

---

1 AMSTAIDEN, Rodolfo. "Em que ponto estamos do financial deepening?" Disponível em: https://www.empiricus.com.br/newsletters/day-one/em-que-ponto-estamos-do-financial-deepening.

naqueles de renda variável — principalmente fundos de investimentos e ações de empresas listadas na Bolsa de Valores.[2]

Mesmo em um cenário adverso para a economia gerado pela pandemia da covid-19, o interesse pelos produtos de renda variável cresceu de maneira impressionante. Uma pesquisa realizada pela B3[3] mostrou que, em 2019, havia 1,6 milhão de CPFs cadastrados na Bolsa e, em novembro de 2020, esse total havia subido para 3,17 milhões. Um crescimento de 98% em menos de um ano!

Esse é um excelente sinal de que está em curso uma mudança na visão dos brasileiros sobre o que são produtos financeiros de qualidade — e isso está apenas começando. É o aprofundamento do conhecimento e engajamento do qual fala o *financial deepening*. Mas não devemos nos esquecer de que ainda é grande — muito grande — o número de pessoas que, por falta de informação, ainda escolhe aplicações ruins, de baixíssima rentabilidade, para aplicar seu dinheiro.

Dessa maneira, deixam, lamentavelmente, de realizar o potencial integral de seu poder de construir riqueza para si e, não é raro, perdem seu patrimônio. Entre elas, estão os médicos, que, por historicamente enfrentarem dificuldades em gerenciar de maneira eficiente suas finanças, são vítimas frequentes dessas más escolhas financeiras.

Nosso propósito neste capítulo é listar alguns produtos financeiros que costumam ser apresentados a você — e não apenas pelos gerentes de banco — como boas opções para preservar seu dinheiro e fazê-lo render. Contudo, na verdade, não são bons investimentos, pois seus retornos quase sempre ficam abaixo do que poderia ser alcançado com outras escolhas, estas, sim, inteligentes.

A POUPANÇA PERDE PARA A INFLAÇÃO

O impulso de investir na caderneta de poupança deveria ser considerado quase como um patrimônio cultural nacional — como é a feijoada e o hábito de colocar algodão na árvore de Natal para simular a neve, inexistente neste país tropical. Da mesma maneira, de norte ao sul do país, quando se considera a possibilidade de guardar algum capital excedente, a primeira certeza que surge para nós, brasileiros, é a de investi-lo na caderneta de poupança.

2 Idem.

3 ALVARENGA, Bianca. "Bolsa dobra o número de investidores em 2020 e vê maior diversificação". Disponível em: https://invest.exame.com/me/bolsa-dobra-o-numero-de-investidores-em-2020-e-ve-maior-diversificacao.

Isso é um grande equívoco, quando se sabe que a poupança tem oferecido retornos, já há muitos anos, mais baixos do que a inflação! Em 2020, por exemplo, a inflação registrada chegou a 4,52%, enquanto a rentabilidade da poupança ficou bem abaixo — 2,11%.[4] Dessa maneira, quem colocasse R$10 mil na caderneta no início do ano teria, no final de dezembro, o equivalente ao poder de compra de R$9.759, já que a diferença de 2,42% entre o retorno obtido e a inflação comeria, ao longo do ano, R$241 do valor do capital investido. Ou seja, a aplicação na poupança, ao invés de fazer o dinheiro manter seu poder de compra e crescer, o fez diminuir sua capacidade de compra e decrescer de valor, proporcionando prejuízo ao investidor. Reforçamos um ponto que você jamais pode esquecer ao aplicar seu dinheiro: para obter um retorno real em seus investimentos, fazendo seu patrimônio crescer, você precisa conseguir uma rentabilidade acima da inflação.

Eu, Carlos Eurico, acredito que essa preferência nacional pela poupança é um hábito que foi meticulosamente construído pelas autoridades financeiras desde muito tempo atrás. No passado, os brasileiros sempre foram incentivados a colocar seu dinheiro nesse investimento, muito por conta da inflação descontrolada que vivemos durante vários anos até a criação do Plano Real, que trouxe estabilidade e colocou a inflação sob controle. Distribuíam-se cofres em forma de porquinhos e personagens eram criados como um marketing dirigido para as crianças. Os bancos colavam jingles em nosso cérebro dizendo "o tempo passa, o tempo voa, mas a poupança tal continua numa boa", e outras mensagens subliminares semelhantes. Havia uma campanha governamental intensa nesse sentido. Isso tudo foi plantado e criou raízes profundas em nossa mente. Hoje, mesmo diante das evidências de que há produtos financeiros melhores e igualmente seguros, as pessoas insistem em investir unicamente nessa modalidade.

É verdade que deixar o dinheiro "investido" na poupança não é a mesma coisa que guardá-lo debaixo do colchão ou parado na conta bancária. Nesses dois casos, o efeito da inflação seria ainda maior, pois o dinheiro não renderia nada, e a caderneta sempre terá algum rendimento, ainda que baixo. Também não se deve esquecer que a poupança tem uma grande liquidez. Você

---

4 ELIAS, Juliana. "Quem investiu R$10 Mil na poupança perdeu R$240 em 1 ano, descontando inflação". Disponível em: https://www.cnnbrasil.com.br/business/2021/01/19/considerada-inflacao-r-10-mil-na-poupanca-perderam-r-240-em-um-ano.

pode sacar o dinheiro que está ali depositado imediatamente caso surja alguma emergência.

Mesmo que a liquidez marque um ponto a favor desse investimento, não se pode esquecer que a conta poupança paga rendimentos mensais que são creditados para o investidor no dia do "aniversário" da aplicação. Ou seja, se você fez um depósito no dia 12 de julho, por exemplo, só receberá a totalidade dos juros mensais se resgatar seu dinheiro no dia 12 de agosto. Se o dinheiro for retirado da caderneta no dia 11 de agosto, nenhum rendimento daquele mês será acrescentado ao principal.

Neste exemplo, as retiradas dessa conta teriam de ser feitas sempre no dia 12, para que o rendimento mensal fosse acrescentado ao montante. Nesse quesito, a poupança perde para outras aplicações, que pagam os rendimentos proporcionais à data em que seja feito o resgate.

Há, ainda, um argumento ligado à cidadania — se podemos chamar assim — em investir na poupança. Do total do montante de recursos aplicados nesse investimento em todo o país, 65% são destinados obrigatoriamente para o financiamento do crédito imobiliário às famílias.[5] Se você se sentir recompensado pelo sentimento de que está colaborando para que mais brasileiros tenham acesso a financiamentos subsidiados para comprar ou construir suas residências, "investir" na poupança irá deixá-lo à vontade nessa modalidade financeira.

Além da obediência ao aniversário, a remuneração desse investimento é feita de acordo com duas outras regras. A primeira delas determina que quando a taxa Selic for igual ou menor do que 8,5%, a poupança será remunerada a 70% dessa taxa, mais a variação da TR.[6] Quando a Selic for superior a esses 8,5%, o rendimento será de 0,5% ao mês, mais a variação da TR.[7]

Mesmo esses percentuais e taxas não evitam o fato de que a poupança é um investimento no qual seu rendimento quase sempre perde para a inflação. Isso é especialmente cruel para as pessoas que têm menos recursos financeiros e menos acesso a conhecimentos financeiros. Em geral mais conservadoras em suas decisões de investimento, optam por essa aplicação e fazem com que seus recursos tenham prejuízo.

---

5 "Poupança: entenda como funciona o rendimento e saiba quando deixar de lado". Disponível em: https://www.infomoney.com.br/guias/poupanca/.

6 A taxa de referência (TR), calculada pelo Banco Central, é utilizada para a atualização monetária de algumas aplicações financeiras e operações de crédito. Disponível em: https://www.infomoney.com.br/guias/taxa-referencial-tr/.

7 "Remuneração dos depósitos em poupança". Disponível em: https://www4.bcb.gov.br/pec/poupanca/poupanca.asp?frame=1.

TÍTULOS DE CAPITALIZAÇÃO SÓ FAVORECEM OS BANCOS

Dez entre dez gerentes de banco recomendarão que você coloque seu dinheiro em títulos de capitalização. Vamos repetir aqui a recomendação feita no início deste capítulo: agradeça e não entre nesse negócio. A rigor, não deveríamos nem mesmo chamar os títulos de capitalização de investimento. Eles são uma mistura de caderneta de poupança com loteria, já que muitos bancos oferecem como atrativo para incentivar a contratação desse produto a possibilidade de concorrer a premiações como, por exemplo, dinheiro.[8]

Se consultarmos as regras para a emissão desses títulos, que constam no site da Superintendência de Seguros Privados (Susep),[9] notaremos que eles são oferecidos em seis modalidades e veremos, com todas as letras, que eles não têm como finalidade proporcionar retornos que compensem a perda para a inflação ou façam o dinheiro aplicado crescer. Por exemplo, a modalidade de número cinco, a Popular, é assim explicada: *esta modalidade tem por objetivo a participação do titular em sorteios, propiciando, ao final da vigência, devolução de valor inferior ao total pago (...).*[10]

Algumas modalidades, além de não preverem qualquer remuneração para quem adquira tal título, ainda entregam o dinheiro para outros *players*, conforme a explicação sobre a modalidade três, chamada Incentivo, em que é dito: *o título de capitalização está vinculado a promoções comerciais instituídas por empresas promotoras (subscritoras do título), sendo que o consumidor tem direito apenas a participar dos sorteios, sem acesso ao resgate do saldo capitalizado, que pertence ao subscritor do título.*[11]

E, finalmente, a modalidade de número seis, a Tradicional, promete devolver o valor total aportado no título ao "consumidor": *(esta) modalidade objetiva restituir ao titular, ao final do prazo de vigência, no mínimo, o valor total dos pagamentos efetuados pelo subscritor (...).*[12] Ou seja, se a restituição se der "no

---

8 "Como são realizados os sorteios?" Disponível em: http://www.susep.gov.br/menu/informacoes-ao-publico/planos-e-produtos/capitalizacao.

9 "Capitalização". Disponível em: http://www.susep.gov.br/menu/informacoes-ao-publico/planos-e-produtos/capitalizacao.

10 "Quais as modalidades dos títulos de capitalização?" Disponível em: http://www.susep.gov.br/menu/informacoes-ao-publico/planos-e-produtos/capitalizacao.

11 Idem.

12 Idem.

mínimo" pelo valor dos pagamentos, a pessoa receberá seu capital de volta amargando a perda da inflação no período.

Pior do que a poupança, esse tipo de "investimento", ou melhor seria chamar de "roubada", é quase igual a guardar o dinheiro debaixo do colchão. E a própria Susep reconhece que a remuneração dos títulos de capitalização é inferior à da poupança, como se pode ler: *o capital formado na caderneta de poupança é calculado sobre a totalidade dos depósitos e incluem a variação da TR, além de juros de 0,5% ao mês. No caso dos títulos de capitalização, há também atualização monetária, em geral, pela TR e juros mensais, mas estes não incidem sobre a totalidade dos pagamentos. Dizer que há atualização pela TR não significa dizer que o capital formado será igual ao que seria constituído por meio da caderneta de poupança.*[13]

Por fim, o título de capitalização é uma forma de seguro que, ao contrário da poupança, não é coberto pelo Fundo Garantidor de Crédito,[14] o que faz com que sua eventual remuneração, pagamento e demais regras de funcionamento sejam definidos pela própria instituição financeira que o emite. É um produto que traz ganhos quase que exclusivamente para os bancos.

Mesmo o chamariz dos sorteios não é tão atraente quando se sabe que a distribuição dos prêmios se dá, na grande maioria das vezes, levando-se em conta os sorteios da Loteria Federal.

Mais uma vez, devemos olhar com certa condescendência para a maior parte dos gerentes que tentam nos empurrar títulos de capitalização. Os bancos os obrigam a cumprir metas de vendas desses produtos e essa pressão os faz insistir com os clientes e a enaltecer qualidades — muitas vezes inexistentes — dessa modalidade de produto. Mas há aqueles que "forçam a barra" e insinuam que, ao adquirir esses títulos, os clientes terão maiores chances de ter acesso a alguns serviços oferecidos pelos bancos dos quais eventualmente venham a precisar.

Eu, Paulo, fui pressionado a adquirir um desses títulos como contrapartida à abertura com urgência de uma conta-corrente. Isso aconteceu quando precisei ter uma conta em um banco público para receber a bolsa

---

13 "É vantagem adquirir um título de capitalização?" Disponível em: http://www.susep.gov.br/menu/informacoes-ao-publico/planos-e-produtos/capitalizacao.

14 É uma entidade privada, sem fins lucrativos, mantida por várias instituições financeiras, que administra o mecanismo de proteção aos depositantes e investidores no âmbito do Sistema Financeiro Nacional. "O que é o FGC?" Disponível em: https://www.fgc.org.br/garantia-fgc/perguntas-e-respostas.

na minha residência. O gerente, a princípio, afirmou que não seria possível a abertura da conta no prazo que eu necessitava.

Como insisti que era uma questão urgente, ele acabou por concordar, mas afirmou que, para isso, eu "precisaria" comprar um título de capitalização. Na época, eu não era tão bem informado sobre produtos financeiros, comprei o tal título. Não me lembro com detalhes os valores — era algo como R$ 2mil —, mas recordo que só poderiam ser resgatados dois anos mais tarde. Mas já no período em que estava em minha residência, decidi liquidar o título, mesmo antes de seu vencimento. Claro, com os descontos que foram feitos, saquei menos dinheiro do que havia colocado. Um prejuízo.

CONSÓRCIOS: QUEM PAGA OS JUROS É VOCÊ

Outro mito financeiro no qual nós, brasileiros, acreditamos há várias décadas é o de que os consórcios são uma forma de investimento. A crença é a de que, por não termos em mãos os recursos necessários para adquirir um bem, poderemos conseguir o dinheiro necessário pagando prestações mensais, sem juros, aos bancos ou administradoras de consórcios.

Não é assim. Os consórcios cobram juros pelo dinheiro que repassam ao consorciado: costumam disfarçá-los com o nome de "taxa de administração".[15] Longe de ser um investimento, eles são uma modalidade de empréstimo que costuma cobrar os mesmos juros de mercado, mas com a desvantagem de só obter a carta de crédito para aquisição do produto depois que você pagar várias parcelas — o que pode levar anos. E pode acontecer de você quitar quase todas as parcelas e estar entre os últimos consorciados a serem sorteados.

Sim, há os sorteios de cotas, o que faz do consórcio um parente dos títulos de capitalização. Tanto em um quanto no outro, o negócio só poderá ser considerado como, pelo menos, razoável se houver uma ajuda do acaso. Em média, os participantes do consórcio aguardam trinta meses para receber a carta de crédito para a aquisição do bem contratado[16] — período em que a administradora do consórcio aplica, em ativos muito mais rentáveis, o dinheiro das parcelas pagas pelos consorciados. E os retornos obtidos dessas boas aplicações jamais chegarão àqueles que adquiriram esse produto.

---

15 "Os prós e contras de fazer um consórcio". Disponível em: https://invest.exame.com/mf/os-pros-e-contras-de-fazer-um-consorcio.

16 Idem.

Os consórcios, como conhecemos, é uma "jabuticaba", ou seja, uma modalidade financeira legitimamente brasileira. A ideia surgiu em 1962 entre funcionários do Banco do Brasil que tinham em comum o desejo de comprar um automóvel.[17] Na época, o crédito ao consumidor era muito escasso no país. Reuniu-se, então, um grupo que pagava cotas que, somadas, totalizavam o valor de um veículo por mês. Para decidir quem seria o feliz proprietário do carro zero km, era feito um sorteio entre os participantes.

Com o tempo, essa estratégia de compra tornou-se conhecida e amplamente adotada. E isso aconteceu rapidamente. Cinco anos depois, a Willys Overland do Brasil, que oferecia ao mercado automóveis como a Rural Willys, o Aero Willys e o Renault Dauphine, já tinha grupos de consórcio com 58 mil inscritos. Bens como geladeiras, televisores, videocassetes, máquinas agrícolas, aviões e imóveis também passaram a ser comercializados por meio de consórcios. A jabuticaba foi, inclusive, exportada para outros países da América Latina, como Peru, Argentina, Uruguai, Paraguai, México e Venezuela.[18]

Eu, Paulo, não tenho dúvidas de que quando você entra em um consórcio, está pagando para alguém guardar o dinheiro para você. É como se você dissesse: "Não sei guardar dinheiro, não tenho disciplina para isso, por essa razão, vou pagar para alguém fazer isso por mim." Mas o tanto que se paga para o dinheiro ir se acumulando no regime do consórcio, na verdade, reduz seus ganhos e torna esse negócio infinitamente pior do que separar o mesmo valor mensalmente e aplicá-lo em um produto financeiro que gere retornos acima da inflação até acumular o valor necessário para adquirir o bem desejado. Com o consórcio, em vez de ganhar dinheiro, você transfere os juros gerados pelo seu investimento para a administradora.

Se analisarmos o consórcio como um investimento, fica muito claro que ele não é um bom negócio — bem ao contrário. Talvez ele seja vantajoso como uma estratégia de compra para pessoas que não tenham disciplina para poupar e investir mensalmente e em determinados momentos econômicos, nos quais os financiamentos estão com taxas de juros muito elevadas. O ano de 1962, quando ele surgiu pela primeira vez, está há sessenta anos de distância do Brasil atual. Já existem atualmente várias outras formas de adquirir

---

17 "Consórcio, uma invenção brasileira". Disponível em: https://abac.org.br/o-consorcio/historia.

18 Idem.

bens que são mais vantajosas do que a compra pura e simples do bem desejado via consórcio.

No caso específico dos automóveis, há a modalidade de assinatura, uma opção estratégica para ter um carro zero km sem ter de comprá-lo e arcar com seguro, IPVA, despesas de manutenção e sua depreciação anual. É um aluguel que as seguradoras, locadoras e algumas startups vêm oferecendo. Essa modalidade permite que você pague um valor mensal enquanto se capitaliza para comprar, caso faça mesmo questão, um carro à vista. A cada ano, é possível trocar o veículo alugado por um outro zero km. Não faz mais sentido, portanto, entrar em um dispendioso consórcio, pois há outras alternativas como essa que permitem adquirir bens em um esquema que não faça você perder dinheiro.

COE: COMPLICADO E SEM LIQUIDEZ

Em uma reportagem publicada em outubro de 2020 pela versão digital da revista *Você S/A*, da Editora Abril,[19] o Certificado de Operações Estruturadas (COE) é curiosamente comparado com uma figura mitológica: "(...) (o COE) é, em resumo, uma espécie de Cavalo de Troia financeiro. E eles são 'estruturados' porque envolvem um empacotamento de vários investimentos que são vendidos como uma coisa só", escreve a jornalista Tássia Kastner.

A comparação dos COE com o Cavalo de Troia — lenda que conta terem soldados gregos se escondido dentro de um cavalo de madeira e, levados para o interior da cidade de Troia pelos próprios troianos, saíram dele à noite, conquistando a cidade — é uma alusão que faz referência exatamente à pouca transparência desse produto financeiro que, ao apresentar seus resultados, pode oferecer rendimentos bem mais baixos do que os que foram prometidos, surpreendendo os investidores — ou seja, um susto semelhante ao que tomou os troianos há mais de 3 mil anos.[20]

Eu, Paulo, considero que o COE é um produto extremamente complexo e de difícil compreensão para um investidor comum. Ele é, no entanto,

---

19 KASTNER, Tássia. "COE é roubada mesmo. E esse estudo da FGV mostra por quê". Disponível em: https://vocesa.abril.com.br/financas-pessoais/coe-e-roubada-mesmo-e-esse-estudo-da-fgv-mostra-por-que/.

20 A narrativa mais clássica do cerco de Troia e sua tomada graças ao estratagema do cavalo de madeira foi feita no Livro II do poema épico *Eneida*, escrito pelo poeta romano Virgílio (70 a.C.–19 a.C.). VIRGÍLIO. *Eneida*. Nova Cultural, 2003.

amado pelas instituições financeiras e corretoras por conta das altas taxas que ganham e vêm atreladas a esse produto. De maneira resumida, ele é como um mix de produtos em que há ativos de renda fixa, produtos de renda variável, ações de empresas estrangeiras, ouro, moedas e outros.

Os agentes de investimento vendem o COE chamando a atenção para os ativos de renda fixa e as ações de grandes empresas brasileiras e estrangeiras muito conhecidas que o compõem, dando uma sensação de segurança para aqueles investidores mais conservadores que têm elevada aversão ao risco. É, de novo, um produto complexo, com baixa liquidez, mas que acaba conquistando o investidor pela ganância de receber os ganhos que são prometidos.

Vários COEs são vendidos como estando atrelados principalmente à rentabilidade de ações de uma ou mais empresas fortes, em geral estrangeiras, de histórico de retorno sólido — por exemplo, ações da Microsoft, da Apple ou da Amazon. Ao adquirir o produto, o investidor receberá as informações de como o investimento será remunerado. Nelas, há limites para os ganhos de quem investe. Se as ações da Amazon, que usamos como exemplo, experimentarem uma alta de até 10%, o investidor recebe os 10%. Se a alta for de 15%, só serão pagos os 10%. Se a ação cair, apenas o valor inicial aplicado será devolvido.[21]

Ao final do intrincado cálculo de remuneração do investimento, os COEs costumam pagar menos do que se o dinheiro tivesse sido direcionado para aplicações de renda fixa protegidas da inflação — como o Tesouro IPCA. De acordo com um estudo realizado por pesquisadores da Escola de Economia de São Paulo, instituição ligada à Fundação Getulio Vargas,[22] que também é citado na reportagem da *Você S.A.*, de 284 COEs vendidos aos investidores de varejo (pessoas físicas), 252 — ou seja, 9 em cada 10 — propiciaram um retorno abaixo do que poderia ser alcançado em títulos públicos do tesouro direto.

Além do retorno modesto, os pesquisadores também destacaram que os COEs não têm liquidez. Isso significa que não podem ser resgatados antes de

---

21 KASTNER, Tássia. "COE é roubada mesmo. E esse estudo da FGV mostra por quê". Disponível em: https://vocesa.abril.com.br/financas-pessoais/coe-e-roubada-mesmo-e-esse-estudo-da-fgv-mostra-por-que/.

22 BITU, Otávio; CHAGUE, Fernando; Giovannetti, Bruno; HAMDAN, Tomaz. "9 em cada 10 COEs têm retorno esperado abaixo do que ooderia ser o ganho no tesouro direto". Disponível em: https://eesp.fgv.br/noticia/9-em-cada-10-coes-tem-retorno-esperado-abaixo-do-que-poderia-ser-o-ganho-no-tesouro-direto.

seu vencimento e, ainda mais desanimador, não são protegidos pelo Fundo Garantidor de Créditos em caso de quebra da instituição financeira emissora.

Eu, Carlos Eurico, fui testemunha do quanto o COE pode ser um mau negócio. Uma familiar próxima recebeu dinheiro de uma herança e decidiu, convencida por uma conhecida que havia se tornado agente autônoma de investimentos, aplicar os recursos em um COE. Separou metade do dinheiro que havia herdado e investiu nesse produto. A proposta era a de que o investimento seria resgatado dali a uns três anos. Eu soube dessa decisão e tentei demover essa familiar, mas sem sucesso.

Passado algum tempo, ela veio até a mim e disse que estava recebendo de volta o dinheiro investido, só que com R$5 mil a menos do que havia sido aplicado. A explicação era a de que a remuneração dos produtos financeiros que compunham aquele COE estava caindo muito e a instituição financeira emissora decidiu encerrá-lo, mas parte do dinheiro foi perdida. E foi uma parte considerável! Eu acho isso um desastre! Além dos R$5 mil a menos, o dinheiro dela perdeu também a inflação acumulada no período. Esse produto tem um teto de ganhos, e o rendimento obtido acima do limite estabelecido fica para o administrador do ativo. Pessoas inexperientes, como era o caso de minha parenta, podem se dar muito mal, como de fato aconteceu.

PIRÂMIDES FINANCEIRAS: ILEGAIS E PERIGOSAS

Um em cada dez brasileiros algum dia já caiu em algum esquema financeiro fraudulento, segundo indica pesquisa realizada conjuntamente pela Confederação Nacional de Dirigentes Lojistas (CNDL) e o Serviço de Proteção ao Crédito (SPC) em dezembro de 2019. Dessa multidão — que, de acordo com o levantamento, pode chegar a 20 milhões de brasileiros[23] —, mais da metade (55%) foi vítima do golpe da pirâmide financeira.[24]

Há vários tipos de pirâmides financeiras. Todas levam, em algum ponto, o seu participante a sofrer prejuízos, já que seu modo de funcionamento é

23 "Projeção da população do Brasil e das unidades da Federação". Disponível em: https://www.ibge.gov.br/apps/populacao/projecao/index.html.

24 "11% dos brasileiros já perderam dinheiro em esquemas de investimentos fraudulentos, aponta indicador CNDL/SPC Brasil". Disponível em: https://site.cndl.org.br/11-dos-brasileiros-ja-perderam-dinheiro-em-esquemas-de-investimentos-fraudulentos-aponta-indicador-cndlspc-brasil/.

insustentável, mesmo no médio prazo. Mas, além desse traço comum, elas têm características particulares. De uma maneira geral, elas são esquemas financeiros que oferecem ganhos rápidos no curto e curtíssimo prazos e sem grande esforço, bastando para isso que aquele que decida aderir ao processo traga o maior número possível de participantes.

Essas pirâmides costumam oferecer a oportunidade de fazer a venda de produtos, quase sempre produtos pouco usuais e que aparentemente não têm um mercado claro. Há a exigência de que o participante, além de comprar o produto que revende, pague taxas de adesão ao esquema. Faz, ainda, parte da pirâmide o compromisso desse participante em atrair novos "vendedores", que, por sua vez, também adquirirão o produto oferecido e pagarão a taxa de adesão. Para cada novo membro que adere ao esquema, aquele que o recomendou tem direito a parte da taxa de adesão do recém-chegado e deve repassar outra parte desse ganho para seu "superior", que o apresentou ao esquema.

Dessa maneira, o dinheiro circula em direção "ao alto", para os membros mais antigos, enquanto a "base" de aderentes cresce fazendo o dinheiro circular, no início, de maneira quase exponencial. É desse formato imaginário do fluxo dos recursos que vem o nome "pirâmide". Como os primeiros membros a aderir ao esquema ganham, de fato, dinheiro, a notícia se espalha e há um entusiasmo — ou, melhor dizendo, um "frenesi" de adesões, fazendo com que muitas pessoas coloquem somas consideráveis no negócio, já que são remuneradas proporcionalmente ao que investem. A existência do esquema viraliza e cada vez mais pessoas aderem.

Mas toda essa estrutura inevitavelmente desmoronará, já que o número de pessoas dispostas a participar desse movimento termina, em geral de maneira súbita, ou a pirâmide é denunciada às autoridades. Aqueles que estão mais perto da base pagaram para os membros mais antigos, mas já não têm mais de quem receber. Ficam, então, sem nada, amargando o prejuízo. Pirâmides costumam provocar um forte entusiasmo entre aqueles que acreditam que é possível fazer fortuna sem esforço. Convencidos de que o lucro fácil virá, muitas vezes, perdem todo seu patrimônio quando o esquema desmorona.

Uma cartilha produzida pela Procuradoria-Geral da República[25] alertando sobre os perigos desse esquema criminoso traz um exemplo real de uma pirâmide financeira que atraiu investimentos de mais de um milhão de pessoas em 2013, em todo o Brasil. A pirâmide, que não se anunciava como tal, foi

---

25 "Cartilha do MPF informa como identificar e se proteger contra o golpe da pirâmide financeira". Disponível em: http://www.mpf.mp.br/pgr/noticias-pgr/cartilha-do-mpf- informa--como-identificar-e-se-proteger-contra-o-golpe-da-piramide-financeira.

chamada de Sistema Bom (BBom) e foi lançada no mercado por uma empresa que forneceria rastreadores de veículos. Os participantes pagavam uma taxa de cadastro e de adesão que variava de R$600 a R$3 mil, de acordo com o plano escolhido, e quanto maior o número de adesões que um participante trouxesse, maior seria sua remuneração.[26] Os responsáveis pelo esquema fraudulento foram condenados pelo Ministério Público Federal.

Há pirâmides financeiras envolvendo produtos financeiros que também se valem da promessa de lucro rápido, com retornos muito mais elevados do que os principais produtos de renda fixa e variável disponíveis no mercado. Embora estas sejam menos comuns do que as que se ancoram em produtos físicos, também têm o potencial de provocar estragos consideráveis. Um dos grandes escândalos nesse tipo de golpe teve início em 2019, envolvendo arbitragem de bitcoins, e colocou a empresa Atlas Quantum como suspeita de impedir os saques das pessoas que adquiriram as criptomoedas.[27] A empresa foi convocada pela Comissão de Valores Mobiliários a dar explicações sobre as queixas de seus clientes. Informações dão conta de que mais de 200 mil investidores tentam, sem sucesso, desde 2019, sacar investimentos em 15 mil bitcoins, que equivaliam, em março de 2021, a R$4 bilhões.[28]

IMÓVEIS, UM INVESTIMENTO QUE PERDE ESPAÇO

Não foram poucas as vezes, nesta obra, que nos divertimos com as dificuldades de nosso Dr. CI — e do próprio Carlos Eurico — em controlar seus impulsos de investir de maneira tão intensa em imóveis. Mas talvez devêssemos nos desculpar se as brincadeiras em algum momento pareceram ridicularizar essa maneira de aplicar o dinheiro, pois imóveis são ativos que já foram provados pelo tempo e, sim, podem compor, com dignidade, uma carteira de ativos.

---

26 MARTINS, Vanessa. "Justiça determina dissolução da BBom e pagamento de R$100 milhões por esquema de pirâmide". Disponível em: https://g1.globo.com/go/goias/noticia/justica- determina-dissolucao-da-bbom-e-pagamento-de-r-100-milhoes-por-esquema-de-piramide.ghtml.

27 HONORATO, Saori. Atlas Quantum: "O suposto esquema de pirâmide mais sofisticado do Brasil". Disponível em: https://beincrypto.com.br/atlas-quantum-o-suposto-esquema--de-piramide-mais-sofisticado-do-brasil/.

28 ANTUNES, Fernanda; BRITO, José; CINIS, Evandro; NETO, Vital. "Investigada por fraude, empresa bloqueia mais de R$4 bi em bitcoins de clientes". Disponível em: https://www.cnnbrasil.com.br/business/2021/03/21/investigada-por-fraude-empresa-bloqueia-mais--de-r-4-bi-em-bitcoins-de-clientes.

O que se deve ter em mente é que a crença de que uma reserva financeira só será sólida se a maior fatia de seu portfólio estiver aplicada em casas, escritórios, salas, apartamentos e terrenos não é necessariamente correta. Hoje há uma boa oferta de produtos financeiros com retornos maiores, muito mais liquidez e segurança, em comparação aos imóveis.

Eu, Carlos Eurico, sempre me lembro de que, antes de se consolidar o mercado de renda variável no Brasil, o que tínhamos como investimento, fora a caderneta de poupança, eram ativos no campo e imóveis nas cidades. Meus avós me diziam que só se ganhava dinheiro com terras, terrenos e imóveis. O Brasil tinha um longo histórico de inflação descontrolada e esses bens ofereciam uma certa proteção. Hoje, isso já não faz tanto sentido. Imóveis têm baixa liquidez e não há garantia de que seu valor aumentará sempre, como costumava acontecer no passado.

Mesmo que esteja claro que há a disponibilidade de investimentos mais modernos e capazes de entregar resultados melhores do que aqueles trazidos pela venda de imóveis ou pelo aluguel de residências e salas comerciais, ainda é forte entre nós o apego por esses chamados bens de raiz. O Raio-X FipeZap, uma pesquisa desenvolvida em conjunto pela Fundação Instituto de Pesquisas Econômicas (FIPE), instituição de apoio à Faculdade de Economia, Administração e Contabilidade da USP, e o Grupo ZAP,[29] apontou que, no quarto trimestre de 2020, 46% das pessoas que compraram imóveis naquele período declararam ter tomado essa decisão com a finalidade de investir. E mais: esse percentual cresceu em relação ao trimestre anterior, quando 39% dos compradores adquiriram imóveis como estratégia de investimento.

Eu, Paulo, costumo dizer que o último almoço grátis que o mercado oferece é o da diversificação. Por isso, não vejo sentido em pensar em concentrar o patrimônio em um só ativo, mesmo que os imóveis sejam um ativo de boa qualidade. Para aqueles médicos que estão nos primeiros anos de sua carreira, aconselho que, se eles não tiverem alcançado ainda R$1 milhão de patrimônio aplicados em diferentes produtos financeiros, não devem adquirir um imóvel. Se fizerem isso, concentrarão quase todo o patrimônio em um único tipo de ativo que não tem uma boa liquidez. Isso aumentará em muito o risco de sua gestão de portfólio, sem ter um ganho de rentabilidade que justifique esse posicionamento.

---

29 "Raio-X FipeZap — 4º Trimestre de 2020". Disponível em: https://fipezap.zapimoveis.com.br/wp-content/uploads/2021/02/raio-x-fipezap-2020t4.pdf.

TRABALHAR ALAVANCADO É COISA PARA PROFISSIONAIS

É possível produzir, vender e investir usando dinheiro que não é seu? Sim, é possível. Isso se chama estar alavancado na terminologia usada nos meios financeiros. Funciona assim: você consegue um empréstimo de alguma instituição financeira ou pessoa física e utiliza esses recursos para investir no mercado financeiro com a esperança de que a rentabilidade alcançada será suficiente para devolver o que lhe foi emprestado e, ainda, receber um bom lucro por essas transações. Parece ótimo, mas ao fazer isso, você correrá um risco enorme — e que poderá gerar resultados catastróficos.

A percepção do perigo que existe nessa forma de atuar é quase intuitiva: se você arriscar seu próprio dinheiro e se der mal, já será algo péssimo, mas se, além de perder dinheiro em alguma operação financeira, você ainda precisar devolver os recursos que viraram pó e não eram seus dá até frio na barriga em pensar nessa possibilidade.

A possibilidade de atuar dessa forma existe graças ao lado especulativo que o mercado financeiro tem. Por mais que isso pareça algo totalmente irresponsável e suicida aos olhos de quem não esteja familiarizado com as transações mais *hardcore* do mundo financeiro, a alavancagem é apenas mais um fato da vida para os que realizam negociações desse tipo com produtos de renda variável. No entanto, realizar operações bem-sucedidas o suficiente para ter um bom retorno para si e para seus credores é algo que só profissionais bastante experimentados deveriam ousar fazer.

> *Eu, Paulo, sempre advertirei aqueles que me seguem em minhas plataformas de que trabalhar alavancado é trabalhar endividado, aplicando um dinheiro que para você não será real, não será seu. É algo que os profissionais que trabalham com isso, no calor das transações diárias, sabem como fazer. Eles sabem o risco que estão correndo e até onde podem ir. Não é algo em que um médico investidor deveria se aventurar. Você terá grandes chances de perder o dinheiro com o qual se alavancou e de ver seu patrimônio tornar-se negativo, já que sempre se pede garantias pelo empréstimo que será feito. Devemos evitar correr riscos como esses.*

Grandes organizações costumam trabalhar alavancadas em determinadas situações, como, por exemplo, adquirir outras empresas. Mesmo tendo essas operações planejadas e conduzidas por diretorias financeiras, não é impossível se darem mal e chegarem ao ponto de insolvência diante de sua incapacidade de honrar as dívidas que se acumularão quando o negócio não trouxer bons resultados.

DR. JC, DR. CI E DR. TAR

Com tantas ameaças de se fazer más escolhas quando se decide passar a investir o próprio dinheiro, como nossos três intrépidos médicos investidores costumam se posicionar diante de armadilhas do mundo financeiro?

Apesar de ainda tão jovem, o Dr. JC já viveu sua cota de maus negócios financeiros. Seu primeiro carro foi comprado, é claro, por meio de um consórcio. Quando já estava na mensalidade número dezoito sem ter sido ainda contemplado, leu um artigo em uma revista especializada em economia que comparava exatamente o que poderia render os recursos aplicados em um investimento de renda fixa e o que se despendia em um consórcio.

A reportagem trazia uma tabela para que os leitores calculassem, com seus próprios números, qual era essa diferença. O Dr. JC revoltou-se quando viu o resultado: havia perdido um bom dinheiro. O consórcio já estava quase pela metade, mas ele decidiu que continuaria. No entanto, todos os meses, entristecia-se ao fazer novamente suas contas e ver como jogava dinheiro fora.

Outro desgosto surgiu quando o gerente do banco em que mantinha sua conta o convenceu a fazer um título de capitalização. O Dr. JC ficou constrangido de dizer não. Afinal, o gerente havia liberado um cartão de crédito que lhe dava algumas vantagens. "Coisas da vida", ele pensou. Mas sentiu o sangue ferver quando um conhecido lhe contou que também havia recebido um bom cartão, do mesmo gerente, e recusara o título de capitalização sem que isso tivesse provocado qualquer problema com o banco.

Hoje, o Dr. JC chega até a rir quando se lembra dessas "roubadas" em que entrou. Está mais atento e vem se educando com disciplina sobre o que o mercado financeiro pode oferecer como bons produtos e onde estão escondidas as armadilhas. Mas ainda tem suas distrações. Dias atrás, lhe foi oferecido um COE. "Hum, ações estrangeiras, ouro, faz tempo que queria investir nesses ativos ", pensou o Dr. JC. Acabou decidindo aplicar uma pequena quantia no produto e prometeu para si que iria estudá-lo melhor para, quem sabe, aplicar mais no futuro.

Mais experiente, o Dr. CI traz tantas marcas de maus investimentos na sua lembrança, que elas já fazem parte do investidor que ele é agora. Já acreditou que a poupança era a melhor aplicação possível de seu dinheiro; já perdeu dinheiro em um COE; de vez em quando ainda investe em imóveis. Depois que buscou entender o essencial sobre títulos de capitalização, nunca mais entrou nessa roubada. O interessante é que o Dr. CI tem se interessado e estudado cada vez mais sobre os prós e contras de diferentes produtos de renda fixa e variável. Ele já está investindo com certa frequência em diferentes ativos — como ações, LCIs e FIIs.

O lado iluminado de tudo isso é que o Dr. CI vem atuando, ainda de uma maneira informal, como mentor de alguns colegas e orientando-os sobre como organizar melhor sua vida financeira. Ele gosta de brincar com os amigos afirmando que sua formação como mentor está solidamente apoiada pelo grande número de decisões erradas de investimento que tomou. "Já conheço quase todos os passos dessa estrada, sei daqueles que não vão dar em nada ou em perdas e outros que conduzem aos bons resultados financeiros", ele diz.

Bem afiado com as melhores práticas financeiras e dono de uma personalidade avessa a riscos desnecessários, o Dr. TAR promove uma quase cruzada contra os riscos do mercado e, sobretudo, contra a postura de ganância que têm alguns investidores que se arriscam, sem ter a necessária experiência, em operações complexas que envolvam alavancagens, por exemplo.

Já no caminho de se tornar um conhecido palestrante e professor sobre educação financeira e investimentos para médicos, o Dr. TAR conta com um bom número de alunos e seguidores. Foi para estes, inclusive, que ele lançou um alerta a respeito de um esquema que estava sendo oferecido para a classe médica envolvendo a oferta de um sistema de compra de equipamentos por preços e condições ardilosamente divulgados como sendo extremamente atraentes.

"Isto é uma pirâmide financeira", denunciou ele, e mostrou, de maneira clara, como era impossível que aquilo tudo fosse sustentável, o que certamente traria graves prejuízos para os médicos que aderissem ao esquema. A denúncia chegou à imprensa e às autoridades, que desmantelaram a quadrilha. O respeito e a admiração que os colegas nutriam pelo Dr. TAR aumentaram, estes sim, exponencialmente.

FALTA DE EDUCAÇÃO

Eu, Carlos Eurico, acredito que a maior parte dos médicos faz escolhas que trazem maus resultados financeiros por conta, principalmente, da falta de educação financeira — por não se manterem informados sobre como esse mercado se comporta. Mas há outro componente que também deve nos deixar atentos. Trata-se da já dita ganância pelo resultado fácil e rápido, o que frequentemente faz com que venhamos a agir de maneira irracional e individualista, sem nos preocuparmos com as repercussões que nossas ações trarão para os outros.

Fico feliz quando observo outra mentalidade surgindo entre os meus colegas: a visão daqueles que desejam, e perseguem, o sucesso, mas sem nunca perder o propósito e o empenho de que os outros também tenham sucesso. Vamos escapar dos maus resultados aprendendo a lidar com as regras e exceções do mundo financeiro e colheremos resultados ainda melhores se nos esforçarmos para que os outros também aprendam conosco a não errar e a proteger seus investimentos e seu patrimônio dos riscos que surgirem diante de nós. Este é, aliás, o assunto do nosso próximo capítulo.

20

TÃO **IMPORTANTE** QUANTO INVESTIR EM BONS **PRODUTOS FINANCEIROS** É SABER COMO ELES DEVEM SER **PROTEGIDOS**

Vamos considerar uma pessoa imaginária: Alberto, um médico que passou a investir seus recursos no mercado financeiro e decidiu comprar ações na Bolsa de Valores. Cauteloso e consciente de que ainda é um investidor iniciante e que não tem os conhecimentos necessários para lidar com produtos de maior risco e sujeitos a fortes oscilações, ele decidiu colocar seu dinheiro em ações de uma grande empresa sólida e de inquestionável reputação no mercado.

Alberto escolheu a Petrobras, companhia que historicamente gera bons resultados, é inovadora e desenvolve com frequência novas tecnologias em seus centros de pesquisa, paga bons dividendos e suas ações costumam se comportar com certa previsibilidade.[1] Depois de examinar todos esses atributos da Petrobras, Alberto decidiu investir R$100 mil nas ações da empresa.

1 "Ações da Petrobras: quando comprar? Guia completo". Disponível em: https://riconnect.rico.com.vc/blog/acoes-petrobras.

Mas eis que surge o inesperado, e este, ao contrário de nosso personagem Alberto, foi um evento real. Uma mudança no comando da Petrobras anunciada pela Presidência da República, em fevereiro de 2021, foi mal recebida pelo mercado. Como consequência, as ações da empresa caíram fortemente.[2] Nos dias seguintes, o médico veria o dinheiro que acreditava estar garantido pelo histórico daquela petrolífera encolher sem que ele nada pudesse fazer para impedir sua perda.

Ou será que ele poderia ter tomado alguma providência para evitar o prejuízo?

Sim, Alberto poderia ter protegido seu dinheiro investido nas ações da Petrobras, por exemplo, junto com ativos do mercado de opções, uma operação disponível na B3 que garante a quem investe o direito de comprar ou vender um ativo por um valor pré-determinado.[3] É um movimento complexo que, para ser mais facilmente compreendido, pode ser comparado a um seguro de automóvel. Ou seja, você paga para ter a garantia de que seu ativo — o automóvel de nosso exemplo — não perderá o valor em caso de algum evento externo, como um acidente ou o furto do carro, protegendo, dessa maneira, o seu patrimônio.

Imaginando que Alberto amargou uma perda de 10% nos investimentos que fez na Petrobras, isso significaria que seu dinheiro passou a valer R$90 mil, ou seja, em poucos dias, houve uma perda de R$10 mil! Um prejuízo considerável. Caso houvesse tomado a iniciativa de recorrer ao mercado de opções, ele firmaria um contrato no qual pagaria um montante (prêmio) para um operador do mercado de opções. Este se comprometeria a comprar aquelas ações da Petrobras por um preço combinado, que seria o mesmo pelo qual Alberto pagou por suas ações, em determinada data — por exemplo, R$25 por ação.

Chegando o prazo definido para o vencimento da opção, se o preço da ação estivesse abaixo do que fora acertado — digamos, cotada agora a R$22 —, o operador seria obrigado a comprar as ações de Alberto pelos R$25 combinados no contrato, o que anularia suas perdas. Ao contrário, se o valor chegasse a R$30, não seria um bom negócio para Alberto negociá-las com o operador, pois ele seria obrigado a comprá-las pagando a diferença e, assim, perderia dinheiro. Nesse caso, Alberto não teria prejuízo, mas não tiraria proveito

---

2 "Petrobras lidera perdas na Bovespa após ameaças de Bolsonaro". Disponível em: https://einvestidor.estadao.com.br/ultimas/petrobras-lidera-perdas-na-bovespa-apos-ameacas-de-bolsonaro/.

3 MAIA, Gabriela. "Mercado de opções: o que é e como investir. Confira!" Disponível em: https://conteudos.xpi.com.br/aprenda-a-investir/relatorios/mercado-de-opcoes/.

daquela valorização, tendo apenas gasto o custo do "seguro". O operador é quem embolsaria o montante da diferença de preço.[4]

Isso significa que o médico tem, ao final do contrato, a opção de vender ou não suas ações, daí o nome "mercado de opções". De novo, esse mecanismo pode ser comparado ao seguro do carro. Nele, você paga um valor para que, caso aconteça algum sinistro com o veículo, a seguradora cubra seu prejuízo. Mas se você não utilizar o seguro, o dinheiro pago ficará integralmente para a empresa seguradora.

RISCOS ONIPRESENTES

O mercado de opções é uma das possibilidades de proteção de que o médico pode lançar mão para preservar seus investimentos e seu patrimônio. Ele é uma estratégia que talvez seja mais indicada para aqueles investidores mais experientes, pois nessa modalidade há desdobramentos mais complexos e outras possibilidades de proteção, além do que foi exposto no nosso exemplo.

Há outras maneiras de resguardar nossos recursos, e trataremos delas. Mas o que é de grande importância é que você entenda que seu dinheiro investido sempre estará sujeito a riscos, por mais sólidos e de boa qualidade que sejam os ativos que você possua. Sempre haverá a onipresente sombra da desvalorização das ações, dos imóveis e do calote de alguma instituição financeira emissora de títulos de renda fixa — como CDBs, LCAS e LCIs — no mercado.

Todos os ativos financeiros estão sujeitos às chuvas e trovoadas provocadas por flutuações cambiais; fusões e aquisições; acidentes graves, como os que ocorreram com a empresa de mineração Vale nas cidades mineiras de Mariana e Brumadinho; denúncias de corrupção; ingerências políticas; e outras interferências que podem trazer impactos negativos na rentabilidade desses investimentos.

São muitas e imprevisíveis as potenciais ameaças ao valor dos ativos. Portanto, qualquer pessoa que decida comprar produtos financeiros deve estar preparada para separar parte de seus recursos de forma a garantir alguma proteção sobre seu investimento, como possibilita o mercado de opções. E deve montar uma carteira diversificada com ativos sem ou com baixa correlação entre si — ou seja, manter em sua carteira produtos que sejam influenciados por fatores diferentes entre si — para, dessa maneira, diminuir a possibilidade de o impacto de um evento negativo contaminar todas as aplicações feitas.

---

4 Idem.

Eu, Carlos Eurico, sempre digo que um médico, quando decide empreender ou investir em produtos financeiros, inevitavelmente enfrentará riscos caso busque obter bons retornos. Mas estes deverão ser, sempre, riscos calculados. Por isso, é necessário saber onde está a fronteira que separa o risco que é razoável correr das decisões financeiras inconsequentes.

O que nos faz escolher investimentos ruins é o desconhecimento sobre o funcionamento do mercado financeiro e seus diferentes produtos — ou, então, quando o sentimento de ganância está fortemente presente. Movidas pela crença de que poderão ter ganhos rápidos e irreais, as pessoas cometem erros e perdem dinheiro, passando a ter medo de perder seus investimentos diante do primeiro desafio que surgir. Essa decepção com o exagerado lucro imaginado dos ganhos reais que o mercado é capaz de proporcionar costuma ser um dos principais fatores que faz com que elas passem a ter aversão a fazer investimentos. Dessa maneira, elas desistam dessa possibilidade sem nem ao menos conhecê-la de maneira correta.

Entender qual é o tempo necessário para que os investimentos tragam bons retornos, saber qual é o nível de liquidez de um determinado ativo e estar preparado para enfrentar as eventuais perdas que as mudanças econômicas e outros eventos imprevisíveis podem provocar são o primeiro passo para se tornar um investidor competente. E isso é muito possível.

GANÂNCIA TRAZ MEDO

À medida que esse conhecimento se solidifica, você passa a ter um controle crescente sobre os riscos embutidos nos produtos que pretende adquirir. A partir daí, terá segurança suficiente para incorporar ao seu portfólio ativos que ofereçam uma rentabilidade superior. É, portanto, a informação que fará que você troque decisões ruins, motivadas pelo desejo de ganhos rápidos, pelas decisões apoiadas na sabedoria.

O que eu, Paulo, percebo é que o momento seguinte à ganância é o do medo. A pessoa investe sem informação suficiente sobre um determinado produto e, quando começa a entender o comportamento desse ativo, passa a ter medo de perder dinheiro — ou percebe que aquele investimento não tem grande liquidez, impedindo-a de resgatá-lo antes de determinada data.

A certeza de que o conhecimento e a experiência têm grande relevância para o sucesso dos investimentos é compartilhada pelas instituições responsáveis pelo mercado financeiro. Prova disso é que a própria Comissão de Valores Mobiliários (CVM)[5] classifica os investidores em três categorias: investidor comum, investidor qualificado e investidor profissional.[6] A motivação dessa categorização é diminuir a possibilidade de que aqueles que operam com ativos financeiros façam negociações de grande risco sem ter conhecimento suficiente para isso e, como resultado, sofram prejuízos significativos.

Cada uma dessas categorias é definida, portanto, de acordo com o montante de dinheiro aplicado e do conhecimento que seus titulares têm sobre o mercado financeiro. O investidor comum, como o nome está dizendo, é aquele que adquire produtos financeiros que, na maioria das vezes, são papéis de renda fixa e têm quantias aplicadas menores do que aquelas dos aplicadores classificados nas outras duas categorias. Em teoria, o investidor comum tem experiência e conhecimento menores sobre as possibilidades e os perigos do mercado financeiro, em comparação com as outras duas categorias.

Os investidores comuns seriam, então, pessoas como nós. Não serão convidados a provar a extensão do conhecimento que têm sobre o mercado às autoridades financeiras, mas estas não lhes darão acesso a alguns produtos mais complexos e de maior risco, e que, por isso mesmo, são capazes de um maior retorno potencial. Esses ativos só poderão ser adquiridos pelo investidor qualificado e profissional.

Para ser considerado um investidor qualificado — que pode ser uma pessoa física ou jurídica —, é preciso comprovar por escrito que tem mais de R$1 milhão investidos no mercado financeiro ou ter recebido alguma certificação profissional em finanças e investimentos que seja reconhecida pela CVM. Dessa maneira, estará assegurada sua qualificação técnica e seu conhecimento sobre o funcionamento dos produtos financeiros. Esse investidor tem acesso a alguns produtos restritos do mercado que não podem ser adquiridos pelos investidores comuns, como determinadas categorias de fundos de

5 A CVM é uma autarquia vinculada ao Ministério da Economia que fiscaliza, normatiza e disciplina o mercado de valores mobiliários brasileiro. Sua função principal é garantir o cumprimento de regras na distribuição de produtos de investimento ao público. WAINBERG, Rodrigo. "CVM: entenda o que é a Comissão de Valores Mobiliários". Disponível em: https://www.suno.com.br/artigos/cvm/.

6 "O que é e quem pode ser um investidor qualificado (IQ)?" Disponível em: https://www.btgpactualdigital.com/blog/investimentos/o-que-e-investidor-qualificado.

investimento do tipo Fundo de Investimento em Participações (FIP) e Fundo de Investimento em Direitos Creditórios (FDIC).

Já o investidor profissional — também uma pessoa física ou jurídica — precisará comprovar que tem mais de R$10 milhões aplicados no mercado financeiro ou ser um agente autônomo de investimento, administrador de carteiras, analista ou consultor de valores mobiliários autorizados pela CVM, todos em relação à gestão de recursos próprios. Essa diferença em relação ao volume de recursos aplicados é o que separa o investidor qualificado do profissional, que também tem acesso a investimentos exclusivos e que não estão ao alcance do investidor comum.[7]

O fato de a própria CVM também criar uma rede de proteção para aqueles que procuram os produtos do mercado financeiro deve ser visto como um reforço ao alerta que vimos fazendo neste livro sobre a importância de conhecer e administrar os riscos que acompanham os investimentos financeiros.

DRIBLAR O INSUCESSO

O dinheiro que nós, médicos, recebemos com nosso trabalho nos cobra um preço alto, exigindo anos de formação e horas intermináveis de trabalho, com o consequente sacrifício pessoal que toda essa dedicação traz. Portanto, por sabermos que o risco faz parte de qualquer investimento, devemos desenvolver estratégias que nos permitam driblar, com tranquilidade e responsabilidade, as probabilidades de insucesso que podem ocorrer com os ativos financeiros.

O estresse e o *burnout* que, infelizmente, estão presentes em nossa vida de médicos costumam ser maus conselheiros na tomada de decisão sobre como e onde devemos investir os recursos que recebemos com nosso esforço. Ansiosos por se livrar da pesada carga de trabalho que são obrigados a carregar, muitos colegas se deixam levar pelo equívoco de investir em ativos que parecem ser capazes de gerar retornos altos e rápidos e, assim, formar rapidamente um patrimônio suficiente para que possam diminuir seu ritmo de trabalho.

> *Eu, Paulo, acredito que essa ansiedade traga uma armadilha na qual os médicos caem empurrados pela frustração que sentem ao perceber os rumos que sua carreira costuma tomar. Para fugir desse sentimento, eles vão para o mercado financeiro acreditando que ali encontrarão uma alternativa de ganhos instantâneos que lhes permitirá não ter de*

---

7 Idem.

trabalhar tão intensamente. Contudo, não é assim que as coisas se dão. Construir um patrimônio consistente — e que permita alcançar a independência financeira — é algo possível, mas exige tempo, paciência, conhecimento e bom planejamento.

Tempo, aliás, é um ingrediente relevante tanto para tornar os investimentos crescentemente robustos quanto para estudar e entender as melhores estratégias de proteção para seu patrimônio. Talvez a maior proteção de que necessitamos seja contra nós mesmos, para frear nossa costumeira compulsão por gastar demais em coisas que só trarão satisfação momentânea e em nada contribuirão para nossas futuras liberdade e independência financeira.

Para mim, Carlos Eurico, essa é a hora de o jovem médico mergulhar de cabeça no trabalho, controlar os gastos e colocar o capital excedente em boas aplicações. Esse comportamento é fundamental para que ele desenvolva o mindset de crescimento, em que não esteja focado apenas em trabalhar e trabalhar, mas também em abrir espaço na agenda para buscar o conhecimento necessário para que, com o passar dos anos, consiga trabalhar menos e usufruir mais da liberdade que a valorização do capital investido proporcionará.

TEMPO E CAPACIDADE DE GANHAR DINHEIRO TAMBÉM SÃO PROTEÇÕES

Controlar os gastos de maneira que haja um excedente de capital para ser investido e gerar, por seu turno, cada vez mais capital via juros compostos é uma necessidade fundamental para que você construa seu patrimônio ao longo dos anos. Isso vale para qualquer estágio da vida em que você se encontre, mas há, claro, uma grande diferença no resultado alcançado em função do montante e do tempo que esses recursos forem deixados aplicados.

O tempo pode ser uma proteção importante para seu dinheiro investido. Produtos de renda variável — como cotas de fundos de investimento imobiliário e ações de empresas — estão sujeitos aos riscos imprevisíveis de curto prazo, que podem causar quedas momentâneas importantes em seus preços por conta de instabilidades sociais e político-econômicas, guerras, pandemias, acidentes de grande porte e outros fatores. Porém, no longo prazo, em períodos acima de cinco a dez anos, os riscos de quedas de suas cotações reduzem consideravelmente, e sua valorização dependerá em grande parte da forma como os fundos e as empresas são administrados e da qualidade dos resultados alcançados. Vale lembrar que empresas cujos lucros crescem substancialmente nesse mesmo período tendem a obter valorizações consistentes de suas ações. Independentemente de você ser um médico mais jovem ou mais maduro, quanto mais tempo deixar seus recursos aplicados em produtos de renda variável, menores serão seus riscos de perda.

Esteja você em uma fase inicial ou mais avançada de sua carreira, o fato é que tem a seu favor o privilégio de conseguir gerar um bom dinheiro todos os meses para ser investido. Essa é outra proteção que a carreira médica nos traz e que é importante aproveitarmos. Como dissemos em outros capítulos, ser médico é uma das poucas profissões no Brasil em que é possível receber R$10 mil, R$20 mil, R$30 mil, R$50 mil ou mais por mês durante muitos e muitos anos. Assim, em qualquer momento da vida, é uma ótima decisão reservar um espaço em seu dia a dia para começar a se dedicar ao gerenciamento de suas finanças.

Esse novo hábito não vai deixá-lo mais pobre, pelo contrário. Mas, além da possibilidade de acumular capital e poder usufruir dele, há outra vantagem em criar o hábito de cuidar bem da construção de seu patrimônio: você influenciará outras pessoas, mais jovens, que o enxergam como um exemplo. Seus filhos, netos, amigos, pessoas que trabalham com você também serão contaminadas pelo bom exemplo que você dará.

Seu patrimônio terá como legado a lição de que gerenciar o próprio dinheiro é uma maneira de deixar a vida mais significativa — muito além daquela corrida incessante e cansativa dos ratos. A liberdade financeira abre um espaço amplo para cuidarmos do que tem de fato valor: tempo para cuidar de nosso bem-estar, o contato profundo com aqueles que amamos, a disposição de sermos úteis e significativos para aqueles que nos rodeiam, para as gerações mais novas. O que pode ser mais valioso do que isso?

Eu, Carlos Eurico, ainda não havia completado 50 anos de idade, mas já estava na profissão havia um bom tempo quando comecei a organizar meus investimentos e a deixar de lado o estilo de vida da corrida dos ratos, sobre o qual nos fala o livro Pai Rico, Pai Pobre.[8] Fiquei feliz quando comecei a notar que meus dois filhos — que têm de 15 e 18 anos de idade — passaram a se interessar por assuntos ligados à economia e a investimentos.

---

8 KIYOSAKI, Robert T.; LECHTER, Sharon L. *Pai Rico, Pai Pobre*. 1ª edição. Rio de Janeiro: Campus. 2000.

Eles leem ou escutam uma notícia sobre alguma novidade econômica ou empresa e vêm comentar comigo. Se interessam até mesmo pelas altas e baixas da Bolsa de Valores. É uma mente empreendedora que está se formando neles — a gestão do dinheiro passará a fazer parte da vida de meus filhos, e isso poderá ser libertador.

ASSET ALLOCATION

Uma das lições mais importantes que os filhos de Carlos Eurico e todos os jovens deveriam aprender é a de que uma das mais eficientes formas de proteger a carteira de investimentos que vierem a montar é a prática do *Asset Allocation*.[9] Trata-se de uma estratégia que leva em conta a seleção de ativos com diferentes características em uma mesma carteira de maneira que seus retornos tanto se adaptem às expectativas dos investidores quanto forneçam alguma garantia de resultados — por reagirem de maneira diferenciada diante dos imprevistos que ocorram no mercado.

Uma alocação de ativos competente variará de acordo com a idade e o perfil do investidor. Se você é um profissional mais maduro, provavelmente terá menos ativos de risco maior, portanto, uma ênfase menor na renda variável, e aplicará mais em produtos de renda fixa e em uma liquidez mais elevada. Para você, o tempo corre em um ritmo diferente do que se apresenta para o apetite de um médico jovem, que estará mais confortável diante de ativos com risco mais elevado.

Pode-se dizer que a alocação de ativos é uma estratégia de diversificação inteligente que o mercado financeiro permite ao investidor.

Nenhum investimento está completamente blindado — não há garantias absolutas a respeito de qualquer ativo. É por essa razão que uma carteira de investimentos deve estar diversificada com produtos de diferentes gradações de risco e de liquidez. A proporção com que esses ingredientes serão combinados é algo pessoal e depende das aspirações e da personalidade do investidor.

Eu, Paulo, sempre cito ativos que são chamados de "coringas". São aqueles produtos que costumam ter um comportamento mais previsível e comprovado pelo seu desempenho histórico. Esses coringas são, por exemplo, moedas fortes — como o dólar ou o euro — e metais preciosos

---

[9] Em português, alocação de ativos. GARRÁN, Felipe. "Asset Allocation: como ter a carteira ideal". Disponível em: https://www.mundofinanceiro.com.br/o-que-e-asset-allocation/.

— a exemplo do ouro. Isso não significa que você tenha de ter notas de dólar ou de euro guardadas em um cofre, mas manter ativos que estejam ancorados nessas moedas fortes e que, portanto, tenham uma oscilação menos dramática daquelas que possam acontecer com outras modalidades de investimento. Mas, de novo, a imprevisibilidade e as viradas da maré estão presentes em qualquer parte do mundo.

Há quem considere que esses coringas podem também ser verde-amarelos. Eles seriam as ações das maiores empresas e os grandes fundos de investimento imobiliários que, mesmo quando passam por flutuações, mantêm seus resultados em uma faixa até certo ponto previsível. Normalmente, não proporcionam ganhos súbitos e espetaculares, mas também não sofrem perdas irrecuperáveis.

CARTEIRA ANTIFRÁGIL

É possível, dessa maneira, estabelecer uma carteira "antifrágil", conceito criado pelo escritor líbano-americano Nassim Nicholas Taleb[10] para uma boa gestão de riscos. Graças à presença de distintas classes e proporções de ativos na carteira, com correlações diferentes e até opostas de retornos em cenários variados, os riscos de perdas podem ser mais bem controlados e minimizados. Se um fato negativo no mercado brasileiro faz com que a remuneração dos investimentos nacionais se reduza, uma conjuntura externa mais favorável garantirá retornos maiores, e vice-versa. Essa é a essência da carteira antifrágil, permitir que eventuais perdas se deem de maneira controlada.

Nas postagens que faço nas redes sociais, eu, Paulo, costumo dizer que o médico não precisa inventar nada nem reinventar a roda. Seja no mercado brasileiro ou no externo, há empresas que vêm dando lucros e pagando dividendos de maneira consistente há dez, quinze, vinte anos. Se o que se deseja é investir em produtos de renda variável — mas com segurança —, ter seu dinheiro distribuído entre ações de empresas de primeira linha de diferentes setores aqui e no exterior é pensar e agir de forma antifrágil. Assim você diminui o peso dos riscos. Acho muito importante que, antes de pensar em ganhar dinheiro com seus

10 TALEB, Nassim Nicholas. *Antifrágil: coisas que se beneficiam com o caos*. São Paulo: Objetiva, 2021.

investimentos, você conheça minimamente bem os riscos que podem resultar em prejuízo.

Tenha muito cuidado com promessas de ganho rápido e fácil. Vejo com frequência investidores recém-chegados ao mercado que compram ações de empresas que acabaram de abrir seu capital e que, por isso, trazem um grande risco. Desencorajo essa atitude e considero que mantê-la é se deixar sucumbir pelo lado, como é chamado, "sexy" do mercado. Trata-se daquela fantasia que se insinua para nós de que seremos capazes de acertar um investimento de primeira, em uma empresa que pouca gente conhece e que é uma promessa de se tornar um unicórnio altamente lucrativo. É uma visão fantasiosa que pode trazer graves perdas.

Agora vamos a um exemplo de uma alocação de capital de uma carteira antifrágil. Começamos dividindo a carteira em quatro partes iguais que serão ocupadas por quatro grupos de ativos que representam nossos principais objetivos:

- $ 25% com o objetivo de caixa para liquidez. A seguir, estão quatro opções de renda fixa com alta liquidez. Basta escolher uma delas:
  - » Tesouro Selic.
  - » Fundo DI com liquidez diária e taxa zero administração.
  - » CDB com liquidez diária que renda 100% ou mais do CDI.
  - » Conta remunerada que renda 100% ou mais do CDI.
- $ 25% com o objetivo de ganho de capital (quinze ações brasileiras).
- $ 25% com o objetivo de geração de renda passiva (oito fundos imobiliários).
- $ 25% com o objetivo de proteção patrimonial, sendo:
  - » 12% em dólar (moeda dólar por meio de fundo de investimento ou ações norte-americanas por meio de ETF na B3).
  - » 8% em ouro por meio de ETF na bolsa norte-americana.
  - » 5% em criptoativos (Bitcoin) ou por meio de ETF de criptoativos.

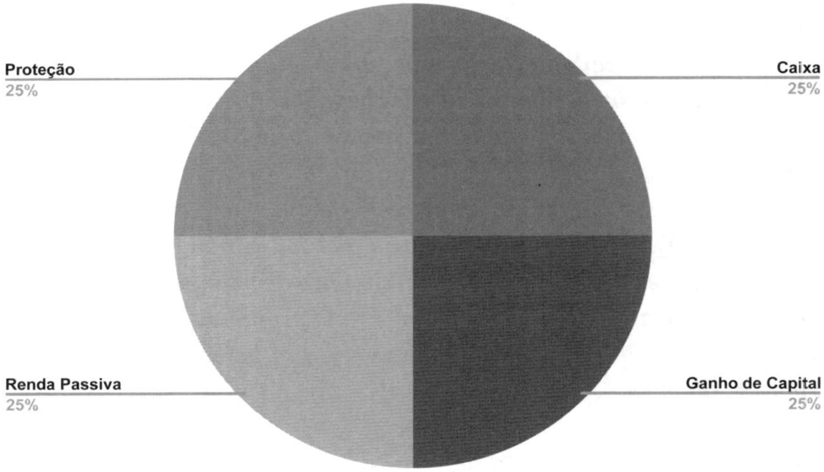

DR. JC, DR. CI E DR. TAR

Embora o Dr. JC tenha um *mindset* que o diferencia da maneira com que a grande maioria de seus colegas costuma gerenciar a própria vida financeira, ele não é capaz de escapar inteiramente de alguns comportamentos típicos de sua própria juventude. Um deles é a sensação — que surge e se estabelece de maneira bastante inconsciente — de que ele é praticamente imune aos maus golpes da sorte e, caso algo negativo ocorra, sempre poderá superar as dificuldades sem grandes dores.

Nos investimentos que faz, essa sensação de ser o Super-Homem já provocou alguns estragos quando ele comprou ações de empresas entrantes no mercado e que prometiam uma lucratividade jamais vista na Bolsa de Valores. Felizmente, o Dr. JC conseguiu se desfazer daqueles papéis de pouco valor a tempo de evitar uma tragédia maior.

O susto fez com que ele refletisse e decidisse diminuir a pressão sobre o acelerador. Colocou o dinheiro que salvou daquela má escolha em ativos que prometem rendimentos não tão exagerados, com boa previsibilidade de que, no longo prazo, seu capital continuaria crescendo e não se dissolveria no ar. "Vou criar o arquivo 'segurança' na minha mente de investidor", prometeu o Dr. JC para si mesmo. "Mas vou fazer isso no ano que vem", completou. Estamos aqui torcendo para que essa procrastinação não se transforme em mais um susto, Dr. JC!

Já o Dr. CI é muito mais conservador. A ele falta até ser mais arrojado. Como sabemos, ele tem uma quantidade excessiva de imóveis e, na cabeça dele, aplicar em imóveis ainda é sinônimo de previsibilidade e segurança, embora isso seja muito discutível, já que o mercado imobiliário é cíclico, sendo que bairros inteiros podem se deteriorar ou valorizar ao longo do tempo, levando os imóveis locais a grandes desvalorizações ou valorizações. Mas o Dr. CI quer ser um pouco menos conservador. Nesse sentido, ele vem estudando alguns produtos de renda variável e tem direcionado uma pequena parte de seus investimentos para uma carteira diversificada de ações de grandes empresas e cotas de FIIs tradicionais.

Ele entende que seu temor em assumir riscos já fez com que perdesse boas oportunidades de gerar mais valor para seu dinheiro. Aos poucos, está se arriscando mais, mas sempre com cuidado, estudando e refletindo antes de tomar suas decisões. E ele decidiu dar um passo importante. Depois de várias recaídas, parece ter superado aquele velho impulso em acompanhar o mercado de imóveis de sua cidade para acrescentar mais uma sala ou apartamento à sua coleção.

O Dr. TAR, com a sabedoria e tranquilidade de um monge, passa ao lado de tentações financeiras sem piscar. Sua disciplina e seu crescente conhecimento do mercado — incluindo tanto suas armadilhas quanto suas redes de proteção — lhe permitem criar uma carteira balanceada, que vem gerando ganhos financeiros importantes, mesmo diante das trapalhadas políticas e daquele avança-e-recua da economia dos tempos de pandemia.

Sua paixão, ensinar colegas a administrar com sucesso suas finanças, vem crescendo. A procura pelos seus cursos é cada vez maior. Isso o deixa feliz. Ele sabe que é só o conhecimento que dará competência às pessoas para lidar bem com seu dinheiro e fazê-las gerar riqueza suficiente para uma vida de qualidade. E mais, quando o momento oportuno chegar, terão acumulado um patrimônio que proporcionará a elas uma vida material confortável — e também para aqueles que amam e são seus sucessores.

Sim, o tema sucessão patrimonial, o assunto do nosso próximo capítulo, é algo que o Dr. TAR considera de grande relevância, mesmo sendo um jovem médico, assim como boa parte de seus alunos. Deixar nosso legado material é algo a ser construído ao longo da vida. Essa pode ser uma das mais fortes motivações para que gerenciemos, com determinação e amor, o que nos propusermos a construir.

21

A **SUCESSÃO PATRIMONIAL** DEVE COMEÇAR A SER PENSADA **ANTES MESMO DE TERMOS SUCESSORES**

Capítulo escrito com a participação do especialista em direito empresarial **Leandro Stein**

Em 2020, um cirurgião cardiologista conhecido de Carlos Eurico sofreu um mal-estar. Foi internado e, em pouco tempo, faleceu. Esse colega estava casado pela segunda vez. Era pai de cinco filhos, dos dois casamentos. A segunda esposa havia parado de trabalhar para cuidar das crianças. Sem ter feito qualquer reserva em vida, esse médico deixou os familiares em uma difícil situação financeira. Foi preciso que algumas pessoas se dispusessem a ajudar essa segunda família para que suas necessidades básicas — principalmente as das crianças — fossem atendidas.

Paulo testemunhou um acontecimento igualmente lamentável. Um colega que trabalhava no mesmo hospital que ele, no atendimento de urgência, sofreu um acidente de carro no qual ele e um filho faleceram. A filha, que também estava no carro, foi levada em situação crítica para a UTI. Conhecidos do falecido acreditam que o estresse da vida de plantões e correrias contribuiu para sua falta de atenção que resultou no desastre automobilístico.

Esse médico também não cuidava de suas finanças. O carro caro, o apartamento luxuoso em que vivia, os demais bens e o estilo de vida de alto consumo eram quase todos financiados pelo banco. O que ficou para a família foram grandes dívidas.

Outro médico, cirurgião geral, que ao longo de sua carreira dedicou-se exclusivamente aos plantões — os quais com frequência chegavam a render mais de R$50 mil mensais —, viu-se impossibilitado de trabalhar em virtude de uma séria enfermidade. Ao longo de três anos, a doença o castigou fortemente. Após perder sua autonomia, viu-se obrigado a pagar R$10 mil mensais para ser atendido por cuidadores. Essa triste situação se estendeu por dois anos. Quando faleceu, os parentes descobriram uma enorme dívida, que foram obrigados a saldar. Por sorte, ele havia doado, anos antes, um apartamento para cada um dos dois filhos. Foi a única herança que seus quase cinquenta anos de trabalho produziu.

COMPORTAMENTO PARADOXAL

Ter dificuldade em se organizar para formar um legado financeiro para os familiares não é uma exclusividade nossa. No entanto, nós, por termos ganhos mais elevados que a maioria dos demais trabalhadores e por testemunharmos, no dia a dia, que a morte é algo inevitável e não respeita a idade de ninguém, deveríamos ter um comportamento exemplar no que diz respeito a montar uma sucessão patrimonial que seja capaz de garantir, quando não formos mais capazes de gerarmos recursos, a mínima segurança financeira para nossa família. E este capítulo mostrará a você o que deve ser feito para virar esse jogo e cuidar bem de sua sucessão patrimonial.

Há um desafio particular que enfrentamos no quesito sucessão. Além de, paradoxalmente, muitos de nós não cuidarmos com a devida atenção da própria saúde, somos vítimas preferenciais de níveis de estresse e de *burnout* altíssimos, provocados, entre outros fatores, pelo exagerado número de horas que trabalhamos.[1] Existe, ainda, o fato de que muitos colegas acima dos

1 Estudo publicado pelo Conselho Regional de Medicina do Estado de São Paulo constatou que médicos vivem menos do que a média dos brasileiros. "Estudo da mortalidade dos médicos no estado de São Paulo: tendências de uma década (2000—2009)". Disponível em: https://www.cremesp.org.br/pdfs/Mortalidade%20v%20220312.pdf. Vide Capítulo 11 deste livro.

50 anos têm pouca tradição de gerenciar suas finanças, algo em que as gerações mais jovens vêm prestando um pouco mais de atenção.

Eu, Paulo, enxergo uma tendência comum a muitos colegas de se considerarem invulneráveis no que diz respeito à própria saúde. Embora os homens médicos se cuidem de uma maneira mais desleixada do que as mulheres, a classe como um todo tem a síndrome do super-herói. Não prestam atenção à própria saúde, pensam que não é necessário buscar ajuda quando doentes, consideram-se eternos.

Não se preocupam em ter um plano de saúde, por acreditarem que, se houver algum problema, os colegas os ajudarão e os hospitais os tratarão de graça. Mas nada disso acontece, e, quando adoecem, descobrem que foram relapsos não apenas com a própria saúde, mas também em cuidar de seu patrimônio, que, muitas vezes, é inexistente.

E como devemos tratar de nossas finanças para que, quando o inevitável acontecer, nossos filhos, cônjuges, mães, pais, irmãos ou quem mais possa depender delas não enfrentem dificuldades? O que a experiência mostra é que o médico que decide deixar a "casa em ordem" para legar conforto e dignidade para os seus deve tomar quatro importantes iniciativas, como mostrado a seguir:

1. **Investir seu dinheiro desde cedo** — Gerenciar suas finanças aplicando os recursos que excederem seus gastos em produtos financeiros que sejam capazes de gerar rendimentos crescentes ao longo do tempo é uma das decisões básicas do médico consciente. Dessa maneira, proporcionará aos seus familiares renda suficiente para manter um padrão de vida próximo àquele que usufruíam quando esse médico estava presente. São várias as possibilidades de garantir essa tranquilidade financeira por meio de investimentos em diferentes ativos de renda fixa e variável.
2. **Pagar menos impostos** — Isso é possível ao usar de uma inteligência tributária que permita que, quando ocorrer a sucessão patrimonial, os beneficiários tenham de pagar o mínimo possível em impostos. O Leão costuma morder fortemente nas transferências de titularidade. Essas estratégias, contudo, sempre devem estar rigorosamente em harmonia com a legislação tributária vigente.
3. **Ter um seguro de vida de qualidade** — Este deve ser um produto que garanta uma indenização suficiente para minimizar a queda no padrão de vida no caso de o provedor da família falecer. Há diversas

modalidades de seguros que podem, ainda, indenizar o titular por invalidez, longas internações hospitalares e outros sinistros.

4. **Contratar um bom plano de saúde** — Além de aumentar as chances de uma vida longa e produtiva, o convênio livrará o médico do impacto dos gigantescos gastos que uma enfermidade longa, que exija internações e cuidados dispendiosos, costuma provocar sobre suas finanças.

FUTURO IMPREVISÍVEL

Costumamos começar a pensar em nossa sucessão quando temos filhos. Talvez porque haja aí um forte instinto de preservação ao vermos como são frágeis e desprotegidos, que sempre dependerão de nossos cuidados. Mesmo quando nossos rebentos se tornarem adultos, ainda nos sentiremos responsáveis por eles. Quem entre nós não ouviu, quando já tínhamos, há muito, nos tornado adultos, a mãe recomendar que colocássemos um casaco, pois o dia estava frio?

Mesmo que nossos instintos apontem a maternidade/paternidade como o momento correto de pensarmos na sucessão — e não há dúvidas de que ter filhos torna obrigatória essa atitude —, devemos ir além dessa concepção. Uma das razões para isso é que não existem bolas de cristal. Portanto, quando somos ainda jovens, não temos como prever se o futuro nos trará um casamento e filhos ou que nossos parentes próximos e queridos, hoje autônomos e saudáveis, serão incapazes de se sustentar e só terão a nós para apoiá-los.

Levando essas possibilidades em conta, a melhor atitude é a de começar a preparar nossa sucessão assim que recebermos nosso primeiro salário como médicos. Da mesma maneira que acontece na estratégia dos investimentos em renda fixa e variável, a energia vital que faz crescer os recursos que serão transferidos para nossos sucessores é o tempo.

Quanto mais tempo nosso dinheiro permanecer aplicado, gerando juros e dividendos — e estes sendo reaplicados —, maior será seu valor final e a velocidade com que ele crescerá, graças à dinâmica dos juros sobre juros. Portanto, se postergarmos a decisão de começar a formar o patrimônio para nossos entes queridos para depois de termos filhos ou quando nossos pais começarem a dar sinais de que precisão de ajuda, talvez já tenhamos perdido aí dez, quinze, vinte anos.

Eu, Carlos Eurico, confesso que só comecei a pensar seriamente na minha sucessão patrimonial quando tive filhos. Enquanto éramos apenas

> *eu e minha esposa — que também é médica —, não nos preocupávamos demais com o futuro. Se algo mudasse, tanto ela quanto eu tínhamos recursos e autonomia para seguirmos em frente. Mas a chegada de nossos dois filhos nos mostrou o que é, de fato, ter alguém que dependa exclusivamente de nós. Se pudesse voltar no tempo, com o que sei hoje, agiria de outra maneira e conceberia a formação de meu patrimônio com o viés da sucessão muito mais cedo.*

A primeira providência que Carlos Eurico tomou quando nasceram os *guris* foi a de colocar investimentos em PGBL em nome deles. Esse é um tipo de previdência privada que tem como vantagem ser incentivada pelo governo e permitir que um percentual do que é nele investido seja descontado do imposto devido à Receita Federal.

> *Contratei um PGBL bem gordinho para eles. Fiz isso já pensando na formação educacional deles. Calculei quanto custariam cinco ou seis anos de universidade e separei um dinheiro mensal que, ao longo do tempo, chegaria ao valor necessário. Dessa maneira, quando meus filhos entrassem para o ensino superior, já haverá recursos reservados para custear os estudos. Ter feito isso trouxe para mim e minha esposa tranquilidade, já que um dos maiores gastos que temos é com nossa formação acadêmica. Assim, se acontece qualquer revés comigo, essa parte da vida deles já estará assegurada.*

Carlos Eurico fez, ainda, um bom uso de inteligência tributária ao destinar esse dinheiro do ensino superior dos filhos para o PGBL. Esse investimento, mesmo no nome dos filhos, até completarem 15 anos, pode reduzir em até 12% o valor do imposto devido pela pessoa física, caso esse mesmo percentual do montante a ser pago ao Leão seja aplicado nesse plano.

Essa sincronia entre o total da renda que é separada e investida pelo médico para construir patrimônio no longo prazo e uma estratégia tributária que permita diminuir o pagamento dos impostos é um passo de grande relevância para uma sucessão bem-sucedida. Essa estratégia também evitará que, quando a sucessão patrimonial finalmente acontecer, os impostos, que costumam ser elevadíssimos nesses casos, comam uma parte significativa da herança.

> *Eu, Paulo, sempre afirmo que o médico deve dispor, desde o início da carreira, de uma estratégia tributária com o objetivo de diminuir o quanto é obrigado a gastar com tributos. E isso deve ser feito com foco*

tanto ao longo dos anos de construção do patrimônio — quando ele estiver produtivo — quanto no momento em que chegar a hora de passar adiante os recursos que ele acumulou em vida.

PREVIDÊNCIA PRIVADA

Um bom exemplo de uma aplicação financeira que é capaz de transmitir patrimônio para os descendentes sem que, na hora da sucessão, os impostos cobrem uma fatia exagerada do total acumulado é a previdência privada. Ao ser contratada pelo titular, o titular indica quais serão seus beneficiários, em caso de falecimento. Estes não terão de pagar qualquer imposto, pois a previdência privada não constará de um possível inventário. É o que acontece com os investimentos em PGBL e VGBL.[2]

Há, ainda, outra grande vantagem proporcionada pela previdência privada na estratégia sucessória. Por não constar do inventário, os herdeiros podem sacar os recursos que estão nessa previdência enquanto os demais bens do inventário — que são taxados ou podem exigir providências jurídicas para serem liberados — estão retidos para cumprir a necessária tramitação.[3] Isso é especialmente relevante caso a morte do provedor ou provedora deixe os herdeiros subitamente sem qualquer fonte de renda.

Seguros de vida também não constarão do inventário.[4] A lógica é a de que não caberia cobrar algum tributo sobre esse capital na medida em que ele não é herança, pois só passará a existir a partir da morte do titular do seguro, que, portanto, nunca usufruiu desse capital.

O importante papel do seguro de vida na sucessão patrimonial deve ser bem compreendido. Para o médico jovem, que ainda não teve tempo para formar um capital significativo, o seguro de vida é o mais importante instrumento de transmissão de capital para seus dependentes. Essa é outra boa razão para que a primeira providência a ser tomada pelo jovem médico que chega ao mercado seja a de contratar bons seguros — de saúde e de vida.

---

2 "PGBL ou VGBL: qual a melhor previdência privada?" VGBL (Vida Gerador de Benefícios Livre) é uma modalidade de previdência privada que funciona como um seguro de vida. É mais interessante para aqueles médicos que fazem a declaração de renda simplificada. Disponível em: https://blog.rico.com.vc/pgbl-vgbl-previdencia-privada.

3 GUIMARÃES, Sigrid. "Herança planejada". Disponível em: https://economia.uol.com.br/reportagens-especiais/como-planejar-a-sucessao-patrimonial-especial-alta-renda/#page1.

4 "O seguro de vida entra no inventário? Entenda!" Disponível em: https://www.tuiaseguros.com.br/o-seguro-de-vida-entra-no-inventario-entenda/.

Há de se tomar cuidado na contratação desses dois produtos, em especial o seguro de vida, que, muitas vezes, costuma ter letras miúdas no contrato. Desconhecer as regras, exceções e salvaguardas constantes na apólice pode levar a decepções e problemas graves na hora em que mais se necessita deles. Os seguros de vida podem cobrir diversos itens, como diárias de internação hospitalar, invalidez parcial ou total e doenças graves.

Eu, Paulo, quero enfatizar a importância do seguro de vida. Ele tem a fantástica propriedade de alavancar um patrimônio que o jovem médico não tem ainda. Claro, isso acontecerá em condições trágicas, mas se esse médico falecer, seus sucessores terão acesso a recursos que o titular não teve tempo de acumular. E essa estratégia também é indicada para os médicos mais maduros. Caso estes, por alguma razão, não tenham conseguido reservar uma renda que poderá atender aos seus herdeiros, ele conseguirá, mesmo quando estiver com 60 ou 70 anos, proporcionar um legado aos seus, graças ao seguro.

PRODUTOS PERSONALIZADOS

Existem muitos tipos diferentes de seguro. A maioria das pessoas contrata produtos de "prateleira", ou seja, já padronizados, com coberturas tradicionais e que nem sempre se encaixam em suas necessidades. No entanto, é possível personalizar os seguros, negociando cláusulas, prazos, prêmios e coberturas específicas. Isso talvez exija alguma insistência junto aos corretores, já que esses sempre preferirão que você contrate os produtos padrões, que não lhes darão tanto trabalho com cálculos e negociações.

Eu, Carlos Eurico, montei, com o auxílio de um assessor financeiro, um seguro personalizado. Ao contrário das opções que estão no mercado, nesse produto que foi desenvolvido para mim, pago prêmios, ou seja, as mensalidades, progressivamente menores ao longo do tempo. Isso, claro, faz com que a indenização que meus filhos receberão da seguradora, na eventualidade de minha morte, serão também menores.

Por que então decidi ter um seguro que pagará uma indenização cada vez menor? Porque, à medida que o tempo for passando, aportarei dinheiro de maneira crescente nos investimentos que faço. Dessa maneira, graças aos juros sobre juros, minhas reservas crescerão em um ritmo proporcional à diminuição do valor da indenização. Portanto, no momento em que meus filhos já não puderem mais contar com minha presença, ainda assim eles disporão de recursos suficientes para continuar a ter, no mínimo, o mesmo padrão de vida que desfrutavam quando eu ainda atuava como o provedor deles.

Essa estratégia faz sentido porque, à medida que envelhecemos, nos tornamos um ativo de risco para as empresas seguradoras, pois a chance de morrermos e termos direito à indenização será cada vez maior. Por esse motivo, essas seguradoras cobram prêmios cada vez maiores quanto mais velhos nos tornamos, a tal ponto que esse valor pode tornar-se impraticável para algumas pessoas.

Foi exatamente por não querer chegar aos 60 ou 70 anos tendo de desembolsar prêmios caros para continuar a ter um seguro de vida que pagasse uma indenização que respondesse às necessidades de minha família que optei por esse produto customizado. Mas ao contrário disso, quanto mais jovem o médico fizer um seguro de vida, melhor será a relação entre o valor da indenização final e o prêmio que ele paga.

Sejamos jovens ou velhos, nunca saberemos com certeza quanto tempo de vida ainda teremos pela frente. Morrer ainda novo é uma tragédia, mas a possibilidade de contratarmos um bom seguro pagando um prêmio de valor razoável é uma decisão sábia, que, mesmo se ainda formos jovens, poderá deixar como legado uma vida de conforto para as pessoas com as quais temos compromisso e amor.

Há várias formas, além dos seguros e dos produtos relacionados à previdência privada, que permitem planejar como será feita a transição patrimonial com o foco em uma redução tributária. Algumas delas têm uma certa complexidade e, talvez, não estejam ao alcance da maior parte dos médicos, como veicular seus investimentos e seu patrimônio a empresas abertas no exterior, as *offshores*.[5]

---

5 *Offshore* é o nome dado a empresas abertas no exterior, em países que são regidos por regimes tributários menos rígidos do que os do país de origem do empreendedor. A legislação menos rigorosa em relação ao pagamento de impostos favorece também a transmissão de patrimônio para os sucessores ao cobrar impostos de menor valor, ou mesmo isentando qualquer tributo, sobre a operação. "Companhias offshore". Disponível em: http://www.portaltributario.com.br/offshore.htm.

BENEFÍCIOS DA *HOLDING*

No entanto, existe outro arranjo empresarial, que também requer alguns requisitos patrimoniais e, sobretudo, um bom assessoramento técnico para ser estruturado, que é mais simples do que as *offshores*, mas tão efetivo quanto elas para evitar uma carga tributária excessivamente pesada no momento da transmissão do patrimônio. Trata-se da formação de uma *holding*, uma empresa que permite dividir um determinado patrimônio em cotas e distribuí-las entre as pessoas que irão integrá-la, simplificando bastante a transmissão do legado patrimonial e trazendo benefícios tributários no processo de sucessão.[6]

> *Eu, Carlos Eurico, constituí, junto com minha esposa, uma* holding *há cerca de três anos. Transferi todos meus imóveis para a* holding, *com exceção daquele em que moro com minha família. Não é um processo simples, nem barato. Na ocasião, gastei cerca de R$70 mil em assessoria, escrituração, documentos etc. No entanto, um investimento, e não um gasto. Com a* holding, *se eu morrer hoje, os impostos de sucessão a serem recolhidos serão muito mais menores do que se eu não a tivesse. À época, calculei que minha família economizaria quase R$1 milhão em tributos, caso eu falecesse, pelo fato de termos uma* holding. *E o melhor é que eu nem preciso esperar morrer para pagar menos impostos. Por estarem vinculados à* holding, *os imóveis que alugo me proporcionaram uma redução dos tributos que devo pagar sobre o valor dos aluguéis que recebo: o percentual a ser pago passou de 27,5% para 11%.*

Mas em que condições é vantajoso para você constituir uma *holding*? O especialista em direito empresarial Leandro Stein, diretor da Dartagnan & Stein Sociedade de Advogados,[7] se dispôs generosamente a explicar as vantagens que o regime de *holding* pode proporcionar aos profissionais da medicina:

> *Nossa experiência mostra que a constituição de uma* holding *traz vantagens tributárias consistentes para aqueles médicos que têm um patrimônio pessoal a partir de R$2,5 milhões, aproximadamente. Contudo, quando se trata do planejamento sucessório,* post mortem,

---

6 ARAÚJO, Isabelle. "O que é holding patrimonial e como ela pode ajudar seus negócios?" Disponível em: https://conube.com.br/blog/o-que-e-holding-patrimonial/.

7 Disponível em: https://dartagnanestein.com.br/.

esse formato vale a pena também para patrimônios menores, porque a redução dos tributos é brutal.

Um exemplo pode mostrar isso de uma maneira clara. Vamos imaginar alguém, dono de um patrimônio de R$1 milhão, que faleça. Seus herdeiros terão de pagar uma carga alta de impostos: desembolsarão cerca de 1% desse total em custas judiciais ou de cartório para fazer o inventário. Terão de pagar um advogado, que cobrará como honorários algo próximo a 8% do valor. Haverá, ainda, o imposto de transmissão — o imposto estadual que incide sobre heranças e varia próximo à faixa de também 8%. Somando esses e outros custos, uma fatia de 20%, ou R$200 mil neste nosso exemplo, ficaria pelo caminho para que os herdeiros finalmente recebessem sua parte do patrimônio.

O processo de transmissão sempre exigirá a contratação de um advogado, sem o qual a papelada não será aceita no cartório. Caso haja, entre os herdeiros, alguém menor de 18 anos, o processo torna-se obrigatoriamente judicial. Também nos casos em que há desavenças entre os herdeiros, o caso será examinado por um juiz. Nesses cenários, os advogados tendem a cobrar mais caro e as taxas também podem ser mais elevadas. Na transmissão patrimonial, os impostos que incidem são sempre estaduais.

TRANSMISSÃO SUAVE

No caso em que o patrimônio esteja colocado sob o regime de uma *holding*, essa transmissão para os herdeiros poderá se dar de uma maneira muito mais suave e até mesmo sem o pagamento de qualquer imposto. A constituição de uma *holding* é capaz de substituir o testamento e as discussões contenciosas em relação a quem deve ter o que e quanto dos bens que pertenciam ao provedor.

De uma maneira esquemática, a *holding* funciona como uma empresa na qual o provedor e os herdeiros — filhos, cônjuge ou outras pessoas — são os sócios que detêm, cada um, um certo número de cotas. Essas cotas podem ser transferidas entre eles, e isso se dá mais comumente do provedor para os demais participantes. Essa estrutura permite que, quando o patriarca ou a matriarca falecerem, os herdeiros tenham direito aos recursos que farão parte do espólio na quantidade correspondente ao total de cotas que possuem.

A prática mais comum é, logo quando a *holding* é constituída, que as cotas sejam divididas destinando-se a quase totalidade delas de maneira igualitária para cada um dos cônjuges — digamos, 48% para o marido, 48% para a esposa.

Os 4% restantes seriam divididos entre os filhos e outras pessoas com as quais se quer fazer a partilha. Com o passar do tempo, e isso é importante, as cotas são aos poucos transferidas para os aqueles com menor número de cotas. Em geral, isso é feito em percentuais reduzidos o suficiente para que não incorra o pagamento dos impostos que são exigidos nos casos de doações.

> ***É por essa razão que eu, Leandro Stein, aconselho fortemente aos médicos que comecem a pensar na estruturação de uma* holding *o mais cedo possível, quando estão jovens e com saúde. Dessa maneira, haverá um patrimônio significativo e tempo para distribuí-lo entre os demais cotistas. Aqueles que iniciarem esse movimento aos 70 anos de idade não terão tempo de fazer o planejamento e os movimentos necessários para que a* holding *cumpra seu melhor papel, que é o de reduzir significativamente o impacto tributário sobre a sucessão patrimonial.***

Há limitações e possibilidades legais que regem as *holdings* que servem como antídoto a um temor muito comum entre aqueles que têm um patrimônio a ser deixado como legado: o medo de que os sucessores tenham desavenças entre si ou se desfaçam de maneira atabalhoada dos bens que herdarão. As *holdings* são regidas por cláusulas, o que permite que aqueles que as constituam tornem seus desejos em regras — que terão de ser obrigatoriamente respeitadas.

CLÁUSULAS RESPEITADAS

Por exemplo, pode constar das cláusulas a questão da incomunicabilidade, dispositivo que impede que algum dos herdeiros aliene ou penhore os bens recebidos. Dessa maneira, a herança estará vinculada à empresa e só poderá ser negociada caso um dos sucessores venda suas cotas aos outros integrantes da *holding*. Regras como essa poderão estar determinadas nas cláusulas constitutivas, e os integrantes são obrigados a acatá-las.

Essa transferência de patrimônio também pode lidar bem com a delicada questão de colocar como herdeiros filhos de casamentos distintos, algo que sempre pode ser espinhoso. Se o instituidor da *holding* tem, por exemplo, cinco filhos de duas mães diferentes, pode transformar todos em cotistas, e eles participarão igualmente do usufruto da herança. As desavenças familiares podem até persistir, mas as cláusulas do contrato da *holding* assegurarão que todos tenham o acesso desejado pelo criador dessa empresa.

Eu, Leandro Stein, sempre insisto com meus clientes sobre a atenção que deve ser dada à transmissão das cotas, em vida, para os participantes da holding. *Quanto mais o tempo passa, menos cotas devem ficar de posse do dono da* holding, *que tem o patrimônio inicial, e mais cotas devem estar em nome dos herdeiros, justamente para evitar os impostos.*

Se o dono falecer com 90% das cotas em sua posse, será pago o imposto sobre 90% do capital, no momento da transmissão. Mas se, ao morrer, ele possuir somente 10%, será cobrado o imposto apenas sobre esse montante. Ou seja, serão apenas esses 10% que constarão do inventário e apenas esse percentual que passará por todo o processo cartorial e será tributado. Se a holding *gerar renda, aconselhamos que a parte que cabe dessa renda para cada um dos cotistas seja revertida na compra de mais cotas do fundador. Isso livra o pagamento de imposto, o que não acontece caso esse aumento do número de cotas se dê por meio de doação pelo instituidor da* holding.

Há algumas regras às quais as *holdings* são submetidas que devem ser analisadas com cuidado antes que você tome a decisão de constituir esse tipo de empresa. Uma delas é: os imóveis que, quando da formação da *holding*, vierem a integrá-la não poderão ser vendidos pelo prazo de 24 meses. A legislação tenta impedir, com essa restrição, que pessoas oportunistas utilizem-se da *holding* para evitar pagar o Imposto sobre Transmissão de Bens Imóveis (ITBI), que é municipal e varia entre 2% e 3% do valor do imóvel.

Outra limitação imposta pelo Código Tributário para que se tenha o direito à isenção do ITBI é que, nesse período de 24 meses, não se pode ter a maior parte da renda da *holding* originária da venda ou aluguel de imóveis. Essas exceções são particularmente relevantes para os médicos, que costumam ter a maior parte de seus investimentos em imóveis — uma consequência do perfil investidor da maioria deles, que é conservador.

Mesmo aqueles profissionais habituados a gerenciar suas finanças e a fazer investimentos devem se cercar de bons profissionais no momento em que se decidirem pela constituição de uma *holding*. Essa é uma configuração de empresa razoavelmente complexa que deve contar, para sua boa implantação e funcionamento, com a expertise de uma equipe multidisciplinar composta por advogados e contadores experientes.

DR. JC, DR. CI E DR. TAR

Constituir uma *holding* não é algo que esteja nos planos imediatos do Dr. JC. Primeiro, porque ele não acumulou ainda um capital robusto o suficiente que torne essa opção de fato proveitosa. Além disso, embora saiba que a vida não cansa de nos proporcionar riquezas, ele ainda tem dificuldade em se imaginar com esposa e filhos, que seriam seus herdeiros.

Porém, informar-se sobre essa possibilidade provocou um impacto positivo sobre sua visão de negócios e de vida. Sim, ele refletiu, é necessário desenvolver estratégias que aliviarão a carga de impostos que incide sobre seus rendimentos e entendê-las como um primeiro passo na montagem de uma inteligência tributária que, naquele futuro que ainda lhe parece tão distante, possa proporcionar uma transição de seu patrimônio de uma maneira mais confortável para seus possíveis filhos.

E o Dr. JC pensa mais um pouco e se dá conta de que seus pais, irmãos e outros parentes próximos talvez possam se beneficiar de seu ainda incipiente patrimônio. "É preciso considerar isso", diz para si mesmo. Não faz muito tempo, um colega, um pouco mais velho, sofreu um acidente fatal. Era arrimo de família e, por sorte, deixou um seguro de vida que pôde aliviar, pelo menos temporariamente, as dificuldades financeiras que se apresentaram para seus parentes. "Não há mesmo garantias neste mundo", filosofa o Dr. JC. "Preciso tomar decisões quanto ao meu legado de maneira estratégica."

Desde que se casou, o Dr. CI passou a investir pensando em dar conforto à esposa e a alguns familiares de ambos — que vivem em uma situação financeira mais frágil. Depois que os filhos nasceram, esses cuidados redobraram. Nós bem sabemos que a maior parte da montagem desse patrimônio se deu em cima da aquisição de imóveis. O Dr. CI agradece a nossa lembrança e avisa que essa estratégia de comprar imóveis está sendo progressivamente revista por ele.

Recentemente, ele deu outro passo importante: o Dr. CI iniciou a constituição de sua *holding*. Foi um processo que exigiu um valor considerável, complexo, mas ele e a esposa estão satisfeitos com a decisão tomada. Consideraram que é um posicionamento maduro o de aceitar a finitude da vida e prepararem, com cuidado e amor, a transmissão dos bens que tiveram a felicidade de conquistar com trabalho dedicado e duro para aqueles que são importantes em sua vida.

Também ainda jovem como o Dr. JC, o Dr. TAR espera com calma que o crescimento de seu patrimônio justifique a transformação de sua atual figura jurídica em uma composição mais estratégica com vistas à transmissão de seus bens aos ainda inexistentes herdeiros. Desde que iniciou sua carreira, tem tomado decisões inteligentes: adquiriu, por exemplo, alguns seguros visando estar preparado para eventualidades e imprevistos que poderiam comprometer seriamente sua própria qualidade de vida e daqueles que futuramente venham a depender dele, caso não contasse com essa proteção.

O Dr. TAR vem, com a consistência e constância que já apontamos neste livro, estudando as melhores opções de investimento e as várias configurações de seguros que lhe permitam tranquilidade para atingir as cinco liberdades que trarão muito bem-estar e qualidade para nossa vida, temas de nosso próximo capítulo.

22

EXERCER **NOSSA PROFISSÃO** EM TODO O SEU POTENCIAL E BELEZA EXIGE A **CONQUISTA** DE **ALGUMAS LIBERDADES**

Pode parecer clichê, mas nada pode ser mais verdadeiro do que a afirmação de que, sem liberdade, ninguém será capaz de ser feliz — nem no plano pessoal nem no profissional. Falta de liberdade, no contexto que nos interessa aqui, não se refere, necessariamente, a estar preso, trancafiado atrás das grades ou proibido de se deslocar fisicamente para onde se deseje. A falta de liberdade de que estamos tratando é aquela que impede nossos colegas médicos de exercer em toda sua plenitude as imensas possibilidades que sua profissão pode oferecer e, assim, se sentir realizados e recompensados pela energia que investiram em sua formação e com seu trabalho árduo diário.

Que liberdades seriam, então, aquelas que possibilitariam a você ter uma carreira feliz e significativa? Certamente há vários estados mentais e condições concretas que podem influenciar profundamente nossa vida. Consideramos cinco as mais significativas:

- $ **Liberdade pessoal** — Ocorre quando mudamos o nosso *mindset* e somos capazes de controlar nosso ego, deixando de lado aquela autoimagem — um tanto antiquada — de que o conhecimento médico nos torna superiores aos demais. Liberdade pessoal também significa controlar suas contas e exigir ser tratado de maneira justa, não se deixando explorar por aqueles que, por acreditarem que somos uma fonte inesgotável de dinheiro, cobram mais caro pelos produtos e serviços que oferecem.
- $ **Liberdade social** — Surge quando nos libertamos da pressão de mostrar que somos bem-sucedidos materialmente para a sociedade e os colegas de profissão. Tratam-se daqueles mitos, inclusive contraditórios, de que não devemos almejar ganhar dinheiro com a medicina, que ela deve ser exercida como um sacerdócio, e, ao mesmo tempo, precisamos exibir sinais exteriores de riqueza — como andar em carros caros, morar em residências de elevado padrão e outros esbanjamentos para mantermos nossa posição de destaque e reconhecimento na sociedade. A liberdade social está relacionada, ainda, a não termos vergonha de falar de dinheiro e de conquistá-lo, trabalhando não apenas com atendimentos em consultórios e hospitais, mas também com outras atividades profissionais — palestras, mentorias, envolvimento em *healthtechs* e outras oportunidades oferecidas pelo setor de saúde.
- $ **Liberdade financeira** — Com ela, passamos a controlar nosso cotidiano e saímos da corrida dos ratos, na qual é preciso trocar tempo por dinheiro e submeter a nossa agenda à agenda dos outros. Buscar conquistar essa liberdade nos leva a moderar nosso consumo e nos possibilita desenvolver a determinação de fazer com que nosso dinheiro trabalhe para nós.
- $ **Liberdade geográfica** — Esta é uma conquista que está relacionada aos avanços relativamente recentes da tecnologia. É a liberdade de poder trabalhar de qualquer lugar, mesmo que você e seus clientes estejam separados por milhares de quilômetros. As consultas por telemedicina e outras inovações serão cada vez mais eficientes e permitirão cada vez mais que nos libertemos das barreiras geográficas ao exercício de nossa profissão, ganhando tempo e espaço para vivermos outras experiências de vida.
- $ **Liberdade de tempo** — A principal dor da classe médica é tratada com essa liberdade, visto que a frase a seguir já foi verbalizada por todo médico: "Eu não tenho tempo!" Agora você tem tempo, não o

tempo ocioso, mas o tempo de qualidade para você realizar seus sonhos, dentro e fora da medicina, ser um médico que atua por propósito, melhorando seu cuidado a cada dia, mas também praticando seus hobbies. Isso significa que você vive no presente, no hoje, com sua família e seus amigos, e aproveita cada momento de seu processo.

O MAL DA VAIDADE

Vai longe o tempo em que os médicos eram profissionais escassos, senhores da vida e da morte. Uma época em que éramos vistos como especiais e donos de uma sabedoria e poder inalcançáveis para as pessoas comuns. Mas mesmo que essas visões mereçam estar esquecidas nas prateleiras empoeiradas do museu das visões equivocadas, nos dias de hoje, ainda são muitos os profissionais que se sentem superiores aos outros, como acontecia no século passado.

> *Eu, Paulo, costumo dizer que a classe médica é a categoria mais vaidosa dentre todas. Como passamos por muitas avaliações nos tempos de faculdade e empregamos uma grande quantidade de energia para chegarmos onde estamos, é fácil nos considerarmos acima de tudo e de todas as demais profissões. Não estou dizendo que devemos suprimir nosso ego. O que é legítimo ter é orgulho de nossas conquistas, mas nunca vaidade.*

Esse desejo exagerado de ter suas conquistas reconhecidas pelos outros é um forte indutor à tomada de decisões incorretas. Uma delas é exatamente aquela armadilha na qual muitos colegas caem quando pressionados pela necessidade de manterem uma aparência de sucesso material. Os vaidosos irão arriscar-se a viver além de suas possibilidades financeiras ou intelectuais empurrados pelo desejo, inconsciente ou não, de provocar inveja nos demais e mostrar que eles podem mais, que são mais poderosos, mais ricos, mais bem-sucedidos e mais inteligentes do que todos. Essa é uma vida de escravidão mental, de nos pautarmos pelo que imaginamos ser o que os outros consideram o correto.

De novo, devemos ter cuidado, no entanto, para não confundirmos vaidade com orgulho. Uma coisa é você se sentir vaidoso, por exemplo, pelo fato de ter recursos para comprar uma casa para seus pais. Você pode pensar e até sair por aí dizendo que você é mais esperto, inteligente e rico do que seus irmãos, primos, tios e conhecidos e pôde comprar um bem caro, como é uma residência, sem grandes dificuldades, enquanto eles vivem de aluguel.

Algo bem diferente é você se sentir orgulhoso de, mesmo estando em uma situação financeira favorável, não ter se esquecido de recompensar as pessoas que tiveram amor por você e foram responsáveis, inclusive, pelo seu progresso material. A vaidade é um sentimento exagerado, que grita em um megafone. O orgulho é uma alegria discreta, interior, que conversa baixo com seu coração.

Há mais um obstáculo que surge no caminho dos médicos que têm uma visão grandiloquente sobre si mesmos. Não bastassem os problemas causados por sua própria vaidade, há, ainda, os prejuízos que surgem quando as outras pessoas também acreditam nessa versão fantasiosa do médico superior, mais inteligente e, sobretudo, mais rico que a média da população.

Por acharem que estão diante de uma mina de ouro, muitos aumentam os preços que cobram dos médicos pelos bens e serviços que vendem.

Uma experiência que eu, Carlos Eurico, vivi confirma isso. Quando estávamos construindo nossa clínica, a Respirare, recebemos um orçamento da construtora que pareceu a mim, e aos meus sócios, exagerado. Decidi, então, que reservaria parte de meu tempo — deixando inclusive de atender a algumas consultas — para acompanhar a obra. O resultado foi que pagamos 20% a menos do que o valor estipulado anteriormente.

A obra toda orçada em R$2 milhões à época foi finalizada com R$1,6 milhão, ou seja, economizamos R$400 mil com esse cuidado de gerenciarmos pessoalmente as contas e acompanharmos a obra de forma próxima no dia a dia. Foi uma boa escolha, pois as consultas que deixei de atender me renderiam muito menos do que aqueles R$400 mil. Por isso é fundamental para o médico negociar seus gastos de forma a pagar de maneira justa pelos serviços e produtos que adquirirá e impedir todas as tentativas de abuso econômico.

Entre os que tiram proveito do desconhecimento dos médicos estão diversos "profissionais" que trabalham com venda de produtos financeiros e financiamentos. Estes oferecem produtos que geram muito mais ganhos para si mesmos do que para quem os adquire. Já falamos sobre os gerentes de banco que nos apresentam produtos ruins — como títulos de capitalização — e que não trazem qualquer ganho confiável para os investidores.

Contudo, é uma injustiça apontar o dedo exclusivamente para esses gerentes, pois há outros agentes no mercado financeiro prontos para explorar a falta de informação dos médicos que aceitam passivamente colocar seu dinheiro em investimentos sem nem ao menos saberem que poderiam negociar taxas, exigir retornos mais significativos e, sobretudo, instruírem-se sobre as possibilidades de fazer com que seu dinheiro seja capaz de gerar uma renda maior.

A VISÃO DO SACERDÓCIO

Eu, Paulo, testemunhei, ainda na faculdade, um comportamento típico daqueles que nos dificultam conquistar nossa liberdade social. E o mais desconcertante foi constatar que essas restrições vêm até mesmo de outros médicos. O fato ocorreu durante uma aula. O professor, extremamente vaidoso, estava se gabando de como sua carreira, como especialista, trouxe a ele um grande sucesso financeiro. Um colega levantou a mão e perguntou quanto nós, estudantes, poderíamos ganhar se também seguíssemos aquela mesma carreira de especialista.

Não houve mais aula depois daquela pergunta. O professor, que já havia gastado todo o horário da aula falando bem de si mesmo, aborreceu-se e fez um discurso dizendo que médicos não deveriam se preocupar com questões relativas a dinheiro. O importante, ele dizia, era a prática da medicina por si só, o sacerdócio. Isso me mostrou de maneira clara não só qual é a visão social predominante sobre os médicos, como também a urgência de nos blindarmos contra ela.

Paulo passou por outra experiência pessoal que mostra como essa visão negativa contra o médico que deseja empreender e ser recompensado financeiramente pelo trabalho que faz está enraizada na classe médica:

Quando comecei a criar o Dr. Invest,[1] *ao chegar no hospital para mais um dia de trabalho, eu era motivo de piadinha entre os colegas. Hoje, eles compram meu curso. Mas essa visão equivocada sobre a postura profissional do médico está presente e sempre é um elemento de desencorajamento para muitos profissionais da área da saúde.*

A dificuldade do médico em romper com essa coerção está, entre outras causas, na ênfase que há em sua formação acadêmica sobre as chamadas *hard skills* — o conhecimento e a experiência técnica da medicina —, em detrimento das *soft skills* — habilidades comportamentais, entre outras, em

1 Paulo realiza mentorias, ministra cursos e faz postagens nas redes sociais, nas quais trata da relação do médico com suas finanças. Disponível em: https://www.instagram.com/drinvest_/?hl=pt-br.

empreender, saber cuidar de suas finanças, comunicar-se, gerenciar o próprio tempo e aprender a investir seu dinheiro.

Um médico inteiramente voltado para as *hard skills* será um bom técnico capaz de atender e executar procedimentos de maneira competente. Mas dificilmente terá seu próprio negócio, se tornará um palestrante requisitado, estará na linha de frente na adoção de inovações, gerenciará seu tempo para estudar e se especializar ou desenvolverá um marketing capaz de fortalecer sua marca e torná-lo conhecido e requisitado pelas pessoas — já que essas conquistas são resultado das *soft skills*.

Podemos comparar um médico apenas com *hard skills* a um corredor de 100 metros rasos. Assim como o atleta, ele tem arranque e explosão muscular, mas sua habilidade se estende por um trajeto curto. O que ele sempre fará será atender — seja em consultas, seja em plantões. Um médico que tem *soft skills*, por sua vez, pode ser visto como um atleta de pentatlo, heptatlo ou decatlo. Ele também atenderá aos pacientes e fará cirurgias, mas suas possibilidades são muito mais amplas por ele contar com a liberdade de poder percorrer todo o amplo espectro de oportunidades profissionais que a medicina apresenta.

E, sim, esse médico terá entre seus objetivos ganhar dinheiro com as atividades que desenvolve e entenderá que sua vida profissional poderá se estender para muito além do consultório. As objeções ao seu progresso financeiro que a ultrapassada tese do sacerdócio poderá levantar não terão qualquer efeito sobre sua determinação de sempre criar oportunidades profissionais.

Por outro lado, quando você foca seu trabalho unicamente na aplicação de seus conhecimentos técnicos, isso o obriga a passar todo seu tempo enfurnado no próprio consultório. Caso seus clientes tornem-se mais raros ou você se veja impedido, por alguma razão, de atender, seus problemas financeiros serão graves. Pressionado a manter uma jornada estafante e repetitiva, você será, lamentavelmente, um sério candidato a *burnouts* — pelo excesso de trabalho — e a frustrações — por não ter usufruído de todas as potencialidades de sua profissão —, perdendo, assim, sua liberdade social.

VIDA DE APARÊNCIAS

Há uma outra faceta da pressão contra nossa liberdade social. Essa coerção é aquela que valoriza o médico pelos sinais exteriores de sucesso financeiro que é capaz de exibir e, na via contrária, vê com desconfiança os que preferem um estilo de vida mais discreto e menos chamativo. Existe, portanto, a expectativa de que você siga um padrão social no qual estão inseridas uma enorme casa e roupas de marca, faça as melhores viagens, frequente os restaurantes mais badalados e se exiba nos ambientes virtuais e presenciais.

Caso você não seja capaz de estacionar um carro de um modelo exclusivo diante de seu consultório, isso será entendido como um sinal claro, de acordo com essa visão, de que não é bem-sucedido. Talvez aqueles que promovam essa pressão sejam muito mais os colegas do que seus clientes. Não é fácil escapar dessa necessidade de levar uma vida de aparências. Ela costuma estar mais presente entre médicos mais jovens, mas não é raro que continue impregnada na mente desses profissionais mesmo quando já são maduros.

Aqueles que não conseguem se livrar dessa tola postura têm grande chance de se envolver em problemas financeiros graves. Além de manterem o foco em aquisições e conquistas que serão ocas e nada agregarão ao perfil de um médico empreendedor e feliz consigo mesmo, o impulso de estar sempre se cercando de comportamentos e objetos caros será constantemente uma causa de desperdício de dinheiro e endividamentos.

Superar essas visões trará — isso nós podemos garantir — a liberdade social. Você deve prestar atenção, no entanto, para o fato de que essa liberdade pode ser confundida com a liberdade pessoal. Existe uma diferença significativa entre elas. Se a libertação social diz respeito à necessidade de isolar as expectativas de terceiros que se movimentam ao nosso redor, a pessoal, que sempre deve ser buscada por primeiro, é alcançada com uma transformação interna, porém ambas dizem respeito à mudança de mentalidade necessária para as conquistas financeiras.

LIBERDADES COMBINADAS

A energia que nos possibilitará ter uma vida confortável e, inclusive, repartir nossas riquezas com os demais só surgirá se pudermos nos movimentar com liberdade financeira – a terceira das liberdades à qual nos referimos neste capítulo. E ela está colocada nessa posição por uma razão lógica, pois para um médico se permitir usufruir da riqueza que produz, ele terá de construir uma mentalidade que só surgirá na presença das liberdades pessoal e social.

Colocado de outro modo, dificilmente nos dedicaremos a gerenciar nossa vida financeira se estivermos dominados pelo desejo de levarmos uma vida de exibicionismo ou se fizermos gastos excessivos para correspondermos às expectativas dos outros. Tampouco será possível ampliar nossos ganhos se nos conformarmos em seguir o roteiro desenhado pelas faculdades de medicina e por uma velha mentalidade que enxerga a profissão médica como um sacerdócio, no qual a palavra "dinheiro" soa como um pecado.

Eu, Carlos Eurico, sempre repito que a porta de saída para escapar dessas pressões está em tornar-se alguém diferenciado no mercado médico. Além de todas as visões estereotipadas que atrapalham a trajetória do médico, há uma fortíssima presença de grandes empresas na medicina que colocam os profissionais em uma zona de sombra, remunerando-os de maneira vil e dificultando que eles tenham espaço para divulgar suas marcas pessoais e conquistem seus clientes particulares.

Diante dessa situação, é preciso entender a importância do marketing pessoal e de seu posicionamento como diferenciais de sua marca. Uma das principais atitudes, ainda, que permitirá ao médico desviar-se das restrições desse mercado é saber como investir seu dinheiro desde o início de sua carreira, fazendo com que ele trabalhe para você e garanta uma renda passiva que permita a conquista da própria autonomia financeira. O objetivo, assim, é construir um patrimônio que gere uma renda mensal via juros e proventos que liberte o médico da obrigação de trabalhar para se sustentar, mas, sim, trabalhar por escolha, com prazer e alinhado a um propósito.

Ainda que neste momento parte dos médicos não tenha se livrado dos constrangimentos pessoais e sociais que restringem suas possibilidades profissionais e financeiras, já se veem alguns movimentos positivos por parte das novas gerações. Um desses sintomas de que há uma mudança em curso são as ligas acadêmicas voltadas para o empreendedorismo e gestão nas faculdades de medicina.

Mesmo que tais ligas existam desde 1920,[2] elas passaram a ter um papel cada vez mais relevante na difusão de conhecimentos de empreendedorismo, gestão financeira e inovação para os médicos.

Para mim, Carlos Eurico, os currículos de grande parte das faculdades de medicina ainda estão direcionados para aquela época na qual só existia a saúde pública no Brasil, em que os médicos só exerciam o assistencialismo. São diretrizes curriculares engessadas que nem de longe

2 "Saiba o que é e como funciona a Liga Acadêmica". Disponível em: https://www.sanarmed.com/ligas-academicas-saiba-como-funcionam.

acompanham as rápidas mudanças sociais, econômicas e tecnológicas pelas quais passa o Brasil.

FEIJÃO COM ARROZ

Para romper com esse marasmo, nenhum médico terá de se tornar um planejador financeiro e investidor profissional com domínio profundo do mercado financeiro. Começar a entender o básico de finanças — o feijão com arroz do gerenciamento financeiro e de investimentos — já é mais do que suficiente para cuidar bem de sua carreira, negócios e, assim, poder alcançar as liberdades que estamos falando aqui.

Aliás, no que eu, Paulo, sempre insisto é que o melhor do médico é a prática da medicina. Por isso falamos que o "feijão com arroz" bem-feito — ou seja, gerenciar de maneira minimamente competente suas finanças, sem consumir além do necessário e protegendo seu dinheiro contra o impacto da inflação, investindo-o de maneira segura para usufruir dos juros compostos — já será o suficiente. Querer ir fundo no mercado financeiro apresenta um grande risco de o médico ser possuído pela ganância e, a partir disso, tomar decisões ruins. Um risco sobre o qual já tratamos neste livro.

As liberdades pessoal, social e financeira são também eficientes em construir uma base sólida para o desenvolvimento de uma das mais instigantes independências, que estão ao alcance dos médicos: a liberdade geográfica. Criada pela tecnologia e fortemente impulsionada pela pandemia da covid-19 —, que impôs aos médicos o trabalho a distância —, a liberdade geográfica caminha para ser um ponto de inflexão tão significativo para a medicina como foi o desenvolvimento das técnicas de esterilização, que tornaram os procedimentos médicos incontáveis vezes mais seguros do que eram anteriormente.

A integralidade das potencialidades da liberdade geográfica, que permite aos médicos realizar consultas e até mesmo fazer grandes cirurgias em pacientes localizados do outro lado do planeta, ainda está por ser descoberta e desenvolvida a partir do progresso tecnológico. Além das teleconsultas, que se multiplicaram exponencialmente nos anos da pandemia, também as cirurgias robóticas a distância, os wearables, que monitoram dados vitais nos pacientes e os enviam pela internet, e as luvas com sensores, com as quais é possível "apalpar" virtualmente pacientes que estão distantes e sentir diferentes texturas vêm tornando a distância entre o médico e seu paciente em um impedimento que caminha para ser irrelevante.

A velocidade com que a medicina a distância se instalará dependerá, no entanto, da especialidade médica em que você atua. Algumas nos parecem, hoje, impossíveis de serem feitas a distância — como a traumatologia. Como seria possível socorrer a distância uma vítima de uma queda ou de um tiro? Ainda não há uma resposta satisfatória para isso.

CONSULTA EM SANTARÉM

Robôs voadores? Teletransporte? Um equipamento que todos teriam em casa e, em caso de emergência, se transformaria em uma central autônoma de emergência? Se há vinte anos alguém lhe dissesse que seria possível a um médico radicado em Belém medir a pressão, os batimentos cardíacos e a oxigenação e apalpar a garganta de um paciente que estivesse em Santarém — atos médicos que já são possíveis —, você escutaria isso com a mesma descrença com que leu as primeiras linhas deste parágrafo.

Resumindo, todos esses formidáveis avanços ainda estão em seus primórdios e prometem inúmeras possibilidades as quais não conseguimos nem mesmo imaginar. O que podemos saber ao certo é que as distâncias geográficas, o clima, as dificuldades impostas pela natureza não serão, em breve, um impedimento ao exercício da medicina. Isso dará uma liberdade física sem precedentes para os médicos. Eles poderão se tornar nômades digitais. Para trabalhar, tudo de que necessitarão é de um computador e de uma boa conexão com a internet. Difícil imaginar liberdade maior.

Se a forma dos avanços tecnológicos que estão por vir ainda não se mostra inteiramente clara, já é possível detectar que o atendimento a distância pode proporcionar inesperados e positivos ganhos para os pacientes e médicos. Foi isso o que Carlos Eurico experenciou nos meses em que atendeu seus clientes afetados ou receosos com a infecção da covid-19:

> *Em toda minha carreira, nunca estive tão conectado aos meus pacientes, graças à telemedicina. Em virtude de minha especialidade, pneumologia, a procura pelos meus serviços, como seria de se esperar, aumentou muito. Foram poucos os atendimentos presenciais. A enorme maioria foi por intermédio da teleconsulta. Isso trouxe um benefício enorme para as pessoas que estavam em casa, de quarentena, ou distantes de meu consultório, em outras cidades. Também foi algo positivo*

para meu pessoal da clínica e pacientes com outros problemas, que não a covid, para os quais o perigo da contaminação pelo vírus foi reduzido.

Mas, sobretudo, me senti feliz por ter me aproximado de maneira tão forte das pessoas. Troquei mensagens e me comuniquei com muitos clientes, todos os dias. Consegui fazer isso porque há muito me tornei um médico digital. Os pacientes se sentiram seguros e felizes com a possibilidade de serem acompanhados diariamente. Eles agradecem e elogiam minha atitude.

Obtive, além dos bons ganhos financeiros com as teleconsultas — que ajudaram a manter os empregos de nossos colaboradores no auge da pandemia —, um ganho em marketing pessoal sem precedente. No entanto, o mais gratificante foi a satisfação de ter sido relevante para tanta gente. Para mim, isso é praticar a medicina de forma integral.

DR. JC, DR. CI E DR. TAR

Se houvesse um partido ou um movimento organizado pelas liberdades médicas, o Dr. JC seria o primeiro a se filiar, tal é sua certeza de que ser livre nas esferas pessoal, social, financeira, geográfica e de tempo é algo absolutamente necessário para permitir uma carreira médica de sucesso e gratificante. Ele entende que perseguir essas cinco liberdades é uma postura disruptiva em relação à profissão.

Curiosamente, o Dr. JC pretende aumentar sua liberdade — desta vez, financeira — com uma restrição: resistir às tentações nas quais seu perfil de consumo possa eventualmente cair, adquirindo coisas caras e inúteis. Esse é o caminho para alcançar as cinco liberdades que permitirão que ele possa, o mais brevemente possível, exercer a medicina exclusivamente por propósito.

Da mesma maneira, o Dr. CI vem refletindo sobre as liberdades que deseja alcançar para se tornar, também, alguém movido mais pelo propósito do que pela necessidade de ser mais um na corrida dos ratos. Na verdade, ele vem há alguns anos se preparando com afinco para construir um sólido patrimônio que lhe permita alcançar a liberdade financeira (ainda há aquele excesso de imóveis em sua carteira). Assim como fez Carlos Eurico, o Dr. CI trabalhou fortemente com teleconsultas no período da pandemia da covid-19, o que o aproximou bastante das novas tecnologias.

O entusiasmo de se sentir relevante para tantas pessoas tornou-se uma inspiração para acrescentar mais atividades além da rotina do atendimento no consultório — que agora já lhe parece como uma prisão. O Dr. CI quer mais, deseja ir além. Vem investindo tempo para aprender mais sobre gestão e finanças, faz cursos e acompanha *lives* e palestras de investidores, inovadores e especialistas em negócios. Ele tem despertado cada vez mais para outras oportunidades oferecidas pelo imenso mercado da saúde.

O Dr. TAR, com sua sempre surpreendente disposição em se aplicar na profissão e em estar informado sobre as melhores práticas dos médicos investidores, já aproveita de sua liberdade geográfica. Familiarizado com a telemedicina e com uma presença marcante nas mídias sociais, usufrui de uma mobilidade que poucos médicos são capazes de ter. A cada três meses, ele se permite passar uma temporada em uma cidade diferente no Brasil e exterior.

E não faz isso por mero *hobby* ou passatempo, mas para conhecer de perto as possibilidades dos diferentes mercados brasileiros e internacionais. Esteja onde estiver, o Dr. TAR faz seus atendimentos remotos e apresenta seu produto digital no Instagram e no YouTube. É indiferente aos paradigmas e eventuais reservas que colegas fazem ao seu comportamento de profissional livre, cujo maior compromisso é atender com excelência os clientes — sejam eles pacientes ou colegas em busca de orientação financeira e de negócios. Ultimamente, vem ampliando suas ações e é mentor de pequenos grupos de médicos interessados em empreender e gerir as suas finanças. E o Dr. TAR lhes está oferecendo algo raro de encontrar no universo médico: a possibilidade de conquistar a independência financeira, assunto que é tratado no próximo capítulo.

23

NA ESTRADA QUE LEVA À **INDEPENDÊNCIA FINANCEIRA**, O QUE NOS MOVE **NÃO É APENAS O DINHEIRO**

Em agosto de 2021, mês em que completou 90 anos de idade, o megainvestidor norte-americano Warren Buffet era dono de uma fortuna que chegava a US$103,7 bilhões.[1] É uma enorme montanha de dinheiro. Isso é equivalente, pelo valor do dólar à época,[2] a todo o Produto Interno Bruto do Rio Grande do Sul,[3] o quarto maior estado brasileiro em relação ao PIB.

---

1 "#6 Warren Buffet". Disponível em: https://www.forbes.com/profile/warren-buffett/?sh=6755eebf4639.

2 Em 9 de agosto de 2021, o dólar comercial estava cotado a R$5,24. "Dólar comercial". Disponível em: https://economia.uol.com.br/cotacoes/cambio/.

3 "Valor corrente, participação percentual, posição relativa e variação em volume do PIB das unidades da federação no PIB do Brasil 2018". Disponível em: https://biblioteca.ibge.gov.br/visualizacao/livros/liv101765_informativo.pdf.

Warren Buffet investe em ações desde os 11 anos de idade. Aos 13, começou a pagar impostos pelos seus ganhos financeiros.[4] Aos 27, quando já havia acumulado seus primeiros US$2 milhões,[5] ele até já poderia pensar em parar de trabalhar, mantendo um confortável padrão de vida. Em vez disso, continuou em frente.

Na sua Berkshire Hathaway, um conglomerado que hoje é formado por mais de sessenta empresas,[6] ele acumula as funções de CEO, presidente do conselho e diretor de investimentos. Se lhe perguntam se pretende algum dia se afastar do trabalho, ele dá um sorriso e responde que, sim, irá se aposentar. E diz que já tem até uma data marcada para isso: cinco anos depois de morrer.[7]

Por que Buffet e inúmeros outros empreendedores de sucesso não querem se afastar do trabalho, mesmo quando já acumularam fortunas incrivelmente sólidas que os livrariam da obrigação de se preocupar com dinheiro até o fim de seus dias? Por que não largam tudo e vão para a praia ou passam o dia inteiro balançando em uma rede ou ocupam seu tempo com diversas outras atividades de lazer sem se preocupar com trabalho?

Porque existem muitas pessoas que, mesmo quando não são exatamente ricas, não trabalham apenas por dinheiro. Seu objetivo exclusivo não é atingir abundância meramente material. Elas são movidas por propósitos que, embora sejam variados, quase sempre têm como ponto comum querer deixar um legado para a sociedade ou proporcionar benefícios para os outros.

Não há dúvida de que o dinheiro é importante. Este livro que eu, Carlos Eurico, e o Paulo produzimos trata exatamente de maneiras de desenvolvermos uma carreira na qual possamos ganhar dinheiro. Mas a renda que alcançaremos em nossa profissão de médicos sempre será secundária aos propósitos que temos. Mesmo que o senso comum diga o

---

4 "#6 Warren Buffet". Disponível em: https://www.forbes.com/profile/warren=-buffett/?sh-6755eebf4639.

5 LUK, Glenn. "This Is What Motivates Warren Buffett to Keep Working Hard (Even Though He's a Billionaire) It Has Nothing to do with Money". Disponível em: https://www.inc.com/quora/this-is-what-motivates-warren-buffett-to-keep-working-hard-even-though-hes-a-billionaire.html.

6 "#6 Warren Buffet". Disponível em: https://www.forbes.com/profile/warren=-buffett/?sh-6755eebf4639.

7 "Warren Buffett Should Step Aside for his Chosen Successor". Disponível em: https://www.economist.com/leaders/2021/05/08/warren-buffett-should-step-aside-for-his-chosen-successor.

contrário disso. Assim, não faz muito sentido imaginarmos que, depois de acumularmos uma determinada quantia, pararemos tudo e ficaremos usufruindo do dinheiro que conquistamos.

Aposentar, parar tudo, não nos deixará necessariamente felizes. Nem a nós nem àqueles com os quais temos contato, como nossa família; os colegas médicos, com os quais podemos compartilhar nossos conhecimentos; os clientes, que podem continuar se beneficiando das soluções atuais (e possíveis novas) que colocamos à disposição deles. Acredito que nós mesmos somos os que mais temos a ganhar em continuar ativos, relevantes. Ter metas e propósitos bem definidos são condições que aumentam nossa satisfação e podem, inclusive, nos garantir longevidade.

Atingir essa maturidade pessoal e profissional — em que podemos usufruir de um conforto material, nos libertar da obrigação de uma rotina de trabalho diário intensa e desgastante e poder dedicar nosso tempo ao que consideramos significativo e recompensador — é algo que se conquista a partir da independência financeira. Ou seja, é você ser capaz de garantir as exigências materiais da existência — como residência, alimentação, transporte, saúde, educação e lazer — com o rendimento do dinheiro que você produziu e investiu, nos mais variados ativos, ao longo do tempo.

A independência financeira é o primeiro passo para alcançarmos a liberdade financeira, um patamar mais elevado. É por meio dela que nos tornamos capazes de construir uma base sólida que nos permite alcançar a liberdade financeira, onde podemos realizar sonhos, como deixar um legado, não ser limitado por barreiras geográficas, escolher o que comprar, quais bens usufruir e buscar novas atuações profissionais no mercado de saúde.

Eu, Carlos Eurico, já dedico quase metade de meu tempo semanal de trabalho para escrever livros, realizar mentorias, ministrar palestras e atuar como investidor em healthtechs. Isso só foi possível pois guardei e investi boa parte de meus ganhos oriundos de aluguéis de salas em minha clínica para outros colegas e de exames e atendimentos como pneumologista e consegui formar um patrimônio que hoje me rende em juros, aluguéis e proventos um valor mensal acima de minhas despesas pessoais e familiares essenciais.

RICA E SIMPLES

Como já dissemos em outros capítulos, o motor que produz nossa independência financeira sempre será o passar do tempo. E ele nos permitirá formar nosso patrimônio por meio de aplicações mensais de parte dos ganhos obtidos com nosso trabalho em diferentes ativos financeiros de boa qualidade durante um período definido de anos e do efeito bola de neve dos juros sobre juros gerados por esses investimentos. Quando atingirmos o patrimônio que nos permita essa independência, devemos nos lembrar de um conselho, também atribuído a Warren Buffet, que é o de desfrutarmos da vida rica mais simples que pudermos estabelecer.

> *Eu, Carlos Eurico, considero esse pensamento, de que devemos tentar viver com abundância, mas de uma maneira simples, muito relevante. Reduzir nossas exigências materiais, mantendo a simplicidade, é algo importante quando sabemos que há uma armadilha que pode ameaçar nossa independência financeira, cujo nome em inglês é FOMO.*[8]
>
> *Essa é a sensação de que sempre poderíamos ter mais de alguma coisa — ganhar mais dinheiro, fazer mais viagens, ter uma vida mais movimentada, possuir mais bens... Se nos deixarmos dominar por essa sensação, nunca teremos independência ou liberdade financeira. Sempre estaremos insatisfeitos com o que possuímos e teremos o impulso de continuar trabalhando intensamente, fazer investimentos complexos e altamente arriscados para tentar conseguir retornos elevados de curto prazo ou gastar mais do que deveríamos — enfim, continuaremos trocando nosso tempo por dinheiro e roubando espaço de outras atividades para as quais poderíamos destinar mais tempo.*

Em outras palavras, alcançar a independência financeira não é, em si, garantia de que teremos nossa liberdade financeira. Ao contrário, mesmo não precisando mais nos sacrificar para ter uma vida confortável do ponto de vista

---

8 *Fear Of Missing Out* (FOMO) pode ser traduzido por *medo de estar perdendo algo*. A ansiedade por consumir e a insatisfação constante com o que se tem, ou seja, o "medo de estar perdendo algo", é explorado pelo marketing como técnica de convencimento de compra. "10 Effective FOMO Marketing Techniques to Increase Online Results". Disponível em: https://www.crazyegg.com/blog/fomo-marketing/.

material, poderemos nos tornar eternos insatisfeitos, caso não tenhamos desenvolvido objetivos que vão além do possuir e acumular bens.

Eu, Paulo, também acredito que isso seja verdade. Uma das pessoas que mais me fez refletir sobre o que é de fato liberdade foi um amigo meu que mora em Belém, em um trailer. É uma pessoa desprendida das questões materiais. Com outros amigos, fizemos algumas viagens juntos. É alguém que dá uma importância muito relativa à posse dos bens materiais: ele acredita que a possibilidade de uso de bens e serviços na era do compartilhamento é muito melhor do que os possuir. Ele sempre nos fala do que acredita ser o verdadeiro sentido da riqueza: manter relações de boa qualidade com as pessoas que são importantes para nós e escolher sabiamente como queremos usar nosso tempo nesta vida. E isso, na opinião dele, não tem a ver com dinheiro ou bens.

Neste momento em minha vida, ainda não cheguei a um patamar em que posso dizer que tenho todo o patrimônio que quero. E a partir de conversas e das leituras que faço, percebo que vários entre aqueles que já construíram um patrimônio robusto não necessariamente sentem que conquistaram tudo o que desejam. É quando surge a frustração, o estresse gerado pela insatisfação e pelo sentimento de que falta sentido em possuir tudo aquilo para o qual empregaram tanto esforço.

MINDSET EMPREENDEDOR

O que ampliará nossos horizontes e nossas perspectivas é o desenvolvimento de um *mindset* empreendedor, o que não significa apenas criar negócios, mais sim ter desejos que não se limitem a atender nossos próprios e básicos interesses. Uma maneira de desenvolver esse jeito de pensar é nutrir nossa curiosidade, estar atento ao que acontece ao nosso redor, acompanhar o que colegas estão fazendo e inteirar-se sobre as tendências e novidades tecnológicas e as possibilidades que surgem na área da saúde. Além do setor de saúde brasileiro estar entre os dez maiores que movimentam o PIB de nosso país, há muitas oportunidades profissionais além dos tradicionais atendimentos de consultas e realização de exames e procedimentos. Veja, por exemplo, o mercado de healthtechs: ele está engatinhando em nosso país, e acreditamos que crescerá muito nos próximos anos — e existem várias oportunidades para os médicos atuarem como investidores, consultores, gestores técnicos e até como executivos. Para conhecer outras oportunidades profissionais na área da saúde, sugerimos a leituras dos livros *Muito além dos plantões e convênios*[9] e *O novo mind7 médico*, o primeiro de autoria de Carlos Eurico, e o segundo dele em coautoria com outros seis colegas.

O fato de termos escolhido a medicina como carreira já é uma mostra de que carregamos em nós um impulso de querer ser relevantes para as outras pessoas. Temos, no mínimo, essa semente que pode ser cultivada e transformada em propósitos diversos, metas ousadas e benefícios para a humanidade.

O *mindset* empreendedor encontra maior liberdade para se manifestar quando temos independência financeira. Também é verdade que quando nos empenhamos em atividades das quais gostamos, e não as realizamos apenas para gerar renda, criamos melhores condições de remuneração. É quase como se a satisfação de estarmos fazendo algo criasse, por si só, uma forma de monetização. Dessa maneira, seu *mindset* conduz você de maneira natural a ganhar dinheiro. E a riqueza não apenas surgirá para você, mas também gerará valor para os outros. Em suma, fazer algo com a intenção de compartilhar sua satisfação tem o poder de contaminar os que estão à sua volta. Algo que é extremamente recompensador.

> *Eu, Carlos Eurico, sou extremamente otimista nesse sentido. Acredito que aqueles que forem capazes de manter uma postura curiosa, sempre desejando aprender com os demais e conhecer as novidades que surgem, terão progresso em sua vida profissional e alcançarão a independência financeira. Quando já não precisarem trabalhar naquele ritmo intenso de quando eram mais jovens, chegarão a uma posição na qual serão capazes de continuar produzindo, criando empregos e gerando riqueza para outras pessoas.*
>
> *Farão tudo isso com alegria, sem cansaço. É assim que me vejo aos 90 anos. E acredito dever esse otimismo ao meu impulso de sempre querer aprender, nunca pensar em parar, em me aposentar. Quero gerar cada vez mais energia positiva à minha volta.*

Veja que é muito importante que você tenha clareza sobre quais são seus objetivos pessoais e profissionais. Afinal, por quais razões você deseja obter sua independência financeira? A partir do momento que for independente

---

9 PEREIRA, Carlos E. *Muito além dos plantões e convênios: um guia para empreender, inovar e prosperar na carreira médica*. Rio de Janeiro: Alta Books, 2021.

financeiramente, dedicará a maior parte de seu tempo para quais atividades? Quais benefícios a independência financeira trará para você e sua família?

DR. JC, DR. CI E DR. TAR

Após atravessar os caminhos da aprendizagem ao longo dos capítulos deste livro, nossos três colegas médicos já se consolidaram como profissionais que enxergam nas riquezas que produzem o potencial que elas têm de tornar real uma perspectiva de vida significativa para si e muitas outras pessoas. Os três definiram metas para alcançar a independência financeira.

O Dr. JC, que, em determinado momento de sua ainda jovem trajetória, deixou-se levar pela ganância de buscar ganhos rápidos de curto prazo no mercado financeiro e pelo feitiço dos camarotes, desperdiçando salários e salários recebidos graças a tanto esforço de trabalho, agora tem uma ambição diferente e saudável: o que ele mais anseia daqui em diante é usufruir do benefício do tempo. Isso significa dar tempo para fazer crescer seu patrimônio via juros compostos e alcançar sua independência financeira em até quinze anos. Assim, ele poderá, por exemplo, dedicar mais tempo de sua vida aos amigos e familiares.

Para atingir esse objetivo, ele faz o dever de casa: dedica uma manhã por semana para estudar diferentes produtos financeiros e aplica suas economias mensalmente em uma carteira de investimentos diversificada — direcionando 20% para ativos de renda fixa, 40% para ações e BDRs de grandes empresas bastante conhecidas e 40% para cotas de FIIs (20% para fundos de tijolo e 20% para fundos de papel). Hoje suas despesas mensais estão próximas de R$25 mil. Para obter tal renda e tornar-se independente financeiramente, ele precisa formar um patrimônio de R$2,5 milhões. Isso significa que R$2,5 milhões, ao renderem 1% ao mês (uma rentabilidade para ele factível para quem sabe cuidar bem de seus investimentos), líquidos de inflação, impostos e taxas, proporcionam R$20 mil. Assim, durante quinze anos, considerando que ele conseguirá 1% ao mês de juros em suas aplicações, ele precisará poupar e investir mensalmente o valor de R$4.954,66, isto é, aproximadamente R$5 mil.

Por sua vez, o Dr. CI sente-se otimista e seguro. Ele fez um planejamento de seus investimentos e viu que, se vender metade de seus imóveis e aplicar esse dinheiro em uma carteira diversificada de cotas de FIIs de tijolo e papel, já conseguirá uma renda mensal passiva de quase o dobro de suas despesas familiares mensais. Colocará à venda aqueles imóveis que são mais difíceis de alugar e dão mais despesas de manutenção — como a casa na praia e o apartamento imenso de cinco quartos que possui na capital. A outra metade de seus imóveis, como algumas salas comerciais e pequenos apartamentos, que são fáceis de alugar, dão pouco trabalho de manutenção e que pagam valores melhores de aluguel por metro quadrado, ele manterá. Está aprendendo cada vez mais sobre investimento em ações e quer continuar investindo parte de seus ganhos mensais em ações de grandes empresas pagadoras de gordos dividendos.

E o Dr. CI não pretende parar de trabalhar. Ele vem se interessando cada vez mais por novas áreas do conhecimento, tecnologias disruptivas e possibilidades de conhecer médicos empreendedores, inclusive de outros países. Sua sensação é a de que finalmente sintonizou sua mente em um *mindset* que, ele tem certeza, garantirá que daqui a 20 anos — quando ele já estiver próximo dos 70 anos de idade — ele ainda continue atuante e feliz em campos do conhecimento que talvez nem foram ainda criados. Com essa nova forma de enxergar sua carreira, o dinheiro e a si mesmo, o Dr. CI sente-se pleno e cheio de energia para ampliar sua contribuição para a sociedade.

O Dr. TAR, nosso médico prodígio, está igualmente radiante. Sente que o universo está conspirando a seu favor. É sempre objetivo e racional em suas decisões de investimento, mesmo assim, ele se permite ficar emocionado ao lembrar, com gratidão, dos pais, que sempre o incentivaram a pensar seriamente em sua vida financeira como um instrumento de libertação que o permitisse ter uma existência que apresentasse poucos obstáculos aos seus sonhos.

E ele vem sonhando alto. Estabeleceu um prazo de dez anos para ficar independente financeiramente, e já se passaram quatro anos. Tem poupado e investido disciplinadamente todos os meses aproximadamente R$12.600. E tem conseguido uma rentabilidade média mensal de 1,25%. Sua meta é chegar a um patrimônio de R$3,5 milhões daqui a seis anos. Ele quer que esse montante produza pelo menos R$35 mil mensais de renda passiva, o que pensa ser uma ótima renda para bancar as despesas de uma futura família com dois filhos. Embora ainda tenha uma caminhada de alguns anos para sua independência financeira, ele já desfruta de liberdade suficiente para decidir liberar-se de seu trabalho presencial e dedicar os próximos seis meses a uma estadia nos Estados Unidos.

Chegando lá, metade desse tempo, ele passará no Vale do Silício, onde pretende ter contato com empreendedores na área da saúde. Depois, seguirá para Austin, no Texas, cidade na qual há uma forte e crescente presença de empresas digitais e healthtechs em desenvolvimento. Seu circuito norte-americano se encerrará em Nova York, onde fará um curso na Universidade de Columbia.

Mas o melhor é que, quando retornar ao Brasil, o Dr. TAR montará um curso de empreendedorismo médico em healthtechs — um mercado em ampla expansão nos países mais avançados. Quer formar uma massa crítica no Brasil, explorando as enormes potencialidades que enxerga para essas tecnologias. Já há alguns médicos interessados que entraram em contato, entre eles, o Dr. JC e o Dr. CI.

CONCLUSÃO

VOCÊ PODE E MERECE TER UMA VIDA MAIS SIGNIFICATIVA

Até há pouco tempo, para muitos de nós, médicos, a trajetória de carreira se assemelhava a uma longa estrada, com curvas fechadas, subidas íngremes e trechos escorregadios. Ela se materializava dessa maneira frustrante, parecendo que nos levaria obrigatoriamente para lugares áridos e infelizes, porque não parecia ser possível escolhermos como iríamos trabalhar, o quanto poderíamos ganhar com nosso trabalho ou sermos plenamente donos de nosso tempo e destino.

Há, contudo, outra maneira de exercermos nossa profissão de médicos, e foi sobre ela que tratamos ao longo deste livro. O que esta obra sempre desejou ser é uma alternativa viável para outro estilo de vida. Quando nós, os dois autores, decidimos iniciar este projeto, nossa intenção foi a de compartilhar a experiência que adquirimos — cometendo erros e produzindo acertos. Ficaremos realizados se, ao acompanhar nossos insights, nossas orientações e propostas, você também seja capaz de avançar de uma maneira mais eficaz, confortável e segura por outra estrada profissional.

Mais ainda, teremos certeza de que este livro terá valido a pena se você unir a prática das estratégias financeiras que propusemos aqui com uma gestão mais empreendedora de sua carreira e de seus negócios, buscando deixar para trás o modelo de trocar tempo por dinheiro. E o interessante é que você pode fazer essa transição em sua vida profissional aos poucos. O hábito de poupar e investir lhe proporciona a segurança e a tranquilidade para realizar as devidas mudanças de carreira de modo a ter mais controle sobre a forma como trabalha e administra o tempo de sua vida.

Os resultados que nós alcançamos a partir do momento em que passamos a adotar o *mindset* empreendedor e colocamos em prática o que apresentamos nas páginas anteriores nos dá a certeza de que, se você adotar tais medidas, conseguirá se libertar da escravidão de trocar seu tempo por dinheiro e ter de se desdobrar em vários trabalhos sem dispor de tempo para quase mais nada.

Ainda há muitos entre nós que permanecem presos àquela antiga mentalidade que enxerga a administração da própria vida financeira como desnecessária ou, na melhor das hipóteses, como um exercício que exige grande esforço para entender questões complexas, só acessíveis a uns poucos iniciados. Quem leu com atenção o que escrevemos neste livro percebeu que o caminho para cuidar de sua vida financeira não é complicado e pede apenas o mínimo de atenção e interesse. Isso significa dedicar um pouco de tempo com certa frequência para cuidar disso.

De maneira gradativa, com tudo que discutimos ao longo desta obra, você tem plenas condições de dominar o essencial para cuidar minimamente bem de suas finanças. Com dedicação e disciplina, o cuidado com seu dinheiro se transformará em um hábito e você terá o prazer de ver como os frutos de seu trabalho se multiplicarão e serão capazes, gradativamente, de dar forma e densidade aos seus sonhos.

Arriscamos dizer que a transformação profunda acontecerá em sua mente e vida a partir do momento que você enxergar o tempo dedicado hoje para pensar, planejar e fazer mudanças naquilo que não está legal em sua carreira e finanças como investimento. É isso que possibilitará a você empreender, é isso que fará seu patrimônio crescer impulsionado por boas decisões financeiras e é o lhe que dará mais confiança em si mesmo, menos medo do futuro e maior certeza de que poderá ser útil não só às pessoas mais próximas, as quais ama, mas também ser relevante e significativo para todos aqueles que estão ao seu redor. E é aí que a felicidade e o bem-estar moram.

ÍNDICE

Símbolos

A

B

C

D

E

F

G

H

I

J

L

M

N

O

P

U

V

W

Este livro foi impresso nas oficinas gráficas da Editora Vozes Ltda.,
Rua Frei Luís, 100 – Petrópolis, RJ.